电子支付与结算

主　编　秦成德　帅青红
副主编　李薇薇　张　蕾　朱克炜
参　编　蔡志文　侯光文　刘　妍　秦立崴
　　　　任少军　游敏华　张小红

北京理工大学出版社
BEIJING INSTITUTE OF TECHNOLOGY PRESS

内 容 简 介

随着互联网和移动通信技术、电子商务业务的进一步结合,移动支付也具有了良好的发展基础。但目前电子商务人才数量严重不足,人才素质与行业需求脱节。本书基于应用型、复合型人才培养撰写,课程体系合理、学科理论深入、教学内容充实、支撑材料新颖、涉及范围宽广、叙述简明扼要、条理渐进清晰。

本书不但适合电子商务、国际贸易、信息技术、信息管理等专业本科生或研究生使用,也可供从事电子商务实务的人员阅读。

版权专有　侵权必究

图书在版编目（CIP）数据

电子支付与结算/秦成德,帅青红主编.—北京:北京理工大学出版社,2018.7（2022.1重印）
ISBN 978-7-5682-4161-8

Ⅰ.①电⋯　Ⅱ.①秦⋯ ②帅⋯　Ⅲ.①电子商务－支付方式－高等学校－教材
Ⅳ.①F713.36

中国版本图书馆 CIP 数据核字（2017）第 132916 号

出版发行 / 北京理工大学出版社有限责任公司	
社　　址 / 北京市海淀区中关村南大街5号	
邮　　编 / 100081	
电　　话 /（010）68914775（总编室）	
（010）82562903（教材售后服务热线）	
（010）68944723（其他图书服务热线）	
网　　址 / http://www.bitpress.com.cn	
经　　销 / 全国各地新华书店	
印　　刷 / 三河市天利华印刷装订有限公司	
开　　本 / 787毫米×1092毫米　1/16	责任编辑 / 施胜娟
印　　张 / 21.25	文案编辑 / 施胜娟
字　　数 / 500千字	责任校对 / 周瑞红
版　　次 / 2018年7月第1版　2022年1月第3次印刷	责任印制 / 李志强
定　　价 / 55.00元	

图书出现印装质量问题,请拨打售后服务热线,本社负责调换

前　言

随着互联网+的快速发展和广泛应用，电子支付成为国民经济和社会信息化的重要组成部分，我国电子商务的应用已经渗透到社会生产的各个行业，由此也拉动了社会对电子支付人才的巨大需求。当前国际危机对中国经济的负面影响隐约可见，中国经济社会发展面临着严峻的考验。电子支付产业已经成为我们迎战危机的强大动力和坚定支撑。

本书拟通过电子支付定义、电子支付的发展、电子支付的类型及目前所面临的多重问题几个方面，探讨电子支付的相关问题。指出电子银行共享网络系统的建立，使电子支付已经不再局限于简单的银行与客户之间的关系，而表现为涉及多重主体之间的复杂关系。构建电子支付体系，并重视网络信息技术的完善和网络安全的保障。

2006 年至 2009 年，教育部全国高校电子商务专业教学指导委员会制定了电子商务专业知识体系以及核心课程教学大纲，根据教指委的文件精神，我们确定了"电子支付与结算"课程新的教材写作大纲。在这种情况下，我们受北京理工大学出版社的委托，着手《电子支付与结算》的撰写工作，力图为电子商务或金融类专业学生提供一本理论深入、内容充实、材料新颖、范围宽广、叙述简洁、条理清晰，适合教学的电子支付专业需要的教材。我们对《电子支付与结算》的体系进行了重新构筑，形成了符合电子支付教学要求的理论体系。本书是作者在教学层次上采纳了众多教学理论和实践经验及总结的成果。

本书分为 13 章：第 1 章电子支付概论；第 2 章电子银行；第 3 章电子货币；第 4 章电子票据；第 5 章电子支付与结算体系；第 6 章网络支付与结算；第 7 章移动支付；第 8 章电话支付；第 9 章第三方支付；第 10 章自助支付；第 11 章跨行支付；第 12 章电子支付法律制度；第 13 章电子支付监管。我们认为，上述内容足以涵盖电子支付预结算业务的各个方面，形成了完整的体系。

本书的撰写工作由国内外多所院校单位的电子商务法专业人士完成，参与人员有西安邮电大学秦成德教授、西南财经大学帅青红教授、西安邮电大学任少军讲师、招商银行陕西分行李薇薇、中国政策开发银行张蕾、内蒙古包头市中院法官刘妍等。本书的编写分工（按各章先后为序）是：第 1、10 章由秦成德编写；第 2 章由李薇薇、张小红编写；第 3 章由秦成德、蔡志文和侯光文编写；第 4 章由朱克炜编写；第 5、6 章由张蕾编写；第 7、11 章由帅青红编写；第 8 章由帅青红、游敏华编写；第 9 章由任少军编写；第 12 章由刘妍编写；第 13 章由秦立崴编写；全书由秦成德统稿。

电子支付是一个日新月异的领域，许多问题尚在发展和探讨之中，观点的不同，体系的差异,在所难免,本书不当之处,恳请专家及读者批评指正。

在本书的编写过程中,得到了教育部全国高校电子商务专业教学指导委员会的支持和指导,得到了北京理工大学出版社陈鹏主任编辑的大力支持,也得到了中国电子商务协会领导、移动商务专家咨询委员会的大力支持,并受到中国信息经济学会电子商务专业委员会的热情关怀。本书写作过程中,不但依靠了全体编写人员的共同努力,同时也参考了许多中外有关研究者的文献和著作,在此一并致谢。

秦成德 　　2018年2月
西安邮电大学教授
中国电子商务协会移动商务专家委副主任
中国信息经济学会电子商务专业委员会副主任
北京信息产业协会专家委员会专家
中国电子金融产业联盟副秘书长
中国互联网金融智库专家

目　录

第1章　电子支付概论 ... 1
1.1　电子支付的内涵 ... 2
1.1.1　电子支付的基本概念 ... 2
1.1.2　电子支付的分类 ... 3
1.1.3　电子支付的发展状况 ... 4
1.1.4　电子支付工具 ... 5
1.1.5　电子结算 ... 6
1.1.6　电子支付产业 ... 7
1.2　电子支付的意义与价值 ... 8
1.2.1　促进非现金支付工具使用 ... 8
1.2.2　促进经济繁荣和增长 ... 8
1.2.3　促进产业升级 ... 9
1.2.4　促进金融创新 ... 9
1.2.5　电子支付的价值 ... 9
1.3　电子支付系统 ... 10
1.3.1　支付系统的含义 ... 10
1.3.2　电子支付系统是电子支付的基础 ... 11
1.3.3　现阶段的电子支付系统 ... 11
1.4　我国电子支付现状 ... 12
1.4.1　电子支付形成规模 ... 12
1.4.2　电子支付产品增多 ... 13
1.4.3　建立数据集中存储系统 ... 13
1.4.4　电子支付系统网络化 ... 13
1.4.5　现代化支付清算体系建立 ... 14
1.4.6　金融信息安全体系形成 ... 14
1.5　电子支付促进金融创新 ... 14

1.5.1	电子金融业带动电子支付产业	15
1.5.2	电子支付促进金融创新	15

1.6 电子支付的风险 ································· 16
    1.6.1 电子支付技术风险 ······················· 17
    1.6.2 电子支付的操作风险 ····················· 17
    1.6.3 电子支付的法律风险 ····················· 18

本章案例 ··· 18
本章小结 ··· 19
本章习题 ··· 20

第2章 电子银行 ································· 21

2.1 电子银行概述 ································· 22
    2.1.1 电子银行业务产生的背景 ················ 22
    2.1.2 电子银行业务的概念及特点 ············· 24
    2.1.3 电子银行业务产品种类及其发展 ········· 25

2.2 网上银行 ······································· 28
    2.2.1 网上银行概述 ··························· 28
    2.2.2 网上银行的功能 ························· 31
    2.2.3 我国网上银行的发展 ····················· 33

2.3 电话银行 ······································· 34
    2.3.1 电话银行概述 ··························· 34
    2.3.2 电话银行的功能 ························· 34
    2.3.3 电话银行业务发展中存在的问题 ········· 36

2.4 手机银行 ······································· 37
    2.4.1 手机银行概述 ··························· 37
    2.4.2 手机银行的主要类型 ··················· 38
    2.4.3 手机银行的功能 ························· 39

2.5 自助银行 ······································· 41
    2.5.1 自助银行概述 ··························· 41
    2.5.2 自助银行的种类 ························· 42
    2.5.3 自助银行的业务功能 ··················· 43
    2.5.4 自助渠道服务的发展 ··················· 47

本章案例 ··· 47
本章小结 ··· 48
本章习题 ··· 48

第3章 电子货币 ································· 49

3.1 电子货币的内涵 ································· 50

	3.1.1	电子货币的概念	50
	3.1.2	电子货币的产生	50
	3.1.3	电子货币的发展	52
	3.1.4	电子货币的特点	55
3.2	电子货币的功能	56
	3.2.1	循环消费信贷功能	56
	3.2.2	理财功能	56
	3.2.3	综合服务功能	57
	3.2.4	支付功能	57
3.3	电子货币的影响	58
	3.3.1	电子货币对经济发展的影响	58
	3.3.2	电子货币对银行业的挑战	59
	3.3.3	电子货币对金融理论的创新	60
3.4	电子货币的种类	62
	3.4.1	以卡类为基础的、以计算机为基础的和混合型的电子货币	62
	3.4.2	封闭式和开放式电子货币	62
	3.4.3	联机型（on-line）和脱机型（off-line）电子货币	63
	3.4.4	电子货币的其他类型	64
3.5	电子货币的应用	65
	3.5.1	中国电子货币的发展	65
	3.5.2	电子货币的应用前景	66
本章案例			68
本章小结			68
本章习题			69

第4章　电子票据

4.1	电子票据的内涵	70
	4.1.1	电子票据的概念	70
	4.1.2	电子票据的流通过程	72
	4.1.3	电子票据的特点	72
	4.1.4	电子票据的结构	73
4.2	我国电子票据的发展现状	74
	4.2.1	我国电子票据发展历程	74
	4.2.2	制约我国电子票据产业发展的因素	74
	4.2.3	电子票据的应用前景	76
	4.2.4	发展我国电子票据的路径	77
4.3	电子票据的法律制度	78

    4.3.1 我国现有电子票据相关法律 78
    4.3.2 电子票据与《票据法》相关理论的冲突 78
    4.3.3 电子票据与《电子签名法》的冲突 80
    4.3.4 电子票据交易涉及的法律问题 80
  4.4 构建我国电子票据法律制度及其配套建设 81
    4.4.1 选择适合我国现状的立法模式 81
    4.4.2 制定与电子票据相关的法律规范 81
    4.4.3 修订其他现行法律 82
    4.4.4 完善社会信用体系的建设 83
    4.4.5 提高票据业务处理的科技手段，建立全国统一的电子票据市场 84
    4.4.6 建立票据登记制度，提供客观公正的交易证据 84
    4.4.7 完善电子票据安全制度，维护交易双方合法权益 85
本章案例 85
本章小结 87
本章习题 87

第5章 电子支付与结算体系 88

  5.1 电子支付体系的内涵 89
    5.1.1 支付体系的概念 89
    5.1.2 电子支付体系的构成 89
    5.1.3 电子支付体系的地位 90
    5.1.4 电子支付体系的作用 90
  5.2 电子支付服务组织 90
    5.2.1 电子支付服务组织概述 90
    5.2.2 中央银行 91
    5.2.3 商业银行 92
    5.2.4 第三方支付服务组织 94
  5.3 电子支付结算 95
    5.3.1 电子支付结算概述 95
    5.3.2 电子支付结算过程 96
    5.3.3 电子支付结算系统 97
    5.3.4 电子支付结算的规范 101
  5.4 中央银行对电子支付的管理 102
    5.4.1 中央银行与电子支付业务 102
    5.4.2 中央银行与电子支付运营 103
    5.4.3 中央银行对电子支付体系的发展 103
    5.4.4 中央银行对电子支付的监管 104

本章案例 ·· 105
本章小结 ·· 107
本章习题 ·· 107

第6章 网络支付与结算 ·· 108

6.1 网络支付与结算概述 ·· 109
6.1.1 网络支付与结算的概念 ··· 109
6.1.2 网络支付的特点 ··· 111

6.2 网络支付 ··· 111
6.2.1 网络支付的方式 ··· 111
6.2.2 网络支付的过程 ··· 115
6.2.3 网络支付的特点 ··· 116

6.3 网络支付系统 ··· 117
6.3.1 网络支付系统的构成 ·· 117
6.3.2 网络支付系统的功能 ·· 118
6.3.3 网络支付系统的分类 ·· 119

本章案例 ·· 130
本章小结 ·· 130
本章习题 ·· 131

第7章 移动支付 ··· 132

7.1 移动支付概述 ··· 133
7.1.1 移动支付相关概念 ·· 133
7.1.2 移动支付分类 ··· 135
7.1.3 移动支付产业链构成与运营模式 ··································· 135

7.2 移动支付业务模式与技术 ·· 139
7.2.1 移动支付业务模式 ·· 139
7.2.2 移动支付远距离支付技术及流程 ··································· 141
7.2.3 移动支付近距离支付技术及流程 ··································· 149

7.3 我国移动支付发展现状与发展趋势 ································ 152
7.3.1 我国移动支付发展现状 ··· 152
7.3.2 我国移动支付面临的主要问题 ····································· 155
7.3.3 我国移动支付发展趋势 ··· 159

本章案例 ·· 160
本章小结 ·· 161
本章习题 ·· 162

第8章 电话支付 ··· 164

8.1 电话支付概述 ··· 165

8.1.1 电话银行基本概念 ································· 165
8.1.2 电话银行的产生与发展 ························· 165
8.1.3 电话银行的功能 ································· 166
8.1.4 电话银行的优势 ································· 167
8.1.5 电话银行系统组成 ······························ 168
8.1.6 电话银行与电话支付 ···························· 169
8.2 电话银行支付流程与安全 ···························· 169
8.2.1 电话银行支付流程 ······························ 169
8.2.2 新型电话支付支付流程 ························· 173
8.2.3 电话支付的安全性问题和保障措施 ··········· 178
8.3 电话支付举例 ·· 181
8.3.1 中国工商银行个人电话银行 ··················· 181
8.3.2 中国工商银行企业电话银行 ··················· 185
本章案例 ··· 185
本章小结 ··· 186
本章习题 ··· 187

第9章 第三方支付 ··· 189

9.1 第三方支付的内涵与发展状况 ······················· 190
9.1.1 第三方支付的特点 ······························ 191
9.1.2 第三方支付应用的优势 ························· 192
9.1.3 第三方支付面临的困难和存在的问题 ········ 193
9.2 第三方支付价值链分析 ································ 194
9.2.1 价值链理论 ······································· 194
9.2.2 第三方支付服务的发展历程 ··················· 196
9.2.3 第三方支付产业价值链现状 ··················· 197
9.2.4 第三方支付企业的价值活动 ··················· 197
9.3 第三方支付的运营模式 ································ 198
9.3.1 独立的第三方支付模式 ························· 200
9.3.2 非独立的第三方支付模式 ······················ 201
9.3.3 国外第三方支付公司的经营模式 ············· 202
9.4 第三方支付公司的国际监管模式 ···················· 203
9.5 第三方支付发展的对策建议 ·························· 204
本章案例 ··· 207
本章小结 ··· 209
本章习题 ··· 209

第10章 自助支付 ·· 210

10.1 自助支付概述 211
    10.1.1 自助支付的概念 211
    10.1.2 自助支付的特点 212
    10.1.3 自助支付的内容 212
    10.1.4 自助支付的设备 213

10.2 自助支付的功能、安全与发展 214
    10.2.1 自助支付的功能 214
    10.2.2 自助支付的安全 216
    10.2.3 自助支付的发展 218
    10.2.4 自助支付服务模式 218

10.3 ATM机系统 220
    10.3.1 ATM系统的构成 220
    10.3.2 ATM系统的功能 221
    10.3.3 ATM系统业务处理流程 222
    10.3.4 ATM机行业政策环境 223

10.4 POS机系统 224
    10.4.1 POS系统概述 224
    10.4.2 POS系统业务功能 225
    10.4.3 POS系统终端 225
    10.4.4 POS系统的工作 226
    10.4.5 智能POS面世 228

本章案例 229
本章小结 230
本章习题 231

第11章 跨行支付 232

11.1 跨行支付系统概述 233
    11.1.1 支付 233
    11.1.2 跨行清算业务的发展历程 235
    11.1.3 跨行支付系统的种类 236
    11.1.4 跨行支付系统发展趋势 237

11.2 中国内地跨行支付系统 238
    11.2.1 国内支付系统历史沿革 238
    11.2.2 国内支付系统现状 240
    11.2.3 中国现代化支付系统 243

11.3 其他国家或地区的典型跨行支付系统 248
    11.3.1 美国跨行支付系统 248

11.3.2 日本跨行支付系统 ... 255
11.3.3 欧元区支付系统 ... 257
11.4 全球金融网络通信系统 SWIFT ... 262
本章案例 ... 269
本章小结 ... 270
本章习题 ... 271

第 12 章 电子支付法律制度 ... 272
12.1 电子支付概述 ... 273
12.1.1 电子支付的内涵 ... 273
12.1.2 电子支付的形式 ... 274
12.2 电子支付工具的法律问题 ... 277
12.2.1 电子货币法律制度 ... 277
12.2.2 电子票据法律制度 ... 279
12.3 电子支付的法律关系 ... 282
12.3.1 电子支付的当事人及其权利和义务 ... 282
12.3.2 小额电子支付当事方的法律关系 ... 284
12.3.3 大额电子资金划拨的法律关系 ... 284
12.4 电子支付的法律责任 ... 286
12.4.1 电子资金划拨过程的法律特点 ... 286
12.4.2 电子支付的差错责任 ... 287
12.4.3 小额电子支付的法律责任 ... 288
12.4.4 大额电子资金划拨的法律责任 ... 290
本章案例 ... 291
本章小结 ... 292
本章习题 ... 292

第 13 章 电子支付监管 ... 293
13.1 电子金融监管概述 ... 294
13.1.1 电子金融的内涵 ... 294
13.1.2 电子金融监管的环境 ... 295
13.1.3 电子金融监管的基本要求 ... 297
13.1.4 电子金融监管的内容 ... 298
13.2 电子银行的监管 ... 299
13.2.1 电子银行监管的必要性 ... 300
13.2.2 电子银行监管的经验 ... 300
13.2.3 电子银行依法监管 ... 302
13.2.4 电子银行的内部监管 ... 303

13.2.5　电子银行的外部监管 ……………………………………………………… 305
13.3　电子支付的风险 …………………………………………………………………… 306
　　13.3.1　电子支付的基本风险 ……………………………………………………… 306
　　13.3.2　电子支付的操作风险 ……………………………………………………… 307
　　13.3.3　电子支付的法律风险 ……………………………………………………… 308
　　13.3.4　电子支付的其他风险 ……………………………………………………… 309
13.4　电子支付风险的防范 ……………………………………………………………… 310
　　13.4.1　电子支付风险的管理步骤 …………………………………………………… 310
　　13.4.2　防范电子支付风险的技术措施 ……………………………………………… 311
　　13.4.3　加强电子支付的立法建设 …………………………………………………… 312
　　13.4.4　电子支付风险的综合控制 …………………………………………………… 312
13.5　电子支付的监管 …………………………………………………………………… 313
　　13.5.1　电子支付安全的监管 ……………………………………………………… 313
　　13.5.2　第三方支付的挑战 ………………………………………………………… 314
　　13.5.3　非金融机构支付服务的监管 ………………………………………………… 316
　　13.5.4　我国电子支付监管的任务 …………………………………………………… 317
本章案例 ……………………………………………………………………………………… 318
本章小结 ……………………………………………………………………………………… 320
本章习题 ……………………………………………………………………………………… 320
参考文献 ………………………………………………………………………………… 321

第1章

电子支付概论

 学习目标

1. 了解电子支付的内涵
2. 熟悉电子支付的意义与价值
3. 掌握电子支付系统
4. 熟悉我国电子支付现状
5. 掌握电子支付促进金融创新
6. 理解电子支付的风险

 案例导入

移动支付在铁路实名制售票中的应用

随着3G网络和手机终端的日益完善,手机承载的功能越来越多,SIM卡在速度、存储、识别能力上获得了空前的提高,利用SIM卡可以实现各种消费交易。现在铁路交通推行的实名制售票,旅客可持第二代身份证等24种证件购买实名制火车票。实名制售票在打击黄牛党、实现购票的公平、公正等方面起着非常重要的作用,但是实名制要求旅客购票、上车、退票、代购票等需要携带相关证件,这无疑会给旅客出行带来不便,特别是证件丢失或是被盗,问题就会更加麻烦,而利用移动支付的钱包功能,特别是通过手机的实名制来推动列车的实名售票,既能方便旅客,又能给列车的售票工作带来极大的便利,发展前景非常广阔。

现在的移动支付主要有近场和远程两种支付方式。移动的近场支付是指通过无线频率部分的电磁感应耦合方式实现的,由非接触式射频识别(RFID)及互联互通技术整合演变而来的一种支付方式。这就像超市购物时的条形码,但RFID比条形码先进之处在于,不对准也读得出。将带有"钱包"功能的电子标签与手机的SIM卡合为一体,手机就有钱包的功能,消费者就可以将手机作为一种支付工具,用手机乘坐地铁和公交,同时也可以用手机在车站的POS机上刷卡购买火车票。

移动的远程支付是指交易通过运营商网络进行,使用手机进行网上支付、WAP支付或者短信代收的一种支付方式。支付费用并不需要刷手机,而是利用手机中的预先装载的支付软件和开通的移动支付账号进行支付。经过多年的发展,不少第三方支付公司如支付宝、财付通、钱袋网等,已经在手机远程支付方面开发出比较成熟的业务模式。同时,随着技术的不断成熟,现场支付将逐渐趋同于在线支付,操作日趋便捷,可应用覆盖面也越来越广。

因此，移动支付无论是在近场支付还是在远程支付上，都已经有了大胆的尝试和应用。铁路部门可以在此基础上，加强与金融机构和移动运营商的合作。这样，通过技术的嫁接和强强联合，通过手机支付来推广实名制售票，将会给各方带来更大的市场价值。

讨论：

1. 移动支付在铁路领域的应用将会带来什么样的好处？
2. 消费者对于铁路售票领域的移动支付服务创新有哪些心理障碍？
3. 结合案例，分析移动支付的各个参与方该如何进行合作才能完善移动支付在铁路实名制售票领域中的应用。

1.1 电子支付的内涵

1.1.1 电子支付的基本概念

电子支付是人们利用计算机、互联网进行资金转移偿付的行为，是支付方式发展的高级阶段。具体来说，由于信息技术在金融业的应用，出现了各种电子支付工具，人们可以利用这些支付工具进行资金的转移或债务的偿付。

电子支付是指单位、个人直接或授权他人通过电子终端发出支付指令，实现货币支付与资金转移的行为。中国人民银行 2005 年发布的《电子支付指引（第一号）》中规定电子支付是通过电子终端设备发出指令完成支付行为的，而电子终端设备不仅仅包含互联网计算机终端，当然还可以包含固定电话、移动电话、各种支付转账终端设备以及各种充值终端设备等，所以我们不能把电子支付片面地理解为"网上支付"。在现实应用当中，电子支付覆盖了我们工作、生活的方方面面，不仅包括网上交易应用领域，还包括企业信息化领域、传统制造业领域，不仅应用在商业领域，还广泛应用于公共事业等领域。广义来讲，我们日常生活中的信用卡、借记卡、网上支付等一切非现金、非票据支付方式都可以归入电子支付范畴。

与传统支付方式相比，电子支付通常具有以下特征：

（1）电子支付具有数字化特征。电子支付是以数字流的方式来实现信息传输的，各种支付指令都是通过数字化的方式和一定的格式来通知银行业金融机构，从而完成款项支付和转移的；而传统支付方式往往以物理介质的现金流转、票据转让和银行汇兑等行为完成款项的支付和转移。

（2）电子支付需要现代通信技术和完善的系统体系作为支撑。电子支付是通过电子终端设备发出指令的，即时性的指令传递需要依托现代通信网络进行传输。这里所说的现代通信网络，因所采用的电子支付设备不同而不同，包括 Internet、Extranet、固定电话网络、移动电话网络、卫星通信网络、有线电视网络、专线网络，等等。同时仅仅有传输网络也是不够的，电子支付往往需要完善的系统体系支撑，包括从支付终端、传输线路、金融机构清算结算系统等方面的支撑。

（3）电子支付具有方便、快捷、高效、经济的特征。电子支付在工业、商业、生活中的应用，既方便了商家、消费者，也大大提高了银行业金融机构清算结算等方面的工作效率，使得处于工业、商业、生活中的各个角色降低了交易成本，发挥了电子支付高效经济的特征。

当然，电子支付作为一个基于现代科学技术、商业应用不断发展的支付方式，其定义和特征必将随之发展，所以我们对于电子支付的认识不能局限于上述的定义和特征。

1.1.2 电子支付的分类

电子支付可以从不同的研究角度进行多种分类，目前可以按照支付模式、指令发起方式等进行大致分类。

（1）按支付模式，可以分为银行卡支付模式、电子现金及电子支票支付模式、第三方平台结算支付模式、银行网关支付模式。

① 银行卡支付模式。银行卡支付模式，是指使用由商业银行或独立发卡机构发行的，具有消费信用、转账结算、存取现金功能的卡式支付结算工具（包括借记卡和贷记卡）进行支付、转账。

② 电子现金及电子支票支付模式。电子现金，简单来说就是以数字形式存在的货币，通常以一定介质形式存在或者通过一定的认证手段验证其存在。目前电子现金主要以电子钱包和智能卡的形式存在。电子钱包往往以软件的形式内置于计算机、手机等互联网终端或移动数据终端中，使用时通常由电子钱包提供相应的认证识别进行电子支付。而以智能卡为物理介质的电子现金目前已经较为普及，在国内许多大中城市以各种形式存在的具有支付功能的"市民卡"、地铁卡、公交卡以及许多公共事业缴费用IC卡都具有电子现金特征。

电子支票，是纸质支票的电子化的产物，使用数字签名和自动验证技术来确定其合法性，可以通过现代通信网络完成传统支票所有功能。目前，电子支票支付主要应用于美国传统商业领域，还很少有人在电子商务站点通过Internet直接使用支票。

③ 第三方平台结算支付模式。第三方平台结算支付模式，即"第三方支付"模式，是指具有一定信誉保障的、独立的第三方企业或机构，采用与各大银行签约的方式，提供与银行支付结算系统接口的交易支持平台的支付模式。这种支付模式多存在于互联网环境下，为交易双方提供整合了各个银行支付结算的接口，使得交易双方跨越了必须在某一方指定银行开户支付结算的障碍，降低了交易成本。

当然，随着现代科技和商业应用的发展，第三方支付平台结算支付模式也不仅仅受限于互联网环境下的应用，基于移动互联网、专用网络的第三方支付模式也在逐渐地兴起，例如一些整合了多银行支付结算接口和多项公共事业缴费、多项商业零售的社区支付、电子现金充值终端往往也具有第三方结算支付模式特征。

④ 银行网关支付模式。银行网关支付模式，指的是交易双方在其指定的结算银行的电子支付系统或在线支付系统中直接进行支付和转账行为。银行网关支付模式与第三方平台结算支付模式最终都是通过银行支付网关进行支付和转账行为的，但是它们二者的区别在于，银行网关支付模式的支付行为不需经过第三方的交易平台支持。这就要求交易双方在一家银行开立有结算户头，同时收款方需和银行签约并获得银行为其设立的支付网关。这样，为了适应商业活动的需要，收款方往往需要和市场中的每一家主要银行均签约并获得各家银行为其设立的支付网关，从而增加了收款方的交易成本。

（2）按照指令发起方式，电子支付可以分为网上支付、电话支付、移动支付、销售点终端交易、自动柜员机交易。

① 网上支付。

网上支付，是指以计算机为主要指令发起终端，通过网络（Internet、WAP）进行支付和转账指令传输的一种电子支付形式。网上支付往往采用第三方平台结算支付模式或银行网关支付模式为基于互联网的交易双方提供电子支付服务，从而实现交易双方、银行业金融机构，有时还包括第三方支付平台提供商之间在线货币支付、现金流转、资金清算结算以及交易的查询统计的功能。

② 电话支付。

电话支付，是指消费者使用包括固定电话、移动电话及内嵌有固定电话通信模块、移动电话通信模块的类电话终端设备，通过银行系统或第三方电话支付系统进行支付和转账行为。电话支付多用于小额、个人消费，我们经常见到的有腾讯Q币充值、网络游戏点卡充值以及杀毒软件购买等。

③ 移动支付。

移动支付，是指使用包括移动电话、PDA以及其他内嵌有移动通信模块的移动设备进行的电子支付。移动电话、具有电话功能的PDA以及部分内嵌有移动通信模块的移动设备进行的电子支付包含电话拨号支付、短信支付、移动互联网在线支付等形式，其中电话拨号支付、短信支付又归属电话支付范畴；移动互联网在线支付又分为WAP网络支付和Internet网络支付，两者都归属于网络支付范畴，但WAP网络支付和Internet网络支付，在技术上却有十分大的差别，这在后面的内容中将会进一步介绍。移动支付也可以包括移动计算机终端通过移动通信网络或者WLAN网络进行的电子支付，然而移动计算机终端的电子支付虽然借助了移动通信网络，但其电子支付指令还是通过Internet网络进行传输，因此我们一般把移动计算机终端电子支付行为划归为网上支付范畴，而不放在移动支付类别里讨论。

④ 销售点终端交易。

销售点终端交易，通常是指销售点通过POS终端读取客户借记卡、贷记卡信息，通过电话线路或专用线路将支付指令传输至银行业金融机构以完成即时的支付行为。随着技术的发展，目前销售点终端交易的类型已经多种多样，可以是POS机刷卡，也可以是智能卡终端读取智能卡数据，甚至还有无人值守的充值、销售终端机对银行卡、智能卡进行读取支付。同时，使用的POS终端既可以是有线传输数据的，也可以是无线传输数据的；智能卡读取终端可以是即时结算的，也可以是非即时结算的。

⑤ 自动柜员机交易。

自动柜员机交易，通常意义上是指用户通过银行类金融机构设置的ATM机进行支付和转账。实际上，我们在许多大中城市见到的地铁自动充值机、公交自动充值机、智能卡自动贩售机等应用都属于自动柜员机交易范畴。

1.1.3　电子支付的发展状况

在美国商业零售支付中，除了纸质支付工具（包括现金、支票等）外，电子支付工具已得到广泛的使用，其中银行卡已展现出逐渐替代现金、支票等纸质支付工具的趋势，在美国成为支付方式的主要发展方向。

美国电子支付产业已经建立起良好的基础设施体系：联邦储备委员会和银行提供纸类支付工具及支票；VISA和Master以会员形式向金融和非金融机构发放借记卡和信用卡；支付

服务提供商，独立建设 POS、ATM 系统及运营网络；提供收单业务的银行，主要提供借记卡与信用卡的收单业务。

电子支付在中国最早出现在 20 世纪 90 年代末，以招商银行推出的"一卡通"为标志。当时，电子支付主要应用在 ATM 取款和少量信用卡 POS 业务中。

1998 年 4 月 16 日，深圳市南山区的彭先生通过招商银行"一网通"网上支付系统，在互联网上向先科娱乐传播有限公司购买了一批价值 300 元的 VCD 光碟。这一交易的成功标志着国内首家使用银行卡进行网上购物付款结算的电子支付系统正式开通。

2003 年 3 月，中国银联成立。利用地方跨行 ATM/POS 网络，地方银联有条件向商家提供多银行卡在线支付接口，消费者 PC 终端可以作为虚拟的 ATM/POS 终端，通过 WEB 页面输入银行卡账号与 ATM 密码实现网上支付。

2005 年，中国网上支付金额达到 161.3 亿元，移动支付规模达到 2.52 亿元；2006 年，YeePay 等企业又推出了电话支付业务，一定程度上解决了移动支付不够安全和便捷的弊端。

1.1.4 电子支付工具

按照对纸币的依附关系，我们可以将电子支付工具分为两大类：一类是对法定货币（纸币）存在直接依附关系的电子化支付工具，包括银行卡（分为信用卡和借记卡）、电子支票等；另一类是对法定货币存在间接依附关系的电子货币。

按照载体的不同，电子支付工具又可以分为"卡基"型电子支付工具和"数基"型电子支付工具。所谓"卡基"型电子支付工具，其载体是各种物理卡，包括银行卡、IC 卡、电话卡等，消费者在使用这种支付工具时，必须携带卡介质。"数基"型电子支付工具完全基于数字的特殊编排，依赖软件的识别与传递，不需要特殊的物理介质。

以上两种电子支付工具的划分方法没有明确的界线。比如：银行卡既可以使用卡支付，也可以脱离卡使用账号和密码进行网上交易。下面介绍目前比较普遍的几种电子支付工具：

1. 银行卡

银行卡是指由银行机构发行的具有消费功能的金融工具，作为网上购物的支付工具，只需在消费时输入卡号和密码，即可实现资金的划转，从而实现网上购物消费的全过程。银行卡主要包括信用卡和借记卡，是目前大家最为熟悉的电子支付工具，已经成为应用最为广泛的零售支付工具。借记卡不能透支，参与主体包括消费者、商户、发卡银行和地区或全国性网络等。信用卡一般为银行在取得信用卡发行公司，如 Visa 或 Master 公司，商标使用授权后授予持卡人一定信用额度的塑料磁卡，持卡人在指定结算时间内归还消费额度，逾期作为贷款处理并加收利息。信用卡的参与主体包括持卡人、商户、发卡银行、地区或全国性网络和信用卡公司等。

2. 电子支票

支票不仅可以满足个人客户的需求，更为重要的是，它可以满足公司客户的需求。在传统的支付领域，支票获得了很大的成功，但是，支票的交换和退票等问题也确实给系统运营者造成了很大的负担，极大地影响了系统运行的效率。

为了更加充分利用互联网的便利性，近年来人们开发出了电子支票这一支付工具。电子支票是一种电子化了的支票形式,由"金融服务技术联盟"设计发展而成。该联盟包括银行、政府机构和其他金融业参与者。它模仿纸质支票,但其开出、递送、存入、交换和清算,每一步都是电子化处理,因此有两个优点:一是它尽可能地尊重人们使用传统支票的习惯,比如保留传统支票的某些要素、能够在计算机屏幕上出现电子支票票样等;二是充分利用网络的便利性,改造或重新设计支付流程,以更好地满足网络环境下的支付需求,更好、更快地完成支付。典型的电子支票系统有 E-check、Net Bill、Net Cheque 等。

3. 电子货币(E-money)

电子货币是 20 世纪 90 年代后期出现的一种新型支付工具。与纸币出现后一段时期银行券与铸币同时流通、各类银行券同时并存的情况相似,目前的电子货币基本上是各个发行者自行设计、开发的产品,种类较多,在支付过程中与纸币同时使用。已经基本成形的电子货币包括:Cybercash、First Virtual、Digi Cash、Net Cash、Netcheque、Mondex 等系统。除此之外,新的产品还在不断出现,许多国家仍在进行着这样或那样的试验。

有关电子货币的定义较多,按照巴塞尔委员会的定义,电子货币是指在零售支付机制中,通过销售终端、不同的电子设备之间以及在公开网络(如 Internet)上执行支付的"储值"和预付支付机制。这种定义比较晦涩难以理解。本书认为,电子货币是一种与纸币具有间接依附关系的电子支付工具。这种间接依附关系表现在它与纸币保持固定的等额兑换关系上。电子货币与纸币的兑换关系,是由其发行机构自行决定的。银行卡、电子支票等不属于电子货币范畴,它们与法定货币具有一一对应的关系,只是纸币的"电子化形式"。

1.1.5 电子结算

1. 电子结算系统的概念

电子结算就是买主和卖主之间的在线资金交换。交换的内容通常是由银行或中介机构发行的并由法定货币支撑的数字金融工具,如加密的信用卡号码、电子支票或电子现金。技术成本的降低、经营成本和处理成本的降低、在线商务的增加是推动电子结算的三大动力。电子商务的主要目标是要影响消费者进行结算的方式,它的发展方向是实时的电子传输、数据清算和结算系统。

2. 传统结算与小额结算

小额结算所涉及的交易额少,在传统的结算方式下交易费用往往大于结算金额,使许多企业放弃了这部分市场,但是小额结算又可以加快现金的回收,于是小额结算应运而生。

3. 电子代币

电子代币是由银行或金融机构支持的数字结算方式,分为先付代币(实时代币)和后付代币两类。

先付代币是在卖方和买方之间交换的。用户要预先支付一定金额购买代币。交易是通过电子货币的交换进行结算。先付代币结算机制包括数字现金、借记卡和存放电子货币的电子钱包。后付代币的使用要依照买卖双方之间交换的资金转账指令。后付代币包括电子支票、加密信用卡和第三方授权机制。

4. 电子现金

电子现金也叫数字现金，不仅具有计算机化带来的便利，而且具有纸制现金不具有的安全性和隐私保护。电子现金的广泛适用性为它的应用开辟了广阔的新市场。任何电子现金系统都必须具备四个共同特点，包括货币价值、可交换性、可存储查询性和安全性。

电子现金的独立性是指它和任何网络或存储设备无关。可分解性是电子现金同真正的通货的一个区别。

5. 电子钱包

电子钱包的功能和实际钱包一样，可存放信用卡、电子现金、所有者的身份证书、所有者地址以及在电子商务网站的收款台上所需的其他信息。电子钱包提高了购物的效率。目前的电子钱包有 Agile Wallet、eWallet 和 Microsoft Wallet，它们各有特点。

6. 结算卡结算

基于信用卡的结算可以分为三类：使用未加密信用卡细节信息的结算；使用加密信用卡细节信息的结算；使用第三方证明的结算。使用加密信用卡细节信息的结算是把信用卡信息输入浏览器或其他电子商务设备，并在加密后通过互联网从买方安全地传送给卖方。

结算卡为商家提供了内置的安全机制。当商家收到通过安全套接层（SSL）所保护的页面上传来的顾客结算卡信息时，结算卡交易遵循下列步骤：

（1）商家必须验证结算卡以保证其有效性，不是盗窃的卡；

（2）商家和消费者的结算卡发行公司验证消费者的账号上有足够的资金，并根据本次交易额冻结相应的资金；

（3）在所购商品送达消费者之后，相应的资金通过银行系统转账到商家。

在某些结算卡系统中，银行和其他金融机构的作用相当于持卡人和商家之间的经纪人。这类系统称为封闭系统，因为没有其他机构参与交易。如果交易由第三方处理，此系统就称为开放系统。在线商家要在互联网交易中处理结算卡，必须设置一个商家账户。结算卡的处理可由电子商务软件包所附带的软件来完成，也可外包给第三方来完成所有的结算卡处理业务。有很多公司提供这种结算处理服务，如 Internet Secure 公司等。

电子结算是通过电子信息化的手段实现交易中的价值与使用价值的交换过程。电子结算作为一种高效、便捷、安全的结算方式，有以下好处：一是加快了资金结算速度。省却了对现钞的清点工作，提高了结算速度，从而提高了配送员的送货速度。二是提高了结算的准确率。减少了传统收款中的少收多收现象，提高了结算的准确率，也增强了客户对企业的信任度。三是杜绝了假币流入。使用电子结算有效地杜绝因为疏忽而收进假币这类情况的发生。四是提高了员工的工作效率。实行电子结算后，员工减少花在硬币和残缺的角票清点、整理中的精力，有更多的时间来服务客户、管理市场。五是提高了现金的安全性。收取货款本身就存在一定的安全隐患，采用电子结算杜绝了货款被偷、被盗、被抢等事故的发生。

1.1.6 电子支付产业

1. 产业和产业化

在宏观经济理论和微观经济理论中，都没有给"产业"一个严格的定义。根据当代经济学理论,"产业"既不是微观经济的细胞(企业和个体),也不是宏观经济的单位(国民经济),而是居于两者之间的一个"中观概念",是具有某种同一属性的企业的集合。也有文献笼统地认为,"产业是同类企业、事业的总和"。在此,本书更加赞同前一个界定,并进一步将该企业集合所具有的同一属性理解为:它们都处于相同或相关价值链上,最终目的是提供某种产品和服务。可见,产业的主体是企业集合,核心是商品或服务。

相对"产业"而言,"产业化"则是一个动态的概念,通常指产业形成和发展的过程。"产业化"具有两个阶段的含义:一方面是指某一项理论、技术发明或一个产品,经过商品化、规模化、规范化、专业化、社会化发展,形成一个新的产业的全过程;另一方面,指一个产业从低级到高级,从传统到现代的不断完善的过程。前一阶段表现为产业的分化,后一阶级表现为产业的进化。

2. 电子支付产业

按照上面对产业的定义,电子支付产业可以定义为以提供电子支付服务为目的的所有企业的集合。具体来说,电子支付产业的主体是服务于电子支付的企业,包括发卡银行、收单行、特约商户和跨行服务机构。跟其他产业一样,电子支付产业也有自己的产业链条,各个主体在这个链条中提供专业化的服务并共享产业利润。

1.2 电子支付的意义与价值

1.2.1 促进非现金支付工具使用

电子支付体系中支付系统是网络化支付系统,系统内处理的是电子货币,处理金额可以大到上不封顶,小到几厘钱,并且支付手段多样化,计算机、IPAD、手机甚至还有线下电子支付工具,可以说从多个层面满足了社会、企业和个人对支付的个性化需求,客观上大幅减少了传统纸币的流通使用量。由于经济活动中使用现金的成本是非常高的,减少经济系统中的现金流量具有积极和变革的意义。

现金使用的各项成本,除去钞票的印刷、运输、安保和预算,还包括将现金发到各个支行等的成本,相关现金的一系列成本可能占到国家 GDP 的 1.6%~0.5%。电子支付不仅可以有效减少,甚至消除这些成本。站在银行的角度,管理现金,包括安保、运输等这些方面的成本是一笔很大的开销;站在商家的角度,接受现金就要确保现金的安全,还要把现金存到银行或是取出来,这些都是成本。另外用现金交易在现实中增加了逃税、国内和跨境转移非法物品的可能。电子商务支付不仅可以有效减少甚至消除这些成本,还有利于增加经济活动的透明度,以及税收的效率,推动了我国金融电子化的发展。

1.2.2 促进经济繁荣和增长

支付体系是一国社会经济发展最核心的金融基础设施之一。电子支付体系建立在传统支付体系基础之上,进一步深入到社会经济、服务、消费等各个领域。构建安全、高效、便捷、经济的现代化电子支付体系在应对国际金融危机挑战、支持和促进国民经济持续健康快速发展等方面发挥了积极作用。在缺乏社会信用体系建设的中国,具有信用中介功能的第三方支付正好弥补了企业间、企业和消费者之间相互不信任，促成了我国电子虚拟经济的跨越式成长；电子支付体系与传统行业的紧密整合，提供的供应链支付为传统行业的经济腾飞创造了良好的金融支付平台；电子支付体系的各种支付系统，几乎涵盖了全社会对支付的各类需求，比如微支付，为互联网信息有偿服务提供了可能，将创造出无法想象的市场成长空间。

1.2.3 促进产业升级

电子支付最早关注于消费者和企业的支付需求，也就是 B2C 和 C2C 的支付模式，现在也开始关注 B2B 支付领域，而在此领域将和商业银行的传统客户资源必然发生冲突，因此必须要做商业银行所不能做的，传统金融服务体系所不能完全涉及的，以创新为根本才有可能站稳 B2B 支付市场。近年来，电子支付已经开始谋求和企业的深度合作，与行业的供应链紧密结合，客观上推动了行业的升级，让行业更有效率。在航空、物流、保险、基金、教育、医疗和贸易市场等行业，电子支付的深入介入，不仅为行业带来快捷方便的服务和利润，更重要的是推动了行业的现代化进程，有效地促进了行业的升级。

1.2.4 促进金融创新

电子商务支付的发展抓住了两个机遇，一是传统支付体系的现代化，二是传统支付体系对市场服务需求的反应迟纯。电子商务支付在传统支付系统等金融基础设施的支撑下，提升了支付服务的业务处理能力，为个人、企业和社会提供全方位的个性化支付服务，为简单直接的支付服务注入了无限生机和增值服务。电子商务支付服务的创新还进一步推动金融产品的创新，使银行业加大了非现金支付工具的研发和推广力度，拓展金融服务对象，丰富金融服务产品，提高了中间业务收入。电子商务支付体系将银行业金融机构紧密联系在一起，促进了竞争与合作，发挥了金融体系的整体优势，提高了金融服务质量，推动了金融创新。

1.2.5 电子支付的价值

电子支付的本质就是进行资金划转和清算，必然与商业银行有着密不可分的联系。在由商业银行、第三方电子支付公司、安全认证机构、商户以及用户等组成的电子支付产业生态图中，银行与支付公司是其中的核心纽带，从电子支付诞生的那一天起，银行业就在其中发挥着重要的作用，拥有得天独厚的优势。

首先，各大银行品牌优势巨大，无论从信誉度还是知名度上都远远胜过现存的各个第三方电子支付机构。其次，各大银行客户资源优势巨大，银行都拥有强大的储户资源。银行的电子支付业务也是在这些储户资源的基础上发展而成，是为储户账户提供的增值服务。再次，银行雄厚的资金支持、先进的系统、专业的管理团队和较为完善的风险管理体系能为电子支付带来完善的服务，银行的支付清算职能是不可替代的。

我国的法律不允许非金融机构吸收存款，第三方电子支付平台必须通过银行系统进行支付清算。由此可见，银行在第三方电子支付生态圈中的地位是不可取代的，第三方电子支付服务实质上是银行业务的延伸，第三方电子支付公司所从事的支付业务最后都要通过银行的支付网关完成，由银行来进行结算。各个第三方电子支付公司为了能够在市场上站稳脚跟，也在积极寻求和银行建立战略合作关系，从银行的合作中取得优惠的合作条件，获得行业竞争优势。

1.3 电子支付系统

现代科技在促使电子支付工具形成的过程中，对传统的支付体系也产生了很大的影响。银行卡、电子支票、电子货币等电子支付工具要实现支付结算，离不开一套完整的电子支付系统。

1.3.1 支付系统的含义

支付系统（Payment System）是由提供支付清算服务的中介结构和实现支付指令传送及资金清算的专业技术手段共同组成，用以实现债权债务清偿及资金转移的一种金融安排，有时亦称清算系统（Clearing System）。由于经济活动和其他行为所产生的债权债务必须通过货币所有权的转移加以清偿，支付系统的任务即是快速、有序、安全地实现货币资金在当事人间的转移。支付系统对于一国而言具有特殊的重要意义。

1. 支付系统是国家金融基础设施

金融基础设施是金融业赖以生存的根本前提之一，已成为金融竞争的重要砝码，其建设水平反映了一国金融产业的总体发育程度。支付系统是金融基础设施的核心部分，金融机构借助支付系统这一载体对特定支付或金融讯息的传输，实现了资金在部门、企业及个人之间的转移。在高新技术广泛应用于金融领域的当今世界，支付系统的运行质量直接影响银行的经营效益，关系到银行的竞争能力。为此，各国均把支付系统的现代化作为金融基础设施建设的重中之重。

2. 支付系统的运行范围

如果从狭义的角度理解，支付系统是一种具有较强专业特征的金融安排，包括功能各异的多种形式，如票据清算所支付系统、大额支付系统、电子联行支付系统、银行卡支付系统或跨国支付系统等，这些支付系统均有既定的服务范围和运行规则，金融机构是支付系统的主要参与者或使用者。当从社会范围考察支付系统时，其影响力和作用范围实际上超出了金融范畴。如在信用货币流通的条件下，现金流通尽管基本上游离于银行转账结算体系之外，亦与清算活动有直接联系，但从现金结算规律与运行机制的角度看，有理由将现金流通与结算看作是一种"另类"支付系统，其有着既定的运行范围及行为主体。又如，在某些边境地区的边民互市贸易中，物与物的直接交换尽管脱离了信用货币的媒介作用，但交易的达成及债权债务的清偿仍然遵循了小范围内的以等价交接为原则、以物物交换为形式的特殊的支付结算体系原则。所以从广义上考察，支付系统不仅只属于金融范畴，其与社会和各种行为的当事人均有着某种直接或间接的联系。

3. 支付系统是个复杂的系统工程

在任何一个社会中，均会存在着与其经济及金融制度相适宜的支付系统，支付系统的构建是政府及金融业的共同责任。为了满足社会行为对货币资金转移支付的需要，一个国家通常建有若干服务于不同领域的支付系统，如大额支付系统用于大金额交易的资金支付清算，主要适用于批发金融业务；而小额支付系统则与个人消费者具有密切联系，是零售金融业务的主要支付渠道。每一个支付系统均如同一段高质量的铁路设施，具有严格的运行制度和操作规程，既可独立运行，又在经济及金融体系中相互关联，任何一个环节出现问题，将导致严重的系统性风险，危及金融、经济安全与社会稳定。鉴此，政府部门及金融当局在对支付系统进行物质投入的同时，亦十分注重支付系统的规则建设及规范运行。此外，支付系统的运行过程，即是金融服务的提供过程，如商业银行为客户提供支付结算服务，清算机构和中央银行为行间清算提供服务等。从这一意义上讲，支付系统的运行效率与相关服务水准密不可分，所以，各国在支付系统的现代化建设中，除了硬件设施的大力投入以外，对支付系统运行的软环境及专业人才的培养亦非常重视，从中央银行到商业性金融机构均设有专门机构负责支付系统的构建、运行、管理。

4. 支付系统运行的支持能力

支付系统的运行效率直接关系到全社会范围内资金转移的速度与规模，对资源配置及生产要素的合理流动具有至关重要的影响。支付系统的设施与运行水准在相当程度上取决于社会综合能力，其中科学技术的开发及应用能力尤为关键，在过去相当长的一段时期内，纸质凭证的传递、交换及账务的人工处理，是维系支付系统运行的基本手段。特别是近几年来，信息技术和国际互联网以异军突起之势深刻地影响着人类社会的每一角落，高新技术与金融业的有机融合，最恰当地显现出两者"联姻"所引发的金融产业已知和未知的重大变革。纸质货币向电子货币、实体银行向虚拟银行的转化，均对支付系统建设产生深刻影响。

5. 支付系统有严格的制度规范

支付系统是经济与金融体系的重要组成部分，与金融体系的运行机制具有不可分割的联系。支付系统运行的质量与效率直接关系到经济与金融运行的稳定。可以说，支付系统建设含有两重成分：一是商业性成分，即各类金融机构出于业务经营的需要，须构建系统内或行间支付系统；二是国家色彩，即政府及其货币当局负有维系支付系统稳定运行的职责。因此，支付系统不仅是金融机构内部设施建设的一部分，也是国家基础设施建设的重要内容。所以，支付系统不仅需满足既定金融服务领域内的功能要求，还需兼顾其与社会整体支付体系的融合性。鉴此，支付系统的设计与构建需在一定的制度框架内进行，不论是商业银行系统内的支付系统，还是行间支付清算系统，甚或是跨国支付系统，严格的制度规范是其正常运行不可或缺的保障举措。

1.3.2 电子支付系统是电子支付的基础

电子支付产业提供最终产品或服务的载体就是电子支付工具。而电子支付工具要完成其支付职能，必须有与之配套的电子支付系统。实际上，正是由于电子支付系统的建设和运行涉及各个方面，单个金融机构无法也没有实力建设一个完备的电子支付系统，这才逐步从传统的金融业中分化出一个产业——电子支付产业。因此，电子支付系统是电子支付及其产业化发展的基础。

1.3.3 现阶段的电子支付系统

信息技术支撑的电子支付系统，电子支付系统主要分为四类。

1. 大额资金转账系统（HVPS 或 LVPS）

大额资金转账系统是一个国家支付系统的主动脉。电子大额支付系统能够把各个地方的经济和金融中心连接起来，形成全国统一的市场，对经济发展、金融市场的发展以至国家的整个金融体制具有十分重大的意义。此外，大额转账系统还对重要的跨国市场提供多种货币交易的最终结算服务。由于这些原因，大额转账系统的设计和运行是决策者和银行家关心的主要问题。发达国家十几年来一直都在努力改造、强化或建立它们的跨行大额资金转账系统。在从计划经济向市场经济过渡的国家里，建立起电子大额支付系统被认为是发展市场经济中应首先考虑的问题之一，因为大额支付系统不仅能满足社会经济对支付服务的需求，而且支持正在形成的金融市场，为中央银行采用市场手段实施货币政策创造条件。

2. 批量电子支付系统（Bulk Electronic Payment System）

批量电子支付系统是满足个人消费者和商业（包括企业）部门在经济交往中一般性支付需要的支付服务系统（亦称小额零售支付系统）。这类系统能够支持多种支付应用，大体上可以把这些支付交易划分为两大类：经常性支付和非经常性支付。跟大额转账系统相比，小额支付系统处理的支付交易金额较小，但支付业务量很大（占总支付业务的 80%～90%）。所以这类系统必须具有极大的处理能力，才能支持经济社会中发生的大量支付交易。大额支付系统对数量较少的专业化市场的参加者提供支付服务，而小额支付系统实际上对经济活动中每一个参加者提供支付服务。因此，小额支付系统服务的市场很大，产品千差万别。

3. 联机（On-line）小额支付系统

信用卡、ATM 和 POS 网络对小额零售支付提供通信、交易授权及跨行资金清算和结算。从概念上，这类支付系统应划为电子小额支付范畴，但由于这类系统具有的特点，一般都单列为一类，即联机的小额支付系统。因为这类支付系统的客户一般使用各种类型的支付卡作为访问系统服务的工具，所以又可称为银行卡支付系统。这类系统，其电子授信要实时进行，因而它比批量电子支付系统要求较高的处理速度（联机授信处理），但不要求大额支付系统中那种成本昂贵的控制和安全措施。

4. 电子货币系统

电子货币作为一种新型的支付工具，对未来支付体系的影响现在很难估量。近几年的发展趋势表明，电子货币一旦被广泛接受，就可能不再局限于小额和零售支付。电子货币系统提供的便利和对交易费用大幅度的节约，使它有可能成为未来社会支付体系中的一个重要系统。

1.4 我国电子支付现状

1.4.1 电子支付形成规模

目前，在我国电子支付体系中，银行卡支付和网上支付已经成为主流。2011 年，全国发行银行卡 34 亿张，其中，借记卡发卡量为 30.82 亿张，信用卡发卡量为 3.18 亿张。

而截至 2012 年年末，全国累计发行银行卡 35.34 亿张，同比增长 19.8%，同比增速放缓 2.3 个百分点。其中，借记卡累计发卡量为 32.03 亿张，同比增长 20.3%，同比增速放缓 1.6

个百分点；信用卡累计发卡量为 3.31 亿张，同比增长 16%，同比增速放缓 8.3 个百分点。全国人均拥有银行卡 2.64 张、信用卡 0.25 张，较上年同期分别增长 20%、19%。北京、上海信用卡人均拥有量远高于全国平均水平，分别达到 1.47 张、1.16 张。中国人民银行大小额支付系统的建设，为电子支付提供了良好的发展平台，2011 年中国人民银行跨行支付系统、同城票据支付系统、银行业金融机构行内支付系统及银行卡跨行支付系统共处理支付业务约 155.23 亿笔，金额 1 991.90 万亿元，同比分别增长约 35%和 20%。银行卡跨行支付系统共处理支付业务 68.78 亿笔，金额 15.01 万亿元。电子支付国际受理环境形成一定规模，电子支付在我国金融电子化发展过程中的地位越来越重要。

1.4.2 电子支付产品增多

我国的网上银行始于 1999 年，中国银行、建设银行、招商银行相继在这一年推出网上银行业务。工商银行自 2000 年 2 月推出网上银行业务以来，除企业网上银行外，还推出了个人网上银行、集团理财、银证通、外汇买卖、个人汇款、代缴学费、网上个人质押贷款等一系列网上银行新业务。随着科技发展，由自助银行、电话银行、手机银行和网上银行构成的电子银行立体服务体系日益成熟，网上银行开通城市超过 300 个，2012 年电子银行交易额达 900 万亿元，网上银行交易额 218 万亿元。

1.4.3 建立数据集中存储系统

四大国有商业银行充分利用计算机网络等先进信息技术，先后完成了以客户为核心的综合柜员业务处理系统及涵盖对公、储蓄、信贷、银行卡等业务的新一代综合业务处理系统，所有业务趋向一个系统平台，实现各项业务之间无缝对接，本、外币通存通兑和多种新型中间代理业务的自动化处理。开通了全国资金汇划与资金清算系统，行内汇划资金可以及时到账，实现了实存资金、即时划拨、头寸控制、集中监督的功能。四大国有商业银行先后都实施数据大集中工程，实现了银行所有核心业务数据集中到省域数据中心或指定的全国性数据中心、灾难备份中心，形成了以数据中心为节点，以总行数据交换总中心为核心的全国信息系统基础架构。与此同时，银行经营管理信息系统和办公自动化系统发展迅速。各商业银行相继建立了公文传输系统、电子邮件系统、电视会议系统及办公自动化系统，以及包括财务管理、人力资源、风险和资产负债管理、客户关系管理、决策分析等功能在内的后台管理信息系统，提高了经营决策效率和综合管理水平办公效率。中国人民银行"银行信贷登记系统"已实现了全国联网，跨行之间数据共享，成为未来征信系统的基础。

1.4.4 电子支付系统网络化

国家外汇管理局与海关总署联合推广了电子口岸执法系统，通过银行与海关联网，建立起电子数据的共享和交换机制，实现了核销单证的网上发布和事后自动核对。国家外汇交易中心开发推广的中国外汇交易系统覆盖全国，上千家金融机构使用该系统进行实时的外汇买卖业务，通过远程通信进行公平、开放、即时的外汇交易。

国债登记管理公司开发的国债登记系统与全国的商业银行联网，财政部和银行通过这个系统发行国债和金融债券，降低了发行成本。商业银行通过该系统进行国债买卖和回购业务，调剂短期资金的余缺。2004 年 11 月 8 日，中央债券综合业务系统成功接入了中国人民银行大额支付系统，打通了与债券业务相关的资金实时清算渠道，顺利实现了券款对付结算，加快了资金清算速度，提高了债券交易结算效率。

在证券交易上，2003年开始，中小券商率先实施集中交易。2004年，许多大型证券公司加快了对原有交易模式的改造步伐，着手建立集中交易模式。国库系统走向成熟稳定，资金清算并入大额支付系统，与财政、税务实行了横向联网。电子支付工具得到大力发展，以银行卡为代表的新型支付工具发展迅速。

银行卡突飞猛进的发展，实现联网通用，走入寻常百姓家。据统计，到2003年年底，全国共有发卡金融机构上百家，仅四大商业银行发卡已赶超过5.67亿张，消费额4 800亿元。

银行卡作为现代化支付工具，日益融入我国经济生活和社会生活之中，我国已经成为全球银行卡业务发展最快、信用卡潜力最大的国家。

1.4.5　现代化支付清算体系建立

自1989年起，中国人民银行开始规划和启动中国金融卫星通信网络建设，已开通运行近700个地面卫星小站，覆盖了全国所有的地市级以上的城市分行和部分经济发达的县级支行，目前通过金融卫星通信网的资金占全国流动资金的90％以上。作为其核心的大额支付系统已经在全国32个城市建成并成功运行，重庆、湖北两地区已开通到县级，全国电子联行系统开通运行的电子联行收发站覆盖了全国所有地市级以上城市和1 000多个经济发达的县。大额支付系统与电子联行两大系统实现稳定的混合运行，两大系统日均处理支付清算业务30多万笔，每笔支付业务不到一分钟就可以到账。以网络传输为媒介的同城清算系统在全国部分城市推广运行，国内16个经济较发达的大中型城市建立了同城票据自动清算系统，扩大了票据处理范围。现代化支付系统同时也为城市商业银行实现跨区域资金清算开辟了一条高效、快速、安全、准确的资金清算通道。

1.4.6　金融信息安全体系形成

全国主要金融机构已完成本系统信息系统安全技术总体设计，配置了各种加密设备，采用了网络链路层加密、终端加密、口令加密、地址校验、身份认证、柜员签到、密押等安全措施，以保障核心业务数据的传输安全；针对非法入侵和计算机病毒等不同类型的威胁，各银行分别配备了防火墙、入侵检测、病毒防治、数据备份等技术防范措施；网上银行普遍采用了身份认证、高强度支付网关、专用区域隔离、实时监测等技术，切实保证交易行为和外连接口的安全；各家银行统一建设的金融安全认证中心（CFCA）和支付网关的建成使用，为网上银行和电子商务网上支付结算等网络金融服务提供了安全保障。

1.5　电子支付促进金融创新

银行业可以追溯到1694年英格兰银行的诞生，300多年来基本上没有实质的变化。但最近几年，随着电子支付的发展，银行的变化非常深刻。比尔·盖茨曾经预言："如果你们这些传统银行不改变现状，那你们就是一群21世纪即将灭绝的恐龙。"因此，传统银行业要在网络经济的浪潮中存续下去，必须进行不断的金融创新，以创新谋发展。

1.5.1 电子金融业带动电子支付产业

电子支付产业本身是金融业这一大产业分化出来的，但是电子支付对传统金融业提出了巨大的机遇和挑战。金融业在电子支付产业的发展中，应该扮演何种角色就显得十分重要。商业银行应该成为电子支付产业链的龙头或核心企业。我们知道，金融电子化发展到高级阶段，由于规模化和专业化的需要，出现了为商业银行提供专业化服务的机构。但不管分工格局如何细化，商业银行始终是最终金融服务的直接提供者，不可能被电子支付产业链中的其他主体所替代。换句话说，其他主体以向商业银行提供更好的第三方服务为目的，在推动电子支付产业不断分化和进化的进程中，推动整个金融业不断地向前发展，并谋取产业利润。电子支付要实现产业化发展，就是要使电子支付产业不断分化和进化，它实际上表明的是一种发展趋势，首先把银行业自然形成的电子支付服务，改造成接近现代意义的"产业"，即出现电子支付产业雏形，然后再实现电子支付产业的升级和转型。电子支付产业化发展由市场、产业组织、利益机制等因素构成，其内涵包括三个方面：以市场为导向，根据市场需求和技术条件的变化，不断开发具有市场潜力的新产品和新服务；实现经营一体化，逐步培育专业化的市场主体，形成上下游一条龙的产业链；形成利益共享机制，产业链上的各个市场主体"利益共享，风险共担"。尽管各国电子支付产业在发展程度上存在较大的差距，但在产业化发展的道路上，都具有以下特征：

（1）电子支付工具层出不穷。目前，电子支付技术正处于前所未有的变革洪流中，手机、生物识别、预付卡等这些层出不穷的手段似乎都在影响着未来的支付方式。明天我们会应用什么技术，今天我们无法知道。今天我们一些有关支付的创新也许在十年之后将主宰我们的支付市场。但有一点可以肯定的是，新兴的支付工具必须更为方便、易于使用，同时比现有的支付工具更能节约成本。这都将推进电子支付产业的进化，向更加高级、专业化、国际化的方向发展。

（2）电子支付产业分工日益专业化。整个电子支付产业经过几十年的发展，产业分工日益细化，发卡、收单等各个领域都有专门的参与主体各司其职，例如银行专注于经营发卡业务，银行卡联合机构专注于发展统一的支付渠道网络，推广基于网络的支付品牌，等等。

（3）电子支付产业日益走向规模化、国际化。电子支付产业是一个规模经济产业。因此，随着产业的不断发展和竞争的优胜劣汰，在每一个分工领域，基本都形成了垄断竞争的局面。具体说来，这种规模化、国际化发展的趋势来自两个方面：① 金融服务满足全球化的需要，随着经济全球化，人们需要更加快捷、方便的全球金融服务，这是电子支付产业向国际化发展的内在动力，是利益使然。② 规模经济的需要。电子支付产业是一个高投入、高风险的行业，需要大量的前期投入。而且由于技术变化的不确定性，对新的电子支付工具的投资具有较大的技术风险。要从新的支付工具中获得投资收益，需要一定规模。这促使各个产业主体不断扩大规模，走国际化发展的道路，力争建立电子支付的国际品牌。

1.5.2 电子支付促进金融创新

当然，传统金融业要在电子支付产业链中保持核心地位，必须不断地进行金融创新，以创新谋发展。而这种创新不仅需要商业银行进行创新，也需要金融监管机构进行创新。商业银行既具有创新的动力，又有来自第三方服务机构试图渗透其业务谋利的压力。

（1）充分利用信息技术进行业务创新，拓展银行服务领域。

传统的金融电子化着重于用信息技术模拟现行手工处理流程来处理银行交易和输出格式的信息，而忽视了银行内部业务活动和流程的改造，使信息技术很难发挥其在降低经营成本、提高管理效率和质量等方面的应有作用。实际上，商业银行的业务创新应该表现在传统业务流程再造和金融产品或服务创新两个方面。传统业务流程再造主要体现在两个方面：一个是银行业务处理的电子化、自动化；一个是银行经营方式的电子化和网络化。前者不仅可以直接降低银行的业务处理成本，还可以提高处理效率；后者打破了传统银行经营受地域限制的状况，扩大了服务的领域。另外，应该看到，与以上两种业务流程再造紧密相关的是银行内部组织机构的变化。在金融产品或服务创新方面，金融电子化为商业银行提供差异化乃至个性化的产品创造可能。一方面，利用信息技术商业银行可以从传统业务数据中分析出客户的潜在需求，推动产品创新；另一方面，也只有为大部分客户提供了差异化的服务，对大客户、黄金客户提供了个性化的服务后，银行才能更加具有竞争力。需要特别注意的是，金融电子化的发展对这种差异化产品的创新支持，不仅要体现在客户产品或服务的细分上，还应该体现在不同的分支机构根据实际需要提供差异化的业务产品上，而后者是商业银行在金融电子化过程中应该特别给予考虑的。

（2）推进金融组织结构创新。

金融电子化会改变商业银行的业务流程，从而要求商业银行组织结构再造。这样，商业银行的组织结构将更具柔性，有利于实施扁平化管理模式，既可大大提高员工的工作效率，又可增强商业银行直接效益的创造力量。

（3）充分利用信息技术推进商业银行内部风险管理体制的创新。

商业银行通过信息技术将各业务部门和第三方服务机构等电子支付产业链上的相关主体动态相连，从而能够对各业务部门、各分支行的存贷款、同业拆借、不良资产等数据信息进行实时的监测和跟踪，尤其是对分支机构（行）反常或异常变动的数据信息的监测和跟踪，以达到防范和化解潜在风险的目的。这种风险管理体制的创新，一则需要商业银行重新建立内部风险监控指标体系，二则要开发和升级相应的风险监控系统。需要注意的是，风险监控系统应该监控电子支付产业其他主体搜集到的相关客户信息。

（4）推进商业银行金融技术再创新。

金融电子化本身可以视为金融技术创新的产物，但它反过来又进一步推动金融技术的再创新。随着电子支付产业的不断进化，第三方服务结构试图利用其信息技术优势逐步侵吞商业银行的传统业务（如第三章提及的FDC），这也需要商业银行不断研发新的技术，为提供新的金融服务奠定技术平台基础。

1.6　电子支付的风险

支付电子化的同时，既给消费者带来便利，也为银行业带来新的机遇，同时也对相关主体提出了挑战。电子支付面临多种风险，主要包括电子支付本身的技术风险，也包括操作风险、法律风险等。

1.6.1 电子支付技术风险

（1）电子支付系统的风险。

首先是软硬件系统风险。从整体看，电子支付的业务操作和大量的风险控制工作均由电脑软件系统完成。全球电子信息系统的技术和管理中的缺陷或问题成为电子支付运行的最为重要的系统风险。在与客户的信息传输中，如果该系统与客户终端的软件互不兼容或出现故障，就存在传输中断或速度降低的可能。此外，系统停机、磁盘列阵破坏等不确定性因素，也会形成系统风险。根据对发达国家不同行业的调查，电脑系统停机等因素对不同行业造成的损失各不相同，其中，对金融业的影响最大。发达国家零售和金融业的经营服务已在相当程度上依赖于信息系统的运行。信息系统的平衡、可靠和安全运行成为电子支付各系统安全的重要保障。

其次是外部支持风险。由于网络技术的高度知识化和专业性，又出于对降低运营成本的考虑，金融机构往往要依赖外部市场的服务支持来解决内部的技术或管理难题，如聘请金融机构之外的专家来支持或直接操作各种网上业务活动。这种做法适应了电子支付发展的要求，但也使自身暴露在可能出现的操作风险之中，外部的技术支持者可能并不具备满足金融机构要求的足够能力，也可能因为自身的财务困难而终止提供服务，可能对金融机构造成威胁。

在所有的系统风险中，最具有技术性的系统风险是电子支付信息技术选择的失误。当各种网上业务的解决方案层出不穷，不同的信息技术公司大力推荐各自的方案，系统兼容性可能出现问题的情况下，选择错误将不利于系统与网络的有效连接，还会造成巨大的技术机会损失，甚至蒙受巨大的商业机会损失。

（2）交易风险。

电子支付主要是服务电子商务的需要，而电子商务在网络上的交易由于交易制度设计的缺陷、技术路线设计的缺陷、技术安全缺陷等因素，可能导致交易中的风险。这种风险是电子商务活动及其相关电子支付独有的风险，不仅局限于交易各方、支付的各方，而且可能导致整个支付系统的系统性风险。

1.6.2 电子支付的操作风险

银行的业务风险由来已久，巴塞尔银行监管委员会就曾经组织各国监管机构较系统地归纳出几种常见风险，如操作风险、声誉风险、法律风险，等等。电子支付加大了风险，也使得其影响范围扩大了，某个环节存在的风险对整个机构，甚至金融系统都可能存在潜在的影响。互联网和其他信息技术领域的进步所带来的潜在损失已经远远超过了受害的个体所能承受的范围，已经影响到经济安全。这种情况与技术有着直接的关系，其中表现最为突出的是操作风险。电子货币的许多风险都可以归纳为操作风险。一些从事电子货币业务的犯罪分子伪造电子货币，给银行带来直接的经济损失。这些罪犯不仅来自银行外部，有时还来自银行内部，对银行造成的威胁更大。

（1）电子扒手。

一些被称为"电子扒手"的银行偷窃者专门窃取别人的网络地址，这类盗窃案近年呈迅速上升趋势。一些窃贼或因商业利益，或因对所在银行或企业不满，甚至因好奇盗取银行和企业密码，浏览企业核心机密，甚至将盗取的秘密卖给竞争对手。美国的银行每年在网络上被偷窃的资金达6 000万美元,而每年在网络上企图电子盗窃作案的总数高达5亿~100亿美元,持枪抢劫银行的平均作案值是7 500美元,而"电子扒手"平均作案值是25万美元。"电子扒手"多数为解读密码的高手,作案手段隐蔽,不易被抓获。

(2) 网上黑客攻击。

即所谓非法入侵电脑系统者,网上黑客攻击对国家金融安全的潜在风险极大。目前,黑客行动几乎涉及了所有的操作系统,包括 UNIX 与 WindowsNT。因为许多网络系统都有着各种各样的安全漏洞,其中某些是操作系统本身的,有些是管理员配置错误引起的。黑客利用网上的任何漏洞和缺陷修改网页,非法进入主机,进入银行盗取和转移资金、窃取信息、发送假冒的电子邮件等。

(3) 电脑网络病毒破坏。

电脑网络病毒破坏性极强。以 NOVELL 网为例,一旦文件服务器的硬盘被病毒感染,就可能造成 NetWare 分区中的某些区域上的内容损坏,使网络服务器无法启动,导致整个网络瘫痪,这对电子支付系统来说无疑是灭顶之灾。电脑网络病毒普遍具有较强的再生功能,一接触就可通过网络进行扩散与传染。一旦某个程序被感染了,很快整台机器、整个网络也会被感染。据有关资料介绍,在网络上病毒传播的速度是单机的几十倍,这对于电子支付的威胁同样也是致命的。鉴于电脑网络病毒破坏性极强、再生机制十分发达、扩散面非常广的特点,如何解决电脑网络病毒是当前电子支付监管要解决的首要问题之一。

1.6.3 电子支付的法律风险

电子支付业务常涉及银行法、证券法、消费者权益保护法、财务披露制度、隐私保护法、知识产权法和货币银行制度等。目前,全球对于电子支付立法相对滞后。现行许多法律都是适用于传统金融业务形式的。电子支付业务出现了许多新的问题,如发行电子货币的主体资格、电子货币发行量的控制、电子支付业务资格的确定、电子支付活动的监管、客户应负的义务与银行应承担的责任,等等。对这些问题各国都还缺乏相应的法律法规加以规范。以网上贷款为例,就连网上贷款业务发展较早的我国台湾金融监管部门也没有相关法律规范这一新兴业务,其监管机构目前能做的只是对银行提交的契约范本进行核准。缺乏法律规范调整的后果表现在两个方面,要么司法者或仲裁者必须用传统的法律规则和法律工具来分析网上业务产生的争议;要么司法者或仲裁者不得不放弃受理这类纠纷。由于网络纠纷的特殊性,用传统法律规则来解决是一个非常吃力的问题;但是,消极地拒绝受理有关争议同样无助于问题的解决。法律规定的欠缺使得金融机构面临巨大的法律风险。

此外,电子支付还面临洗钱、客户隐私权、网络交易等其他方面的法律风险,这就要求银行在从事新的电子支付业务时必须对其面临的法律风险认真分析与研究。

本 章 案 例

记者实测如何破解支付宝账户

最近网络中一个关于破解支付宝账户的热帖被疯狂转载,手机、银行卡加身份证,就能破解支付宝账户?为辨网转热帖真伪,记者开展实测。

第一步：打开手机支付宝登录界面，首先要输入手势密码。记者选择"忘记手势密码"，页面弹出"需要重新登录"对话框。点击后，出现账号登录页面，需输入登录密码，记者选择"忘记登录密码"，页面给出了三个选项找回密码："手机校验码+证件号码的方式"、"通过安全保护问题"、"通过人工服务"。

第二步：选择第一个选项"手机校验码+证件号码的方式"，在找回密码界面上，输入手机号后，输入验证码，点击下一步，会接收到一组六位数的验证码，正确输入验证码后，进入"找回密码"页面，此时页面提示，需要填写身份证号验证。如果不知道机主身份证号，操作将无法继续。

第三步：正确输入身份证号码后，点击下一步，记者随后便进入"重新设置密码"程序，在修改登录密码后，记者成功地登录了这部手机上的支付宝的界面，账号里的资金情况一清二楚。

看到支付宝内金额，并不代表能够消费或者转移。在支付宝的任何操作，只要涉及金钱转出、转入的，都要输入支付密码，找回支付密码需要通过短信，加上这个安保问题或是快捷支付的银行卡信息。

也就是说，如果同时掌握银行卡信息，就能轻松对手机上的支付宝完成转账等操作。整个过程大约用了10分钟。

记者测试证明，如果只是单纯丢失手机，不法分子几乎是不能仅凭一部手机盗取银行资金的。但是，如果将手机、身份证、银行卡一起丢失的话，就意味着你绑定在手机上的银行卡密码能够被修改，绑定的资金也可能被转移。

网络安全专家提醒，万一手机丢失，如果手机号已经绑定了支付工具，建议用户尽快向支付服务提供方（支付宝、微信等）挂失，联系通信运营商挂失SIM卡，并向银行挂失并冻结已经绑定的银行卡。如果身份证、银行卡连同手机一并丢失，需要尽快进行挂失处理。"手机丢失后，只要用户保护好自己的隐私，特别是像有身份证号、银行卡号这些只要保护好，风险其实是可控的。"移动支付安全研究员申剑告诉记者。

讨论：
1. 结合案例，分析移动支付安全的潜在技术风险包括哪些方面。
2. 结合案例，分析手机与银行系统之间的安全通信涉及哪几个主体，数据特性是什么。
3. 结合案例，分析移动支付产业链上各个参与方应该如何防范移动支付安全的技术风险。

本 章 小 结

通过本章学习，首先应熟悉电子支付的内涵，包括电子支付的基本概念、电子支付的分类、电子支付的发展状况、电子支付工具、电子结算，以及电子支付产业。然后掌握电子支付的意义与价值，如它能促进非现金支付工具使用、促进经济繁荣和增长、促进产业升级、促进金融创新，并理解电子支付的价值。熟悉支付系统的含义，理解电子支付系统是电子支付的基础，掌握现阶段的电子支付系统。应该熟悉我国电子支付现状，如电子支付形成规模，电子支付产品增多，银行建立了数据集中存储系统并实现电子支付系统网络化，现代化支付清算体系建立，金融信息安全体系形成。要能解释电子金融业如何带动电子支付产业，电子支付促进金融创新。重点掌握电子支付的风险的分类，如电子支付技术风险、操作风险和法律风险。

本 章 习 题

1. 试述电子支付的分类方式。
2. 分析我国电子支付的发展状况。
3. 简要叙述电子支付的意义与价值。
4. 试述支付系统的含义和构成。
5. 试分析我国电子支付形成规模与产品增多。
6. 举例说明电子支付促进金融创新。
7. 以案例说明电子支付的风险。

第 2 章

电子银行

  学习目标

1. 熟悉电子银行业务的概念及优势
2. 了解我国网上银行的发展现状及趋势
3. 理解电话银行业务发展中存在的问题
4. 掌握手机银行的主要类型和业务功能
5. 熟悉自助银行的种类功能

  案例导入

用户受损谁负责？

据 2013 年 11 月 20 日发布的《中国网络支付安全白皮书》数据统计，预计 3~5 年内网络支付交易规模至少还有 6 倍增长，将达到 20 万亿元以上。其中，移动支付呈现爆发式的增长，预计 2013 年全年移动支付市场规模会超过 8 000 亿元，是 2012 年规模的 5 倍以上。在这样一片美好的"钱景"面前，没有哪个商家会不动心。移动支付已成为电商、银行、运营商的必争之地。在整条产业链上，各个环节都想从这片新蓝海中找到自己的利润增长点。支付宝早已成为手机购物支付的首选；中移动发布了首款银行卡完整植入手机 SIM 卡产品，可以直接用手机在 POS 机上刷卡；各大银行都纷纷推出了手机银行，不仅可缴纳交通违章罚款，还可以用手机购买火车票等；腾讯微信也在广州正式推出"微信支付"，可以通过扫码的方式直接购买咖啡、零食等。

2013 年 11 月 11 日，淘宝的"双十一"活动中用手机支付购买额已达到 4 518 万笔，占当天总交易额的 32%。这说明超过三成的消费者已经脱离电脑的束缚，走在路上、坐在夜班车上，通过移动设备都能抢到"双十一"的打折品。可是，虽然随时随地都能交易的购物体验让人愉悦，但如果账户存在安全隐患，估计没有哪一个用户会贪图便利而选择风险，便捷与安全就像一块跷跷板，让人不得不提起警惕。

2013 年的 5 月，具备支付功能的建设银行手机 APP 受到病毒的感染，给热衷于移动支付的"低头族"们一个警醒，移动支付的前景再次笼罩上安全阴影。据中国电子商务投诉与维权公共服务平台透露，手机支付中事关支付数据被篡改、遭遇异地盗刷的投诉线索不在少数，而且出现越来越多由于误扫二维码、木马入侵手机而发生的盗刷案例：

（一）2014 年 3 月，北京王先生收到来自商业银行的短信提示："您尾号为××××信用卡 3

月 20 日 14:00 消费 3502.00 元。"但王先生本人并没有任何消费行为,经调查,王先生的信用卡卡号和密码在之前的移动支付过程中被黑客窃取,之后被盗用。

(二)上海的陈女士一向热爱网购,在一次使用手机进行移动支付的过程中,用扫二维码的方式进行手机支付时,第三方支付平台账户内十多万元的资金被不法分子转走。便捷的电子钱包安全性再次被质疑。

讨论:
1. 以上两个盗刷案例可以适用哪些法律规范?
2. 针对出现的损失,受损害方王先生可否要求银行承担部分责任?为什么?
3. 陈女士如果要起诉第三方支付平台,第三方支付平台应承担怎样的归责原则?为什么?

2.1 电子银行概述

2.1.1 电子银行业务产生的背景

从 20 世纪 70 年代至今,电子银行业务已经成为国内外商业银行产品创新和竞争的热点,是近年来国内各家商业银行共同着力研究和拓展的新领域。对于终日忙得不可开交的人们来说,网上个人银行服务的出现为他们解决了很多烦恼。这使他们能够在夜深人静时忙里偷闲,在家中处理诸如支付信用卡,缴纳分期偿还贷款,支付网上购物货款等事务,方便又快捷,节省了到银行排队办业务的时间,使个人和企业不再受限于银行的地理环境、上班时间,突破了空间距离和物体媒介的限制,足不出户即可办理业务,而美国早在 20 年前就已经普及了这种方式。电子银行的出现消除了客户办理银行业务在时间和地域上的限制,提高了业务处理效率,节约了办理成本,因此近些年来,电子银行业务获得了长足发展。目前我国获准开办电子银行业务的有 5 家大型国有商业银行、11 家股份制商业银行、7 家城市商业银行、2 家农村商业银行以及 14 家外资银行。各家银行争相推出各种功能齐全的电子银行,这也逐渐成为各银行间竞争的法宝及锁定客户的利器。

(一)信息技术革命推动了电子银行业务的迅猛发展

始于 20 世纪 60 年代的第五次信息技术革命,使得电子计算机得到普及应用并且实现了计算机与现代通信技术的有机结合。随着信息技术革命突飞猛进的发展,微电子技术、软件开发、通信网络自动化、因特网、人工智能技术、卫星通信技术、大规模光纤通信传播技术等高新科技不断发展并在实践中得到广泛应用。信息技术的迅猛发展使商业银行发生了革命性的变革,从根本上改变了传统个人金融业务处理和管理的旧体制,促进了以信息为基础的自动化业务处理和科学管理的新模式的建立。起初是使商业银行的传统业务处理实现自动化、电子化,改变以人工操作(纸质凭证传递)为主的传统银行业务的处理形式,紧接着依靠信息技术实现个人金融业务的电子化、数字化和现代化,个人自助银行、个人电话银行、个人手机银行乃至个人网络银行等应运而生,并向广大客户提供各种能增值的金融信息服务,使客户可以随时随地通过自助的方式完成业务的实时处理,大大提高了银行业务处理的效率。这是现代化银行的一个里程碑性的变化,使银行真正进入了电子化时代。

（二）电子商务的兴起为电子银行业务的发展创造了良好的外部环境

因特网是 20 世纪人类最伟大的发明之一，它已经和人们的工作、生活、学习紧密联系在一起，成为不可缺少的一部分，并促进了金融企业经营和服务模式的转型和创新，使人类进入网络经济的时代。20 世纪 90 年代以来，随着网络、通信和信息技术的突破性发展，因特网的使用在全球爆炸性增长并迅速普及，由此也带来了电子商务的业务规模迅速膨胀。2008 年，中国电子商务市场交易额达到 24 000 亿元，同比增值达到 41.2%，其中 B2B 市场仍是总交易额的构成主体，占总体交易额的 89.5%，达到 21 480 亿元。2009 年，中国电子商务交易额达到 34 278 亿元，增长率保持在 40%以上，未来 10 年，中国将有 70%的贸易额通过电子交易完成。电子支付尤其是独立第三方支付作为电子商务应用中不可或缺的环节，其金融化趋势越来越突出，作为一种金融工具的作用也愈加突出。而银行作为电子化支付和结算的最终执行者，起着连接买卖双方的纽带作用，当支付和交易完成之后，都需要通过银行系统进行最终的结算，而网上银行的出现正是商业银行为用户提供方便快捷的支付结算的前端工具。

根据中国互联网络信息中心（CNNIC）发布的数据，截至 2009 年 6 月 30 日我国网民数量达到 3.38 亿人，网络购物市场交易规模突破千亿元，同比增长 128.5%。同时，随着 3G 商用时代的到来，在运营商推广力度加大以及用户规模增长等因素的驱动下，移动互联网市场也将快速发展，2009 年中国移动互联网市场规模将达到 148.8 亿元，阿里巴巴等传统电子商务企业、中国移动、中国电信、中国联通三大运营商及用友移动等新进入者纷纷试水移动商务领域。另外，据中国互联网络信息中心截至 2009 年 2 月 18 日发布的报告显示，我国目前手机用户已达 6.4 亿，手机上网用户达 1.2 亿，较 2007 年增长 133%。庞大的用户资源和认知度不断提升，为移动电子商务的发展奠定了良好的用户基础；移动互联网与传统电子商务的快速发展则为移动电子商务奠定了良好的发展基础。而这一切势必会推动手机银行等电子银行的广泛使用。

（三）国际经济一体化、银行金融业国际化是电子银行业务发展的内在动力

国际经济一体化和银行金融业国际化而带来的激烈的国际竞争，使得各国银行纷纷寻求金融创新发展，加快金融业务的转型，加速多元化电子服务模式的建立，以适应全球经济金融一体化、不断提高的客户需求以及日益激烈的市场竞争，这成为其发展电子银行的内在动力。目前中国银行业正经历着最为重要的开放阶段，为了在日益激烈的竞争环境中求生存、求发展，国内银行必须构建基于效率的核心竞争能力。银行要想在 21 世纪立于不败之地，加快网络银行和电子商务的进程则是各国银行的战略性选择。

全球已经有多家银行推出网络银行的服务。银行在互联网上提供的服务可以分为静态信息、动态信息、账户信息和在线交易四个阶段。目前全球 1 000 多家银行几乎全部连入了互联网，在网上建立了自己的网站，其中大多都已经提供在线银行金融业务和服务以及动态网页和信息。

在经济全球化、社会信息化、金融市场化的国际大背景下，伴随着信息技术带来的混业经营趋势，未来的电子银行将朝着混业经营与业务全能化、服务创新与服务个性化、一站式平台与渠道融合化、信息技术与银行智能化以及中间业务与商务网络化的方向发展。

综上所述，现代电子信息技术的发展为电子银行奠定了良好的技术基础，而电子商务的兴起和蓬勃发展为电子银行业务的产生创造了外部条件，国际经济、金融一体化的趋势促使商业银行进行金融创新和业务转型，成为电子银行业务的产生和发展的内在动力，由此引发了对传统银行业务的革命，直接促进了电子银行业务的快速发展。

2.1.2　电子银行业务的概念及特点

根据中国银行业监督管理委员会 2006 年 3 月 1 日施行的《电子银行业务管理办法》的有关规定，电子银行业务是指商业银行等银行业金融机构利用面向社会公众开放的通信通道或开放型公众网络，以及银行为特定自助服务设施或客户建立的专用网络，向客户提供的银行服务。电子银行是将客户服务渠道的电子化，它不是一个单一的产品或一种服务，而是指服务渠道。从理论上讲，只要不涉及现金业务的传统业务，都可以移入电子银行中，通过电子化的渠道来实现。

电子银行以其突破时空限制和成本低廉的独特优势受到越来越多客户的认可，电子银行的客户数量和交易量都在快速发展，对银行传统物理渠道的替代作用也正日益显现。电子银行业务与传统柜面业务相比具有以下特点及优势：

（一）超越地域和时间的限制

客户通过网络、手机和电话等电子终端接入银行服务系统，无须亲临银行网点，并且可以不受时间限制，在任何时间和任何地点访问银行业务系统和账户系统，进行金融交易和查询，完成与银行的信息交互。例如招商银行 95555 全国统一的客服电话，集自动、人工服务于一体，为客户提供 24 小时不间断、全方位的一站式服务。这不仅为客户提供了业务办理的便利，增加了客户黏性，成为商业银行挽留客户和增强竞争力的利器，同时也为经济全球化和商务活动的无限延展提供了极大的支持。

（二）成本低廉

电子银行不需要物理网点和人员处理业务，可以帮助银行节约大量的运营成本。根据来自工商银行的数据测算，2009 年 4 月其全行电子银行业务笔数达到 4 502 万笔，电子银行离柜业务比例达到 45.4%，相当于 222 个网点物理网点的业务量；按照其总行相关成本统计口径，每笔柜面业务成本 3.06 元，每笔网上银行、电话银行、ATM/POS 业务成本 0.49 元、0.55 元、0.83 元，相对节约了 1.07 亿元的运营成本。电子银行的成本优势十分明显，银行可以将节约的成本用于开发新的产品和开展各种促销活动。

目前，商业银行大部分个人业务都可以通过电子银行办理。对于银行而言，客户选择通过电子银行的渠道办理业务，相应的银行营业网点的业务量就会减少，可缓解柜面排队的压力和减少银行铺设营业网点以及维系营业网点的众多费用。这在为应对金融危机需要压缩成本的年份显得更为重要，因此网上银行成为不少银行 2009 年重点推广的业务。如交通银行推出了境外人民币网上支付业务，并且免收货币转换费；工商银行对电子银行系统进行了全面升级，升级后，网上基金业务板块新增了基金漫游和基金转指定功能，网上保险业务板块新增了险种转换、追加、部分赎回等功能；招商银行也推出了网上境外汇款以吸引客户通过使用网上银行将复杂业务简单化；而数据显示，目前通过兴业银行电子银行（包括电话银行、网上银行、手机银行）渠道办理的业务占其全部业务量的比例已将近 35%。从用户角度看，电子银行帮助客户节约了往返银行的交通费用和时间成本,消费者也能充分享受电子银行成本低廉的好处。

(三) 客户自助服务,交互性强

电子银行业务和传统柜面服务的最大区别就是客户自助服务。传统柜面服务主要是通过凭证、账户、密码、机构网点专用设备和专业人员为客户提供面对面的服务,并完成各项业务操作,而电子银行业务主要是通过账号和密码两个要素,由客户通过通信网络自助完成业务办理,如查询、转账、功能申请等,客户可以随时加入电子银行系统,主动发起交易,改变了原来被动接受柜台服务的模式。同时,客户和银行系统可以实现实时交互,及时获得交易结果,而且一般网上银行上都会有完整的帮助信息,使客户在每一步都能得到专业悉心的指导。此外,银行可以在网上银行中发布各种产品和服务信息,实现客户软件的自动升级,也可以通过网络及时解答客户疑问,帮助客户更好地使用电子银行服务。

(四) 安全性高

电子银行尤其是网上银行采用了高科技的身份识别和安全控制措施,在身份验证上采用数字证书来检验客户身份的合法性,尤其是 USB KEY 移动数字证书更是具有较高的安全级别。在信息传输过程中通常采用 128 位 SSL(Secure Socket Layer,安全套接层协议)加密技术,保证了数据传输的安全性和保密性。例如招商银行专业版在安全性方面采取的措施,首先是在交易认证上采用了完整的证书机制,符合国际标准;其次,在网络通信上采用了招商银行自主开发的通信协议,避免被他人截获分析;另外,在加密算法上达到了国际先进系统的强度,防止被他人破译。尽管目前仍不能根本杜绝电子银行案件,但相比传统银行业务,电子银行的案件发生比率要低得多。

2.1.3 电子银行业务产品种类及其发展

(一) 电子银行业务产品种类

电子银行业务按照服务渠道不同可分为利用计算机和互联网开展的网上银行业务,利用电话等声讯设备和电信网络开展的电话银行业务,利用移动电话和无线网络开展的手机银行业务,以及其他利用电子服务设备和网络、由客户通过自助服务方式完成金融交易的业务,比如自助终端、ATM、POS 等,是金融创新与科技创新相结合的产物。

1. 网上银行

网上银行包括个人网上银行和企业网上银行,是以互联网为媒介,为客户提供金融服务的电子银行产品。网上银行是信息时代的产物。它的诞生,使原来必须到银行柜台办理业务的客户,通过互联网便可直接进入银行,进行账务查询、转账、外汇买卖、银行转账、网上购物、账户挂失等业务,客户真正做到足不出户办妥银行业务。网上银行服务系统的开通,对银行和客户来说,都将大大提高工作效率,让资金创造最高效益,从而降低生产经营成本。例如招商银行一网通个人银行专业版(图 2-1)、建设银行网上银行(图 2-2)、工商银行金融@家个人网银(图 2-3)等。

电子支付与结算

图 2-1　招商银行-网通个人银行专业版

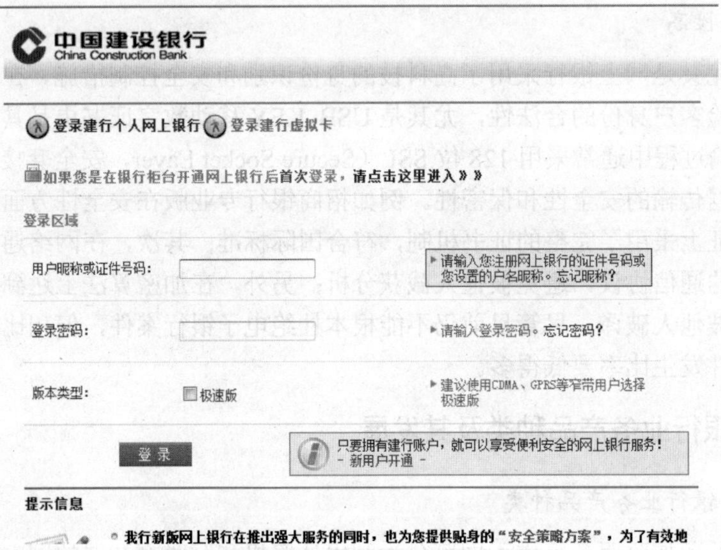

图 2-2　建设银行网上银行

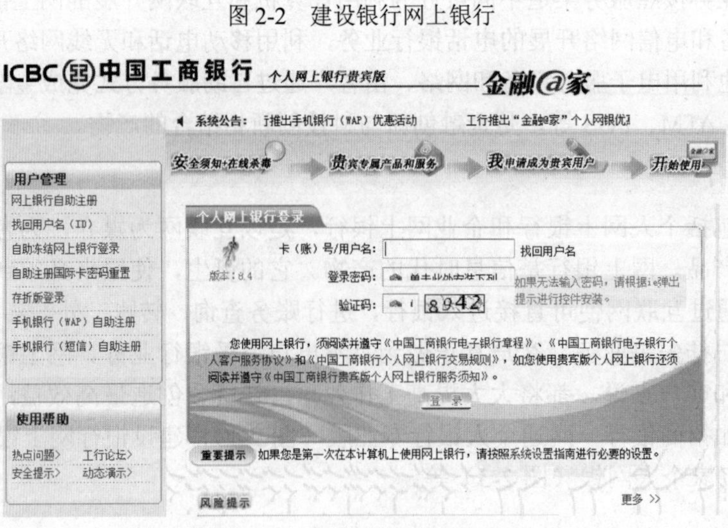

图 2-3　工商银行金融@家个人网银

2. 电话银行

电话银行是银行的一种电话呼叫服务系统，或称为客户服务中心（Call Center）。客户只需拨打客户服务热线，就可以享受到外汇买卖、缴费、查询、转账、挂失、咨询等一系列金融服务。客户只要跟随语音提示操作，可以不受时空、设备的限制，就可完成相应的金融交易。电话银行除了可以给客户提供自助语音服务之外，还可以通过人工代表，向客户提供咨询、业务处理或投诉等服务。例如中国工商银行电话银行，是利用计算机电话集成技术，采用电话自动语音和人工座席等服务方式为客户提供金融服务的一种业务系统。它集金融交易、投资理财、咨询投诉等功能于一身，为客户提供全年 365 天、全天 24 小时不间断的综合性金融服务，具有多通道、个性化和大容量集中服务等时代特征，是现代通信技术与银行金融理财服务的完美结合。无论身居何处，只要拨通中国工商银行全国统一的 95588 热线电话（在中国香港则拨打 21895588），就能随时随地享受中国工商银行优质高效的金融服务（图 2-4）。

图 2-4　招商银行 95555 互动银行

3. 手机银行

手机银行也可称为移动银行（Mobile Banking Service），是利用移动通信网络及终端办理相关银行业务的简称。作为一种结合了货币电子化与移动通信的崭新服务，移动银行业务不仅可以使人们在任何时间、任何地点处理多种金融业务，而且极大地丰富了银行服务的内涵，使银行能以便利、高效而又较为安全的方式为客户提供传统和创新的服务，而移动终端所独具的贴身特性，使之成为继 ATM、互联网、POS 之后银行开展业务的强有力工具，越来越受到国际银行业者的关注。

4. 自助银行

自助银行是指银行在营业场所以外设立的自动取款机（ATM）、自动存款机（CDM）、自动存取款机（CRS）、多媒体自助服务机等高科技银行设备，为持卡人提供存款、取款、转账、货币兑换和查询等 24 小时全天候电子银行服务。自助银行突破了时空的限制，为客户提供自助式、全天候的银行服务，不受银行营业时间和空间的局限，并且自助银行功能强大，不仅可以为客户提供活期账户的存取款服务，而且也可提供定期存款、账户查询、自助缴费、自助贷款等功能的操作服务。

（二）电子银行业务的发展

早在 20 世纪 70 年代末，随着电话通信技术的发展，电话银行开始作为一种新型金融服务产品在北欧国家兴起，80 年代中后期在西方各国得到了迅猛的发展。随着银行将网络延伸到商业企业内部的财会部门和超级市场，自动柜员机（ATM）、销售终端（POS）也开始普及使用。直至目前，世界范围内的各大商业银行都纷纷推出自己的电子银行业务，并成为商业银行竞争的新热点。但是我国在银行产品的电子化，即将传统银行业务全面地实现电子化操作方面还是落后于西方国家的，据调查显示，国外的金融产品大概有 3 000 多种，而我们国内只有 300 种左右，能够在网上银行实现的也不过几十种，将传统银行产品实现电子化还有很长的路要走。

目前，我国很多银行都已经形成了自己的电子银行品牌。例如工行建成了以金融 e 通道为主品牌，金融@家、工行财 e 通、95588、U 盾等为子品牌，网上银行、电话银行、手机银行、自助银行等为主体的全方位的完善的电子银行品牌和服务体系（如图 2-5 所示）。

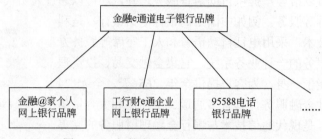

图 2-5 工行的电子银行品牌和服务体系

电子银行业务是高科技含量的新兴商业银行业务，其发展前景广阔，必将改变人们未来的投资理财和商务活动的方式，成为未来电子商务的有力支持和重要组成部分。同时，电子银行业务的发展也必将彻底改变银行业的服务、营销和管理模式，并对银行业未来的竞争格局产生重大影响，只有真正地认识到电子银行的客观规律，并按照这种规律进行不断的产品创新和营销模式创新的银行，才能在未来的竞争中抢占市场先机，把握未来制胜之路。

2.2 网上银行

2008 年，我国网上银行交易规模达到了 320.9 万亿元，同比 2007 年增长了 30.6%，我国的网上银行市场一直保持稳定的持续增长。随着互联网的迅速普及，网民的渗透率也在不断提升，网上购物、网上缴纳公共事业费用、网上投资理财服务等等这些已经成为人们的生活方式，而网上银行则为人们提供了实现这一切的可能，网银的便捷性充分满足了生活及工作节奏逐步加快的人们。并且对于银行本身来说，大力推广网银业务提高了柜台替代率，降低了经营成本，也使得其渠道结构得到优化。随着银行自身信息技术水平的提高，网银产品的功能会更加完善，在安全性保障方面也会得到加强，网上银行业务将成为未来银行业竞争的又一战场。

2.2.1 网上银行概述

（一）网上银行的概念

网上银行是银行借助网络向客户提供金融服务的业务处理系统。它采用因特网数字通信技术，以 Internet 作为基础的交易平台和服务渠道，为客户提供综合、统一、安全、实时的各种零售与批发的全方位金融业务服务，在线为公众提供办理结算、信贷服务，还可以为客户提供跨国的支付与清算等其他贸易、非贸易服务。

一般来说，根据服务对象的不同，可以将网上银行分为个人网上银行和企业网上银行。

1. 个人网上银行

个人网上银行主要为个人客户提供个人金融服务，可分为非签约型的和签约型。非签约型指的是客户无须到银行柜面签订网上银行协议，只要拥有该银行账户的客户即可自动享受服务，在银行网站上网上银行入口处注册登录即可，这种登录方式无须办理申请手续，也不需要安装数字证书，操作简单方便，但相比较签约客户其缺点就是功能上受到限制，支付和转账限额也相对较低，例如招商银行网上个人银行大众版，可以凭在招商银行开立的银行卡或普通存折账户办理如下自助业务：查询账户余额和交易明细、转账、修改密码等，另外，还可以通过网上个人银行大众版申请网上支付、自助充值和缴费、投资国债、申请个人消费贷款，等等。签约型指的是客户需要持身份证件及银行卡到银行柜台办理申请手续，在电脑上下载安装数字证书后即可使用，例如 U 盾、USB KEY、动态口令卡等。从动态口令卡的使用情况可以看到，网上银行用户对使用的便捷性是最为看重的，因为虽然 47.5%的用户认为 USB KEY 移动证书最安全，但是用户使用动态口令卡的比例却最高，达到 58.3%。一般来说动态口令卡是免费提供的，既有物理安全保障，又无须安装驱动，并且同银行卡一般大小，易于携带，因此成为最受人们欢迎的网上银行使用方式。签约型的客户在使用网上银行时可享受到更多的功能及服务，支付或转账的额度也可自行设定，没有最高限额，比如招商银行除了大众版之外的网上银行专业版，比大众版增加了向同城、异地的任何银行的个人和公司账户转账汇款、跨境汇出汇款，同时多个账户的管理等功能。

2. 企业网上银行

企业网上银行主要为企业客户提供账户管理、收付款、支付结算、投资管理、网上信用证、票据管理等服务和功能，帮助企业实现对资金的高效管理。企业网上银行给企业带来了很大的效益，可以减轻财务人员的工作压力，使其工作效率得到提高；用电子平台处理业务，减少了人为的差错，提高了业务处理的准确率；企业的财务实现集中管理、远程操作，也有利于企业裁减冗员，节约成本，并且资金在途时间短了，就可以提高资金的周转速度，这些对企业来说都是十分重要的。

（二）网上银行的安全

据调查，在使用网上银行的客户中，89.7%的用户最担心的就是网银的安全问题。"网银大盗"、"网络钓鱼"、诈骗海啸捐款……一系列与网上银行安全相关的事件层出不穷，使得人们对网上银行有了敬而远之的态度，可见安全问题对网上银行的用户及银行本身来说都是至关重要的。在这些安全问题中，"网络钓鱼"很大程度是利用人们图方便的心理，骗子们通常通过网页或电子邮件发送伪装的网上银行地址，很多人不愿输入一长串网络地址，只要点击了这类链接，就会被引到伪装的网上银行网站上，然后诱使你输入账号、密码。"网银大盗"系列病毒有好多个变种，都属于木马。一旦网银大盗病毒潜入你的电脑，就会自动扫描所有窗口的标题。如果发现窗口标题包含"网络银行"、"银行客户端"等字样时，便会在检测窗口内输入框中的文字，并把该文字发送到木马作者的邮箱里。木马作者会分析获得的文字，从文字中可以很容易得到账号和密码。由此可见，网上银行面临着很多的风险，我们大概把这些风险分为三类：

1. 互联网安全风险

（1）由于互联网是采用开放式协议的公共网络，使得客户密码、客户隐私等敏感信息在传输过程中容易被截获、破译、篡改。

（2）网上交易不是面对面的，客户可以随时随地发起交易请求。这一方面加大了银行识别客户身份、控制和规范客户行为的难度；另一方面，也使攻击者具有隐蔽性，难以追踪相关责任人。

（3）由于网上交易缺乏"白纸黑字"的凭证，电子交易凭证（如电子签名）又尚无明确的法律规范，因此难以防范交易后的抵赖行为。

（4）交易服务器是网上的公开站点，因而黑客入侵也在所难免。

2. 系统开发的安全问题

（1）网上银行系统使用了大量新技术、新产品，而这些新技术、新产品本身可能就存在安全漏洞和安全缺陷。

（2）电子商务领域过度频繁的人才流动，增加了系统源码控制和设计机密性控制的难度，成为银行的安全隐患。

3. 新业务品种的安全问题

对于银行而言，网上银行是全新的系统，不同于传统相对封闭的系统，它既要求运营人员具有较高的 IT 专业知识和安全防范意识，又需要全新的风险管理方法。例如，通过网上交易系统的安全审计功能，可以及时发现异常情况、遏止事故的发生，而业务运营部门要熟练应用该项功能往往需要较长的时间。

目前常用的网上银行安全技术包括防火墙技术、数据加密技术等。

1. 防火墙技术

防火墙由软件和硬件设备组合而成，是在外部网与内部网之间进行安全防范的一个安全屏障。它可以通过监测、限制等手段改变数据流，并尽可能地对外屏蔽网络内部的信息、结构和运行状况，使内部网络与外部网络实现一定意义上的隔离，从而防止非法入侵和非法使用系统资源，实现对网络的安全保护。

2. 数据加密技术

（1）非对称密钥系统。非对称密钥系统使用公钥和私钥两把"钥匙"，分别用于加密和解密。加密即将数据进行编码，使之成为不可理解的密文；解密则是加密的逆过程，即将密文还原成可理解的形式。这两把"钥匙"是两个很大的质数，用其中之一与原信息相乘即可对信息加密，而另一个与收到的信息相乘即可解密。每个网络用户都有一对密钥，其中公钥是公开的，可以公布在网上，也可以公开传送给需要的人；私钥只有用户本人知道，是保密的。在加密应用时，用户可以让发送密件的人用公钥给密件加密。由于加密后只有私钥才能解密，这样就较好地解决了信息保密问题。

（2）PKI 技术。公开密钥基础设施 PKI 是在公开密钥技术基础上发展起来的一种综合安全平台，它能够透明地提供基于公开密钥的加密和数字签名等安全服务。构建 PKI 的主要目的是对密钥和证书进行管理。利用 PKI 可以方便地建立和维护一个可信的网络计算环境，使人们在无法直接相互面对的网络环境里，能够确认彼此的身份并交换信息，从而安全地从事商务活动。以 PKI 为基础的安全解决方案，无论是对于在 Intranet 上开展的无纸办公等内部业务，还是对于电子商务、网上银行等 Internet 上的商业应用都是一种很好的选择。

（3）数字证书。数字证书包括三部分内容：CA 认证中心、数字证书、CA 的树形验证结构。CA 是认证机构的国际通称，是对数字证书进行发放、管理、取消的机构，其作用是检查证书持有者身份的合法性，并签发证书。数字证书也被称作 CA 证书，其内容实际是一串很长的数学编码，包含客户的基本信息及 CA 签字，通常保存在电脑硬盘中，用于客户身份的认证。数字证书有个人数字证书、企业（服务器）数字证书和软件（开发者）数字证书三种类型。通过 CA 的树形验证结构，可逐级验证 CA 的身份，直到确信证书的有效性。由于每个证书与数字化的 CA 签名关联，因而沿着信任树到一个公认的信任组织，就可确认该证书的有效性。例如，C 的证书是由名称为 B 的 CA 签发，而 B 的证书又是由名称为 A 的 CA 签发，A 是权威机构（通常称为根 CA），验证到根 CA，就可确信 C 的证书是合法的。

（三）网上银行的优势

（1）账务查询一目了然。客户登录网上银行后，可以同时管理多个账户，查询到全部的账户余额和交易信息，做到对自己的收支状况一目了然，极大地方便了自己的财务管理。

（2）转账汇款费用低廉。一般来说，由于银行柜面办理业务成本比网上银行要高得多，客户如果使用网上银行自助完成转账汇款的话，可以享受到费用的优惠。例如招商银行普通客户在柜台办理同行跨地区汇款，手续费一般为千分之五，上不封顶，但是如果使用网上银行的话，手续费为千分之二，最高 50 元，这样当客户进行大额汇款时，就可以节省很大一部分的手续费。

（3）投资理财及时关注。各家商业银行一般会在其网上银行上发布最新的理财资讯和产品信息，客户可以及时关注所有的产品信息并选择适合自己的理财品种，避免了网点工作人员由于业绩压力等因素给客户推荐的产品较为单一的情况。但是前提是客户本身具有一定的理财知识，能够自行分析判断。

（4）不受银行网点服务时间、空间限制。客户使用网上银行的一个很大优势就在于不用担心银行下班、离网点太远等问题，在家就可完成业务的处理，从此告别银行的排队。其不足之处就在于需要有一台可以接入互联网的电脑，对客户本人的电脑知识也有一定的要求，但是这些都可以用电话银行等其他电子银行代替，将在下一节中介绍。

2.2.2 网上银行的功能

随着 Internet 技术的不断创新和发展，网上银行可以提供的服务种类在不断地丰富、提高和完善，几乎可以涵盖现金存取之外的所有个人金融业务。总体来说，可以将网上银行提供的服务分为两种类型：一种是传统商业银行的业务品种和金融产品的网上实现，这类业务在网上银行发展的初期几乎占据了主导地位，传统商业银行把网上银行看作是自身的一个新兴的分销渠道来看待；另一种是针对互联网的多媒体互动性设计提供的创新银行业务，这一部分将成为未来商业银行竞争的重点。

从业务功能细分的角度来讲，可以将网上银行的功能划分为以下四大类：

1. 账户管理功能

过去金融企业为满足内部核算管理，在内部是实行账户管理的，随着面向对象管理理念的引入，银行开始转向以客户为中心，面向客户所辖的账户进行管理。网上银行正是为客户提供这种以客户为中心的自主账户管理功能。账户信息管理是网上银行最基本和最常用的产品，该产品主要为客户提供各类银行账户信息的查询，例如账户余额的查询、交易明细查询,让客户可以清楚了解到账务变动的信息,并可以自行添加备注、交易说明信息等。客户还可以通过该功能进行密码管理、挂失业务等,有效避免因卡丢失或密码泄漏带来的资金损失。

目前,很多银行的网上银行还推出了客户资产负债查询服务,客户能清晰地看到其名下包括本外币存款、基金、理财及贷款情况的分类汇总信息,便于分析自己的资产负债状况以调整投资、储蓄和消费,从而达到很好地管理自身财务的目的。

2. 转账汇款功能

转账汇款是传统银行业务中最基本的功能,也是最能通过网上银行为客户带来便利的、使用最为广泛的功能。转账是指客户通过网上银行从本人账户向同城本行的其他账户进行资金划转;汇款是指客户通过网上银行从本人账户同城其他行或异地的其他账户进行资金划转。目前国内各商业银行的网上银行都能够提供同行、跨行、本地、异地的资金划转业务。除此之外,像招商银行网上银行专业版还提供了网上跨境汇款功能,客户可以通过其网上银行专业版给收款人为个人、大学或慈善机构等的境外账户进行境外汇款,省去了柜台填单的麻烦和长时间的等待。对于银行方面来说,在柜面完成一笔境外汇款交易至少需要经办、复核、授权三名不同权限的员工才可完成接单登记,另外还需提交国际业务部门进行汇出处理,客户如果在网上银行完成该业务,不仅节省了人工,提高了效率,而且也缓解了柜面业务压力。

3. 支付结算功能

网上银行可以向客户提供互联网上资金实时结算功能,而银行支付结算系统是电子商务在线支付交易的基础和核心,离开了网上交易的资金在线清算,电子商务就没有了灵魂。根据交易双方客户的性质,可将网上支付分为 B to B、B to C、C to B 和 C to C 四种交易模式。目前,由于法律环境和技术安全性方面的原因,各家银行在 B to C 功能的提供上比较一致,而 B to B 交易功能则大多限定在客户群体内且与银行签约经过身份认证的客户,对群体外的支付则采取提供由客户填写的"电子支付凭证",通过网络传递到银行并按传统方式进行结算。各银行网上支付的结算交易大致可分为三种类型:一是"电子支付类型",利用网上银行传递客户录入的结算信息,由银行打印"电子支付凭证",按传统方式进行结算。二是"联机电子支付",将网上银行与银行后台核心业务处理系统直接相连,由银行系统直接处理客户通过网上银行提交的支付交易,并自动处理打印各方"电子支付凭证"。三是"联机电子商务支付类型",不但将网上银行与银行后台核心业务处理系统相连,还将与银行以外的商户、合作伙伴及不同群体的网络系统相连,通过网上银行为客户提供全方位的支付结算功能。

4. 投资理财功能

随着 2007 年个人理财市场的火热,网上银行能够提供的投资理财功能也开始备受关注,这也成为银行进行金融创新、增加客户黏性、为客户提供更多增值服务的同时增加自身中间业务收入的重要武器。

投资理财是银行通过提供基金、证券、受托理财、外汇等系列投资,以满足不同客户的各种投资需要,实现个人资产保值增值的金融服务。一般来说,各银行的网上银行上都会提供证券价格、其代销的基金净值、受托理财产品、国际金融市场外汇行情等信息及走势查询,客户可以直接通过网上银行进行购买或赎回的操作，便于客户实时掌握市场波动，及时进行投资决策的调整。

2.2.3 我国网上银行的发展

1995年10月，美国诞生了全球第一家网上银行——安全第一网络银行（SFNB），它不仅开创了"纯"网上银行服务的先河，更代表了一种全新的业务模式。它没有任何一家传统的银行营业大厅和分支机构，所有业务完全在网上运作，用户通过互联网进入其网站就可享受其服务。继SFNB之后，全美各地网上银行的数量、资产及客户在短短5年时间里远远超过了传统银行的增长速度，覆盖了除现金之外的所有零售银行业务。到2010年有超过5 000万个美国家庭使用网上银行。而在欧洲，约有75%的消费者是通过网络办理银行业务的，其中网上银行发展较快的主要国家是英国和德国。亚洲国家和地区的网上银行业务起步较晚，基本上都是借鉴和吸收欧美国家的发展经验。

我国自从1996年中国银行开国内网上银行之先河以来，国内各大商业银行也纷纷跟进，网上银行业务迅速发展。2008年，中国网上银行交易规模达到320.9万亿元，同比2007年增长了30.6%，根据来自中国互联网络信息中心（CNNIC）的数据显示，截至2009年6月30日，我国网民数量达到3.38亿人，庞大的网民数量及电子商务的逐渐普及，使得网上交易额也不断增加，网上银行也开始成为各银行推广的重点。

我国网上银行的发展历程可分为四个阶段：

（1）萌芽阶段：1996—1997年，我国的网上银行服务处于开发和探索的过程。1996年，中国银行率先投入了网上银行的开发；1997年，中国银行建立了网页，搭建起了"网上银行服务系统"。同一时期走在前列的还有招商银行，1997年，招商银行也开通了其网站。

（2）起步阶段：1998—2002年，我国各大银行纷纷推出自己的网上银行服务。首先是1998年4月，招商银行在深圳地区推出网上银行服务，"一网通"品牌正式推出，1999年4月，招商银行又在北京推出了其网上银行服务。1999年8月，中国银行推出了功能较为齐全的网上银行，可提供网上信息服务、账务查询、银证转账、网上支付、代收代付等服务。同期，建设银行在北京和广州首批推出了网上银行服务。2000年，工商银行在北京、上海、天津、广州等四个城市正式开通了网上银行。随后，2001年，农业银行推出95599在线银行，并在2002年4月正式推出网上银行。到2002年年底，我国国有银行和股份制银行几乎全部建立了网上银行，而开展交易型网上银行业务的商业银行达到21家之多。

（3）发展阶段：2003—2010年，我国网上银行就进入了快速发展的阶段，各家银行不断加强网上银行的品牌建设，产品和服务的改善成为其建设的重点。这一时期，各银行都推出了自己的网上银行品牌，例如，2003年，工商银行推出"金融@家"；2005年，交通银行创立"金融快线"品牌；2006年，农业银行推出"金e顺"电子银行品牌。并且在这一时期，由于2007年股票市场的火热带动了个人理财市场的发展，网上基金业务猛增，直接拉动了个人网上银行业务的大幅增长。

（4）成熟阶段：2011年至今，随着我国网民数量的增加，个人理财市场的逐渐成熟和网上银行相关法律的逐步完善，使我国的网上银行业务步入稳定发展的时期，各银行网银将朝着个性化、差异化服务发展，网银产品将更加丰富，服务也会更加完善。

2.3 电话银行

2.3.1 电话银行概述

电话银行是指使用计算机电话集成技术（Computer Telephony Integration，CTI），利用电话自助语音和人工服务方式为客户提供的业务咨询、代客交易、账户查询、转账汇款、投资理财、代理业务等金融服务的电子银行业务。具有手续简便、功能强大、覆盖广泛、灵活方便、服务号码统一等特点。

电话银行是近年来国外日益兴起的一种高新技术，是实现银行现代化经营与管理的基础，通过电话这种现代化的通信工具把用户与银行紧密相连，使用户不必去银行，无论何时何地，只要拨通电话银行的电话号码，就能够得到电话银行提供的服务。银行安装这种系统以后，可提高服务质量，增加客户，为银行带来更好的经济效益。

电话银行由早期的客户服务中心（Customer Care Center），或者称之为呼叫中心（Call Center）发展而来，随着信息技术的发展，客户服务中心已经从最初的一个集中处理客户来电的场所，逐渐演化为与客户"亲密接触"，融合了电话、传真、短信、视频等各种媒体的银行与客户互动的场所，既能处理客户提交的业务需求，又能主动关怀客户，还能营销银行其他产品，实现了公共信息工具与银行业务流程的无缝结合。因此，国外也称其为"客户接触中心"（Contact Center）。

目前，国内几乎所有的商业银行都建立起了电话银行系统，如工商银行（95588）、中国银行（95566）、中国建设银行（95533）、中国农业银行（95599）、招商银行（95555）、华夏银行（95577）、光大银行（95595）等。

从系统结构上来说，电话银行系统一般由以下几部分组成：自助语音系统、人工话务服务系统、业务处理系统、柜员及参数管理系统、监控系统、数据库等。它利用电话与计算机集成技术（CTI），为客户提供自动语音服务和人工座席服务。电话银行不受时间、空间的限制，客户可以在任何时间（每年365天、每天24小时不间断）、任何地点（家里、办公室、旅途中）以任何方式（电话、手机、传真、互联网、电子邮件等）获得银行服务。

2.3.2 电话银行的功能

各商业银行的电话银行规模大小、所开通的业务种类等根据其发展情况都有所不同，但是总体来说都具备以下三种服务功能：

（一）自动语音服务功能

电话银行中心通过交互式语音应答（IVR）系统为客户提供自动语音服务。它能够识别客户通过双音频话机数字键盘输入的有关信息，并向客户播放预先录制好的语音，这样，客户就可以通过电话键盘与自动语音应答设备进行交流，并选择自己所需要的服务。系统采用客户导向的语音目录，根据客户选择完成相应的信息查询和命令执行，也可将客户引导到指定的座席业务代表，使客户得到及时、准确的服务。一般来说，其主要可提供的功能包括：

账户查询、转账汇款、缴费支付、挂失、投资理财等。

（二）人工座席服务功能

在电话银行中心内通过座席业务代表（Agent）为用户提供服务，与简单的自动语音服务相比，可以实现和客户的充分交流，提供更亲切和周到的服务，满足不同层次客户的需求。业务代表利用丰富的资讯信息库和智能的客户信息系统（CIF）及时为客户解答问题，高效地处理交易请求，并且系统可以灵活实现人工和人工、人工和自动语音的互相转接控制。人工座席服务的基本功能主要包括以下几种：

（1）信息查询和咨询服务：结合丰富的资讯信息库，人工座席可以为客户提供全面的咨询服务。目前各大商业银行的电话银行业务基本上都可以进行业务品种咨询、网点资料咨询、外汇走势咨询、新业务品种介绍等内容的咨询。

（2）受理客户投诉。

（3）代理中间业务：主要是代理各项公共事业的收付费、代理债券、保险、股票、基金、外汇、黄金等投资业务。

（三）外拨服务功能

外拨服务是商业银行为了给客户提供个性化的服务，并且增加与客户之间的交互性而推出的一项业务功能。银行可根据客户的需求，为客户进行通知类的服务，例如款项到账通知、贷款到期催收、代付费提醒、信用卡账单通知等。另外，银行还可以通过电话呼出或传送短信的方式，向客户介绍和营销银行新业务。

以下是招商银行95555电话银行的功能概览（表2-1）：

表 2-1 招商银行95555电话银行功能概览

功能类型	功能名称	功能说明
自动语音服务	账务查询	客户可自助查询在招商银行开立的存折、一卡通等账户余额及当天或历史交易明细
	转账服务	可以进行本人名下一卡通、存折、信用卡等账户之间以及一卡通和网上支付卡之间的资金划转
	自助缴费	可自助查询和缴纳手机费、电费等多种费用（注：电费缴费项目仅在部分分行开通）
	银证转账	可以实现银行活期账户与证券保证金账户之间的资金划转，方便客户理财
	实物黄金（招财金）买卖	客户可直接使用银行账户在电话银行中进行实物黄金（招财金）买卖业务
	银基通	客户通过电话银行自助买卖开放式基金
	国债买卖	客户通过电话银行自助买卖凭证式国债
	外汇买卖	客户可通过电话银行进行个人自助外汇实盘买卖
	挂失服务	客户通过电话银行自助办理存折、一卡通等账户的口头挂失
	自助贷款	自助贷款客户可以通过电话银行自助完成个人质押贷款
	快易理财	客户可通过电话银行自助完成一卡通向个人信用卡、存折及第三方的转账等业务
	语音服务	公司客户可直接通过电话银行在线进行账户余额、当天交易、历史交易的查询，也可办理密码修改业务
	传真服务	公司客户使用传真电话可以得到账户余额、当天交易、历史交易以及存款利率等传真服务
人工服务	疑难账务查询	客户如对自己在招商银行的账户情况有疑问，可以通过人工服务进行查询
	业务咨询	客户可通过人工了解招商银行的各项服务与产品信息，可以对产品使用中的问题进行咨询
	受理客户投诉	受理客户对我行营业网点的服务质量、业务和产品质量的批评和投诉，并在规定时间内由相关部门给予客户答复

续表

功能类型	功能名称	功能说明
人工服务	账户挂失	办理存折、一卡通等账户的口头挂失
	外拨服务	银行主动以电话、传真、电子邮件等方式与客户联系，向客户发送有关贷款本息的追索、业务交易情况、理财申请和投诉的回复、各种重要通知、业务宣传资料或信息的一种主动的服务
	人工交易业务	通过电话进行"快易理财"人工交易，委托业务代表完成各项凭证式国债、开放式基金、个人自助贷款、个人名下的账户互转以及向第三方的转账汇款等交易业务
	"出行易"服务	通过电话办理酒店预订、机票预订、出行安排等服务
即将开通功能	"一网通"在线服务	用户可以通过 Interenet，采用 Email 交流、网络回呼、实时文本交谈等方式获得全方位的、24 小时不间断的服务。

95555 是招商银行集自动、人工于一体的全国统一客户服务号码。您可通过拨打 95555 获得 24 小时不间断的、全方位的一站式服务。

2.3.3 电话银行业务发展中存在的问题

电话银行业务的发展有效促进了银行客户服务质量的提升，也降低了银行网点运营成本，提高了经营效益，但是由于其业务特点的特殊性，电话银行的发展也面临着诸如安全性、客户身份识别、业务处理的准确性等问题。

（一）安全性

由于电话银行的服务双方是通过语音通话完成交易，而非面对面进行交流，这就使得安全性对银行和客户来说都显得至关重要，否则客户会担心是否会在通话过程中被不法分子窃取自己的账户资料。银行的电话银行中心系统要采用高级别、多层次的安全防护措施，并要有严格的操作控制，场所和应用也要有足够的防护措施，对不同等级座席业务代表、管理人员设置不同的权限，建立客户登录身份认证、座席工作状态监控和录音备份等，都是提高系统安全性的必要措施。

（二）客户身份识别

对于银行来说，通过自动语音系统如何准确识别客户的身份是非常重要的。一般来说，电话银行中心系统的网络架构大多使用 TCP/IP 协议，开放性和资源共享性是计算机网络安全问题的主要根源。它的安全性主要依赖于加密、网络用户身份鉴别、存取控制策略等技术手段。目前使用最为广泛的认证方式是客户号加口令识别法，因为这种方法是最简单的，但是其安全性相对也较低，如果客户端使用电话或者手机，就容易泄密。

目前，许多银行的电话银行服务都采取了签约预留指定交易电话的方法来识别客户的身份，只有当客户使用预留的指定交易电话拨打电话银行中心客服号码时才可进行相关操作和交易。例如招商银行"快易理财"电话银行服务，需客户本人持身份证件在柜面签约预留指定交易电话后，方可通过该功能进行转账汇款等操作。如果客户通过人工服务进行交易的话，座席代表还会对客户进行其在银行系统内留下的资料及近期账户交易情况的核对，以此来识别客户身份。

（三）业务处理的准确性

口头交易的业务关系都通过电话对话方式进行，不存在书面依据或相应的业务凭证，相比书面交易差错率要高得多；如果使用自动语音系统服务，客户会存在误操作的问题，而系统又无法判别客户真实交易意愿而造成错误交易；如果是人工座席服务，也存在服务代表和客户之间沟通不畅，导致理解有误的情况，一旦出现纠纷，举证也相对更困难一些。在我国香港的电话银行实践中已经产生了大量的纠纷，例如在股票交易或外汇买卖时，将"买"误作"卖"或将"卖"误作"买"；也有将数额误解的，如将 5 000 元误为 5 万元；或是输错账号将资金误转入他人账户而引起纠纷，这些差错都会造成客户的资金损失，也关系到银行资产的安全性、流动性和效益性。如何准确地辨别客户的需求和真实的意愿，防范各种风险的同时提高业务处理的效率，是其面临的一个挑战。

2.4 手机银行

互联网及移动通信技术日新月异的发展给传统的银行服务带来了极大的挑战，也赋予了新的内涵。随着网上银行及电话银行的出现，传统的柜台办理业务已经不是客户唯一的选择，新技术的应用正在改变着银行业的竞争规则，各银行不再追求营业网点的数量，而是更加关注怎样才能给客户提供更便捷更高效的服务，使银行真正成为客户身边的银行，甚至手边的银行。于是，手机银行应运而生。

2.4.1 手机银行概述

（一）手机银行的含义

手机银行也可称为移动银行（Mobile Banking Service），是利用移动通信网络及终端办理相关银行业务的简称。作为一种结合货币电子化与移动通信的崭新服务，移动银行业务不仅可以使人们在任何时间、任何地点处理多种金融业务，而且极大地丰富了银行服务的内涵，而移动终端所独具的贴身特性，使之成为继 ATM、互联网、POS 之后银行开展业务的强有力工具，越来越受到国际银行业者的关注。

手机银行是由手机、GSM 短信中心和银行系统构成的。在手机银行的操作过程中，用户通过 SIM 卡上的菜单对银行发出指令后，SIM 卡根据用户指令生成规定格式的短信并加密，然后指示手机向 GSM 网络发出短信；GSM 短信系统收到短信后，按相应的应用或地址传给对应的银行系统；银行对短信进行预处理，再把指令转换成主机系统格式；银行主机处理用户的请求，并把结果返回给银行接口系统；接口系统将处理的结果转换成短信格式；短信中心再将短信发给用户。与 WAP 网上银行相比，手机银行有两方面的优点：一方面是手机银行有庞大的潜在用户群；另一方面手机银行须同时经过 SIM 卡和账户双重密码确认之后方可操作，安全性较好。而 WAP 是一个开放的网络，很难保证在信息传递过程中不受攻击；另外，手机银行实时性较好，折返时间几乎可以忽略不计，而 WAP 进行相同的业务需要一直在线，办理效果还将取决于网络拥挤程度与信号强度等许多不确定因素。

（二）手机银行的实现方式及其优缺点

一般来说，基于 GSM 和 CDMA 网络的手机银行主要采用的实现方式有 STK、SMS、BREW、WAP 等。不同的实现方式使得手机银行在用户界面、操作方式以及实现途径等方面有着很大的区别。其中，STK（Sim Tool Kit）方式需要将客户手机 SIM 卡换成存有指定银行业务程序的 STK 卡，缺点是通用性差、换卡成本高；SMS（Short Message Service）方式即利用手机短消息办理银行业务，客户容易接入，缺点是复杂业务输入不便、交互性差；BREW（Binary Runtime Environment for Wireless）方式基于 CDMA 网络，并需要安装客户端软件；WAP（Wireless Application Protocol）方式即通过手机内嵌的 WAP 浏览器访问银行网站，利用手机上网处理银行业务的在线服务，客户端无须安装软件，只需手机开通 WAP 服务。

相比而言，WAP 方式的手机银行较为方便实用，将成为该领域的国际发展趋势。俄罗斯 Guta、斯洛文尼亚 SKB、意大利 Toscana、德国 Deutsche 等国际著名银行已竞相开通了 WAP 手机银行业务。俄罗斯最大的银行之一俄罗斯 Guta 银行已于 2000 年实现了通过手机或计算机远程操作现有的银行业务，具体功能包括：外汇买卖、当前账户查询、转账（转到 VISA 卡/欧罗卡/Master 卡）、发票和公共事业费用支付、通过移动商贸系统购买商品等。Guta 运用多级认证系统确保手机交易的安全。近年来，国内也有多家银行开通了手机银行业务。其中，早期工商银行和招商银行的手机银行是采用 STK 方式或 SMS 方式实现的；建设银行的手机银行则基于 BREW 方式实现，服务于 CDMA 手机；交通银行和北京市商业银行开通了 WAP 方式的手机银行，北京市商业银行的手机银行业务目前仅支持移动全球通客户，且功能较少；交通银行的手机银行支持移动、联通的手机客户，实现功能较为完善。后来，招商银行推出了 WAP 手机银行服务（https://mobile.cmbchina.com），新推出基金投资、证券行情、日程提醒、每日基金净值提醒、信用卡自助缴费等功能，工行等越来越多的银行也进入了 WAP 手机银行的领域。

2.4.2 手机银行的主要类型

1. 根据手机银行的业务功能不同，可分为简单信息型和复杂交易型两类

简单信息型手机银行主要是给客户发送金融信息，例如利率变动信息、产品信息、服务信息等；并为客户提供账户查询类服务。这类服务对手机银行的安全性能要求不高，对手机型号的限制也比较少。

复杂交易型手机银行不仅可以使客户完成查询服务，而且还提供了安全技术保障，客户可以进行银行账户的资金交易，实现和银行的交互，服务功能更为丰富一些，但是交易型的手机银行对客户和手机型号有较多的限制。

2. 根据手机银行的技术方式不同，可分为短信手机银行和 WAP 手机银行

短信手机银行业务是由客户通过其手机编辑发送特定格式短信到银行的特服号码，一般不同的格式代表不同功能，银行按照客户发送的指令为客户办理查询、转账、缴费等业务，并将交易结果通过手机短信通知客户的服务方式。在亚洲市场上，短信型的手机银行得到了消费者的高度青睐，但是由于短信内容是明码传输，安全程度不高，并且对于一些复杂业务和无法一步完成的业务来说，简单的短信已经满足不了客户的需求，和银行的交互性也较差，因此能提供的业务种类和范围都受到了限制。

WAP 手机银行业务是指银行通过移动电话，基于 WAP 协议（Wireless Application Protocol，即无线连接协议），利用移动通信网络，为客户提供网上银行产品和服务的一种服务方式。随着我国 3G 网技术的发展和推广，图像处理、多媒体传输、手机电子商务等综合信息服务功能和能力不断完善，通过手机 WAP 方式上网的客户越来越多，与之相应的金融

服务需求也在日渐增长，WAP 手机银行也将成为今后手机银行发展的趋势。例如工商银行新推出的 WAP 手机银行服务，客户只需通过手机登录其手机银行网站 wap.icbc.com.cn，输入注册卡号和登录密码即可自助办理转账汇款、缴费、基金、黄金等各类银行业务，具有随身便捷、申请简便、功能丰富、安全可靠等特点。它的功能主要包括以下几个方面：一是账户管理功能。客户无论何时，身在何处，都能方便地查询注册账户的资金余额、账户明细等信息。二是转账汇款功能。客户可以办理同城异地、本行跨行等多种转账汇款业务，实时划转资金。三是缴费业务功能。客户可以随时缴纳电话费、手机费、网费、水电费等各种费用。四是投资理财功能。客户可以买卖基金、国债、黄金、证券等丰富的投资理财产品。五是消费支付功能。客户可以方便快捷地办理手机充值和商旅服务支付。另外，客户还可以通过手机银行（WAP）进行牡丹卡还款，实时了解包括存贷款利率、基金净值、股市行情、汇市行情、黄金行情等在内的各类金融信息。中国移动和联通的手机用户均可通过工行网点柜面注册开通工行手机银行（WAP）业务，工行网站（www.icbc.com.cn）自助注册开通手机银行（WAP）业务。注册开通手机银行（WAP）业务后，客户原本仅具有通信功能的手机就轻松地升级为拥有理财功能的综合性自助金融工具。WAP 手机银行的安全程度较短信方式的手机银行更高一些，提供的服务也相对更丰富一些。

2.4.3　手机银行的功能

近年来，银行业在产品、服务方面的竞争越来越激烈，各个商业银行不断地进行金融服务创新，手机银行作为一项新兴的银行服务渠道，其业务范围和服务功能也在不断地被更新和开发，客户可以根据实际需要方便灵活地使用其功能服务。基于手机银行的特点，除了可以提供银行基本业务之外，还有一些独特的功能。

（一）银行基本业务功能

手机银行作为银行的一个服务渠道，传统的银行业务是其基本要求，银行从网点柜台的非现金业务中选择出符合手机功能特点的业务种类移植到手机银行上，这一方面和电话银行、网上银行大致相同，是对银行业务渠道的补充，充分体现了银行服务渠道多样化的特色，是手机银行最基本的功能。其中包括账务查询、账户交易及账户管理功能。但是由于手机银行终端的特点以及有关技术环境的影响，与网上银行和电话银行相比，它的功能相对以较简单易操作的为主，交易方面也以小额支付为主，这主要是由于整个手机银行交易的全过程涉及手机终端厂商、移动运营商、银行和客户，整个生产链条较长，任何一个环节对数据和技术的不兼容都会影响客户的正常使用。另一方面，无线网络的带宽相比有线网络要窄一些，容易造成信息的阻塞，稳定性较差，因此在进行复杂业务的操作及推广运用方面会形成一定的制约。

（二）短信通知功能

这是手机银行为客户提供的个性化的特色信息通知服务，银行通过移动运营商的 SMS 网关服务、移动网上的 USSD 通道和手机短信功能，根据客户需要，为客户发送各种短信通知。客户可以选择短信通知的种类和个性化的发送条件。

短信通知功能是手机银行独特的功能，有着别的服务渠道无法比拟的优势，也是手机银行最吸引客户的功能。近年来，银行卡被盗用的案件日益增多，大多数人都对自己的账户安全和账户变动的及时反馈有了更高的要求。手机银行短信通知功能正好满足了客户这方面的需求，它的信息传输安全性很高，并且省去了邮寄对账单时间较长，容易丢失和泄漏个人数据的麻烦，将客户账户的变动及时通知到客户设定的手机上，使客户可以随时掌握账务变动的情况。例如客户账户发生大额取款、POS 交易、异地或境外消费、定期或理财产品到期等情况，客户便可实时接到通知，了解账户的特殊变动情况。

另外，短信通知功能还可以由银行主动发起，给客户发送新产品或新服务信息，客户定制的汇率、利率、证券指数等金融信息，增强和客户的互动性，拓展银行服务渠道。

（三）手机支付功能

手机支付是由银行、移动通信运营商和移动应用服务提供商（MASP）共同推出的一种构建在手机银行系统上的增值业务，是手机银行独有的一项业务功能，也是手机银行业务的亮点所在。

手机支付的功能相当于"电子钱包"，它为每个移动用户建立了一个与其手机号码相关联的支付账户，消费时通过手机号码自动链接和它建立绑定关系的支付账户，从该支付账户中完成扣费处理。手机银行是一种新兴事物，我国在使用方面还不是很广泛，主要进行的也是一些小额支付，大规模交易较少，并且大多数用户都会担心手机银行的安全性，当手机丢失时带来的账户泄密和盗用等。事实上在信息保密性方面，手机银行的信息传输、处理均采用了国际认可的加密传输方式，实现移动通信公司与银行之间的数据安全传输和处理，防止数据被窃取或破坏。同时目前为了保证手机银行的账户安全，银行一般对每日交易额设置了严格的上限。例如中国工商银行设置每日限额为 500 元，其他类交易不超过 1 000 元，同时将客户指定手机号码与银行账户绑定，并设置专用支付密码，这样即使用户的手机不慎丢失，也不会带来账户上的风险。

手机银行支付蕴含着巨大的商机，吸引了全球众多知名移动运营商和著名商业银行的积极参与，形成了错综复杂的网状商业价值链。日本，高度注重手机银行的安全管理，其安全保障技术近于完美，再加上与各银行间使用专线网，银行业和消费者对这一业务的信赖程度非常高。NTT DoCoMo 等移动运营商都把移动支付作为重点业务予以积极推进，目前手机银行在日本已经成为主流支付方式。

在韩国，消费者也已经把手机作为信用卡使用，目前几乎所有韩国的零售银行都能提供手机银行业务，每个月有超过 30 万人在购买新手机时，会选择具备特殊记忆卡的插槽，用以储存银行交易资料，并进行交易时的信息加密。在韩国有几万家餐馆和商店拥有能通过红外线从手机读取信用卡信息的终端，使顾客能够通过手机进行消费。

美国电信业巨头 AT&T 通过 Cingular Wireless 商业模式，联合四家银行，引入了手机银行业务，这也是美国最大的手机银行业务。通过这项业务，AT&T 的用户将可以使用手机进行基本的银行业务，例如核算收支平衡、交易明细等，而且使用这些业务没有附加费用，完全是免费的，也使移动电话变成了一张信用卡。

经过五年多的发展，尽管国内的手机用户目前已经达到了 5 亿户的庞大规模，但是手机银行和支付业务却没有迅速发展起来，而且使用该项业务的用户并不算多。到 2006 年 6 月，中国移动"手机钱包"业务的用户数才突破了 1 000 万人。早期的推广主要有两个瓶颈：一是国家政策限制，手机银行和支付意味着移动运营商入侵了金融行业的领地；二是安全风险制约了该业务的发展。但最新的调查结果显示，中国八成以上的消费者希望将公交卡、银行卡等支付工具集成到手机上，手机银行和支付业务势必成为移动增值业务的一个快速增长点，在中国的推广普及开来，市场潜在规模也将超过 1 000 亿元。

手机银行作为网上银行和电话银行的延伸，给用户带来了极大的方便，用户可以通过手机来支付各种银行代收的水电费、完成股票交易、购买商品，大大提高了生活效率。虽然目前手机银行还存在着认知度和推广方面的问题，但是随着手机越来越普遍的使用、技术的不断完善，手机银行将会成为未来人们使用的主要支付方式之一。

2.5 自助银行

在现代化高度发达的今天，自助银行对于人们来说已经不是什么新鲜事物了，我们经常会在繁华的闹市区、商场、写字楼、机场等很多场合看到带有"24 小时自助服务"的自助银行，为广大用户提供方便。大部分的银行卡用户已经养成了用 ATM 取款的习惯，消费者通过 ATM 机办理取款业务的比例高达 68%。近年来，自助银行的设备已经不仅限于 ATM，而是越来越多样化，自动取款机、存取款循环机、自助查询设备、存折自助打印机等等都在为客户提供着 24 小时的便利服务。

2.5.1 自助银行概述

（一）自助银行的概念

自助银行（Self-Service Banking）又称"无人银行"、"电子银行"，它属于银行业务处理电子化和自动化的一部分，是在国外兴起的一种现代化的银行服务方式。它利用现代通信和计算机技术，为客户提供智能化程度高、不受银行营业时间限制的 24 小时全天候金融服务，全部业务流程在没有银行人员协助的情况下完全由客户自己完成。

20 世纪 60 年代，自助银行在国外得到广泛应用。原因很简单，当时银行客户和业务不断增多，柜台客户流量变得越来越大，不少人排很长的队伍仅仅是为了办理小额存取款及查询等简单的业务，办理业务可能只需要 2～3 分钟的时间，但排队却往往可能要花费 1～2 个小时的时间，使得客户怨声连连。

当时的银行认为，客户增多会使得银行柜台人员疲于应付，因此降低了对高端客户提供优质服务的能力，于是便想通过增加营业网点来分散客户。但是增加人员势必大幅度提高成本开支，基于这些情况，银行产生了引入自助取款机的念头，技术供应商也积极响应。于是，自助取款机应运而生，接着又扩展到自助存款机、外币兑换机、夜间金库、自助保管箱、存折补登记、信息查询机等一系列自助银行设备。这些设备的出现，从时间和空间上延伸了银行的服务，很快便得到了客户的青睐。银行业也意识到这些设备不应只存活于银行的营业网点内，而是应该散布在公共场所，作为银行网点的一种延伸，于是就出现了离行式自助银行，独立分布于商场、机场等人流量较大的场所。

国外的商业银行经过多年的建设，已建立了先进的计算机网络系统，自助银行的建设起点也比较高，利用现代科技手段向客户提供自动化程度高、方便、安全、周到、全天候的金融服务，功能也比较全面。目前，我国的自助银行也已经由理论研究和技术准备阶段转向了应用实现阶段。

(二) 自助银行的作用

1. 降低了银行经营的成本，提高了商业银行的市场竞争力

据测算，银行的营业网点柜台每处理一笔存取款或转账业务的成本大概为 3.06 元，而自助银行、ATM 等自助设备的成本仅为 0.83 元，自助设备每笔业务的交易成本仅为传统柜台的 30%以下，极大地降低了银行的经营成本。同时，由于成本低廉，银行可以在更广泛的区域用自助设备取代银行营业网点，扩大了银行的经营范围，也方便了用户，大大提高了银行的市场竞争力。目前商业银行的客户存取款交易超过 50%都是在自助设备完成的，自助渠道服务业务集约化经营效益日益凸显。

2. 自助渠道服务提高了银行的工作效率，缩短了客户的等待时间

客户到银行最常办理的业务莫过于存取款和转账汇款业务。而按照银行柜员手工操作计算，过去手工办理一笔业务平均需要 3 分钟，现在由于系统的更新和网点服务流程的优化，办理一笔小额存取款业务的时间大概在 1～2 分钟，还不包括和客户交流沟通的时间，如果按每天 8 小时工作时间来计算，银行柜员就是不停地工作，也只能处理不到 300 笔的业务，而自助设备从插入磁卡到后台主机响应反馈信息，存、取款，打印凭条直到退卡只需要 40 秒到 1 分钟。即使按每笔业务花时 1 分钟计算，在同样的工作时间内也可处理 480 笔业务，而且不受上下班时间的限制。由此可见，自助渠道服务的工作效率是手工操作无法比拟的，并且对于一些仅办理简单的小额存取业务或账户查询的客户来说也无须排队等待太长时间，既省去了银行的人工成本，又给客户带来了便利。但是目前自助渠道办理现金业务的缺陷就在于一般来说 50 元以下面额的零钞是无法操作的，并且对纸钞的新旧程度要求较高。

3. 自助渠道服务使银行网点服务得以延伸

一般来说，银行营业网点的营业时间都在上午 9 点到下午 5 点，而自助银行可以为客户提供 24 小时全天候的服务，将银行业务产品、服务时间最大限度地提供给了客户，方便了人们业余时间的需要，充分发挥了自助银行的使用价值。

自助银行融合了个人金融业务的所有资源，将品牌、知识、知识产权、技术、产品、服务和人才等资源有机地组合到一起，才能打造成一间能带来效能的自助银行。对于大银行来说，他们希望自助银行能有效地整合其所有的资源，建立无所不在的价值网络；对于中小银行而言，自助银行能有效地延伸其网点架构的不足，提升其新型技术银行的形象，以赢得更多的知识型客户群。

2.5.2 自助银行的种类

(一) 按自助银行设立的地点可分为在行式自助银行和离行式自助银行

在行式自助银行指在已有网点内（或依附在已有网点旁）设置的自助银行。该区域在日常营业时间内与营业大厅相连通，能够分担网点的部分银行业务，缓解柜台压力。在柜台营业时间外，营业大厅关门，该区域被人为地与营业大厅隔离，又变成了独立的自助银行。

离行式自助银行指在已有营业网点以外设置的自助银行。这种形式的自助银行与银行分

支机构和营业网点完全独立,一般是设立在商业中心、人口密集区或高级住宅区内,也是全天候开放。

(二)按自助设备功能的不同可分为自动取款机(ATM)、自动存款机(CDM)、存取款一体机(CRS)、多媒体自助查询终端、IC卡圈存机、自助金库、存折打印机等

自动取款机又称为自动柜员机(Automated Teller Machine,ATM),是最普遍的自助银行设备,最主要的功能就是提供最基本的一种银行服务,即出钞交易。在自动取款机上也可以进行账户查询、密码修改等业务。自助银行在20世纪80年代初登陆中国市场,中国银行香港中银集团电脑中心首先开发出ATM机应用系统并投入使用,1988年中国银行深圳分行推出国内第一台联机服务的ATM机,1994年中国银行又在广东、湖南、福建等地开通了"中国通—银联"网,海内外客户开始在华南地区的ATM机上办理取款及查询业务。

自动存款机(CDM)提供存款服务;自动存取款机(CRS)是目前世界上最先进的自动柜员机,它集现金存取款于一身,并且可以办理缴纳费用业务;多媒体自助查询终端可以全方位介绍金融知识和银行业务信息,并可查询、打印所有账户的历史交易明细,缴纳各种费用,办理卡间转账、卡内转账、外汇买卖、银证转账、质押贷款、国债买卖、提醒服务、打印发票、口头挂失等业务;全自动保管箱则提供自助式保管箱服务,客户存取物品不受时间限制,亦无须银行人员陪同,也能确保客户隐私;事先申请夜间金库业务,则能24小时自由存放现金或物品等。图2-6是招商银行自助查询终端的操作指南。

2.5.3 自助银行的业务功能

自助银行交易,是指客户通过自助银行设备进行的金融交易活动,包括现金类和非现金类交易。现金类交易主要指现金取款交易、现金存款交易;非现金类交易主要有转账交易、修改密码、查询服务、存折补登、代收代缴、外汇买卖、基金交易、公积金交易等。

在自助银行设备进行的交易,可以分为有物理介质和无物理介质两种。包含客户相关信息的物理载体,即为物理介质,包括各类银行卡、带有磁条信息的存折、他行卡、境外卡,以及最新出现的条码、卡、指纹、人像识别等。无物理介质的交易包括:无卡折存款、预约取款等。

自助银行所有交易必须对物理介质信息或客户输入信息进行验证。

1. 现金取款

客户使用物理或非物理介质,通过身份验证后,自助银行设备根据客户输入所需金额自动输出相应的纸币。

一些银行机构的自助设备钞箱配备的纸币面额为元面值,另一些银行机构自助设备配备的纸币为各类面额。自助设备同时提供特定金额的菜单和让客户手工输入金额取款两种方式。客户输入的金额应为最小面额纸币的整数倍,并受单笔取款额、当日取款额的限制。

2. 现金存款

客户使用物理或非物理介质,经过信息验证后,在自助银行设备上存入现金。同样,一些银行机构的自助设备取款只提供元面值的纸币存入功能,另一些银行机构的自助设备提供各类面额的纸币存入功能。

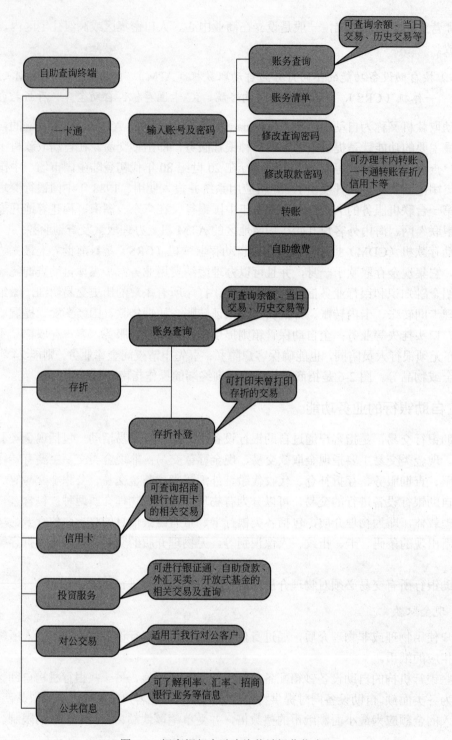

图 2-6　招商银行自助查询终端操作指南

客户使用物理介质存款交易流程为：客户使用物理介质并校验、将纸币放入存钞口、设备验钞并退出不识别的钞票、确认可识别的存入钞票金额、存款金额记入客户账号。

客户选择非物理介质交易流程为：客户选择无介质存款、输入目标客户账号、将纸币放入存钞口、设备验钞后退出无法识别的钞票、确认可识别的存入钞票金额、存款金额记入目标客户账号。

3. 转账交易

转账交易指客户在通过身份验证后，进行的资金转移交易。包括：本人的账户之间转账、与他人及他行账户的转账。

在大部分转账交易中，客户输入目标账号及金额后，屏幕会再次显示目标客户账号、金额和目标客户姓名的某一部分等。客户确认后，信息发送至后台服务器。交易成功后客户可选择是否打印凭条。

4. 密码修改

修改密码时，客户要先通过身份验证。一般需输入旧密码再次确认操作者的正确身份。然后根据系统提示，将新密码输入两次。新密码输入的位数不足或两次输入不一致，一般会要求客户重输新密码。连续几次修改密码不成功后设备会返还银行卡，而一些银行机构会按程序由自助设备回收银行卡。密码修改成功后，如有物理介质，银行自助设备会退出其物理介质。客户如继续进行交易，必须重新插入物理介质。

5. 查询交易

查询交易是客户最常用的个人银行业务之一，随着技术的进步和银行机构代理业务的拓展，查询的内容越来越广泛。

（1）账户余额查询

账户余额查询是客户通过身份验证后，在自助设备上查询账户余额的交易。交易成功后，自助设备界面显示"账户余额，可用余额"。

（2）账户明细查询

账户明细查询指客户通过身份验证后，在自助设备上查询特定时间段内账户的变动情况或交易明细。交易成功后界面显示"交易日期、交易金额、余额、交易类型"等信息。

（3）外汇查询

包括实时汇率查询、外汇委托查询、外汇卡余额查询等。

（4）中间业务查询

如公积金查询、公积金贷款明细查询、维修基金查询、保证金查询、基金交易查询、国债交易查询、贵金属交易查询；上海交通卡查询、陆港通查询、江苏住房补贴公积金查询、新疆签约关系查询等。

6. 与不同行业、不同地域合作的代扣代缴等代理业务

客户利用自助银行设备，进行各种代理交易操作，如：城乡居民各类生活费用的代扣代缴、企事业单位工资的代理发放、代理不同行业预约登记及收费等业务。

代扣代缴包括了实时缴费和预付缴费，客户通过自助银行代扣代缴后，可到指定银行网点营业柜台或设备上补打缴费凭证。代理包括：预约挂号、预订门票、预订机票、预订酒店等新类型的业务。如移动、联通、电信的实时交费或充值、代收电脑款、交通罚款代收、条形码缴费、代缴车船使用税、代收水费、代收电费、代收社保；医院预约挂号、医院挂号支付、预定景点门票等。

7. 自助理财交易

主账户和关联账户之间的转账，包括同一账户、同一币种、同一钞汇类型之间，活期、定期各种类型之间的互转，以及主账户、关联账户、卡内卡外互转等。

同一币种、同一钞汇类型的外币（汇）账户间转账。外汇买卖交易包括：实时行情、实时交易、成交查询、挂单止损、汇率查询、获利挂单、追加挂单、双向委托挂单、委托撤单、挂单查询等交易。外汇买卖实时交易以系统处理时的实际汇率为准。

关于通知存款交易操作，客户在自助设备的操作包括：支取设定查询、通知存款转入、支取设定、通知存款支取和支取设定解除等交易。

（1）基金交易。

客户在自助设备上可进行各类基金的交易操作。例如：开放式基金申购、认购、撤单、赎回、资金转账、转换和查询等交易。

（2）贵金属交易。

包括账户金、账户银及其他贵金属账户交易。

（3）消费分期交易。

包括汽车消费分期、家电分期、家装分期、车位分期、账单分期等。

（4）国债交易。

包括国债公告查询、国债申购、国债明细查询、国债兑付。

8. 个人贷款业务

包括贷款申请、抵押贷款、查询贷款明细、贷款展期、归还贷款等。

9. 公积金业务

客户可办理住房公积金账户、住房补贴账户、公积金贷款账户、住房维修基金账户等；签约后，可在银行自助设备上查询住房公积金账户、公积金贷款账户、住房维修基金账户、住房补贴账户等账户的明细信息和余额信息。

10. 自助设备交易手续费

自助银行设备上产生的交易，客户手续费不直接交由机具提供行收取，由交易账户开户行向客户收取手续费，然后按一定标准清算给机具提供行。

一般机具提供行进行如下几类交易时，对开户行收取费用：

取款交易：包括本行账户异地取款、他行取款、境外取款。

存款交易：本行账户异地存款。

转账交易：本行账户转他行账户、本行本地账户转异地账户、本行异地账户转本地账户。

2012年，银行卡跨行支付系统共处理业务82.73亿笔，金额19.74万亿元，分别较上年增长20.3%和31.5%。日均处理业务2 260.37万笔，金额539.40亿元。

按照受理行受益的原则，受理行得到手续费收入。开户行扣收手续费时，存入款项的账户中扣收存款类交易手续费；转出账户中扣收转账类交易手续费，取款账户中扣取取款类交易手续费。

11. 打印交易凭证

自助银行上产生的现金和非现金类交易，客户都可选择是否打印凭证。凭证要素有以下内容：交易设备号、交易介质号、交易金额、交易日期和时间、交易类型、交易流水号、转入转出账号、手续费等。介质（卡号）或姓名一般会隐去部分内容而以×××代替。

2.5.4 自助渠道服务的发展

自助银行将各种类型的自助服务机器集中起来，成为一个提供 7×24 小时服务的纯自助化网点。瑞士联合银行（UBS）最早进行了无人银行实验，随后在欧洲和美国推广。在无人银行中，设立现金交易设备和非现金交易设备，如取款机、存款机、交互式查询终端、外币兑换机、多媒体终端等，向客户提供各种交易服务。在后台设立业务集中处理中心，以随时响应来自前台的各类请求。

随着最近 VTM（Virtual Teller Machine，远程虚拟柜员机）的兴起，传统银行网点不能被自助银行替代的业务，如个性化理财、手工签约、发卡、销卡等也出现了被替代的可能。VTM 集成了高清显示屏、高清摄像头、指纹识别、二代身份证读取、证件扫描、手写签名等相关设备模块，可为银行客户提供 7×24 小时的远程虚拟柜台服务。

VTM 作为 ATM 传统功能的延伸，不仅能够进行现金交易、查询、转账，而且还能实现传统银行网点柜面业务，如：开销卡、存款证明开具、挂失等。同时，客户通过 VTM 上的视频系统，可以和银行后台集中业务处理中心的客服人员进行交互式操作，即在无人银行网点的基础上实现了"面对面"办理业务。银行客服人员也能很方便地通过视频系统、监控系统判定客户的身份，并为用户提供有针对性的、个性化的可视化服务。通过用户和后台集中业务处理中心的客服人员之间的远程音频、视频、共享桌面交互操作，客户可在 VTM 上实现全面金融服务，包括：对私业务、对公业务、外汇、投资理财等。而以前自助银行设备不能实现的功能，如资料扫描、身份识别、票据、回单打印盖章等，在客户与 VTM 的交互操作中都可完成。客户只需提出业务申请并提交就可以自助完成相关交易。

VTM 的出现，对传统银行网点的冲击很大。相对于传统银行网点，VTM 对安装环境要求不高。而一台 VTM 机至少可以替代两个柜台窗口，而且服务更专业、效率更高。按目前设备的配置，一台 VTM 设备的采购成本仅相当于三个银行网点柜员一年的工资，而一台 VTM 机能节约传统银行网点一半的人员。

在现阶段，银行机构要把原来的网点柜面业务、客服、自助银行等业务流程重新组合梳理，促使人员向后台集中，从而更为专业。分散到各个网点的点钞，集中到中心金库专业人员和专业设备进行清分清点；理财服务视频化后，也可集中到后台，由更为专业的人员进行远程视频服务，使得服务质量和效率都更能得到保证。

另外还要组织技术厂商和集成商按需进行系统集成，工作量很大。因此，目前一些银行也只是试点运行，还没有大规模进行投入。作为国内银行业的标杆"四大行"之所以没有率先推广，也就是由于对此持有非常谨慎的态度。即便如此，传统银行网点被智能化的自助银行替代的趋势，仍显得越来越明显。

本 章 案 例

招商银行"一网通 4+3"服务

所谓"一网通 4+3"，是指招商银行的电子商务支付平台支持 4 个所有，同时实现 3 个统一。4个所有是指"一网通4+3"电子商务支付平台支持B2C、B2B、C2C等所有营运模式的商户,支持 PC、PDA、手机、电话等所有用户渠道,支持商户采用所有技术平台和开发工具实现与招商银行对接,支持借记卡、贷记卡、个人账户、公司账户等所有客户。3个统一是指"一网通4+3"电子商务支付平台实现了统一的账户体系,统一的商户接口,统一的安全机制。

招商银行此次推出"一网通4+3"电子商务综合解决方案,无疑是用一种最方便、最快捷、最经济、最有效的方式满足了WEB2.0商家网络化、多元化、个性化、国际化的市场需求,解决了WEB2.0时代困扰网络商家的支付难题,对推动我国电子商务的跨越式发展具有革命性的意义。

1997年4月,招商银行开通了自己的网站 www.cmbchina.com,招商银行的金融电子服务从此进入了"一网通"时代。1998年4月,"一网通"推出"网上企业银行",为互联网时代银企关系进一步向纵深发展构筑了全新的高科技平台;同期,"一网通——网上支付"业务投入运行,成为国内首家提供 Internet 网上支付服务的银行。目前,招商银行的"一网通"已形成了网上企业银行、网上个人银行、网上商城、网上房城、网上证券、网上外汇和网上支付等完善的网上金融服务体系。截至2005年8月,招行网上银行已拥有近1 000万名网上银行客户和1 000余家网上合作商户;网上公司银行交易额达14000亿元人民币,网上个人银行交易额达2 300亿元人民币。全球权威机构ALEX近期公布的全球网站点击率排名结果显示,招商银行"一网通"点击率居全球网站排名前500名,位居国内银行网站之首。

本 章 小 结

通过本章学习,熟悉电子银行概念、电子银行业务产生的背景、电子银行业务的概念及优势,以及电子银行业务的发展前景。要重点掌握网上银行业务,理解中国网上银行的发展现状及趋势。了解客户服务中心,熟悉电话银行功能,也要理解电话银行业务发展中存在的问题。

要重点掌握手机银行的内涵、手机银行的主要类型,以及手机银行业务功能。了解自助银行的重要性和作用、自助银行的种类、自助银行功能,要熟悉和掌握自助渠道服务的发展。电子银行向广大客户提供各种能增值的金融信息服务,使客户可以随时随地通过自助的方式完成业务的实时处理,大大提高银行业务处理的效率。

本 章 习 题

1. 简述电子银行业务的概念及优势。
2. 举例说明电子银行业务的发展。
3. 分析中国网上银行的发展现状及趋势。
4. 阐述电话银行的功能。
5. 分析手机银行的主要类型。
6. 试述手机银行业务功能。
7. 试论自助渠道服务的发展。

第 3 章

电子货币

学习目标

1. 熟悉电子货币的发展与特点
2. 掌握电子货币的功能
3. 理解电子货币对经济、银行业和金融理论的影响
4. 熟悉电子货币的种类
5. 理解电子货币的应用前景

案例导入

银行卡密码泄露案

2002 年 10 月，洪某在永嘉某银行罗浮营业所申办了一张银行卡，作为经商业务上存取资金之用。2003 年 2 月 2 日，洪某发现卡上的 10.25 万元人民币被人以网上交易的方式转至别人的两张卡上并盗走。据警方调查，2002 年 11 月 22 日，涉案犯罪嫌疑人以洪某的名义，持虚假的洪某身份证到温州某银行开办了网上银行，获取了网上银行的客户证书及网上银行密码，并成功注册。自注册成功后至 2002 年 2 月 2 日，该嫌犯几乎未间断上网，在网上多次发起对原告账户的查询与交易的尝试。2 月 2 日，该嫌犯分两次成功提取了洪某存在银行卡上的 10.25 万元。案发后，洪某在接受警方调查时承认，他曾因业务上的需要，将该银行卡的密码告知过他人。

10 余万元存款不翼而飞，责任到底归谁？双方诉至法院。经法院审理后认为，银行未能认真核实验明办理网上银行注册人提供的资料的真实性，违规操作，才导致嫌犯成功注册网上银行，进而成功冒领了洪某的存款。因此，该违规失职行为与该存款被冒领有着直接的因果关系。至于嫌犯是通过何种途径获取洪某卡号的密码，公安部门尚无定论。但就本案而言，他人取得原告银行卡密码，并不等于取得了原告的存款，原告的该笔存款并非是凭银行卡的密码在自动取款机或营业柜台上被支取，而是由于银行违规操作，为嫌犯开办了网上银行，在网上银行划出的，因此原告密码泄露并不会必然导致存款被冒领。据此，法院做出以上判决。（源自：中国法院网 http://www.chinacourt.org/public ）

案例讨论：

1. 由于他人利用网上银行交易，致使洪某银行卡上的存款被人盗走。责任在谁？
2. 银行卡密码在电子支付中有何重要意义？

3.1 电子货币的内涵

3.1.1 电子货币的概念

货币是一种商品，有价值和使用价值，具有表现商品价值的能力，即可充当一般等价物，持有货币实际上等于握有相应价值的商品。

一般认为，货币是一种具有普遍的可接受性，而用作购买手段和清偿债务的支付工具。这种概念的含义是，货币的主要职能是用于商品交换和支付债务，前提是"普遍可接受性"（General Acceptability）。这种普遍可接受性是由多种因素决定的，但主要因素是国家的强制力量和货币发行主体的信誉。

对电子货币概念的界定，需要达成共识。在英语里有几种关于电子货币的概念，如 Ecash，Netcash 等。在国内对电子货币的解释有：

（1）电子货币是指"数字化的货币"，凡付款、取款、通货的使用、融资、存款等与通货有关的信息，全部经过数字化者，便叫电子货币，是货币的抽象概念，是货币支付和实现方式上的新形态；

（2）电子货币是基于一种软件的支付系统，该系统允许使用者使用任何计算机网络通过一台 PC 机向其他 PC 机或工作站发送电子支付，这种电子支付工具就是电子货币；

（3）电子货币是指银行在电子技术的条件下，把存款通过联网的电子计算机转账系统使其流通，这种利用电子计算机网络记录和流通的特殊微电子物质就是电子货币；

（4）电子货币是以磁记录或电子信号形式存在于金融机构计算机系统的记账货币；

（5）电子货币是以计算机网络通信、电子机具、电子化商业机具为基础，以各种信用卡为介质，以电子信息转账方式实现流通的一种货币流通形式；

（6）根据以上这些观点，有的还把电子货币划分为广义和狭义的概念，广义的概念指用计算机来储存和处理的银行存款；狭义的概念指各种信用卡。

以上这些观点应该说，从不同的角度概括了电子货币的基本特征，都有其合理性。但本书认为，这些观点也都有一定的局限性，主要是这些观点过分地看重了电子货币的物理特性，而忽视了货币的本质属性。

电子货币的准确概念应该定义为：电子货币是一种具有普遍可接受性而用于购买手段和清偿债务的支付工具，是以计算机通信、金融与商业专用电脑和机具等现代化科技为基础，通过电子信息转换形式实现的一种货币流通方式。简言之，它是一种可以用电子处理方式实现商品交易的电子化货币，即货币的电子化，电子流货币。

3.1.2 电子货币的产生

从货币形式的演变过程中可以看出，货币作为商品经济发展的必然产物，是随着商品交换的产生而产生的。货币形式的演变也是伴随着商品经济的不断发展进行的。从实物货币到金属货币，从金属货币到纸币，在货币发展史上这两次重大变革实现的条件一是商品经济的迅速发展，二是生产力的不断进步。可以说电子货币的发展是货币发展史上的第三次变革。电子货币的发展不仅依赖高度发达的商品经济条件，更重要的是依托于现代科学技术的进步。

（一）电子货币产生的必然性

进入 20 世纪以后，商品生产进入现代化的大规模生产，尤其是科技进步、第三产业以及互联网的迅速发展，使现代市场经济进入大规模、多渠道、全方位发展的时代。这种高效、快速发展的商品经济和现代社会的生活方式，对传统的货币提出了新的挑战。纸币已经满足不了信息时代商品经济快速发展的要求，迫切需要一种先进的、能够与现代经济相适应的货币形式。这种货币形式既要能满足快速、多变的商品经济发展需要，又要能体现现代社会的特色。电子货币正是适应市场经济的高速发展，能够体现现代市场经济特点的货币形式。主要表现为以下几方面：

1. 信用是电子货币产生的基础

电子货币又被称为数字货币。它表现为账号或是价值符号，是货币流通现代化的产物，是信用制度发展的产物。信用，在现代社会已经被赋予了新的概念，并正逐步被人们所认同。在国外，金融行业已普遍使用信用来评估一个人或一家公司。一个人的信用就是价值。价值最直接的表现形式就是货币。例如：金融机构推出的贷记卡，就是根据每个人的收入、家庭、还款情况等评定出一个信用等级，然后给予相应的贷款额度。电子货币为信用从虚拟到真实提供了良好的载体。

2. 货币市场和消费市场需要电子货币

作为支付的手段，实物货币和电子货币的职能是一致的。传统意义上的市场有固定场所，经营者和购买者都在同一个地点交易。随着经济的发展，市场、购物、消费的场所发生了改变，从有形发展到无形，从固定发展到流动。当今，只要有一个属于你的账号，有一台可上网的电脑或一部手机，那么消费将成为可能，电子货币将自动实现支付。随着银行网络化进程的加快，以银行卡为载体的网上银行业务得到迅速发展。持卡人可以在银行网点、特约商户等任何加入金融网络的终端进行直接交易，也可以凭借卡号、密码等要素通过互联网在任何时间、地点进行交易。从这个意义上讲，任何场所都可以成为交易场所，都是交易市场的组成部分。这种市场的无形化和无中心化促进了电子货币的产生和发展。

3. 消费者偏爱电子货币

人们在生活中离不开缴费、购物，离不开货币。但是实物货币有许多不便之处，给人们带来许多不必要的麻烦，因此希望发明一种方便、安全性高、支付快捷的支付方式。由于电子货币固有的高科技、现代化、高品质这一特性，因此受到使用者和广大消费者的欢迎，成为经济生活和金融领域不可或缺的产物。

4. 人民银行规制电子货币

电子货币，不同于我们普通意义上的纸币，要受到中央银行监管和指导，准确地说电子货币是金融机构或非金融机构所制造发行的用于替代纸币，代表一定数值纸币并通过网络行使纸币职能的货币。无论是发行还是使用均不能强迫命令，并且在使用中，要借助法定货币来反映和实现商品的价值。人民银行大力提倡发展电子货币，并对电子货币的管制、指导，相应出台了《中国人民银行金融 IC 卡规范》等多项技术业务标准，从业务规范和技术规范对电子钱包、电子存折做出严格的规定，成为金融业大力发展电子货币的政策基础。

5. 电子货币的产生有技术条件

银行的结算、核算、划转无一例外，都需要计算机的支持和安全保障。依赖于银行结算体系的电子货币，各种机器设备的推出，各种软件的开发，计算机技术的不断升级，不断创新，都为电子货币的产生发展创造了条件。网络时代的到来，为电子货币的发展提供了通道。无线技术的发展使得手机银行成为可能。科学技术的普及，使更加广泛的普通大众能够懂得、接受、使用计算机，使电子货币的使用有广阔的空间。

（二）电子货币的崛起历程

发达国家的电子货币起源，可以追溯到20世纪初期信用卡的出现，但那个时期的信用卡由于完全依赖于手工作业，还只能称为电子货币的"雏形"。真正意义上的电子货币，应该出现在20世纪中期。美国在20世纪50年代就出现了有凸印客户资料的塑料卡FTC（Financial Transaction Card）。这种卡片可以用机械的方法把带有凸字的卡片发行人和客户账号印到纸质单据上，完成支付和结算。到了60年代中期，随着电子技术的发展，人们把可以记录信息的磁条贴在这种FTC卡背面，从而诞生了能够使用电子设备自动读取信息并进行连线交易处理的磁卡。在计算机技术、通信技术、网络信息技术的发展和经济需求的推动下，各种磁卡处理设备、高速可靠的网络环境、日益安全的逻辑加密算法推陈出新，使得卡基支付工具——电子货币的鼻祖和重要表现形式得到了迅猛的发展。

特别是在70年代后期，在法国布尔（BULL）公司成功地制造出世界上首张双晶片（微处理器和存储器）的智能卡以后，由于这种新型的卡基支付工具具有3S特色：标准化、智能化和安全性，它特别适用于高可靠性的安全身份识别和依赖于此的小额脱机金融交易。人们以电子方式取代纸币的梦想出现了希望。

美国是电子货币的发源地，也是电子货币起步和发展最快的国家。美国商务部经济分析局在1995年提出的报告，预测了无现金时代的到来。该报告分析，到2005年美国的信用卡支付额将达到28 000亿美元，占美国个人支付款的42%，综合支票和现金的比率是45%；并指出，在今后十年，支票和现金的比率将每年递减3%。为推进电子货币的发展，美国总统克林顿于1996年4月26日签署的《改进收债法》规定，联邦政府必须在1999年1月1日以前取消纸制支票，改用电子转账方式向雇员、承包者和受益者付款。有人说美国《改进收债法》的颁布实施，标志着一个全新的电子货币时代的正式来临。

到了20世纪末，各种卡基支付工具和相关的支持系统已经遍布全球。随着数字化浪潮的涌起，国际性的货币系统发生了重大变革，电子货币的发展异常迅速。

3.1.3 电子货币的发展

一、货币演变的历史

经济学认为货币的产生是商品价值形式演变的必然产物，也是商品经济发展到一定阶段的必然结果。货币的产生和发展是以商品的产生和发展为前提的，货币形式的演变也是与商品经济的发展相伴进行的。有什么样的商品经济发展水平，就有什么样的货币形式与之相适应。这是货币发展的必然规律。回顾货币发展演变的历史，从货币的价值形态来看大致经历了以下几个阶段：

（一）实物货币阶段

实物货币又称为商品货币，是货币发展的最原始形式。在物物交换制度不能适应交换的发展时，人们就从商品世界中挑选出一种大家都普遍接受的商品，并将其作为交换的媒介。这种充当商品用途的价值和充当货币用途的价值都相等的货币，统称为实物货币。实物货币的产生解决了物物交换的矛盾，有力地促进了商品经济的发展和人类社会的进步。但随着商品经济发展和生产力的提高，商品交换的数量越来越大，种类也越来越多，实物货币的缺点和不足日益显露出来，无法充当理想的交换媒介，于是实物货币就逐步被新的货币形式——金属货币所取代了。

（二）贵金属货币阶段

贵金属货币也称为实体货币。由于商品交换的迅猛发展，人们逐步认识到，黄金或白银由于单位体积价值高、价值又稳定、质量均匀而易分割、耐磨损等特点，是作为货币的最佳材料。于是，扮演货币角色的特殊商品，就集中到黄金和白银身上。它既弥补了实物货币的不足，又满足了当时商品交换的需要。最初的贵金属货币其名誉重量与实际重量之间没有明显的差别。以后随着交易的日益频繁，铸币在使用中产生磨损使其实际价值低于名誉价值。足值的金属货币与经过磨损不足值的金属铸币在市场上同时流通,同样发挥货币的职能作用。这就使人们认识到货币可以由不足值的或无价值的符号来代替，于是在金属货币不能满足商品经济发展需要的时候，一种代表贵金属价值的新的货币形式——代用货币就产生了。

（三）代用货币阶段

代用货币严格来讲是指代表实体货币，是指作为货币物品本身的价值低于其代表的货币价值。作为货币的黄金等贵金属，由于资源有限，不能满足商品交换日益发展对货币增长的需求，于是不得不寻求一种替代的东西来代替贵金属货币。从理论上讲，代用货币的形态有许多，除国家铸造的不足值的铸币外，代用货币主要是指政府或银行发行的纸币和票据，这种纸币和票据所代表的是贵金属货币。尽管它在市面上流通，从形式上发挥着交换媒介的作用，但它却是十足的贵金属符号，而且也可以自由地向发行单位兑换贵金属货币。因此说，纸币的产生和普及是货币发展史上的一次重大革命，极大地推动了商品经济的繁荣和发展。

（四）信用货币阶段

信用货币是一种抽象的货币概念，就是以信用作为保证，通过信用程序发行和创造的货币。信用货币是代用货币进一步发展的产物。目前世界上几乎所有国家采取的货币形态（包括辅币现金或纸币和银行存款）都是信用货币。由于在 20 世纪 30 年代爆发了世界性的经济危机和金融危机，各主要西方国家先后被迫脱离金本位和银本位制度，所发行的纸币不能再兑换成金属货币。在这种情况下纸币逐步与金属货币脱钩，开始独立出来。纸币从发展过程来看分为前后两个时期，纸币直接与黄金挂钩，属于代用货币阶段；在"金本位制"彻底瓦解之后，纸币开始独立行使前期的货币职能，纸币便成为信用货币。可以说，纸币是最初的信用货币形式。有以下两个特征：

（1）信用货币完全割断了与贵金属的联系，其发行不是以黄金作为准备。

（2）信用货币的基本保证是国家政府的信誉和银行的信誉。

进入 20 世纪中期以后，随着科学技术的进步和生产力的进一步发展，商品生产进入了现代化的大规模生产，经济结构也发生了重大变化，商品流通渠道迅速扩大，交换日益频繁，大规模的商品生产和商品流通对货币支付工具提出了新的要求，迫切要求有一种新的、先进的货币工具与高度发达的商品经济相适应。于是在高度发达的信用制度和技术条件下，一种新型的货币形式——电子货币便应运而生。

二、信用卡是电子货币产生的标志

信用卡是随着商品经济的发展水平和科学技术的进步而产生的一种现代支付工具。它诞生于 1915 年，起源于美国的一些百货商店、饮食业。这些商家为了招揽生意，在一定范围内发给顾客信用筹码，顾客可以在这些发行筹码的商店及分店赊购商品约期付款。这种做法起到了笼络顾客、方便购物、扩大销售的效果。后来，美国的一些石油公司发行了类似信用卡作用的"优待券"，给顾客到所属的加油站使用，定期结账以方便顾客。到 1946 年，美国狄纳斯俱乐部和美国运通公司等机构开始发行用于旅游、娱乐的信用卡。1950 年，狄纳斯俱乐部在全国组织联营的各旅店、餐馆所发行的信用卡可以通用，结算款项通过银行办理，这样便扩大了信用卡使用地区。这是早期商业信用较好的信用卡。1952 年，美国加州富兰克林国民银行作为金融机构首先发行信用卡，之后又有多家银行相继发行信用卡，到 1959 年美国约有 60 家银行发行信用卡。

银行作为买卖双方以外的第三者发行信用卡，使信用卡由过去仅限于买卖双方的信用工具发展成为一种银行信用形式，使信用卡的应用范围、地域迅速扩大，信用实力进一步加强。由于银行发行的信用卡允许持卡人先消费后付款，付款可以一次付清，也可以采取分期付款方式，从而更加方便了买卖双方。所以从 60 年代以后，信用卡很快受到了社会各界的欢迎，得到了迅速发展，不仅在商品经济发达的美国，而且在英国、日本、加拿大以及西欧各国也盛行起来，大到购物消费，小到公用电话、公共汽车，都普遍采用信用卡支付。进入 80 年代以后，信用卡在亚太地区也得到了迅速发展，信用卡在相当一部分国家和地区得到了普及，信用卡取代现金成为交易中介已成为一种必然趋势。尤其是随着现代科技的快速发展和信用卡的普及，其功能日益增强，使用范围更加广泛，信用卡作为电子货币的雏形，已经成为电子货币时代的重要标志和主要表现形式。

三、电子货币的表现形式

电子货币主要表现为两种方式：电子转账和电子现金。电子转账主要包括电子资金转账（EFT）和银行卡等，是货币以电子化的方式实现支付、存储、划转并产生利息或收取一部分手续费的货币形态过程。电子现金则指建立在智能卡基础上的现金卡和借助于互联网的网络货币等，如 MondexE-cash 等。从实现形式上来说，它是指有储值、支付功能的智能 IC 卡，体现为卡内的价值是通过存储和购买而形成的。

从本质上说电子货币是信用货币的一种表现形式，由于目前电子货币还处在"初级"发展阶段，它代表法定货币来行使货币职能，因此人们在制造和设计电子货币时也有两种不同的想法，一种想法是"制造一种既简便又具有智慧的卡片，用它来做金钱的电子兑换"，用这种电子货币来取代流通中的现金；另外一种想法是"设定电子清算系统与电子货币子系统，供在网际网路及网际空间上使用"。这种电子货币用来取代现实中的存款货币。这两种不同想法，使得电子货币的基本形态也分为两种：一种是 IC 卡型的电子货币；另一种是网路型电子货币。

从对货币发展阶段的考察和电子货币特征分析,我们可以得出以下几个结论:

(1)从货币本身的价值含量构成来看,货币的发展经历了实物货币——金属货币——代用货币——信用货币四个阶段。从货币的物理形态更替来看,货币的发展经历了实物货币——金属货币——纸币——电子货币四个阶段。

(2)货币形式的发展是与商品经济发展的水平紧密联系在一起的。有什么样的商品经济发展水平,就有什么样的货币形式与之相适应。商品经济的发展和科学技术的进步是推动货币形式演变的主要动力。

(3)货币形式的变化不是孤立的,货币的每一个发展阶段也不是截然分开的,在同一个历史时期可以有不同的货币形式,他们相互交融、不断替代、不断发展。这也是由一定时期的社会经济、技术条件和市场需求的复杂性和多样性所决定的。

(4)电子货币是信息化社会的一种主要货币形式。随着信息时代的到来,电子货币正在加快发展,并在知识经济条件下日趋成熟。

3.1.4 电子货币的特点

电子货币之所以被称为支付系统的革命,其主要原因在于电子货币同传统的支付手段相比,具有许多好处和优势。

电子货币的好处之一是降低成本,从而提高支付系统的效率。电子货币对消费者的好处是不言而喻的:消费者可以不用携带大量的现金,可以使用电子货币进行大量的小额日常交易。对于发行人和商家而言,电子货币的使用和普及将减少大量的现金处理费用。计划带来的效益就十分可观:原来通过银行职员存入现金和现在直接划拨入账,每一笔交易可以节省 0.75~1.25 美元,因此每年节省的费用大约为 3.5 亿~5 亿美元。虽然同我们所说的电子货币区别很大,但可以说明电子货币节省的现金成本。对于零售商来讲,节省处理现金带来的成本也是一样的。

对于非现金支付工具来讲,原理也是类似的。非现金支付工具,特别是提款卡以及提款卡和信用卡相结合的支付工具近几十年发展比较快,正如前面介绍的,这种支付工具被称为塑料货币,也就是说,这种支付工具往往同客户在银行的账户相联系,进行支付的时候,常常是借助特殊的设备和网络进入自己的账户。为了交易的安全,使用这些支付工具进行支付的时候,往往需要在线的授权,由此带来巨大的成本和不便。因为在线授权需要完善的网络加以支持,需要相应的网络信息交换中心来交换信息或清算交易数额,交易之后的清算过程虽然已经比传统的票据的清算过程快了许多,但仍然需要耗费一定时间。这对整个社会而言,造成了不必要的巨额成本。

电子货币的出现,大大减少了这些成本,从而提高了支付的效率。将芯片嵌入塑料卡片中,芯片本身具有比较强大的存储和计算功能,可以自己进行认证功能,不需要建立网络来授权,交易瞬间即可完成,不需要进行事后的结算(但银行之间的结算仍然需要),如果像蒙得克斯卡一样,电子货币设备之间可以相互转移电子货币,那么整个过程就更为简单,甚至可以不需要任何结算设施。由于成本的大幅降低,消费者使用电子货币进行小额交易的成本大大小于支票和信用卡、提款卡交易的成本,商家接受电子货币支付,被发卡银行收取的费用也大大小于信用卡和提款卡交易。

因此,电子货币出现和普及带来的后果将是整个支付系统效率的大大提高,银行处理现金的成本降低,零售商处理现金的成本降低,交易的速度加快。而从整个支付系统的发展历史来看，效率是支付系统追求的主要目标之一，电子货币的发展正是适应了支付系统发展的趋势。

电子货币因其载体为计算机系统、流通媒介为电子网络而具有及时性、隐秘性、安全性等主要特征。

及时性是指，使用电子货币所完成的支付行为是经由电子流通媒介在操作瞬间借记付款方的货币账户（如储蓄账户）或载体（如现金卡），同时贷记收款方的货币账户或载体。因此交易的发生时间很短暂，一系列的识别、认证、记录数据变更工作完成得很迅速。这样的特征使电子货币相对传统货币而言，更方便快捷，省去了人工识别现钞货币、点算（特别是在额度较大或者是金额比较零散的时候）保存、转移存储等步骤，加速了资金流动，方便了收付款双方。

隐秘性是指，电子货币支持的交易都在计算机系统和电子网络上进行，没有显见的现钞货币或其他纸基凭证。所以对于交易有一定的隐秘性，为保护商业秘密，尊重交易双方的隐私，提供了可行的途径。

安全性是指，电子货币下的支付行为，对于数额较大的交易，基本上还需要资金的拥有人持有一定的身份识别证明，比如个人密码、密钥，甚至指纹等来验证交易的合法性。这些电子保安措施的安全性要远远高于现钞货币的安全防伪措施，因此其安全可靠程度是更容易被接受的。

3.2 电子货币的功能

电子货币这种支付手段就像现金一样代表着金融债权在人们之间的转移，并在这种转移中起着流通手段和支付手段的职能。除了具有一般货币所具有的支付和结算功能外，还有以下几种功能：

3.2.1 循环消费信贷功能

循环消费信贷一直是信用卡业务中一项颇为诱人的服务。这种服务为持卡人提供一种循环信贷，即在一定的总信用额度下，持卡人在一定的周期内只需要偿还最低的信贷额度，一旦按时偿还了这个数额，又可以继续享受新信贷周期下的信贷额度，如此循环往复。有些发卡公司还为此提供优惠利息甚至免息的服务，以吸引客户持卡消费。在信用卡的电子化处理手段不发达的时候，这样的风险是很高的。因为发卡机构不能随时掌握每个持卡人的账务资料，容易累计延迟还款甚至坏账。但是在电子货币体系的架构中，持卡人的每笔消费联机处理，信贷额度、使用情况、余额、资信评估度等指标都在电脑系统的严格监管之中，使得发卡机构能够及时预警甚至停止某些不良卡的使用，从而保障了自身利益。

3.2.2 理财功能

随着社会经济的发展，特别是商品经济的逐步发达，客户所需要得到的已经不仅是一般的资产保存服务，而是全方位的储蓄、投资、综合理财服务。在电子货币体系下，由于资金存储、监管、调度方式的电子化，使得客户能够越来越方便地从事这些运用和管理活动。比如，电子货币可以提供基于某种基本账户（如储蓄账户）的多账户连接服务。客户可以通过不同的信用卡，将自己的证券投资、外汇、收付费账户、信用卡账户以及其他信贷账户与其基本账户相连，及时地管理资产的收支状况，合理调度投资资金，量入为出地安排信贷消费，同时动态地获得相关资金的使用情况。它还可以将更加短期或者中期的投资计划，按照市场利率指标、股市汇市动态，分配资金的应用比例进行投资和核算。而且，这些理财功能，都能够通过电话、自动提款机或者网际网络来完成，而不必亲临银行柜台服务或是在银行营业时间内完成。这种在时间和空间上都得到了延伸的金融服务，是传统货币体系无法提供的。

3.2.3 综合服务功能

电子货币不但具备传统货币的一般功能，而且能利用最先进的技术加载各种管理和客户服务信息，因此银行利用其开展各种综合性的服务功能，如代收代付、中间业务等银行为其他机构代收水电费、电话费等公用事业收费，代征税，代管征收交通违章罚款等服务。传统上，这些收费项目都要由客户亲临有关部门缴付，不仅增加了这些机构的服务量，增加了现金收款的成本和风险，也由于收费项目多、地点分散、时间不统一，为客户带来了很多麻烦。在电子货币发展起来以后，银行和相关机构通过电子网络互联，可以让客户通过转账等形式，经由电话、自动提款机、网际网络，方便地完成缴费，甚至可以有客户和银行签订合约，自动按时完成有关款项的划转，让客户可以节省出很多时间去办其他事情，银行和有关部门也不必花大量精力去处理现金的收付工作。在今后的发展过程中，这些传统的功能和扩展的功能也随着电子货币体系的不断完善和发展被赋予更新的内容和意义。

3.2.4 支付功能

随着金融电子化和国际互联网的迅猛发展，网络作为一种新的贸易领域正在逐渐成为商务的一大发展趋势，这势必带动新的付款方式的形成。这些新的付款方式必须在安全性、速度、隐私、分权以及国际化等方面均达到空前的水平，才能在电子商务中安全应用。目前电子资金的划拨与支付主要有三种形式，其安全控制的方式及协议都有独特性。

1. 电子资金传输

电子资金传输就是电子支票系统。它通过剔除纸面支票，最大限度地利用了当前银行系统的自动化潜力。例如：通过银行自动提款机（ATM）网络系统进行一定范围内普通费用的支付；通过跨省市的电子汇兑、清算，实现全国范围的资金传输、大额资金（从几千元到几百万元）在世界各地银行之间的资金传输。

电子支票包含三个实体，即购买方、销售方以及金融机构。当购买方与销售方进行一次交易处理后，销售方要求付款。此时，购买方从金融机构那里获得唯一的付款证明（相当于一张支票），这个电子形式的付款证明表示购买方账户欠金融机构钱，购买方在购买时把这个付款证明交给销售方，销售方再转交给金融机构。整个事务处理过程就像传统的支票查证过程。当它作为电子方式进行时，付款证明是一个由金融机构出示证明的电子流。更重要的是，付款证明的传递和传输，以及账户的负债和信用几乎是同时发生的。如果购买方和销售方没有使用同一家金融机构，通常将由国家中央银行或国际金融组织协同控制。

电子支票方式的付款可以脱离现金和纸张进行。购买者通过计算机或POS机获得一个电子支票付款证明，而不是寄张支票或直接在柜台前付款。电子支票传输系统目前一般是专用网络系统，国际金融机构通过自己的专用网络、设备、软件及一套完整的用户识别、标准报文、数据验证等规范化协议完成数据传输，从而控制安全性。这种方式已经较为完善，主要问题是扩充到 IP 网络 WEB 方式操作。今后将逐步过渡到公共互联网络上进行传输。

2. 信用卡系统

信用卡支付是金融服务的常见方式，可在商场、饭店及其他场所中使用，可采用刷卡记账、POS 结账、ATM 提取现金等方式进行支付。电子商务中最简单的形式是让用户提前在该公司登记一个信用卡号码和口令，通过 Internet 在该公司购物时，用户只需将口令传送到该公司，购物完成后，用户会收到一个确认的电子邮件询问购买是否有效。若用户对电子邮件回答有效时，公司就从用户的信用卡账户上减去这笔交易的费用。现在更安全的方式是在 Internet 环境下通过 SET 协议进行网络支付，具体方式是用户在网上发送信用卡号和密码，加密发送到银行进行支付。当然支付过程中要进行用户、商家及付款要求的合法性验证。

3. 数字化现金

数字化现金是以电子化数字形式存在的货币。从国家金融机构来看，数字化现金比现有的实际现金形式（纸币和硬币）有更多的优点，实际现金要承担较大的存储风险，在高昂传输费用、安全保卫及防伪造货币等方面所做的投资较大。数字化现金的发行方式包括存储性质的预付卡和纯电子系统形式的用户号码数据文件等形式。

预付卡：用户可以购买特定销售方可接受的预付卡。预付卡和储蓄卡一般适用于小额支付，在很多商家的 POS 机上都可受理，而且为增加系统的可受理性。例如银行发行的具有数字化现金功能的智能卡，各种储蓄卡等。

纯电子系统：纯电子数字化现金没有明确的物理形式，以用户的数字号码的形式存在，这使它适用于买方和卖方物理上处于不同地点的网络和 Internet 事务处理中。付款行为就是从买方的数字化现金中扣除并传输到卖方。实际的数字化现金的传输过程通常经过公钥或私钥加密系统以保证只有真正的卖方才可以使用这笔现金。

数字现金的主要的好处就是它可以提高效率，方便用户使用在给我们带来好处的同时也会带来问题。数字现金具有灵活性和不可跟踪性，会给我们带来发行、管理和安全验证等重要问题。技术上，各个商家都可以发行数字化现金，如果不加以控制，电子商务将不可能正常发展，甚至由此带来相当严重的经济金融问题。数字现金的安全使用也是一个重要的问题，包括限于合法人使用、避免重复使用等。对于无国家界限的电子商务应用来说，数字现金还存在税收和法律、外汇汇率的不稳定性、货币供应的干扰和金融危机可能性等潜在问题。有必要制定严格的经济金融管理制度，保证数字货币的正常运作。

3.3 电子货币的影响

3.3.1 电子货币对经济发展的影响

（一）有利于提高货币的使用效率，加速货币流通，促进商品经济的繁荣

电子货币发展的起因之一，就是逐步替代传统的现钞货币，以电子途径存储、表述和使

用资金。电子货币的使用,简化了传统货币使用过程中的印刷、存储、保安、更新等环节。因此可以大大提高货币的使用效率,减少传统货币在途和处理的时间,加快货币流通速度,从而加快商品流通速度,促进商品周转和经济的繁荣。特别是电子货币的发展和推行,能够大大降低资金运作的成本,为社会节约更多的财富。

(二)通过消费信贷功能来刺激消费,有利于经济增长

电子货币的产生和发展,为更广泛安全的消费信贷提供了有力的工具。特别是信用卡的逐步普及、信用监管评估系统的完善,使得不同阶层的人士能够开始享用符合他们经济水平的消费信贷服务,从而能够在通货紧缩的大环境下,起到刺激市场消费、改善过度通货紧缩、促进经济增长的作用。

(三)有利于社会理财

电子货币的发展,使得社会大众能够通过更加简洁的方式、更加灵活的途径实现自身的理财管理。在这样的情形下,他们能够特别明确地管理自己的资金运用情况,便于他们在储蓄、投资、消费等方面进行准确、及时、完整、全面的评估和衡量,对培育社会大众科学的理财观念、安全的投资方法、健康的消费意识都有积极意义。

(四)有利于加强宏观调控

电子货币的发展,使得货币的运用数量、方向、领域等基本状况能够有比较精确的数字记载。这对于国家货币政策和经济政策的调整有很重要的现实意义。对传统货币体系而言,现钞和手工账目使得很多宏观经济数据的获得费时费力,等到有一个比较准确的数字的时候,往往已经过去一段相当长的时间。但是经济的宏观管理也是争分夺秒的,在商品流通相当迅速的时代,宏观调控也不是以年为单位得到基本数据的。具体到某个领域、某个方面,越早、越精确地了解资金的运作状况,就可以越早发现问题、解决问题。电子货币以精确、快速而著称,有关决策机构,能够更及时、精确地获得需要的第一手资料,作为进行宏观经济调控的重要依据。

(五)有利于培植新的产业,加快电子化发展

电子货币体系的发展是伴随着计算机技术、通信技术的进步而进步的。它本身就是金融和其他高新技术行业的结合体。电子货币的发展,同时也可以推动相关支持产业的进步和发展,甚至培育出很多新兴产业,促进国民经济的发展。在电子货币发展初期,我们没有多少信用卡,没有多少自动提款机,也没有多少相关的专业人才。但是在这个行业刚刚起步的几年时间里,国内生产信用卡、提款机或其他相关配套设备的合资、独资、内资企业如雨后春笋蓬勃发展,有关的人才也源源涌出。相信随着电子货币的发展,必将带动诸多新兴产业,走上蓬勃发展之路。

3.3.2 电子货币对银行业的挑战

(一)电子货币改变了银行业的服务方式

传统货币向以现代化电脑技术和通信手段为基础、以信用卡为载体的电子货币转化,带动了银行业务也迅速从传统的手工操作转变为高科技的电子作业。它表现为服务手段更加方

便、快捷，服务功能日趋多元化，服务方式更贴近客户的需要，服务范围更加广泛，服务效率不断提高。

（二）改变了银行业务结构

在传统的银行体制下，存、贷业务是银行的主体业务，业务结构相对比较单一。而电子货币的发展使其自身的服务功能不断增强，应用领域日益广泛，推动传统业务与新兴业务融合发展，有效地将客户的潜在需求转化为现实的服务，为市场经济的发展提供全方位的服务。在电子货币条件下，银行的存贷业务比重不断缩小，各种中间业务、代客理财等非资本性经营业务所占比重不断扩大，各种新业务将成为现代商业银行的重要效益增长点。

（三）改变了银行的经营战略

发达国家的经验表明以计算机为主的信息革命正促使传统的金融业发生着深刻的变化。这不仅来自银行内部的技术创新和对传统经营模式改革的需求，还来自科技公司与厂商由外及里变革市场的冲击。金融电子化已成为新时期各银行和众多公司及厂商关注的热点，也是商业银行之间、众多高科技公司和厂商之间竞争的主战场，在这个市场上银行面临的已不仅是同业间的竞争，而是各种高科技公司与厂商正在跨越传统金融业务的限制，丢弃商业银行砖墙式的固定网点和大量人工操作的沉重负担，携带着信息和高科技的优势，从网络的空间上跨越了行业界限，跨越了国界，向传统商业银行发起了全面的挑战。在这种形势面前，尽快转变传统的思想观念，充分利用信息和科技手段把握住金融电子化发展的机遇，把客户的需求和市场竞争的挑战变成动力，努力拓展现代商业银行建设的深度和广度，把银行的业务柜台推向商户、推向网际网络、推向人们生活的各个角落。这是现代商业银行的明智战略选择，否则，再死抱着靠点多面广、存款立行、"微笑服务"等经营观念不放，迟早被信息革命的浪潮所淘汰。

3.3.3 电子货币对金融理论的创新

货币是一个极其复杂的客体，货币学也是一门综合性极强的科学。在货币发展的每一个历史阶段，尤其是在货币形式面临着重大变革的时期，一种新型货币形式的出现不仅对现实的商品经济产生重大的影响，而且对货币理论也会产生新的认识和创新。电子货币作为信息时代的一种新型货币形式，在现实中已经发挥了传统货币所不能发挥的作用。如何面对这一新生事物，进行客观的评价和定义，是当前金融理论所要研究的一个重要课题。

电子货币作为货币的电子化，作为货币的价值符号，是信用货币阶段的一种先进的表现形式，与传统货币相比发生了变化，其对金融理论也必将产生新的认识和影响。

（一）电子货币充实了传统金融理论对货币职能的认识

电子货币可以减少流通中的货币的数量，但它不能取代货币。货币作为一般等价物的职能，不会因电子货币而消失。电子货币是货币的电子化，是符号的符号。货币的职能一般具有价值尺度、支付手段、流通手段、储藏手段和世界货币等职能。而电子货币这种先进的货币形式，随着高科技的迅猛发展和发达商品经济的需要，还派生出了许多新的功能。因为电子货币是抽象的商品价值形式的代表，它摆脱了传统货币商品属性的局限性，具有无限的拓展空间能力和灵活性。在履行传统货币职能时也有比传统货币更大的优越性，如在流通手段、支付手段上比传统货币更方便、快捷；在储藏手段上，也不需要以货币退出流通为前提，可以把储藏货币置于货币流通的各个不同的环节或领域，通过不断地转换储藏方式而使货币得到不断的升值等。对于电子货币派生出来的功能，目前最具有代表性的有：

（1）循环消费信贷功能。发行电子货币的银行为了鼓励顾客消费，对信誉状况良好的人给予一定的信用额度，在授信额度内顾客可以先不花自己的钱而享受购物消费，并享受一定的免息期。这种功能在发达国家已经非常普遍，而且作用越来越大。

（2）理财功能。由于电子货币是商品价值形式的代表，在先进的技术条件下，电子货币的流通具有很强的灵活性。运用电子货币这种先进的支付工具，可以使人们手中的闲置资金不断地向高收益的领域或环节流动，从而为所有者带来更多的财富。

总之，随着技术的进步和电子货币的发展，其业务功能不断增多，正逐步向真正意义上的"一卡通"发展。

（二）电子货币的发展对货币流通规律的影响

对于货币的流通规律，传统理论认为，商品流通决定货币流通，货币流通又反作用于商品流通。商品流通的规模、范围决定货币流通的规律和范围，没有商品流通也就没有货币流通，并提出货币流通规律的公式：

$$流通中货币的必要量 = \frac{商品价格总额}{同名货币的流通速度}$$

以后又进一步演变为：

$$流通中货币的必要量 = \frac{商品价格总额 - 赊销商品价格总额 + 到期支付总额 + 互相抵销的支付总额}{同名单位货币的流通速度}$$

应该说这个公式在很长的历史时期，反映了一定商品经济条件下的货币流通规律，也揭示了决定货币需要量的本质，反映了货币需要的基本原理。但是在信用经济非常发达的今天，信用货币已成为流通中的主体。在这种情况下，货币的供应量不会自发地去适应客观经济对货币的需求，实际流通的货币供应经常与货币需要量发生差异。这种差异就成了货币流通中的一个很难调和的基本矛盾。这种矛盾不好调和的主要原因是由货币需求的客观自然性和货币供应的主观创造性决定的，要保证商品经济的平稳发展，就必须保证货币需求与货币供应之间的平衡。而电子货币的产生和发展，对货币的需求和供给都产生了较大的影响。

从货币需求主体来看，不同货币需求主体愿意以货币形式持有其财产或收入的原因无非是出自以下三种动机：一是交易动机，二是储备动机，三是投机动机。按持币动机又可把货币需求分为交易需求、储备需求和投资需求。由于电子货币形式具有很强的货币弹性，又打破了传统货币在时空上的限制，拥有一定量的电子货币就可以同时满足几种不同的动机和需求，这就促使货币需求量大幅度减少。再从货币供给方面考虑，由于电子货币可以使货币流通速度加快，在货币发行量不多的情况下货币流通速度的加快可以满足较大的货币需求。这又可以促使货币的供应量不断减少。因此我们可以得出这样的结论：在商品流通总规模不变的情况下，电子货币可以减少货币的需求和供给总量，提高货币的流通速度和利用效率，有利于商品流通和货币流通之间的平衡。随着电子货币的进一步发展和流通规模的扩大，对货币流通规律的影响也将越来越大。

同时，由于电子货币改变了传统的货币流通方式，促使货币的运动规律发生了相应的变化。这些变化对于货币政策也将产生深远的影响，直接影响着货币政策目标的实现和货币政策工具的运用，关系到货币政策的作用和效果。至于影响的程度有多大、将会产生哪些积极的作用和不利的影响，需要理论界进行深入的研究。

3.4 电子货币的种类

3.4.1 以卡类为基础的、以计算机为基础的和混合型的电子货币

这种分类方法已经得到了比较广泛的认同。值得注意的是，各个机构对电子货币的称谓有些差异，比如以卡类为基础（card-based）的电子货币有时也被称为"以硬件为基础的电子货币"（hardware-based）。与之相对应，以计算机为基础的电子货币也被称为以软件为基础的电子货币（software-based），或以网络为基础的电子货币（network-based）。之所以有这样的称谓，主要原因在于由电子货币发行人提供的、安装在消费者和特约商户计算机终端上的软件以及开放式的计算机网络在电子货币的转移和回赎中起着重要作用。此外，以卡类为基础的电子货币也称为"**电子钱包**"（electronic pulse），以计算机为基础的电子货币也称为**数字现金**（digital cash）。

3.4.2 封闭式和开放式电子货币

根据储值卡（智能卡）应用的广泛程度，电子货币可以分为封闭式和开放式两种类型。

封闭式储值卡（close system），也被称为"单一用途"的储值卡（single purrs），或者是"有限用途"的储值卡（limited purrs），封闭式储值卡是最简单的一种形式，它的发行人同时也是货物或者服务的提供者，同时兼有发行人和售货人两种身份。持卡人从发行人处购买代表金钱价值的储值卡，然后再用该卡从发行人处购买货物或服务。例如学校里使用的饭卡，打电话用的 IC 卡，某些城市公共汽车上使用的乘车卡，持卡人出示卡片，在特定的识读器（reader）上扫描或者由出售货物的人输入应付金额，持卡人就得到相应的物品或服务。有的时候，封闭式的储值卡涉及不止一个机构，可能涉及几个有限的机构，这种情况下的储值卡就被称为有限用途的储值卡。

开放式储值卡（open system）也被称为"多用途"的储值卡（multi-purpose）。开放式储值卡涉及的当事人至少有三方，即货币发行人，购买货物或服务的人，提供货物或服务的人。发行人发行货币，买方用这种货币支付货物或服务的价值，卖方接受该货币，同时或随后从发行人处回赎货币（redeem），与发行人进行结算。

我们在讨论电子货币的时候，通常都把封闭式储值卡排除在外，各个国家在对电子货币进行规制和调整的时候也把它排除在外。因为封闭式的储值卡用途单一或有限制，不像开放式的储值卡用途广泛，可能带来的政策和法律问题更突出。但是，在现实生活中，从其用途的广泛程度出发，区分开放式和封闭式储值卡并不是一清二楚的事情。有的储值卡虽然不是被广泛接受，但涉及多种用途和多个机构，如何区分，很难定下一个标准。因此，有的监管机构认为，只要接受某种卡的销售终端（POS）的数量是明确（well-defined）的较少数量，其使用范围是明确（well-defined）的一个地域（比如某一公司、建筑或学校），那么它就属

于有限用途的储值卡，不属于调整的范围；同时，在必要的时候，由监管机构确定某一具体的设备和方案是属于多用途的还是属于有限用途的。

3.4.3 联机型（on-line）和脱机型（off-line）电子货币

根据交易时是否需要同中央数据库相联系，进行联机（有时也被称为在线）的授权，可以把电子货币分为联机型和脱机型（有时也称为线下）电子货币。联机型的电子货币系统中，通常都存在一个中央的数据库，这个数据库可以是发行人自己设立的，也可以是委托第三方设立的。在进行交易时，消费者、特约商户和中央数据库通常有一个联系和交流的过程。比如商家的终端在接收消费者传来的电子货币时，可以将接收到的电子货币传给中央数据库，中央数据库进行核实，看是不是自己发行的电子货币，如果确认是真实的，就向商家发出指令，接受消费者的电子货币，交易随之完成。这种授权通常是机器与机器之间的一种对话，就像用转账卡购物的时候，消费者插入转账卡，输入密码，这些数据通过机器传到发卡人的中央数据库里，授权在瞬间即可完成。不像过去的信用卡购物需要用电话进行授权，花费的时间较长。发行人确定电子货币交易需要授权时，可以要求对所有的交易都进行授权，也可以要求只对部分交易进行授权，比如超过一定金额的授权等。

一般来讲，中央数据库不仅担任交易的授权人，同时也会对所有或部分交易进行记录，以便随时对电子货币的交易进行监控。从目前来看，许多以计算机为基础的电子货币一般都采用交易前授权的方式，而许多以卡类为基础的电子货币都采用不授权的方式，也就是脱机型的方式。

脱机型的电子货币交易前不需要进行授权。一般来讲，这种电子货币的机构中，没有一个中央的数据库，鉴别电子货币的真伪依靠储值卡、销售点终端（POS）本身的技术，他们通常都采用一定的加密技术和数字签名技术，来保证电子货币的真实。一些以计算机为基础的电子货币，比如前面我们提到的"数字现金"，允许消费者和消费者之间、商户和商户之间转移数字现金，通常也不需要同数字现金的发行人进行在线的联系和授权，交易的安全依靠加密技术和数字签名等技术。

虽然卡类的电子货币一般都采用脱机的形式，不需要授权，但各种不同模式之间也存在一些差异。在蒙得克斯卡中，电子货币完全脱机，不需要授权，其实也没有一个中央的数据库来监控所有的交易，只有持卡人自己才知道进行过什么交易，每笔交易的对象是谁，多大的金额。而在维萨现金卡的模式中，维萨国际组织设立了一个中央的数据库，所有的交易数据都要通过维萨组织的这个数据库。但是，维萨现金卡的使用不需要授权，购买维萨现金卡和随后的回赎清算工作由各个成员银行自己负责，不通过维萨的中央数据库进行结算。因此，尽管维萨有一个中央的数据库，但其作用限于监控，没有授权的作用。

联机型和脱机型电子货币的划分，一方面影响整个电子货币模式的成本和交易的效率，因为中央数据库的建立通常需要花不少的资金；另一方面也反映某一个电子货币模式是否真正地具有传统货币的属性，即交换职能、度量职能和储藏职能。同时，是否要求授权对于交易出现问题时的责任分担也有一定的意义，如果特约商户遵守了授权程序，由此产生的欺诈、伪造等损失显然不能由特约商户承担，而不要求授权的电子货币模式，授权在责任分担上就没有意义。此外，中央数据库的建立有利于对电子货币的交易进行监控，有利于预防、发现和惩治电子货币犯罪，但同时也会影响消费者的隐私权，因为消费者一般不愿意将自己的交易情况披露给外界,这也是电子货币立法时不得不考虑的因素,这些情况在本书以后的章节中都有论述。

3.4.4 电子货币的其他类型

(1) 单一发行人和多个发行人的电子货币。

根据电子货币发行人数目,可以分为只有单一发行人的电子货币和有多个发行人的电子货币。在单一发行人的电子货币中,电子货币的发行人只有一个,发行人通常也是金钱义务的回赎人,不需要进行机构间的清算服务,比较典型的是蒙得克斯卡类型的电子货币。在有多个发行人的电子货币中,通常在同一个品牌下,隶属于这个品牌下面的多个机构都可以发行电子货币,比如维萨货币,品牌的提供者同时提供各个机构间的清算服务,以及相应的授权、技术标准确定等服务。这种分类对于了解电子货币模式的组织结构和运作机制有一定意义。

(2) 一次性的和可重复使用的电子货币。

根据使用寿命的长短,电子货币分为一次性(disposable)的和可重复(rechargeble)使用的电子货币,这种分类主要用于智能卡。一次性的智能卡通常只能使用一次,面值比较小,卡内的电子货币币值用完以后就失去效用。可重复使用的电子货币则在卡内的价值用完以后,可以通过自动柜员机、电话线、互联网等重新加入价值,反复使用。比如维萨货币在 1996 年的奥运会上同时推出了一次性和可重复使用的智能卡两种类型。

(3) 单一币种的电子货币和多币种的电子货币。

根据电子货币装置中存储货币的种类,可以分为单一币种的电子货币和多币种的电子货币。大多数电子货币所存储的货币都是本国的货币,也有一些电子货币可以存储多种国家货币,比如蒙得克斯电子货币与法律卡就可以存储 5 种国家的货币,但是,从目前来看,存储多种国家货币的电子货币至少还不能在消费者持有的设备(比如卡)中自由将各种货币进行兑换,仍然需要借助自动柜员机或者特约商户的终端进行兑换。

(4) 单一用途和多用途的电子货币。

根据电子货币(主要是指储值卡)只能用于储值卡购物,还是能够用于包括储值卡、信用卡、转账卡等在内多种用途的消费,电子货币被分为单一用途的电子货币和多用途的电子货币。单一用途的电子货币只能用卡内的 IC 芯片所存储的价值进行消费,而多用途的电子货币则试图将信用卡、转账卡、提款卡(A1M 卡)、储值卡等多种用途集于一身,用户根据需要选择支付方式。比如,维萨现金卡在纽约进行试验之后,就决定逐渐将现有的信用卡上装上 IC 芯片,消费者可以根据需要从两种支付方式中选择一种。这种分类反映出储值卡在发展初期由于消费者的接受程度还比较低,像计算机高级软件通常需要兼容低级软件一样,它仍然需要"兼容"传统的支付手段,才能得到发展。这里所说的单一用途和多种用途主要是对储值卡是否具有传统卡类支付工具的功能而言的,同我们所讲的储值卡,也就是智能卡本身就是多功能的卡的含义不一样。

(5) 完全流通的和不完全流通的电子货币。

根据电子货币的流通性(transfer ability)或者说可转让性,可以把它分为完全流通的电子货币和不完全流通的电子货币。这里所说的流通性或可转让性有两个含义,首先是指电子货币的特性与现金的接近程度;其次是指电子货币,主要是智能卡本身是否可以转让。就电子货币同现金的接近程度而言,纯粹完全流通的电子货币还没有出现,完全流通的电子货币是蒙得克斯卡等模型追求的目标,也就是说电子货币成为现钞和硬币的完全替代品,成为真正意义上的货币,不需要借助任何第三方或者中央数据库对交易进行授权、监控和记录。而不完全流通的电子货币则在电子货币的流通和转移方面存在各种各样的障碍。比如在设有中央数据库的电子货币模式中,一些电子货币的发行人允许对电子货币进行"挂失",使客户丢失电子货币之后,可以终止电子货币的使用和流通;一些电子货币有一定的时间限制,超过了一定时间,电子货币则自动失效,不能再使用;一些电子货币有次数限制;等等。

这些措施都或多或少地限制了电子货币的流通和转移,不能成为真正意义上的货币。因此,电子货币的流通程度就决定了它应该适用的法律规则,是适用于类似货币一样的规则,还是适用于类似票据或其他支付手段的法律规则,或者需要一种全新的法律规则来加以调整。就第二层含义,即电子货币本身是否可以自由转让而言,有的智能卡本身可以转让,智能卡同持卡人的身份没有必然联系,使用电子货币清偿债务,即可以通过转让智能卡中存储的电子信息进行,也可以通过交付智能卡本身进行。是否具有可转让性,主要取决于发行人。具有可转让性的智能卡,其交易规则显然同没有可转让性的智能卡有一定区别。

(6) 以余额表示的电子货币和以硬币表示的电子货币。

根据代表电子货币的电子形式,电子货币被区分为以余额表示的(balance based)和以硬币表示(note based)的电子货币。以余额表示的电子货币,可以将币值划分得很小,电子货币可以用余额来表示。而以硬币来表示的电子货币币值是固定不变的,就像一个一个的硬币,如果遇上更小币值的货物,就"破"不开零钱,商户也没法找零钱。这种分类也在一定程度上反映某一种电子货币是否接近真正的货币,因为真正的货币必然是主币、辅币都是齐全的,要找零钱的时候一定找得开。

3.5 电子货币的应用

3.5.1 中国电子货币的发展

相对于发达国家而言,中国的电子货币起步很晚。如果以信用卡的出现作为中国电子货币诞生的标志来衡量,也只是 20 世纪 80 年代后期的事情。由于国情的缘故,我们的金融服务长期以来只是局限于个人储蓄、企业存款以及普通的交易结算和支付。从金融电子化的进程来看,将计算机引进金融服务要先于电子货币的发展。在发展初期,由于计算机系统、网络环境的限制,最先采用的是类似国外信用卡模式的信用卡,以手工、半手工、自动处理的混合模式摸索发展。但是由于"信用"的概念在中国商品经济发展初期没有市场基础,因此这种"准"信用卡并没有很快形成气候,而那些可以依赖真正大量存在的储蓄客户的借记卡市场,因没有受到重视而被冷落了很长的时间。

一直到 90 年代中后期,由于金融体制改革的深化,银行被推向市场,商品经济的生存竞争意识迫使中国的银行界重新反思了电子货币的发展策略。同时也由于在这个时候,金融领域的电子化进程发展到了一定的水平。社会环境有了一定的基础,信用卡百花齐放的局面才由此而展开。以磁条卡为基础的各种转账卡、提款卡、储蓄卡纷纷涌现。以智能卡为基础的"电子钱包"在部分地区投入试点。一卡多用的储蓄、转账、消费、证券投资功能逐步推出。电子汇兑加速了资金结算速度,网上银行实现了真正意义的无纸化交易。所有这些都标志着中国的电子货币已经发展到一个新的历史时期。

据统计,我国电子货币(以银行为例)发展迅速,到 2001 年 6 月底,中国内地共有 56 家金融机构开办了银行卡业务,发行总量 3.3 亿张,比 2000 年年末增长了 18.4%;银行下账户人民币存款余额 3 742 亿元,比 2000 年同期增长 224%;中国内地受理银行下的银行网点 9 万个,受理银行卡的商店、宾馆、饭店等特约商户约 10 万户;各金融机构共安装 ATM 机 4.9 万多台,POS 机 33.4 万台。中国人民银行统一实施的金卡工程实现,全国联网联合实现所有机具的通用和共享,电子货币时代指日可待。随着我国经济的高速发展,国家非常重视对电子货币的研究和应用。中国人民银行协调商业银行共同建立了中国国家支付系统(CNAIS),包括独立应用的中国国家金融网(CNFN)和网上运行的大额实时支付(HUPS)、银行卡跨行交易网络(BCAS)等应用系统。对现金流通领域中电子货币的研究,推行了一种预付卡(电子钱包)。但这种预付卡目前只用于电子现金消费,而英国发明的 Mondex 电子现金则更多地模仿了现金流通,包括现金发行、现金消费和现金在个人之间的转移等。为了跟踪国际电子货币最新技术,人民银行已会同商业银行开展对现金的深入研究,包括对电子货币的各种风险控制、电子货币的经济效益和社会效益等课题。目前,随着各种电子商务的发展,我国电子货币必将进入快车道发展。

我国电子货币发展与西方发达国家相比,有不同的特点。一是我国的电子货币是在政府主导下发展起来的。我国是先代理国外信用卡收单,再由国有商业银行模仿外国发卡。政府号召推进信用卡发展的目的是改变结算手段、减少现金流通。银行最初也主要是把信用卡当作组织存款的工具,从一开始就没有很好地把握住买方、卖方、受理方的关系的热点,出现了先引进产品,后培育市场、开发需求。这就注定了我国电子货币的发展缺乏内在的市场驱动力。二是对传统业务依赖性强,缺乏明确的专业分化。从产品的功能界定、市场营销和运行管理等各方面,与传统业务和机构都有着混合不清的关系,影响了其专业化、产业化的发展。三是既缺乏有效的政府宏观规划,又缺乏市场机制推动的有效业务联合,造成业务发展一片散打、恶性竞争、重复投资、无序运作。这些严重影响了我国电子货币的顺利、健康发展。

3.5.2 电子货币的应用前景

在新的社会经济技术条件下,电子货币正以满足现代市场需求为目的,以高新技术应用为动力,加速向以下几方面发展:

一、功能多样化

(一)对传统货币功能的不断超越。不断成长的市场需求将推动电子货币功能的更新。首先,信息技术的进步带来电子商务市场的发展,为电子货币的应用创造了宽阔的市场领域,因而使货币的功能由传统的物理化交易的价值表征,提升为包括虚拟化交易在内的所有交易的价值表征。其所包含的不仅是现实存在的价值,甚至还包含预期存在的信用价值。

其次,商品交易的进步对交易信息的统计与管理提出了更实时、更严密的要求,如在加油、旅游、医疗、航空、水电、税务等领域,需要实现支付与信息管理一体化,因而使电子货币加载了交易双方有关信息的存储、查询、统计、传输等功能,极大地超越了传统货币作为单纯支付工具的功能,而成为集支付、信息储存与管理、身份验证等多功能一体的综合型电子介质。

（二）自身功能的不断发展。由于市场竞争和经营者业务发展的需要，电子货币的服务功能将处于日新月异的发展之中，以满足不同层次和界面的市场。如发卡机构为提高客户对信用卡的忠诚度，增加旅游保险、紧急救援、预借现金、购物优惠等多种服务，使信用卡在实现消费功能的同时，不断扩充了服务功能；随着信息与网络技术的进步，新技术应用的步伐加快，将带动电子货币功能的不断更新，网上支付时代的到来将电子货币的应用空间由物理转入虚拟，其功能的扩充与发展必然更加迅速。

二、服务网络化

随着全球电子网络事业的快速一体化发展，传统的手工作业逐步被连线化、网络化所替代，使电子货币的应用手段得以不断更新。从网络连线看，现有网络的连通率将得到进一步加强，运作效率大大提高。同时，机具的共享与网络一体化成为主流，不仅为消费者提供更宽松、更高质量的使用环境，也为经营机构创造更公平有序的竞争环境。从应用介质看，芯片卡的应用正逐步得到加强和普及，有望成为主流。同时，新的支付介质还将不断涌现，以形成更安全、更高数据容量、更低成本的电子货币。从风险防范看，电子货币的风险不再集中在操作环节，而更多来自于网络技术和后台程序的运转过程。有关电子货币的信用控制手段也将取得突破，由过去以经营机构对客户的信任为基础，转变为以严密的风险防控网络技术体系为基础，从而实现经营机构对客户信用的标准化、实时化控制与管理。

三、流通国际化

作为建立于网络电子技术基础之上的现代支付工具，随着网络技术的不断发展和延伸，加之跨国资金市场的形成和世界经济一体化，电子货币正在跨越部门和地区的束缚，成为国际化的流通货币，所有的货币兑换过程都可以在后台通过计算机完成。在中国，国外的信用卡已经来了几十年。中国加入 WTO 后，电子货币的流通国际化趋势日益突出。

四、交易虚拟化

网络技术的发展，给金融业带来了前所未有的机遇，其经营内涵发生了巨大变化，物理化、砖墙式的网点将被虚拟的电子化网点取代。过去的成本核算模式不再适用于新的发展格局，传统经营模式逐渐瓦解，代之以快速、准确、高效的网络银行和虚拟银行。在网络上，银行的触角可以无所不在，营业时间和场所超越了时空限制，既减少了中间环节，也降低了经营成本。据统计，20 世纪末美国有 1 600 万家庭在国际互联网上办理银行业务；1997 年美国网络银行的增长超过了 30%。而未来十五年则将有 95%的美国家庭加入这一行列。由此可见，全球银行、空间购物等概念的实现已不远。美国家喻户晓的人物比尔·盖茨（BILL GATES）曾嘲讽商业银行是即将灭绝的"恐龙"，新的信息技术。可能导致 IT 经营商在金融领域牟利的机会，而商业银行正面临着从物理到虚拟的严峻挑战，其实力来源由过去的资金与信贷能力转变为投资与决策的智慧；其经营优势由过去的资产负债比例转变为信息技术；其专卖机构由物理网络转变为价格便宜的电话、调制解调器和国际互联网；其结算工具由过去的纸币或票证转变为可"漫游"于虚拟商户交易中的电子货币。

本 章 案 例

小心电子支付的陷阱

支付电子化,既给消费者带来了便利,也为银行也带来了新的机遇,更进一步促进了非金融机构支付服务的发展,但同时也对相关主体提出了挑战。电子支付面临多种风险,主要包括:交易风险、信用风险、技术风险、经济波动风险、操作风险、法律风险、市场风险、流动性风险、声誉风险、结算风险等。以下两个案例涉及电子支付的操作风险:

(1) 张先生过几天要回老家,想给父母买件家用电器作为礼物,用智能手机的客户端看了一下午,终于看中了一台冰箱,于是开始与卖家协商价格。以非常优惠的价格谈妥之后,卖家很快就发过来一个链接地址,表示这个链接的宝贝是已经修改过价格的地址,张先生二话不说立即付款成功了!本以为是买到了便宜货,结果页面显示付款失败,针对付款之后又出现的问题,卖家声称这个是卡单情况,需要再次进行付款,才能激活订单。卖家还很客气地让张先生放心,钱会退还给他。可事后很多天过去了,张先生才发现东西没买到,两次付款的钱也都没了。其实在这个时候,买家已经被骗了一次了,因为卖家提供的链接是假的,根本不是修改过价格的链接,会链接到其他的付款网站,而买家的钱在第一次支付的时候,就已经被划走了,买家再进去支付一次,钱会再被划走一次,卖家所提到的卡单重新支付会退款,更是无稽之谈,只是为了骗买家多支付几次,多骗些钱。

(2) 王女士可是一个真正的网购老手了,网购四年来凭借着自己总结出来的一套行之有效的经验,可谓是"攻无不克,战无不胜"。但最近的两笔交易让她百思不得其解,明明是付了钱,却还是"等待买家付款"。联系卖家,说钱还没有收到,查看网上银行消费记录,钱却已汇出。在民警和支付宝工作人员的调查下,终于为王女士解开了谜底。原来问题出在几天前的一笔交易。当时王女士在与卖家沟通时,卖家发给了她一个名为"宝贝放大图"的文件,而这个文件就是问题的根源,是一种劫持并篡改支付宝信息的病毒文件。所以随后的几笔交易,都是在王女士毫不知情的情况下,将收款的账户改为另一个支付平台。

讨论:

1. 以上两个案例在支付过程中,第三方支付平台是否有过错,是否需要对受害方进行赔偿?

2. 结合案例,分析在第三方平台支付过程中出现的风险应如何进行有效的监管。

本 章 小 结

通过本章学习,首先应对电子货币的内涵有所了解,包括电子货币的概念,电子货币的产生和发展,及其特点。熟练掌握电子货币的功能,如循环消费信贷功能、理财功能、综合服务功能和支付功能。深刻理解电子货币对经济发展的影响,电子货币对银行业的挑战,以及电子货币对金融理论的创新。掌握电子货币的分类,熟知卡基、机基和网基型电子货币,封闭型和开放型电子货币,联机型和脱机型电子货币,以及其他类型的电子货币。熟悉我国电子货币的发展状况,掌握电子货币的应用前景。电子货币的应用手段得以不断更新。现有网络的连通运作效率大大提高。同时,机具的共享与网络一体化成为主流,不仅为消费者提供更宽松、更高质量的使用环境,也为经营机构创造更公平有序的竞争环境。

本 章 习 题

1. 电子货币的概念与特点。
2. 举例阐述电子货币的功能。
3. 试论述电子货币对经济发展的影响。
4. 分析电子货币的各种类型及其特点。
5. 试论述电子货币的应用前景。

第 4 章

电子票据

 学习目标

1. 了解电子票据的概念及特点
2. 熟悉电子票据的流通过程
3. 了解我国电子票据的发展历程及应用前景
4. 掌握我国现有电子票据的相关法律
5. 熟悉电子票据交易涉及的法律问题
6. 掌握适合我国现状的立法模式及法律规范
7. 熟悉电子票据安全制度以及如何维护交易双方合法权益

 案例导入

第三方支付账号密码被盗案

2010 年 8 月，由于某第三方支付平台在技术方面的缺陷，致使用户唐女士使用的第三方支付平台受到盗号病毒的入侵，其账户密码被盗。与该账号长期捆绑使用的信用卡，在一夜之间被人连刷四次，损失数千元。唐女士发现后，迅速拨打银行热线冻结了信用卡，信用卡中心在查卡之后告之，钱还在该第三方支付平台之中，未被取走。但几天之后，唐女士的资金还是被人通过该支付平台提现取走。因为网络盗窃的隐蔽性，唐女士信用卡中转走的钱款有去无回，而由于国内尚未出台相应的管制第三方支付平台的法律法规，唐女士在损失钱财后，很难找到合适的渠道进行追偿。因为第三方支付对于客户资料的保密不周，或是由于技术风险等原因，网上交易客户的资料泄露的危险不可避免地存在着。而目前，我国仍然没有第三方支付平台对于客户资料保护义务的相关法律法规。这使得交易量日益剧增的网络交易存在着很大的金融风险。

讨论：第三方支付的用户如何保护自己的财产安全？

4.1 电子票据的内涵

4.1.1 电子票据的概念

票据是一种信用工具和重要的支付手段，从法律规定到经济生活的实践，世界上普遍实行票据的法定主义,即发行的票据必须是法律规定的种类,各类票据的发行要符合法定的条件、内容和格式。网络银行脱胎于传统的商业银行,电子化的票据或者说是电子票据是传统银行的票据在网上银行的继续和发展。因此,传统票据所具有的法律特征、种类、票据行为、票据权利和法律责任,在电子票据身上都应得到充分的体现。

中国人民银行 1994 年下发的《关于改变电子联行业务处理方式的通知》中规定:电子支付信息与纸凭证支付信息具有同等的法律效力。纸凭证转化为电子信息,电子信息生效,纸凭证失效;电子信息转化为纸凭证,纸凭证生效,电子信息失效。这是银行内部顺应高科技发展的趋势,对结算方式实行的一种变革。按照这一原则,全国已有 3/4 的人民银行开通了电子联行,有近两万家支行一级的金融机构参加了人民银行电子联行系统,并且借助于同城电子清算网络系统,实现电子联行"天地对接",不少地方同城电子清算系统还实现了"票据截留"。在银行系统内部,电子凭证不仅在制度上得到了认可,而且已经广泛用于实际业务中,并且取得了十分明显的效果。从电子信息的发展趋势和银行内部电子凭证运用实践看,电子票据是发展方向,并且终将取代传统的票据形式。

对电子票据法律内涵的定义应当考虑三个方面的因素:电子票据是一种重要的信用工具和支付手段,具备一般票据所具有的外延和内涵;电子票据运用于网上银行,存在于电子介质之中,所提供的信息是可视的、真实的、合法的;每份电子票据的签发和流通过程是唯一的,具有排他性,任何企图伪造、变造、克隆或复制的行为都是非法的,都必须受到法律的严格追究。

我国于 1995 年制定的《中华人民共和国票据法》(以下简称《票据法》)虽没有对票据的内涵作出界定,但理论界对票据的内涵有统一的认识,即认为传统票据是指由出票人签发的,约定由自己或委托他人于见票时或在确定的日期,向持票人无条件支付一定金额并可流通转让的有价凭证。而电子票据作为一种新型票据,法律上既没有对其作出解释,理论界至今也没有形成共识。从实际来看电子票据大体上可以分成两种:一是传统票据的电子化,即以网络和计算机为依托,通过电子信息取代传统的纸质凭证来进行资金流转的电子信息传递。二是用电子信息完全取代传统票据,信息传递的过程也就是资金流动的过程。我们把以上两者称为电子票据的信息层面和货币层面。

在现实操作中,将电子票据定义在什么层面上,将奠定电子票据立法的总基调。结合实际中的操作,我们有理由认为电子票据应该仅包括货币层面,即电子票据是完全脱离介质而存在于电子介质之中的一种新型票据。其内涵是指:由发行人依法发行的,通过发送银行向接收银行发出的或发送银行向另一家银行发出的无条件支付确定金额的货币给受益人的电子指令。简言之,电子票据本质上是一种资金传递的电子指令。

电子票据是随着经济的发展而逐渐产生并发展起来的,它借鉴纸张票据关于支付、使用、结算和融资等功能,利用数字网络代替纸张进行资金的传输和存储。电子票据是以电子方式制成之票据,并以电子签章取代实体之签名盖章。它包括电子支票、电子本票、电子汇票。电子票据简言之是票据的电子化,包括支票、本票、汇票等各式票据,透过网络以电子形式进行传送及使用,就目前使用上而言,电子票据主要以企业间的商业往来大额支付为主。

票据市场作为货币市场的重要组成部分,其以纸介质为票据载体有着悠久历史。相对电子介质而言,纸介质票据本身有着与生俱来的风险与不便:容易遗失、伪造和处理手续烦琐、流通成本高,从而使传统票据市场面临电子经济的冲击,电子票据代替纸质票据、电子经济模式代替传统的 OTC 市场交易已经成为票据市场发展的方向。

票据的电子化及电子票据根据的电子化是一种全新的结算方式，其产品——电子票据并不是对现有的传统结算产品的简单优化和组合，需要有不同于传统票据的运用环境。票据在产生、流通、结算过程中的某一阶段以电子形式存在，其间夹杂着电子数据信息与实物票据之间的相互转换，实质是实物票据处理方式的电子化。而电子票据是不依附于实物票据，从票据权利的产生到票据权利的消灭的全过程均以电子形式独立存在，并以电子签章代替实体签章。从我国目前情况看，完整的电子票据体系尚未建立，不依附于实物票据以电子形式独立存在的电子根据尚未真正出现。

4.1.2　电子票据的流通过程

电子票据与传统票据不同，它对网络技术的依赖性较强，只有依靠网络技术才能流通自如。其流通过程如下：

首先客户进入银行服务站，填写电子票据内容，电子票据自动生成客户的电子签名并对该票据中的信息进行加密即完成签章，这一过程如同在纸质票据上签章一样。

其次客户通过 E-mail 把这张电子票据发给收款人，收款人再用同样的电子签名技术将电子票据交给自己的开户银行。

最后电子票据的款项通过电子票据清算中心在银行之间进行清算并通知出票人和收款人。

从电子票据的流通过程可以看出，电子票据的功能与纸质票据的功能相同，但其流通的介质不同。纸质票据通过人来实现票据的流通转让；而电子票据则通过计算机和现代通信网络技术实现将钱款从一个账户转移到另一个账户，其流通实际上是依靠数据电文的信息传递来完成的。因此，电子票据与传统纸质票据最明显的区别就是：在用电子票据进行支付的过程中，出票和持票均是脱离人的控制而存在于电子介质之中，是由计算机网络通过电子数据交换（Electronic Data Interchange）而发生的。

4.1.3　电子票据的特点

电子票据具有诸多优点：

（1）通过网络传输可以大幅减少过去票据在传送上所需花费的时间，节省繁杂的人工成本。

（2）由于票据均保留在银行端，无空白票据遗失的顾虑。

（3）因采用统一票据登记管理，故可防止票据遗失、灭失、伪造，且持票人不必亲自保管。

（4）开票据时即已完成核对印鉴，故不会有签章不符的票据，同时降低不良票据发生率。

（5）可跨区交换，不受地域的限制。

传统票据与现代科技共同孕育了电子票据。电子票据同传统票据依然具有千丝万缕的联系，因为电子票据的性质仍然是一种票据。首先，传统票据的记载事项如出票人、背书人、发票日期等各项要素，在电子票据中也必须记载，否则就不能称之为票据；其次，传统票据中的行为在电子票据中依然存在，如出票、背书、票据保证、票据代理等；最后，传统票据的基础理论，如基础关系与原因关系、票据抗辩等同样适用于电子票据。然而，电子票据同现代科技相结合，注定其具有不同于传统票据的特性。

相对于传统票据而言，电子票据同传统票据最主要的区别表现在：

第一，主体及其权利载体。传统纸质票据的权利载体应为纸质票据本身；而在电子票据交易中，电子票据的权利载体是指当事人各方所收到的为完成交易的数据电文信息。

第二，流通范围。传统票据可以自由流通；而目前电子票据的流通受到一定程度的限制。

第三，形式要件。传统票据与电子票据形式要件的冲突主要表现在书面形式、原件以及签名问题上。从书面形式上看，传统纸质票据要求适用严格的形式主义规则；而电子票据并非书面形式，是以数据电文的形式表现出来的。电子票据除了在网上填写应记载事项外，还要填写身份识别码以及进行电子签名。从原件上看，传统票据要求使用票据的原件是为了认证票据信息，维护票据的真实性；而电子票据以电子方式流通，根本无法以原件形式传递。从签名上看，二者也不同。传统票据要求当事人必须亲笔签名；而电子票据只能采取电子签名的方式。我国票据法要求签名必须是当事人的本名；而电子签名并没有要求这一点。

第四，效率和成本。传统票据的付款程序是由收款人通过收款银行向付款银行提示付款后才发生的，这需要一段较长的时间，造成了交易的低效率及高成本。而电子票据的受益人或被背书人自发送人在网上签发或背书人背书电子票据后，通过 E-mail 即可收到票据，从而缩短了在途传递的时间，其付款程序是由发送人启动的，并直接由付款行将资金划入持票人账户的。

第五，风险防控能力。传统纸质票据容易遗失，也容易伪造；而电子票据在进入票据系统后，取得唯一的认证数码，其电子账户以及签发、转让均可实行实名制，票据签发所必备的所有凭证号码（如增值税发票的票号、商品交易合同号等）可实行电子备案，通过全国电子票据的联网查询，能有效辨别票据真伪，造假和克隆的可能性几乎为零。

第六，受监管程度不同。纸质交易记载方式的监管时效性差，有时候情况反映到监管部门时，风险已经发生了；而电子票据则有利于实时监控，防范金融风险。

4.1.4 电子票据的结构

构成电子票据的票面要素包括待填写的票据字段、线框和表框、固定的文字说明、固定的图片、选择框、附件栏等方面。这些要素的集合相当于预先印制的票据，票面要素中除了可以授权票据关系人选择或者添加的内容之外，其他的项目是不能够被随意更改的。电子票据运作的主体有很大变化。

首先，银行成为绝对参与者。虽然实体票据中的商业信用大多数为银行信用所取代，但是在电子票据的参与主体中，银行的绝对参与将银行的信用发挥到了极致。如我国台湾地区"电子票据往来约定书"（以下简称"约定书"）第六条第二项规定："约之电子支票，应以划平行线支票为限。签发电子汇票及电子本票，应为委托银行付款之汇票，以及委托银行为担当付款人之本票，并且均以定日付款者为限。"我国台湾《金融业者参加电子票据交换规约》（以下简称"规约"）第三十九条规定："电子票据各项登录资料之查询，仅限票据关系人、付款行及托收行始得为之。"可见参与者之中必有银行等金融机构的存在，离开了金融业者，电子票据无法运行。

其次，还有一个重要机构——票据交换所，负责电子票据的信息登记、传送、公示和保存，以备相关当事人查询。这也是电子票据不同于传统票据的一个主要特点。电子票据中最重要的就是伺服器、网络和存储系统。其中伺服器亦即客户服务终端机，是票据能够实现电子化的计算机设备。没有伺服器，当事人无法完成票据行为。可以说这是电子票据的起点，电子票据因为有了伺服器和网络的存在而无须直接进行面对面的交易进而大显便利,同时也因为必须要伺服器才能实施各种行为,使得电子票据的使用具有局限性。当电脑终端设备普及时,这一限制逐渐消失。总之,伺服器、网络电缆、存储器设备等各种硬件电子设备的使用,在为票据电子化奠定基础的同时,也导致出现了传统票据中所没有的电子设备故障责任。

4.2 我国电子票据的发展现状

4.2.1 我国电子票据发展历程

1996 年,中国人民银行广州分行引进了我国第一台图像支票清分机,标志着中国金融机构开始以电子方式完成票据存储与验证。

2003 年 6 月 30 日,全国统一的网络化票据市场服务平台——"中国票据网"正式启用,为金融机构间票据转贴现、票据回购等业务提供报价、查询服务,标志着我国票据市场电子化开始起步。

2005 年 4 月 1 日,《电子签名法》正式生效,明确了电子签名的法律地位。

2005 年 6 月 17 日,我国首个区域性银行票据沙龙——"长三角",在我国的金融中心上海成立了。

2005 年 8 月,招商银行在国内推出了第一张电子票据——"票据通"。这种电子票据"不是普通纸质银行承兑汇票的电子信息,而是一张独立、完整、合法的票据,与普通票据没有必然的联系"。

2005 年 10 月 26 日发布的《电子支付指引》(以下简称《指引》),规定电子支付指令与纸质支付凭证可以相互转换,两者具有同等效力。"虽然 2005 年通过的《电子签名法》,已经明确电子支付中数字签名的法律地位,但现行的《票据法》并不承认经过数字签章认证的电子票据的支付和结算方式,所以二者还存在相互承认的冲突",而《指引》的出台巧妙地解决了这一问题。

4.2.2 制约我国电子票据产业发展的因素

我国电子票据业务在电子商务领域已经趋于成熟,但却没有相关法律对其进行规制,不利于电子票据交易安全,也会阻碍电子商务的发展。因此,建立健全调整电子票据行为的法律制度是发展电子商务的当务之急。造成我国电子票据产业发展缓慢的主要原因有以下几点:

(一)缺乏统一的系统平台

我国的商业票据业务起步于 20 世纪 80 年代初。1994 年,中国人民银行在"五行业、四品种"领域大力推广使用商业汇票,票据市场开始以较快的速度发展。1994—2001 年,票据签发量由 640 亿元增加到 12 699 亿元,年均增幅 53%;金融机构年度票据贴现量由 470 亿元增加到 17 645 亿元,年均增幅 68%;从 2002 年开始,我国票据市场开始进入快速发展阶段,贴现量从 2002 年的 2.31 万亿元到 2006 年的 8.49 万亿,增幅为 2.67%。而与其不匹配的,就是商业票据原始的手工交易方式。

作为目前主要交易介质的纸质票据,目前在一笔业务的资金清算和信息交易方面存在严重的不对称。借助央行的大额支付结算系统,资金实现了即时到账,而其他信息则要人工手持纸质票据千里之外再去交易。由于票据市场的原始操作,不仅使与之相关的任何现代化的手段难以发挥作用,且落后的交易本身积聚巨大的风险。主要有:

(1) 纸质票据真伪鉴别难度大,造假空间大。犯罪分子往往熟悉银行业务操作流程,熟知商业汇票防伪要点,使克隆票、变造票鉴别难度不断加大。

(2) 纸质票据查询查复效果不佳,票据查询率低下。

(3) 纸质票据流转过程的风险较大,控制成本较高。随着转贴现市场的发展,跨区域交易成为普遍现象。由于没有全国统一的电子交易平台,拟贴现票据随业务人员一块流动会增加票据在途丢失的可能,且容易发生道德风险。

(4) 无法实现信息透明的集中交易,导致票据市场交易效率低下。

随着我国经济日益融入全球经济,越来越多的大型企业和跨国公司等众多企业得以快速发展,他们急切盼望早日实现票据的无纸化交易。这样既为企业降低了成本,提高了效益;先进的金融服务手段,也进一步增强企业竞争力。正因为有众多重点客户的强烈需求,多家银行不惜投入大量人力和物力自主开发电子票据。2005年4月5日,招商银行和TCL集团在深圳签署了"票据通—网上票据"全面业务合作协议,宣布国内首张电子票据问世,拉开了国内票据市场电子化的序幕。但无论是票面设计还是电子签名、电子签章的模仿尽管与纸质票据(商业汇票)有很大的区别,阻碍了这个新生事物被市场的接受速度,但毕竟走出了电子票据发展的实质性第一步。2006年12月,民生银行依托企业网上银行签发了该系统第一张电子票据。为有助于电子票据的推广,他们在电子票据的外观上下大功夫,票面要素从结构到基本与纸质票据完全一样,最大限度满足了客户视觉的需要。2007年,工商银行也开发了"易保付"电子化信用票据,采用电子加密技术提高票据的防伪和流通能力。

各商业银行自行开发的电子票据标准不一,难以扩大使用范围,急切需要统一的电子票据及交易平台。上述三家商业银行电子票据的发展情况,基本上代表了国内目前电子票据发展的现状。通过分析比较,可以看出目前发展的几个特点:

(1) 国内电子票据在技术实现上主要依托企业网上银行和商业银行内部的科技力量。企业通过网上银行在终端开出电子票据,电子签名和电子签章都是模仿实物。

(2) 电子票据只能在系统内流通,即只能体内循环。电子票据的转让对象范围很窄,只能是在同系统内开通企业网上银行的并乐于接收电子票据的客户。

(3) 目前国内电子票据的产品范围是有融资功能的可以跨区域流通的商业汇票,即银行承兑汇票和商业承兑汇票,不包含传统票据中的本票、支票和银行汇票。

通过以上分析,可以看出,由于没有全国统一的电子票据及交易平台,各家商业银行为了业务发展而自行开发电子票据,是一种无奈的选择。由于各商业银行之间没有制约关系,自主开发的电子票据产品难免存在先天不足的问题,限制了它的流通范围和进一步发展。主要表现为:

(1) 目前各家商业银行自行开发电子票据,缺乏统一的技术标准、数据格式和认证方式,对同一事物的重复开发,不但浪费了大量的人力物力,也难以提高交易效率。

(2) 各行自行开发的电子票据的流通范围小,接受程度低。这主要包括两方面内容:一是不能在金融同业间流通。电子票据贴现后不能在同业间办理转贴现业务和向人民银行申请再贴现。尽管有的商业银行开办了电子票据,但由于技术、数据标准不同,也无法实现系统间的电子票据转让,而尚未开办电子票据的商业银行的接受程度会更低。二是企业签开电子票据后不易流通。由于电子票据只能在商业银行系统内部开通网上银行的企业间流通,所以企业的交易对象如果是跨系统开户,电子票据起不到支付结算工具的作用。

综上所述,尽快研发全国统一的电子票据及交易平台是非常必要和迫切的。而由中央银行牵头、商业银行参与进行电子票据及交易平台的研发是最佳的选择,因为中央银行的地位决定了其研发产品的权威性和可行性。

(二)电子数据安全性得不到保障

由于票据市场参与主体的多元性,票据本身的高流通性以及我国目前仍不成熟的电子商务环境,全面的票据电子化在消除了纸质票据伪假风险的同时,是否会产生新的电子欺诈风险,也是电子票据产业发展中不得不考虑的一个重要问题。由于电子票据以数据电文的形式存在,电子票据的安全隐患一般表现在几个方面:一是数据传输,一旦数据传输系统被攻破,就有可能造成用户电子票据资料泄密,并由此威胁到用户的资金安全。二是网上银行应用系统的设计,一旦其在安全设计上存在缺陷并被黑客利用,将直接危害到系统的安全,进而影响到电子票据信息的安全。三是计算机病毒的攻击。无论哪一种情况的出现,都会影响到企业使用电子票据的积极性。电子数据的安全性得不到保障,电子票据的发展将失去支撑点。

(三)电子票据法律缺位

为推动电子商务的发展,我国于 2005 年实施了《电子签名法》。该法为电子票据发展解决了一个核心问题,即确定了电子签名的法律效力和肯定了数据电文法律原件形式,但《票据法》并未紧随其后进行更改。由于电子票据在书面形式、签章、原件等方面已经突破了传统纸质票据的理论范畴,我国原有的《票据法》已无法有效调整电子票据涉及的法律关系,由此导致了电子票据相关主体的法律地位及权利义务模糊不清,相关的权益尤其是消费者权益得不到充分保护。法律的不健全打击了客户办理电子票据业务的积极性,制约了电子票据业务的进一步发展。电子票据交易的无纸化和瞬时性特点,又决定了电子票据业务的经营风险远远高于传统业务的风险,制定电子票据相关的法律制度迫在眉睫。

4.2.3 电子票据的应用前景

电子票据对公、对私均可使用。但是,鉴于单位银行账户有更多的结算需求,对结算的效率有更高的要求;同时,电子票据对客户的计算机网络系统也有较高的要求,而单位最有可能具备高性能的计算机系统配置,所以,电子票据应以服务对公客户为主,并且要求参与各方均拥有网上银行功能。因此,短期内电子票据必然只能面向特定的较高素质的客户群体,由此也会带来其使用范围和推广工作受到限制的问题。此外,电子票据系统建设先期投入高,同时需要较长的产品投入及成长期,商业银行未来一定时期的收益不确定,因此商业银行会承担较大的压力。

鉴于目前电子票据的市场并未形成,公众对电子票据的认识还比较模糊,其安全性和便捷性还未被证实和认可,一些客户的网络系统达不到技术要求等原因,因此即便建成了电子票据的系统,也不可能完全取代纸质票据而是并存使用(对于一笔票据支付业务,客户既可以使用实物票据,也可以使用电子票据)。尽管如此,电子票据改变了传统票据的概念和形象,体现出高效率、低成本、便于监管等传统票据所不具备的优势,将为现存的票据结算格局带来一场革命。

4.2.4 发展我国电子票据的路径

（一）建立统一的电子票据平台，实现票据的电子化注册和集中托管问题

为了实现电子票据在银行间和企业的流通，必须建立统一的电子票据平台。鉴于中国人民银行担负着维护银行间支付、清算系统正常运行的职责，因此，电子票据系统的建设应由人民银行牵头组织，各主要商业银行共同参与。由人民银行组织建立统一的电子票据平台，制定电子票据的标准，各商业银行都能接入和使用。电子票据跨行流转时，通过统一的平台进行认证和数据交换。目前，已有两个方案可供选择。一是2006年人民银行重庆营业管理部提出的"中国电子票据认证和交易系统方案"。该方案建议设立自成体系的独立平台，由新设立的独立机构负责系统的建设和运行，实现票据的电子化和集中交易和清算。二是人民银行总行将电子票据系统作为第二代办支付系统子系统的建设设想。

（二）建立票据电子签名的认证机构，解决电子票据的安全机制

由于互联网具有非面对面性以及充分开放、管理松散和不设防护的特点，因此，如何在Internet上识别对方身份，是电子票据发展的关键环节。电子票据信息的安全性主要包括：信息的保密性，即只有合法的接收者才能解读信息；信息的真实完整性，即接收到的信息确实是由合法的发送者发出，内容没有被篡改或被替换；信息的不可否认性，即发送者日后不可否认已经发出的信息。要实现这三个方面的要求，必须在电子票据交易系统中对交易各方的身份进行认证。传统的身份证明一般是通过检验"物理物品"的有效性来确认，如身份证、护照、工作证等，其上往往含有与个人真实身份相关的信息，如照片、指纹、视网膜影像等。而在电子商务中，为确认交易双方的身份，通常是把传统的身份证书改成数字信息形式，由双方都信任的数字证书认证中心发行和管理，以方便在网络社会中传递与使用，进行身份认证，这就是数字证书。电子商务中需要签章时就是使用数字证书进行电子签名。因此，为了解决电子票据信息的安全性，必须确立电子签名在电子票据业务中的条件和法律地位。

（三）在电子票据发展中，引入"支付命令"等电子化权利转让制度

在票据产生的初期，其只是代表现金流通的支付工具。随着市场经济的发展，票据作为信用工具、流通工具的职能才日益凸显，票据也从权利的证明演变成权利本身。票据法规定的要式性、无因性、文义性、流通转让性均从不同的方面保障了票据能便捷的转让，适应了近代市场经济要求债权能迅速转移的需要。票据、证券、提单代表了权利的证券化。随着计算机技术的飞速发展及日益广泛应用,支付命令也将从支付工具发展成信用工具和流通工具。如在美国，对电子票据并没有一个统一的概念，在不同的阶段有不同的称呼，美国《统一电子交易法》第16条将其称之为"可转让记录"，而美国《统一商法典》第4A编也未采用电子票据这一概念，而以支付命令代之。而支付命令无疑就是权利的电子化，其顺利流通是市场经济的必然要求。既然电子提单的转让已有技术上的实践，信息化的权利许可与转让已有国外立法先例，那么，在研究发展电子票据市场时，我们应突破我国传统票据法的"支票、本票、汇票"范畴，应因电子商务的发展，引入"支付命令"等电子化权利转让的制度，就支付命令等电子化权利的转让流通作出规定，并设计与之相应的交易安全制度，使我国的电

子支付体系发展具有一定的前瞻性。

4.3 电子票据的法律制度

4.3.1 我国现有电子票据相关法律

随着电子商务的不断深入和电子票据市场的蓬勃发展，我国也加快了有关电子票据的立法进程，先后颁布了一系列有关电子票据的法律制度。从2000年人民银行颁布《网上银行业务管理暂行办法》到2005年4月《电子签名法》实施，以及人民银行2005年10月颁布《电子支付指引》到中国银监会2006年2月颁布《电子银行业务管理办法》，这几年是我国电子立法、立规从无到有，起步发展的阶段。《电子签名法》共5章36条，遵循"最少干预、必要立法"的原则，旨在扫除我国电子商务和电子政务发展过程中的法律障碍，促进电子商务和电子政务的继续扩大和发展，增强网上作业的安全性、有效性。

《电子签名法》被称为"中国首部真正意义上的信息化法律"，从三方面阐述了电子签名的相关内容：首先确立了数据电文与纸质数据具有同等的法律地位；其次电子签名与手写签名具有同等的法律地位；最后确立了电子身份认证机构的法律地位和管理问题。《电子支付指引（第一号）》，对银行从事电子支付活动提出了指导性要求，对电子支付业务的申请、电子支付指令的发起和接收、安全控制、差错处理等环节进行了明确的规定，是国内迄今为止处理电子支付法律问题最基本的依据。特别需要指出的是，该《电子支付指引》规定电子支付指令与纸质支付凭证可以相互转换，两者具有同等效力。从这个层面上来看，是一大进步，虽然2005年通过的《电子签名法》，已经明确电子支付中数字签名的法律地位，但现行的《票据法》并不承认经过数字签章认证的电子票据的支付和结算方式，所以二者还存在相互承认的冲突，而《指引》的出台巧妙地解决了这一问题。

4.3.2 电子票据与《票据法》相关理论的冲突

电子票据与传统票据法理论存在冲突，需要协调。二者之间的冲突具体体现为以下几个方面。

1. 书面形式的冲突

自有文字记载到互联网时代之前，凡是信息，无论是生成在贝壳、竹简上，还是纸张上，都以书面形式来传递、留存和供人们阅读。这种以书面形式生成的文件被各国传统立法所接受，我国现行《票据法》亦不例外。传统上认为票据是一种书面证券，且票据上的记载事项必须依照《票据法》的相关规定。《票据法》对票据的用纸、格式、印制作了统一的规定，不论是汇票、本票和支票都作了严格的要求。票据法律关系的确定、当事人之间权利义务的享有与履行，往往与记载、传递具有法律意义的文件的形式有极其密切的关系，它不仅影响着当事人的票据权利，甚至还在某种情况下决定了当事人的权利状态。可以说票据行为是一种书面行为，离开书面，票据和票据行为是不可想象的。

电子票据是随着经济的繁荣和网络的普及而逐渐产生并发展起来的，它以计算机和现代通信技术网络为基础，以数据电文形式存储资金信息于计算机系统之中，并通过因特网以目不可视、手不可及的电子信息传递形式实现传统有纸化票据的功能。但是，数据电文由于其自身特点的限制，并不能起到传统有纸化书面文件的全部作用，在我国现行司法实践中，以数据电文为支撑的电子票据也因其不具备有纸化书面形式而不受《票据法》的调整。如何重新界定《票据法》中的"书面形式"，使其既为以纸面票据为工具的支付，又为以数据电文为基础的电子支付和票据交易行为提供统一的规则，这是急需解决的问题。

2. 原件的冲突

原件是指未经改动或变动的文件或物件，或者说是翻印文件、制作复制品所依据的原来的文件或物件。原件的独一无二性不仅被各国的证据立法所接受，而且在票据的流通过程中也起着至关重要的作用。现行票据法理论和实践均确定无疑地、强制性地要求所有的票据行为，即出票、背书、承兑、保证和付款必须是针对原件而言的，离开原件，谈不上票据行为；离开原件，现行《票据法》也就失去了其存在的前提。

20世纪90年代开始的网络化，使金融机构之间可以通过互联网络进行账务结算。这种方式使得出票和持票等一系列行为均游离于人之外，由计算机网络通过电子数据交换电文完成。那么，作为电子票据基础的数据电文究其存在方式而言是原件还是复制件呢？当数据电文存在于发端人的计算机内、磁盘中，或者硬盘上时，应该说数据电文具备了证据法上所讲的原件的意义；但是，一旦该电文到达了收件人那里，并被打印出来，它就不是首先固定于其形成之时的媒介物上了，就成了复制件而非原件了。因此，以数据电文为基础的电子票据因其不具有原件的性质而被排除在现行《票据法》适用之外。

3. 签章的冲突

票据行为是一种严格的要式行为。各国的票据法都无一例外地规定了票据行为的生效和承担票据上的责任均以签名（或签章）作为要件，而票据责任更是恪守"无签名无责任"的原则。可见，签名这一形式要件在票据行为的有效成立中具有重要的地位。可以说，没有签名就没有票据和票据行为。这里的签名（或签章）是从传统意义上讲的，是与纸张密切关联的活动。现行电子票据实践中，整个资金的划拨和电子票据的结算等均由计算机之间的电子数据电文完成，中间没有任何行为主体手书的亲笔签名或签章。这中间的信息都是通过电子签名加密，而后经由CA认证机构的认证后传递和识别，通过"非对称钥匙加密法"完成的。根据我国《电子签名法》第二条的规定：电子签名，是指数据电文中以电子形式所含所附用于识别签名人身份并表明签名人认可其中内容的数据。

与传统的签名相比，电子签名主要具有客观准确、技术要求高、易改动和无形性的特征。在电子商务交易过程中，由于金融电子化，完成交易的各方都是通过无纸化的电子票据来进行支付和结算，根据我国《票据法》第四条和第七条的规定，它并不承认经过电子签名认证的非纸质的电子票据的支付和结算方式，因而可能造成经过电子签名的电子票据因不符合法律所规定的形式要件而导致票据行为无效的情况产生。同时，电子签名涉及电子票据支付和结算的效力和安全，相关规定欠缺必将构成阻碍我国电子票据在现代贸易发展中发挥作用的重大法律障碍。

4. 电子票据的证据力问题

尽管证据力问题属于程序法范畴，但电子票据的书面形式没有被纳入《票据法》"书面形式"之内的一个重要原因，就是其在诉讼上的可行性及其作为相关证据的效力问题。《合同法》第十一条规定：书面形式是指合同书、信件和数据电文（包括电报、电传、传真、电子数据交换和电子邮件）等当事人可以有形地表现所载内容的形式。该条明确了数据电文等为书面形式，但并没有规定如何使数据电文等同于书面记载，这就造成了电子记录具有法律效力（形式上得到法律认可），而没有相应的规则确定电子记录作为有效证据的尴尬局面，导致了实体法和程序法的脱节。

4.3.3　电子票据与《电子签名法》的冲突

上述最后的冲突在《电子签名法》生效后起了变化。该部法律为电子票据法律地位的确定创造了先决条件，但也只解决了法律之间逻辑结构的协调。因为目前有关票据运作的操作细则，如《票据管理实施办法》、《支付结算办法》等都是针对纸质票据制定的，一旦电子票据进入流通领域，电子票据的无形性就会导致因其缺乏具体可操作的规则而无法正常交易。如前文所述的"票据通"，一旦离开了招商银行内部系统，电子票据如何交易流转就无具体规则可依。因此，仅仅有《电子签名法》在法律地位确认层面的规定是不够的。电子票据与传统的合法占有表明拥有票据权利、现实交付表示权利转移的交易模式存在很大不同，它的交易和流通首先要明确以电子记录形式存在的电子票据的归属，即明确权利的拥有者。我国现有票据法规则体系并不能解决这个问题。

4.3.4　电子票据交易涉及的法律问题

1. 税法问题

随着我国电子商务的进一步发展，网络交易量日益增多，但目前我国尚无相关法律对互联网上无形商品交易的税收进行规制，中国税制在设计上还尚未对网上交易作出明确规定。因此，电子票据的出现使现有的税制陷入了尴尬局面，表现有三：首先就是印花税。印花税要求纳税人必须在应税凭证上粘贴印花税票，而电子票据由于其存在于电子介质中，因此，纳税人不可能在其上贴花。此时，如果征税则没有法律依据，不征又会导致税收流失。其次，电子票据与传统票据相比虽然具有成本低、高效率等优点，但其交易实体的无形性、支付系统的虚拟性，使得各种电子票据、电子账本和凭证不仅容易被修改，而且容易遗失，从而缺乏证明力。最后，电子票据的安全保密功能在完好保护客户信息的同时，给执法机构调查和惩治犯罪带来了不可逾越的障碍。

以上种种问题将会导致征税缺乏凭证，使税务审计和稽查的难度加大，为纳税人逃避税务稽查提供了可乘之机。如果不制定相关的税收法律制度对其予以规制，则很难保证网上征税的正常进行。

2. 电子票据的网络犯罪给刑法带来的挑战

依托于网络的发展，社会经济、文化、政治生活正经历着一场史无前例的变革，而形形色色的网络犯罪给这场变革提出了全方位、不容忽视的挑战。电子票据交易的无形性、快捷性和虚拟性，很容易被当作洗钱的工具，从而加大银行业的风险。电子票据交易因无形、快捷和虚拟等特征，很容易被当作洗钱工具。我国1997年实施的新《刑法》虽然在第一百九十四条专门针对票据诈骗犯罪进行了规定，但由于该法条中所指的金融票据与网络时代的"电子票据"性质完全不同，因此现行的刑法已经不适应目前出现的网络犯罪。对于针对电子票据犯罪这个新的刑法问题，有必要对其进行研究。

3. 电子票据给程序法带来的挑战

记载电子票据的信息被打印出后，其就具有了"书面形式"，但它作为诉讼证据的效力问题仍然未定。《合同法》第十一条明确了数据电文、电子邮件等可以被认为是书面形式，但仍没有规定如何使数据电文等同于书面记载。这就造成了电子记录在形式上得到法律认可、但没有相应的规则确定电子记录作为有效证据的尴尬局面，导致了实体法和程序法的脱节。

4. 电子票据给金融监管带来的冲击

纸质票据的监管主体主要是中央银行。其主要权利义务是：对票据行为的监督管理权和对票据违法行为的处罚权。虽然电子票据的存在形式、交易方式与传统纸质票据有电子与书面上的差异，但其功能与纸质票据没有什么区别。因此，电子票据也应由中央银行监管。电子票据也给中央银行带来了挑战。其面临的困境有二：其一，电子票据的"无纸化"、"虚拟化"，使现有的监管信息的真实性、权威性以及全面性受到挑战；其二，监管部门自身技术、业务素质的滞后性影响监管效率。如果没有一支高素质的队伍，在监管现代化程度高的电子票据交易时就会出现困难。

因此，中央银行应加强对电子票据的研究，加大对网上支付欺诈现象的打击力度。随着网络经济的迅猛发展，电子票据交易的主体良莠不齐，有很多不良行为游离在法律规制的范围之外。因此，如何规范电子票据网上交易，中央银行任重而道远。

4.4 构建我国电子票据法律制度及其配套建设

4.4.1 选择适合我国现状的立法模式

我国电子票据的发展与现有法律的冲突意味着：要么使电子票据完全适用现有法律，要么是单独立法、制定电子票据独特的流转规则。后者的优势在于，首先，电子票据有着很多不同于传统票据的地方，若强制其适用现有《票据法》的规则，那么两者的不同必将破坏原有票据法律体系的流畅性、完整性与连贯性。如果票据包括电子票据，那么对票据适用的一般性规则如签字、背书、占有等，也应当适用于电子票据，而这些规则恰恰是与电子票据的具体实践相矛盾的，所以需要通过新的规则加以调整。

4.4.2 制定与电子票据相关的法律规范

本节认为应尽快制定一部《电子票据法》，明确该法案的立法目的、电子票据的定义、基本原则以及法律效力等；特别是应以电子票据的支付或交易方式、手段、程序为主要规制重点，对占有、转让、背书方面都应适应现今电子票据实际业务的需要，制定出符合现实市场需求的法律。

对电子票据的保护不仅要制定统一的《电子票据法》，还要制定与电子票据相关的配套措施。主要包括：采用新的安全技术规范来确保电子票据交易的信息流通和操作安全，如目前正在草拟中的《信息安全条例》。严格要求电子票据交易中的当事人依据《计算机系统安全保护条例》和《计算机信息网络国际联网管理暂行规定》等相应规定进行业务操作和管理，以确保电子票据交易的安全操作和良好运行。还应制定《个人隐私保护条例》，对交易中的客户资料予以保护。这些法律规范都是电子票据乃至整个电子商务得以顺利发展的基础。

4.4.3 修订其他现行法律

1. 修改《票据法》

随着信息高速公路和国际互联网技术的进一步发展，以电子邮件和电子交换数据电文等现代化通信手段为基础的金融电子化业务也正在全球范围内日益普及。中国人民银行于1989年启动了建立处理跨行异地支付的全国电子联行系统（EIS），1993年我国启动了金卡工程（又称电子货币工程），1996年中华IC卡研制成功，2000年首都商业银行首次推出了金融IC卡（俗称电子钱包）。与金融电子化业务蓬勃发展的态势相比较，我国《票据法》存在和作用的客观条件已经发生了重大的变化，现行《票据法》的理论和学说已不能适应金融电子化业务的要求。

就目前而言，修改《票据法》的思路是：借鉴联合国贸易法委员会《电子商务示范法》和《电子签名示范法》的相关内容，从字面上修改《票据法》的相关内容，以扩大《票据法》的适用范围。即采用"功能等同"的方法修改《票据法》。所谓"功能等同"，就是通过分析传统文件的"书面形式""原件"和"签名"的目的和作用，以确定电子票据在符合什么条件和标准的情况下达到这些目的，如果电子票据赖以生存的电子数据交换电文所传递的信息达到这些目的和作用，则可以说电子票据与传统纸面票据一样，适用《票据法》。

首先，《票据法》之所以设定票据行为是书面行为，是因为书面文件具有可识读、可长期保存等功能。如果我们修改《票据法》时增加"凡作为票据载体的电子数据交换电文所传递的信息可以随时查找且能备日后查阅的，则该电文即满足了书面形式"的条款，则电文票据就符合《票据法》关于"书面形式"的要求。

其次，《票据法》之所以规定必须是"原件"，主要是从其唯一性和为了减少其被改动的可能，如果是复制件，则难以保障其唯一性和难以发现其是否被改动过。基于这一思路，修改《票据法》时可增加"只要电子票据的载体——数据电文在传递、储存和显示过程中不发生脱漏和增加，数据不被改动，就可视为原件"的内容。这样，电子票据就符合《票据法》关于"原件"的要求了。

再次，《票据法》规定了有纸签名和签章，主要是考量签字人意思表示真实与否，以及当事人所提供的票据的真伪等。在电子环境中，针对电子票据的出票人、持票人和义务人等身份的鉴别问题，可以通过创设"电子签名"的方式来解决此真伪判断问题。即在电子环境中，可以使用一种方法来鉴别电子票据的发端人或收件人身份，并证实该发端人或收件人认可了该数据电文的内容，这种认可是通过计算机网络，并借助于数据信息完成，它可以是数字、字母，也可以是符号。据此，可以在《票据法》修正案中借鉴美国《统一商法典》第3 401条之规定，使票据上的签名由严格的形式主义改变为自由主义，同时增加"电子票据信息电文只要经过了具有足够可信度的核证，在法律认可程度方面提高了确定性，且可以履行，即视为达到了传统签字的要求"的思想，从而既解决了签字的形式问题，又使得电子票据中的电子签名与有纸化票据的传统签名一样都符合《票据法》关于签名的要求。

通过上述修改，可以从根本上承认电子票据的法律效力，保障在传统文件中使用的"书面""签字"和"原件"允许采用电子方式，肯定电子票据的法律地位，使得电子票据等电子化金融业务纳入《票据法》调整范围，最终使其有法可依。

另外，除了按照"功能等同"的方法对《票据法》相关条款进行增删修改外还可以采用单独成章的方法，即在《票据法》中单独设立"电子票据"一章，这样修改的好处在于能准确快捷地适用法律。这样修改的弊端在于不同形式的票据采用不同的规则，一方面，在经济上不合理；另一方面，规则不统一，易造成混乱。

2. 税法方面

面对汹涌而至的电子支付浪潮，我国尚无相关法律对网上无形商品交易的税收进行规制。国内电子支付税收法规的缺位，造成了现实中巨额税款的流失，完善有关电子支付的税收法规，已经是当务之急。税收政策的制定，不但要保证国家财政收入的增长，而且要避免不恰当的税收制度影响电子支付市场的蓬勃发展，要具备前瞻性与灵活性，立法难度很高。而中国税制改革的大方向——主体税种由增值营业税等间接税让位于所得税等直接税，更加剧了立法难度。因此，我们应在借鉴外国先进经验的基础上结合我国的实际情况，对现行税法做出新的规定以期能适应电子商务的发展。我国应坚持在防止税收流失的同时不阻碍网上贸易的发展，"针对互联网的特性重新界定居民、常设机构、所得来源、商品、劳务、特许权转让等互联网税收概念的内涵和外延，改革、完善相关的增值税、所得税税收法律，确保建立公平的税收法制环境"。同时建立网上自动征税系统，加快电子征税进程。

3. 刑法方面

虽然《电子签名法》增加了伪造他人电子签名罪、冒用他人电子签名罪以及盗用他人电子签名罪三个刑事犯罪的罪名，但是《电子签名法》中所涵盖的这三种犯罪只是有关电子签名的，是电子票据犯罪中的一部分。电子票据犯罪作为一种新型票据犯罪，其犯罪手法与构成特征都不同于传统票据犯罪，例如犯罪人可能直接通过盗用或者破译他人电子票据密码、伪造他人电子签名等行为实施非法出票行为，还有可能出现篡改他人票据账户资金信息、利用电子票据洗钱等新的犯罪形式。因此，应该扩大刑法上的票据犯罪范畴，规定电子票据犯罪的相关内容。同时，由于电子票据的无地域、无国界以及时间的限制，我国应加强与世界各国相关部门的联系，制定打击网络金融犯罪的国际条约，以确保我国电子商务的发展。

4. 程序法方面

应尽快修改《民事诉讼法》或扩大《合同法》的相关条文解释，以匡正电子记录在形式上得到法律认可，但却没有相应规则确定其作为有效证据的尴尬局面。这样可以保证实体法和程序法的统一，为电子票据诉讼中有关证据证明力的解决奠定法律基础。

4.4.4 完善社会信用体系的建设

信用制度的建立健全是票据制度有效运作的保证，反过来，票据制度的建立也能促进信用制度的形成，二者相互促进、相得益彰。目前，适应市场经济发展需要的我国征信体系正在加快建设之中，征信系统基础设施的建设、征信市场的发展、征信文化的宣传以及征信法规的建立和完善等方面都取得了很大进展，信用已逐渐成为发展市场经济各类生产关系的基础，票据制度的建立健全将具有牢固的信用基础。

4.4.5 提高票据业务处理的科技手段，建立全国统一的电子票据市场

在我国金融市场体系中，唯独票据市场没有全国统一的服务平台，导致票据市场效率低下，功能不全，风险积聚，创新跟不上市场发展的需要。目前，票据的一级市场虽已形成，但缺乏有效的市场基础，功能也不完善，票据流通市场还局限在系统、局部和区域性之中。与票据市场的迅猛发展不相匹配的是票据从签发、承兑、背书转让到贴现、转贴现仍采用手工操作。这使票据市场不能摆脱实物票据制约，难以形成统一的登记保管和交易清算体系。

在信息化条件下，应积极探索电子票据的应用，考虑电子票据的托管、查询、交易、清算等相关问题，借鉴国际经验开发建立全国统一的"电子票据市场"，统一全国的票据报价、交易、登记和鉴证中心，大大降低票据交易的成本。通过实施电子票据签发、转让和电子账户实名制，增值税票号、贸易合同号备案制，由电子系统记录票据流转全部过程，从而实现票据电子全国联网查询，就能有效地防范票据犯罪。从国外票据的实践来看，采用票据影像技术能获取更为完整的票据信息，代表了票据处理的一个发展方向。美国、欧洲和我国香港地区的经验表明，支票截留有利于降低票据传递的成本，缩短票据的抵用时间，提高结算效率；也有利于扩大支票的使用范围，加强区域间的经济联系。

4.4.6 建立票据登记制度，提供客观公正的交易证据

传统银行业务中具有法律效用的电子票据行为（包括票据的签发、背书转让、贴现、兑付等）如何在电子介质中应用，出现纠纷后电子形态的证据如何被法庭所接受等问题是网上银行运行中存在而又亟待解决的问题。目前，我国尚缺乏全国性的有关电子支付结算的专门立法。1996年1月1日生效的《票据法》确立的是以纸票据为基础的支付结算制度，没有针对电子资金划拨进行立法。而不少网上银行业务采用的规则多是协议方式，由于是银行自己制定的，其中许多是维护银行自身利益、削弱消费者地位的条款。值得注意的是，1999年3月通过的《合同法》在第十一条指出："书面形式是指合同书、信件及数据电文（包括电报、电传、传真、电子数据交换、电子邮件）等可以有形地表现所载内容的形式。"《合同法》已经把数据电文视为书面资料，这就为公正解决银行与客户之间的利益矛盾提供了前提条件，但如何确保这些数据电文，特别是提供的网上电子数据证据的真实、合法、有效性，法律没有具体的规定。

由于数据电文的真实性直接影响到数据电文证据的证据效力，法律有必要强制当事人来维护。银行在电子化交易中对数据电文的占有起着主导作用。因为银行对有关服务的信息处理过程的整体负有管理责任，而且它直接占有有关交易的各种重要电子化信息。特别是我国现阶段的网上银行业务服务的提供者仅限于传统的商业银行，法律首先要求银行维护好有关数据电文的真实性。另一方面，作为交易活动的客户方，也要努力维护好数据电文的真实性，防止泄密，防止被盗用、篡改。但如果客户和银行之间发生了业务纠纷，银行利用自己管理电子数据的优势，提供对自己有利的证据，而客户由于不掌握电子数据的管理权，则难以取得对银行不利的网上银行的电子数据证据，这显然有失公平。因而，为了维护双方的合法权益，提供客观、公正的交易证据，有必要建立类似于证券登记公司一样的网上票据登记机构，来保证网上电子票据交易的客观公正性。

从本质上讲，经过法定程序签发的电子票据也是一种有价证券，所不同的是电子票据所包含的要素和使用过程要复杂一些，完全可以采用证券登记的形式来保证电子票据交易及其交易证据的客观公正性。这种网上票据登记机构应当是经过法律认可的、独立于电子票据交易双方的第三方的、不以营利为目的的、带有国家公证性质的权威机构。在银行为客户签发电子票据同时，银行将客户电子票据的有关数据报送电子票据登记机构进行登记，以后客户在电子票据流通中需要进行转让、抵押、贴现、兑付等业务时，就可以按照法定程序到票据登记机构办理有关手续，受理电子票据业务的银行就可以到登记机构查证电子票据的真伪、是否合法有效，以最终决定是否为客户办理有关业务。当银行与客户之间发生业务纠纷时，登记机构就能够为解决纠纷提供客观公正的数据电文。

4.4.7 完善电子票据安全制度，维护交易双方合法权益

电子票据信息的安全性主要包括：信息的保密性，即只有合法的接收者才能解读信息；信息的真实完整性，即接收到的信息确实是由合法的发送者发出，内容没有被篡改或被替换；信息的不可否认性，即发送者日后不可否认已经发出的信息。要实现这三个方面的要求，必须做到银行网站本身要安全，客户与银行、客户与电子票据登记网站、银行与电子票据登记网站之间的信息传递要安全，客户与客户之间通过电子票据登记网站交换信息要安全。

确立电子票据信息的安全性，首先要有一个法律认可的权威的认证机构，对银行网上业务的准入从技术上、制度上、管理上进行安全鉴定和认证，对客户自身的信誉度进行评价，防止恶意侵占银行资金的行为，把好入市关；其次，要建立健全网上银行安全防范体制，严厉打击利用电子票据进行的金融犯罪行为；再者，要加强对网上银行日常业务的监督，督促网上银行切实遵守有关法律制度，确保网上银行业务安全运行；最后，要明确银行与客户在维护电子票据业务安全时的权利、义务和责任，以及在出现风险时银行与客户所应当承担的法律责任。

本 章 案 例

储蓄卡异地冒领纠纷案

2001 年 6 月 14 日，原告周某在被告 A 市某建设银行支行（以下简称建行支行）存款后领取并填写了《中国建设银行 A 市分行电子货币申请表》（以下简称申请表），领取储蓄卡一张及密码信封。申请表中载明：储蓄卡是建设银行龙卡的磁卡新品种，必须在建设银行北京市分行联网的储蓄所使用；储蓄卡凭私人密码使用。储蓄卡不得转让或转借，须牢记并妥善保管私人密码。原告同时在申请表中预留了其本人身份证号码（号码为 18 位）。

原告取得储蓄卡及密码信封后，交给其表弟王某使用。2002 年 4 月，王某持有该卡期间因未妥善保管，致使磁卡、密码被他人取得。2002 年 4 月 16 日，有人在中国建设银行 B 市某支行储蓄专柜，凭借伪造的原告身份证件（其号码与原告本人身份证号码不同），并使用原告磁卡及密码一次性支取了账号内的存款 14.07 万元。取款人填写的储蓄取款凭条载明：原告户名、原告身份证号码（号码为 18 位）、代办人姓名方某及方某本人身份证号码、原告卡号。但上述凭条中载明的原告身份证号码与其本人真实身份证号码不一致。

本案的处理关键在于以下几个焦点问题的解决：第一，被告作为开户银行是否是本案的合格主体；第二，银行审查义务的界定，即身份证件号码是否作为审查对象；第三，原、被告是否应承担损害赔偿责任以及责任的划分。

一、关于被告是否为本案适格主体的问题。在异地通兑通存的法律关系中，并不具备合同债务主体转移的法律特征。发卡行与付款行存在内部代办结算关系，正是基于此，发卡行在申请表中作出了通过联网的金融机构办理储蓄业务的承诺，申请表载明的内容只是说明持卡人对于付款行为实施者的认可，由此应当视为双方约定由付款行依据其与发卡行的合同关系办理履行付款义务。但与一般意义的第三人代为履行法律特征不同，即第三人事先并不确定，当然这是由以储蓄磁卡为载体进行储蓄业务的特殊性质决定的，并不妨碍异地通兑通存具有第三人代为履行的法律特征。因此，当第三人即付款行不适当履行时，应当由合同相对方即发卡银行承担违约责任。

二、身份证号码是否作为银行审查的对象。保障存款安全是储户实现储蓄合同的最重要目的，同时亦应当成为储蓄机构履行的根本义务。特别是中国人民银行（1997）363 号文件即《关于加强金融机构个人存取款业务管理通知》中规定，办理个人存款业务的金融机构对一日一次性从储蓄账户提取人民币现金 5 万元以上的，必须在取款凭证上登记取款人的有效身份证件并经储蓄机构负责人签字后方可支付。因此，涉及大额存取款储蓄业务更是体现了安全优于效率的价值判断标准。2000 年 3 月，国务院颁布了《个人存款账户实名制规定》，依据该行政法规规定，储户出示本人身份证件并经核对后，方可办理储蓄业务。银行要求储户全面、真实地提供身份证件内容，当然是为其在履行合同中便于全面履行审查义务以实现安全的目的，根据诚实信用原则，身份证件号码作为证件内容的组成部分无疑成为审查的对象。特别是身份证号码具有唯一性的特点，是保证"一人一证"的最关键要素，对此银行当然不能拒绝履行审查义务。

三、关于原、被告责任的划分。保护储蓄存款安全是储户和储蓄机构双方共同的义务，该义务既是约定义务，亦是法定义务。作为储户，应妥善保管自身的磁卡和密码，防止由于转移占有等情形而导致风险的发生；作为银行，应当根据诚实信用原则，严格按照法定或约定的方式向储户履行付款义务，该义务集中体现为正确识别存款权利人。由此可以认定，原、被告在合同履行过程中，均具有一定程度的责任。

根据储蓄卡具有的货币电子化特有交易特点，磁卡和磁卡密码共同形成电脑交易系统确认存款人身份的手段，因此成为保存、取款等交易安全十分重要的因素。基于上述原因，发卡银行已经在储蓄卡章程中向持卡人作出了关于密码的重要性以及泄密责任的充分说明，原告应当知晓密码泄露所可能产生的风险。原告在领取磁卡和密码后交给他人，后者未尽到保管义务致使被他人取得，原告应负担就授意他人使用其磁卡及密码所产生的风险和后果。原告未按合同约定内容使用磁卡及密码的行为属于不适当履行的违约行为，致使增加了银行付款风险，与以磁卡及密码作为载体进行交易所导致的损害结果具有直接的因果关系。因此，原告应当负有一定程度的违约责任。

身份证件号码作为金融机构的审查要素，由于其内部网络技术性问题，导致原告预留的身份证件姓名及号码无法在计算机交易系统操作平台上显示，实际付款银行无法通过网络审查存款人身份证件和姓名，致使取款人凭与实际权利人身份证号码不相符合的身份证件将存款支取，因此可以认定银行审查义务的缺失违反了法定义务，并与存款被支取存在直接的因果关系。银行内部的网络技术性问题系现有技术水平所致,并非由于银行的过错,但银行是否能以此免责呢?应当予以否定。因为上述事实产生的原因属于金融机构内部问题,不能免除其应当履行的法定义务,对外也不能对抗第三人。此外银行在发行磁卡时已经知晓该技术瑕疵,因此应当将上述情况及时告知领卡人,这是由诚实信用原则派生的合同附随义务,但银行未履行该义务应属违约,由此产生的风险应由银行承担。

关于双方合同责任的划分,应当判断储户或银行应承担的各自注意义务程度。首先,存款人身份证件、磁卡及密码共同构成了交易认证的对象,三者都具有唯一性的特点,但是其中密码具有秘密性的特征,密码一旦确定和输入,非经复杂破译程序不可能再现,因此密码只有本人知悉,是保障交易安全的最重要因素。其他两要素虽然具有唯一性,但均须对外公示,故在现有技术条件下容易被伪造,对于保证交易安全具有相对的不稳定性,因此储户对于密码应当具有更高程度的注意义务。其次,在本案身份证件审查程序中,银行对于身份证件审查的义务也只能是形式上的审查即检查身份证件表面上是否符合规定,因为认定是否违反注意义务应当根据是否具有义务以及履行义务的能力两方面进行判断,不能苛求银行承担超出其实际能力的审查义务。而在实际取款程序中,计算机系统对于取款人提交的磁卡特别是密码将进行认证识别,属于实质性审查,无疑成为交易过程中更加关键的步骤。因此,原告对于密码和磁卡的保管义务大于银行对于身份证件的审查义务,故原告应当承担主要责任,被告应承担次要责任。

讨论:1.储蓄卡具有电子货币特有的交易特点吗?
2.储蓄卡持卡人应如何保护自己的密码以及何时承担泄密责任?

本 章 小 结

通过本章的学习,首先应理解电子票据的概念,掌握电子票据的流通过程,熟悉电子票据的特点和结构。了解我国电子票据发展历程,理解制约我国电子票据产业发展的因素,熟悉电子票据的应用前景,掌握发展我国电子票据的路径。掌握我国现有电子票据相关法律,理解电子票据与《票据法》相关理论的冲突,理解电子票据与《电子签名法》的冲突,掌握电子票据交易涉及的法律问题。掌握构建我国电子票据法律制度及其配套建设措施,熟悉如何选择适合我国现状的立法模式,能够制定与电子票据相关的法律规范,了解完善社会信用体系的建设,熟悉提高票据业务处理的科技手段,建立全国统一的电子票据市场,掌握如何完善电子票据安全制度,维护交易双方合法权益,保证网上电子票据交易的客观公正性。

本 章 习 题

1. 试述电子票据的概念与特点。
2. 简述电子票据的流通过程。
3. 试论发展我国电子票据的路径如何。
4. 试论电子票据交易涉及的法律问题。
5. 试分析我国应制定哪些与电子票据相关的法律规范。
6. 试论如何建立全国统一的电子票据市场。

第 5 章

电子支付与结算体系

 学习目标

1. 掌握电子支付体系的概念，了解电子支付体系构成、电子支付体系的地位和作用。
2. 了解电子支付服务组织的构成包括：中央银行、商业银行和第三方支付服务组织，以及各自在电子支付中所起的作用。
3. 掌握电子支付结算的概念，熟悉电子支付结算的过程，了解电子支付结算系统分为下层支付服务系统和上层资金清算系统，掌握目前存在的有代表性的电子支付结算系统。
4. 了解中央银行在电子支付业务、运营、发展、监管方面所起的作用。

 案例导入

经济危机下的电子支付

2009年6月27日，中国互联网电子商务高峰论坛在深圳举行。本次论坛的主题为"带动传统产业电子商务化·促进互联网产业高速发展"，易宝支付副总裁余晨在会上发表演讲。

以下为现场全文实录（有删节）：

余晨：大家好。非常高兴有这样一个机会来深圳跟各位交流。今天我演讲的题目是经济危机下的电子支付。从去年下半年开始在整个互联网行业，大家谈的最大的话题是经济危机。经济危机实际上从另外一个角度为电子支付的发展提供了一个很好的机会。大家看到过去一年中整个电子支付的行业比2007年增长了两倍，即使是在经济危机的情况下，电子支付保持高速的增长。为什么会这样？实际上经济危机的发展，大家对价格更敏感，有更多的人在网上进行购物。也就是说从另外一个角度促进了电子商务的发展。另外一个原因是电子支付所支撑的很多行业实际上是增长的。举例来讲，在经济不好的时候有更多人上网玩游戏，从另外一个角度来讲拉动了电子支付的需求。

还有一个很重要的原因是电子支付在中国的起点比较低，即使中国整体经济在放缓萎缩的情况下，每年有足够的人从传统的支付方式变成电子支付方式，电子支付就有了百分比的增长。它也可以反过来成为带动我们走出经济危机的推动点。过去我们发展是靠廉价的劳动力，这种传统的产业结构很容易受到经济危机的冲击，电子商务反过来推动的绿色经济，促进传统企业的电子商务化。谈到电子商务的时候，它的核心不是简单的技术，它涉及非常复杂的系统，商务链，用来支付的源，像银行，电子支付在这两年的发展，我们看到很多的趋势，一个是越来越多元化，可以是网上支付、电话支付，不光是银行卡的支付，也涉及很多非银行卡的支付。另外一个趋势是向各个行业渗透。像网上购物，像休闲娱乐，像航空售票得到发展。

电子支付很多人以为是收费付费的工具，但在目前中国的电子市场具有更长远的意义。电子支付是产业链融合的环节，在整个购物的生命周期中从你看到广告开始，到你点击进入网站，到你把商品放入购物车。支付是最后一个环节，电子支付有特殊的位置，它提供了两个价值，即营销和信用的价值，通过用户交易的数据我们可以看到用户和商家的交易模式和行为，进行更有效的数据库营销。我可以根据交易数据的积累，来进行信用数据库的积累。大家知道互联网慢慢由信息的平台演变为支付交易的平台，支付好比信息一样重要。支付对未来互联网的影响力像搜索影响力一样重要。

讲到电子支付的社会影响力，我举两个例子，电子支付和电子商务最大的瓶颈是信用。很重要的一环就是社会公信力的建设。电子支付在推动社会公信力方面有很大的贡献。去年我们有一个非常好的案例，汶川地震后我们通过跟红十字会的合作，通过网上支付的方式募集了超过1 800万元的捐款。用电子支付来推动网上捐款有一个重要意义，不仅募集捐款，还通过支付把互联网带入公益里面。从互联网的角度来讲，自下而上，改变世界是需要很多人小小的努力的。

谈到电子支付的社会价值，有另外一个很有意思的案例。在美国大家关注的焦点是美国总统大选，奥巴马通过电子支付获得超过4 600万美元的捐款，但没有想到政治捐款有这么多。在美国历史上政治捐款有很大问题，为防止利益集团对领导人的控制，奥巴马从散户五元十元二百元以下的募集上来，体现了民间的基础。

总结起来讲，电子支付在中国的社会价值，目前这一阶段不光是收费和付费的简单工具。大家看人类历史的发展，有很多的支付工具，一千年前中国是第一个用纸币的国家，是最先进的国家。电子支付让我们有了领先的机会。电子支付会受经济危机的影响，反过来也是带动整个国家传统行业电子商务化，推动公信力建设，带动国家经济结构转型，尽快走出经济危机。谢谢大家。

5.1 电子支付体系的内涵

5.1.1 支付体系的概念

支付体系是由系列制度安排和相应技术设施支持以及相关组织监督管理保障完成社会支付活动的，并实现社会经济活动所需要的债权债务关系、资金转移安排的一个有机整体。支付体系是一国经济金融体系的重要组成部分，是重要的金融基础设施。在过去的20年，随着科学技术特别是网络信息技术在支付领域不断被应用，支付体系经历了革命性的大发展。现代支付体系在降低交易成本、提高交易效率、支持经济金融发展、促进经济一体化、密切加强各类金融市场的有机联系以及转变货币政策调节机制、带动金融创新等方面发挥的作用越来越明显，并且深刻改变着人们的日常支付方式，提高了人们的生活质量。

5.1.2 电子支付体系的构成

电子支付体系主要由电子支付服务组织、电子支付工具、电子支付清算系统及电子支付体系监督管理和相关的法律规章制度等要素构成。

电子支付服务组织是指向客户提供电子支付账户、电子支付工具和电子支付服务的金融机构，以及为这些机构运行提供清算和结算网络服务的组织。电子支付工具是指由提供支付和结算服务的相关机构认可采用的，使用于社会中债权债务关系价值清偿的一种资金转移的电子载体。电子支付清算系统是为了加快社会资金的周转，满足社会对资金结算和清算需求而形成和建立的一个电子系统，它是市场经济中金融基础设施的重要组成部分。电子支付体系监督管理是为维护电子支付服务组织及其电子支付业务活动实施监督控制的行为。电子支付的法律规章制度是国家和行使支付组织监督和管理职能的人民银行所制定的法律和规章制度，以保障电子支付体系的高效、安全、平稳的运行，维护电子支付清算结算的正常秩序，防范金融风险，保障国民经济持续健康发展。

电子支付体系的各构成部分是密不可分的。电子支付服务组织是电子支付工具和电子支付清算系统的提供者；各种电子支付工具的要素记载、操作流程和数据信息标准贯穿于电子支付清算系统处理的全过程，其信息传输和资金结算要得到电子支付清算系统的有效支持；电子支付体系监督管理则是以电子支付服务组织为机构管理对象，以电子支付工具和电子支付清算系统为业务目标，是电子支付体系正常运行的重要保障，中央银行发挥规范和维护全社会电子支付体系正常运行的职能作用是通过推广使用电子支付工具和管理电子支付清算系统而实现的。

5.1.3　电子支付体系的地位

电子支付体系是国家经济重要的金融基础设施，是金融体系业务和技术支撑的核心系统。电子支付体系安全、稳定和高效运行是金融体系稳定和社会经济正常运转的基础和前提。支付体系方便、快捷、安全的资金服务与人民生活紧密相连、息息相关。随着经济全球化进程，国际资金清算结算业务相互融合，我国的电子支付体系也必将成为全球经济资金清算结算体系中的一个重要组成部分，它的安全高效运行，将对全球经济产生重要的影响。

5.1.4　电子支付体系的作用

电子支付体系是国家经济金融体系的重要组成部分，通过法规制度和设施安排，向银行业和社会提供资金运行的工具和通道，提供快捷、高效、安全的电子支付结算服务，满足金融活动和社会经济活动的需要。同时，安全、高效、稳定的电子支付体系对于畅通货币政策传导，密切加强各金融市场有机联系，维护金融稳定，推动金融工具创新，培育社会信用具有重要的作用。

5.2　电子支付服务组织

5.2.1　电子支付服务组织概述

电子支付服务组织是指向客户提供支付账户、支付工具和支付服务的金融机构，以及为这些机构提供清算和结算网络服务的组织。目前支付服务组织多元化发展，支付服务市场化格局基本形成。随着市场经济的发展、技术的进步和分工的细化，以中国人民银行为核心，银行业金融机构为主体,支付清算组织为补充的支付服务组织体系基本形成,并呈现出支付服务主体多元化、支付服务市场化的发展趋势。

5.2.2 中央银行

一、中央银行概述

中央银行是由政府组建的机构,负责控制国家货币供给、信贷条件,监管金融体系,特别是商业银行和其他储蓄机构。中央银行是一国最高的货币金融管理机构,在各国金融体系中居于主导地位。中央银行的职能是宏观调控、保障金融安全与稳定、金融服务。

中央银行是"发币的银行",对调节货币供应量、稳定币值有重要作用。中央银行是"银行的银行",它集中保管银行的准备金,并对它们发放贷款,充当"最后贷款者"。

中央银行是"国家的银行",它是国家货币政策的制定者和执行者,也是政府干预经济的工具;同时为国家提供金融服务,代理国库,代理发行政府债券,为政府筹集资金;代表政府参加国际金融组织和各种国际金融活动。

中央银行所从事的业务与其他金融机构所从事的业务的根本区别在于,中央银行所从事的业务不是为了营利,而是为实现国家宏观经济目标服务,这是由中央银行所处的地位和性质决定的。

中央银行的主要业务有:货币发行、集中存款准备金、贷款、再贴现、证券、黄金占款和外汇占款、为商业银行和其他金融机构办理资金的划拨清算和资金转移的业务等。

二、中央银行的支付结算服务

(1) 提供账户服务。在各国中央银行支付清算的实践活动中,中央银行一般作为银行间清算中介人,为银行提供清算账户,通过清算账户的设置和使用来实现银行间转账。

(2) 运行与管理支付系统。除了提供账户服务以外,中央银行参与和组织行间清算的另一个重要手段即是运行与管理重要的行间支付清算系统。一个稳定的、有效的、公众信任的支付系统,是社会所不可或缺的。中央银行运行的支付系统通常包括账户体系、通信网络和信息处理系统。

(3) 为私营清算系统提供差额清算服务。很多国家存在着多种形式的私营清算组织,而一些私营清算系统尚在实施差额清算,为了实现清算参加者间的债权债务抵消,很多清算机构乐于利用中央银行提供的差额清算服务,后者通过账户进行差额头寸的转移划拨,即可完成最终清算。

(4) 提供透支便利。中央银行不仅运行管理整个支付系统,还以提供信贷的方式保障支付系统的平稳运行。大额支付系统是中央银行提供信贷的重点,尤其是当大额支付系统所处理的支付指令为不可撤销的终局性支付指令时,中央银行的透支便利更为重要。

三、中央银行在电子支付结算体系中的作用

(1) 作为电子支付体系的使用者。中央银行需要自行交易以转移资金,主要包括通过电子支付体系清算公开市场操作,以实施货币政策;进行政府债券的支付结算(包括发行和兑付)。

(2) 作为电子支付体系的成员。中央银行可以代表自己的客户(如政府部门和其他国家的中央银行)进行收付。

(3) 作为电子支付服务的提供者。这些服务包括为商业银行在电子支付体系的运作提供结算账户;单独或与其他商业银行、金融机构一起,为电子支付体系提供系统硬件、软件、操作程序或通信网络。

(4) 作为公共利益的保护人。这个作用包含的内容更为广泛,是支付体系管理者;是支付体系的成员的监督者;为支付体系提供管理和计划;仲裁争议和处理赔偿,提供技术标准。另外,还可以作为结算的担保人。

5.2.3 商业银行

一、商业银行概述

商业银行是以经营工商业存、放款为主要业务,并以获取利润为目的的货币经营企业。

(1) 商业银行与一般工商企业一样,是以营利为目的的企业。它也具有从事业务经营所需要的自有资本,依法经营,照章纳税,自负盈亏,与其他企业一样,以利润为目标。

(2) 商业银行又是不同于一般工商企业的特殊企业。其特殊性具体表现在经营对象的差异。工商企业经营的是具有一定使用价值的商品,从事商品生产和流通;而商业银行是以金融资产和金融负债为经营对象,经营的是特殊商品——货币和货币资本。经营内容包括货币收付、借贷以及各种与货币运动有关的或者与之相联系的金融服务。从社会再生产过程看,商业银行的经营,是工商企业经营的条件。同一般工商企业的区别,使商业银行成为一种特殊的企业——金融企业。

(3) 商业银行与专业银行相比又有所不同。商业银行的业务更综合,功能更全面,经营一切金融"零售"业务(门市服务)和"批发"业务(大额信贷业务),为客户提供所有的金融服务。而专业银行只集中经营指定范围内的业务和提供专门服务。随着西方各国金融管制的放松,专业银行的业务经营范围也在不断扩大,但与商业银行相比,仍相距甚远;商业银行在业务经营上具有优势。

二、商业银行的职能

商业银行的职能是由它的性质所决定的,主要有五个基本职能:

(1) 信用中介职能。

信用中介是商业银行最基本、最能反映其经营活动特征的职能。这一职能的实质,是通过银行的负债业务,把社会上的各种闲散货币集中到银行里来,再通过资产业务,把它投向经济各部门;商业银行作为货币资本的贷出者与借入者的中间人或代表,来实现资本的融通,并从吸收资金的成本与发放贷款利息收入、投资收益的差额中,获取利益收入,形成银行利润。

(2) 支付中介职能。

商业银行除了作为信用中介,融通货币资本以外,还执行着货币经营业的职能。通过存款在账户上的转移,代理客户支付;在存款的基础上,为客户兑付现款等,成为工商企业、团体和个人的货币保管者、出纳者和支付代理人。以商业银行为中心,形成经济过程中无始无终的支付链条和债权债务关系。

(3) 信用创造功能。

商业银行在信用中介职能和支付中介职能的基础上,产生了信用创造职能。商业银行是能够吸收各种存款的银行，利用其所吸收的各种存款发放贷款，在支票流通和转账结算的基础上，贷款又转化为存款，在这种存款不提取现金或不完全提现的基础上，就增加了商业银行的资金来源，最后在整个银行体系，形成数倍于原始存款的派生存款。长期以来，商业银行是各种金融机构中唯一能吸收活期存款、开设支票存款账户的机构，在此基础上产生了转账和支票流通。商业银行以通过自己的信贷活动创造和收缩活期存款，而活期存款是构成货币供给量的主要部分，因此，商业银行就可以把自己的负债作为货币来流通，具有了信用创造功能。

（4）金融服务职能。

随着经济的发展，工商企业的业务经营环境日益复杂化，银行间的业务竞争也日益剧烈化，银行由于联系面广，信息比较灵通，特别是电子计算机在银行业务中的广泛应用，使其具备了为客户提供信息服务的条件，咨询服务、对企业"决策支援"等服务应运而生。工商企业生产和流通专业化的发展，又要求把许多原来的属于企业自身的货币业务转交给银行代为办理，如发放工资，代理支付其他费用等。个人消费也由原来的单纯钱物交易，发展为转账结算。现代化的社会生活，从多方面给商业银行提出了金融服务的要求。在强烈的业务竞争压力下，各商业银行也不断开拓服务领域，通过金融服务业务的发展，进一步促进资产负债业务的扩大，并把资产负债业务与金融服务结合起来，开拓新的业务领域。在现代经济生活中，金融服务已成为商业银行的重要职能。

（5）调节经济职能。

调节经济是指商业银行通过其信用中介活动，调剂社会各部门的资金短缺，同时在中央银行货币政策和其他国家宏观政策的指引下，实现经济结构、消费比例投资、产业结构等方面的调整。此外，商业银行通过其在国际市场上的融资活动还可以调节本国的国际收支状况。

因其广泛的职能，使得商业银行对整个社会经济活动的影响十分显著，在整个金融体系乃至国民经济中位居特殊而重要的地位。随着市场经济的发展和全球经济的一体化发展，现在的商业银行已经凸显了职能多元化的发展趋势。

三、商业银行在电子支付结算中的作用

在电子支付结算的过程中，商业银行的作用是十分重要的。因为在交易的各个环节都离不开银行。首先，在电子支付结算的过程中，商业银行为消费者提供多种多样的支付工具进行选择，包括电子汇款、电子转账、信用卡等，尤其是在现代的支付体系中，支票等纸基支付工具的相对比重下降，而银行卡、汇兑等电子支付工具的相对比重呈上升趋势。此外，支付工具和支付方式创新不断涌现。例如，ATM 和 POS 等终端正在扩展其功能以提供更为广泛的服务；因特网和移动设备（例如手机）成为新的支付渠道；出现了个人在线支付、电子票据提示和支付、电子货币等许多新的支付工具和方式。

其次，在选择利用电子支付工具进行支付时，需要得到银行的授信，银行需要检查买家的账户是否合法，是否具备支付能力，是否拥有支付的额度。只有具备合法的账户，有支付的能力以及足够的支付额度，才能得到商业银行的授信。

最后，在交易结束时，所有的资金划转，账户清算要在银行间的金融专用网来进行。因为金融专用网是银行内部及银行间进行通信的网络，具有很高的安全性。在金融专用网中进行资金清算可以降低资金被窃取、被恶意攻击的风险。

5.2.4 第三方支付服务组织

一、第三方支付服务组织概述

第三方支付服务组织是指具有信誉保障，采用与相应各银行签约的方式，提供与银行支付结算系统接口和通道服务的能实现资金转移和电子支付结算服务的机构。在通过第三方支付服务组织的交易中，买方选购商品后，使用第三方提供的账户进行货款支付，由第三方通知卖家货款到达、进行发货；买方检验物品后，通知付款给卖家，第三方再将款项转至卖家账户。

第三方电子支付服务组织作为一种新的网络交易手段和信用中介，不仅具备资金传递功能，而且能对交易双方进行约束和监督，较好地解决了长期困扰电子商务支付的诚信环境与安全机制问题，使电子商务的信息流、资金流和物流得以协同运作。

二、第三方支付服务组织的经营模式

目前，第三方支付服务组织主要基于以下两种经营模式：

第一，支付网关模式。第三方支付平台将多种银行卡支付方式整合到一个界面上，充当了电子商务交易各方与银行的接口，负责交易结算中与银行的对接，消费者通过第三方支付平台付款给商家，第三方支付平台为商家提供一个可以兼容多银行支付方式的接口平台。

第二，信用中介模式。为了增强线上交易双方的信任度，更好地保证资金和货物的流通，充当信用中介的第三方支付服务应运而生，实行"代收代付"和"信用担保"。交易双方达成交易意向后，买方须先将支付款存入其在支付平台上的账户内，待买家收货通知支付平台后，由支付平台将买方先前存入的款项从买家的账户中划至卖家在支付平台上的账户。这种模式的实质便是以支付公司作为信用中介，在买家确认收到商品前，代替买卖双方暂时保管货款。

三、第三方支付服务组织的特点

（1）第三方支付服务组织采用了与众多银行合作的方式，从而大大地方便了网上交易的进行，对于商家来说，不用安装各个银行的认证软件，从一定程度上节约了成本和简化了操作流程。

（2）第三方支付服务组织作为中介方，可以促成商家和银行的合作。对于商家，第三方支付平台可以降低企业运营成本；对于银行，可以直接利用第三方的服务系统提供服务，帮助银行节省网关开发成本。

（3）第三方支付服务组织能够提供增值服务，帮助商家网站解决实时交易查询和交易系统分析，提供方便及时的退款和止付服务。

（4）第三方支付服务组织可以对交易双方的交易进行详细的记录，从而防止交易双方对交易行为可能的抵赖以及为在后续交易中可能出现的纠纷问题提供相应的证据。

四、第三方支付服务组织在电子支付结算中的作用

在利用第三方支付平台进行电子支付时，首先买家要浏览商家网页，选定商品，然后买方通过自己的账号把购买商品的信息告知卖家，并得到自己的订单号。买家把账号信息与订单信息传送给第三方支付平台，选择支付工具进行支付操作。第三方支付服务组织将消费者的支付信息通过支付网关传递给相关银行,由相关银行检测消费者的支付能力,并将结果传递给第三方组织和消费者。如果消费者具有支付能力,则应付金额被支付到第三方支付服务组织,此时由第三方将支付结果通知卖家,并授权卖家发货。买方收到商品后向第三方确认到货信息,然后第三方组织向卖家放款,双方银行之间进行最终清算。

通过分析以上的过程可以看出,第三方支付服务组织在电子支付结算中是以买卖双方信赖的中介身份出现的,作为网络交易的监督人和主要支付渠道,第三方支付组织提供了更丰富的支付手段和可靠的服务保证。相对于其他的资金支付结算方式,第三方支付可以比较有效地保障货物质量、交易诚信、退换要求等环节,在整个交易过程中,都可以对交易双方进行约束和监督。

5.3 电子支付结算

5.3.1 电子支付结算概述

一、支付结算的定义

支付是在交易、投资和资金转移等经济活动中,将账户的资金或货币付出的一种过程,以实现经济活动主体之间资金债权的转移或责任义务关系的形成。结算是将清算过程中产生的待结算债权债务,在收款人金融机构之间进行相应的账簿记录、处理以完成货币资金最终转移并通知有关各方的过程。支付结算有广义和狭义之分。广义的支付结算是指单位、个人在社会经济活动中使用票据、银行卡和汇兑、托收承付、委托收款等结算方式进行货币给付及其资金清算的行为,其主要功能是完成资金从一方当事人向另一方当事人的转移。广义的支付结算包括现金结算和银行转账结算。狭义的支付结算仅指银行转账结算,即 1997 年 9 月中国人民银行发布的《支付结算办法》中所指的"支付结算"。

二、电子支付与结算

电子支付与结算,以商用电子化工具和各类电子货币为媒介,以计算机技术和通信技术为手段,通过电子数据存储和传递形式在计算机网络系统上实现资金的流通和支付。电子支付的类型按电子支付指令发起方式分为网上支付、电话支付、移动支付、销售点终端交易、自动柜员机交易和其他电子支付。

电子支付的发展是与电子银行业务的发展密切相关的。从电子支付的发展过程来看,大致经历了以下几个阶段:

(1)银行内部电子管理系统与其他金融机构的电子系统连接起来,利用计算机处理银行之间的结算业务。

(2)随着计算机应用的逐渐推广,电子支付渗透到银行和其他机构计算机之间的结算,如代发工资。

(3)银行开始利用网络终端向客户提供各种银行服务,如 ATM 取款,这极大地方便了客户。

(4)支付服务的延伸,使客户利用银行的销售点终端提供扣款服务,如 POS 系统。

(5)信息技术的广泛发展,使支付手段更加多样便捷,客户可以随时随地通过互联网进行直接转账结算。

三、电子支付结算的特点

与传统支付方式相比，电子支付具有以下特点：

（1）电子支付是采用先进的技术通过数字流转来完成信息传输的，其各种支付方式都是采用数字化的方式进行款项支付的；而传统的支付方式是通过现金的流转、票据的转让与银行的汇兑等物理实体的流转来完成款项支付的。

（2）电子支付的工作环境是基于一个开放的系统平台（即 Internet）之中；而传统支付则是在较为封闭的系统中运作。

（3）电子支付使用的是最先进的通信手段，如 Internet、Extranet；而传统支付使用的则是传统的通信媒介。电子支付对软、硬件设施的要求很高，一般要求有联网的计算机、相关的软件以及其他一些配套设施；而传统的支付没有这么高的要求。

（4）电子支付具有方便、快捷、高效、经济的优势。用户只要有一台上网的计算机，便可以足不出户，在很短的时间内完成整个支付过程。支付费用仅相当于传统支付的几十分之一，甚至几百分之一。

5.3.2　电子支付结算过程

对于电子支付结算，必须有银行的参与，必须借助银行的电子支付工具、电子支付系统以及金融专用网络才能最终得以实现。电子支付的参与方通常包括消费者（持卡人）、商户和银行。交易流程如图 5-1 所示，一般包括如下几个步骤：

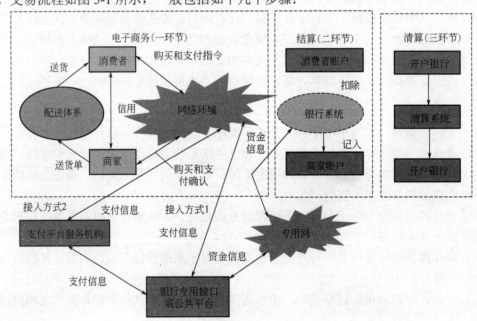

图 5-1　电子支付结算过程

（1）消费者连接互联网，浏览并选择商品，填写订货单。商家服务器做出应答，让消费者确认订单。消费者确认订单后，选择相应的电子支付工具，发出支付指令，对购物信息（包括订单信息和付款指令）进行加密后提交给商家。

(2) 商家服务器检查、确认消费者的购物信息，把支付指令转发给支付网关，支付网关将从 Internet 传来的支付数据包进行解密，按照银行内部的通信协议将数据重新打包，送往商家开户行。

(3) 商家开户行通过金融专用网从消费者开户行取得支付授权后，把授权信息传回商家。

(4) 商家开户行在得到消费者传来的进一步收取结算信息后，借助金融专用网将资金从消费者的银行账户划拨至商家的银行账户，并分别发送支付结算成功信息给消费者和商家。

(5) 商家服务器收到银行发来的结算成功信息后，给消费者发送网络付款成功信息和发货通知。

(6) 银行之间则通过自身的支付清算系统来完成最后的行间清算。

5.3.3 电子支付结算系统

电子支付结算系统可以分为两个层次：一层是商业银行为广大客户提供金融服务时所产生的支付往来与结算，是支付体系的下层支付服务系统；另一层是中央银行为商业银行提供支付资金清算服务时所产生的支付与清算，是支付体系的上层资金清算系统。

支付服务系统主要指完成银行与客户之间的支付与结算的系统，也就是联机采用分布式数据库的综合业务处理系统。它一般在银行的柜台上完成，是银行为客户提供金融服务的窗口，其特点是账户多、业务量大、涉及客户与银行双方的权益，是支付体系的基础，也是金融信息系统的数据源点。上层资金清算系统是一种跨行业务与资金清算系统。支付清算系统是国民经济资金运动的大动脉，社会经济活动大多要通过清算系统才能最终完成。该系统一般由政府授权的中央银行组织建设、运营和管理，各家商业银行和金融机构共同参加。这类系统几乎涉及一个地区或国家的所有银行或金融机构，系统庞大而复杂。

支付服务系统以客户为中心，提供完善的电子自助服务，包括 ATM 系统，家庭银行（HB）系统、POS 系统、自动清算所（ACH）、企业银行（CB）系统、网上支付系统。资金清算系统是银行完成客户服务活动的基础，完成往来银行与金融机构之间、中央银行与商业银行之间的支付与清算活动。它主要包括电子汇兑系统以及外汇交易结算系统等。

电子支付系统的最终用户是广大银行客户，支付交易过程的最终实现是上层支付资金的转账和清算。因此，本部分主要讨论上层资金清算系统。

一、国际环球同业银行金融电信系统（SWFIT）

(1) SWIFT 系统简介。

SWIFT 全称是 Society for Worldwide Interbank Financial Telecommunication，中文名是环球同业银行金融电信协会。为适应国际贸易发展的需要，20 世纪 70 年代初期，欧洲和北美的一些大银行，开始对通用的国际金融电文交换处理程序进行可行性研究。研究结果表明，应该建立一个国际化的金融处理系统，该系统要能正确、安全、低成本和快速地传递标准的国际资金调拨信息。于是，美国、加拿大和欧洲的一些大银行于 1973 年 5 月正式成立 SWIFT 组织，负责设计、建立和管理 SWIFT 国际网络，以便在该组织成员间进行国际金融信息的传输和确定路由。1977 年夏，完成了环球同业金融电信网络（SWIFT 网络）系统的各项建设和开发工作，并正式投入运营。

（2）SWIFT 系统的成员分类。

SWIFT 的成员分为持股者和非持股者。持股者（会员）[shareholder（member）]包括银行、符合资格的证券经销商（eligible securities broker-dealers）以及符合规定的投资管理机构（investment management institutions），都可以持有 SWIFT SCRL 的股份。会员行有董事选举权，当股份达到一定份额后，有董事的被选举权。非持股者（non-shareholders）主要分为非参股成员、附属会员及参与者三类。

① 非参股成员是那些符合成为参股人资格但是并未选择或不愿选择成为参股人的机构。

② 附属会员是持股会员拥有其 50%的直接控制权或 100%的间接控制权。此外，该机构组织还需满足附属会员条例中第 8 款第一节的要求，即必须和会员所参与的业务相同，但必须完全由参股人控制管理。

③ 参与者主要来自于证券业的各个机构，如证券经纪人和经销商、投资经理、基金管理者、货币市场经纪人等。他们只能获得与其业务相关的一系列特定服务，并且需满足公司大会中为其设定的标准。参与者不能持股。需要特别指出的是，根据参与者的类型不同，能够享有的 SWIFT 服务与产品会有所不同。

（3）SWIFT 系统提供的服务。

SWIFT 系统为其成员提供的服务主要有：金融数据传输服务、基本通信服务和增值金融服务 3 大类。

① 金融数据传输服务及其报文。这是 SWIFT 系统所提供的核心服务，也是最基本的服务，主要通过所提供的报文格式所体现，即按照一定通信报文格式，通过 SWIFT 网络系统接收、确认、存储和传送各种金融业务处理中的数据。SWIFT 系统的标准格式是一种国际银行数据交换的公共语言，银行受益于由此带来的自动化处理，因此，其报文格式占有重要地位。SWIFT 系统的金融业务网络传输格式标准分为 10 大类，并对应 10 类报文。报文类型的通用表达式为：MTnXX，其中 MT 表示报文块；n 为 0～9 的一位数字，这也是表示 SWIFT 系统报文块类型的型号；XX 表示 n 类型，即 SWIFT 系统报文块的分类号。SWIFT 系统的报文已经成为各个国家中央银行的支付系统所遵循的信息格式标准。目前，通过 SWIFT 系统发送的付款报文的自动化处理程度已达 90%，每年 SWIFT 系统的标准部门需要总结现有格式，制订新格式计划，以满足金融机构的需求。

② 基本通信服务包括：电文路由服务，全球性通信服务，接口服务，存储和转发电文服务，交互信息传送服务，文件传送服务，具有冗余的通信能力为客户提供通信服务。

③ 增值金融服务包括：欧洲货币单位的结算和清算服务，外汇自动撮合与货币市场确认服务，双边外汇咨询服务，行际间文件传送服务，金融电子数据交换服务。

二、纽约清算所银行同业支付系统（CHIPS）

（1）CHIPS 系统简介。

CHIPS 全称是 Clearing House Interbank Payments System，即纽约清算所银行同业支付系统，它是一个著名的私营跨国大额美元支付系统，于 1970 年建立，是跨国美元交易的主要结算渠道。通过 CHIPS 处理的美元交易额约占全球美元总交易额的 95%，因此该系统对维护美元的国际地位和国际资本流动的效率及安全显得十分重要。CHIPS 成员有纽约清算所协会会员、纽约市商业银行、外国银行在纽约的分支机构等。CHIPS 是一个净额支付清算系统，租用了高速传输线路，有一个主处理中心和一个备份处理中心。每日营业终止后，进行收付差额清算，每日下午六时（纽约时间）完成资金转账。

（2）CHIPS 系统提供的服务。

CHIPS 是世界范围内各国银行调拨处理以美元支付的贸易往来的媒介，为企业、政府等提供了极为方便的金融服务。它所处理的业务有：国内和国际贸易服务、国际贷款、联合贷款、外币买卖和兑换、欧洲美元投资、短期资金卖出、欧洲债务结算等。

三、联邦储备通信系统（Fedwire）

（1）Fedwire 系统简介。

Fedwire 是全美境内美元支付系统，是美国支付清算的主动脉，由美联储所有。1913 年建立，Fedwire 将全美划分为 12 个联邦储备区、25 个分行和 11 个专门的支付处理中心，将美国联储总部、所有的联储银行、美国财政部及其他联邦政府机构连接在一起，提供实时全额结算服务，主要用于金融机构之间的隔夜拆借、行间清算，公司之间的大额交易结算，美国政府与国际组织的记账债券转移业务等。个人和非金融机构可以通过金融机构间接使用 Fedwire。该系统有专用的实现资金转移的电码通信网络，权威性、安全性较高。此外它还承担着美联储货币政策操作及政府债券买卖的重要任务。它每日运行 18 个小时，每笔大额的资金转账从发起、处理到完成，运行全部自动化，Fedwire 还有一个簿记证券系统，其运行始于 1960 年，该系统运行的主要目的是降低证券交易成本，提高交割与结算效率以及安全系数。

（2）Fedwire 系统提供的服务。

存款机构通过 Fedwire 系统调拨资金，主要是指调拨其在联邦储备银行存款准备金账户的余额。Fedwire 系统的资金调拨涉及的主要业务包括：

① 买卖联邦资金。联邦资金是银行之间买卖期限为一个营业日的立即生效资金。银行每日进行联邦资金的买卖，主要是为了调整其准备金账户的余额，以防止因该账户上保持的余额高于法定准备金的要求而损失利息，或者低于法定准备金的要求而遭受罚款。

② 拆借欧洲美元资金。欧洲美元是美国境内以外的银行账户上的美元存款。当美元银行通过其海外分行拆借欧洲美元时，资金在拆出行和拆入行之间的转移通过调整存款准备金账户余额来完成。同样，两家美国境外银行进行欧洲美元交易时，如果两家银行不在同一家美国银行开有美元账户，那么资金的转移也需要通过各自开户的美国银行之间调整存款准备金余额来完成。

③ 调整代理行账户余额。建有账户关系的银行之间，通过 Fedwire 系统转移在联邦储备银行存款准备金账户的余额，以调整相互开立的账户余额。

④ 清偿私营支付清算系统的清算净额。联邦储备银行为参加票据清算和 CHIPS 清算等交易量大且实行差额清算办法系统的成员银行提供净额清算服务。为此各成员银行通过 Fedwire 系统转移准备金账户余额来完成每日的清算。

⑤ 受客户委托调拨资金。这主要是指针对债权买卖的交割、活期存款余额补充，以及其他因提供商品或劳务而产生的金额较大、时间敏感性较强的付款。

四、中国国家现代化支付系统（CNAPS）

（1）CNAPS 系统简介。

中国国家现代化支付系统（CNAPS）是中国人民银行按照我国支付清算需要，并利用现代计算机技术和通信网络自主开发建设的，能够高效、安全处理各银行办理的异地、同城各种支付业务及其资金清算和货币市场交易的资金清算的应用系统。它是各银行和货币市场的公共支付清算平台，是中国人民银行发挥其金融服务职能的重要的核心支持系统。中国人民银行通过建设现代化支付系统，将逐步形成一个以中国国家现代化支付系统为核心，商业银行行内系统为基础，各地同城票据交换所并存，支撑多种支付工具的应用和满足社会各种经济活动支付需要的中国支付清算体系。

中国国家现代化支付系统建有两级处理中心，即国家处理中心（NPC）和全国省会（首府）及深圳城市处理中心（CCPC）。国家处理中心分别与各城市处理中心连接，其通信网络采用专用网络，以地面通信为主，卫星通信备份。

政策性银行和商业银行是支付系统的重要参与者。各政策性银行、商业银行可利用行内系统通过省会（首府）城市的分支行与所在地的支付系统 CCPC 连接，也可由其总行与所在地的支付系统 CCPC 连接。同时，为解决中小金融机构结算和通汇难问题，允许农村信用合作社自建通汇系统，比照商业银行与支付系统的连接方式处理；城市商业银行银行汇票业务的处理，由其按照支付系统的要求自行开发城市商业银行汇票处理中心，依托支付系统办理其银行汇票资金的移存和兑付的资金清算。

（2）CNAPS 系统的服务内容。

中国国家现代化支付系统集金融支付服务、资金清算和金融管理等诸多功能于一身，主要包括以下几个金融服务系统。

① 大额实时支付系统（HVPS）。该系统包括同城和异地大额实时支付系统，它是现代金融市场建设中最关键的组成部分，通过它能实现大额支付信息的处理和清算。大额支付系统实行逐笔实时处理，全额清算资金。建设大额支付系统的目的，就是给各银行和广大企业单位以及金融市场提供快速、高效、安全、可靠的支付清算服务，防范支付风险。同时，该系统对中央银行更加灵活、有效地实施货币政策具有重要作用。该系统处理同城和异地、商业银行跨行之间和行内的大额贷记及紧急的小额贷记支付业务，处理人民银行系统的贷记支付业务。

② 小额批量支付系统（BEPS）。该系统在一定时间内对多笔支付业务进行轧差处理，净额清算资金。建设小额批量支付系统的目的，是为社会提供低成本、大业务量的支付清算服务，支撑各种支付业务的使用，满足社会各种经济活动的需要。该系统处理同城和异地纸凭证截留的商业银行跨行之间的定期借记和定期贷记支付业务，中央银行会计和国库部门办理的借记支付业务，以及每笔金额在规定起点以下的小额贷记支付业务。小额批量支付系统采取批量发送支付指令，轧差净额清算资金。

③ 银行卡授信和清算系统（BCAS）。该系统是实现个人消费支付的重要支付手段，包括 ATM 系统和 POS 系统。该系统是实现无现金、无票据支付的重要基础，通过该系统要求实现即时的清算处理，因此它是一个实时处理系统。所谓即时的授信是指交易的一方（卖方）能够直接从交易的另一方（买方）的所在行（或金融机构）获得其具有支付能力的信息，客户获得授信后便能实现随时的无现金交易。

④ 证券簿记系统（GSES）。该系统是为了方便证券信息的传输，及时掌握政府债券的交易记录情况，有效管理资金，维护金融市场的秩序。通过它可以方便、快速地实现各类政府债券的买入和卖出交易，为中央银行实现其货币政策目标提供有效的手段。由于证券簿记系

统中涉及资金的大额转移,所以该系统必须与大额实时支付系统相连,使其在进行证券交易交割的同时就能实现账户资金的转移,以确保安全性、可靠性、实时性。

⑤ 同城清算所系统(ICH)。同城清算所是由一个地区内需要进行票据交换的各个银行所组成的机构,主要是处理各类票据。通常是以批量处理的方式实现支付命令的处理,通过同城清算所集中的电子贷记和借记方式实现支票清算,通过多方净额结算定时进账的方法控制支付风险。

⑥ 金融管理信息系统(FMIS)。该系统主要是实现各类金融经济信息的即时采集、加工、处理和传输,为中央银行及各有关部门提供即时、可靠、丰富的宏观货币政策信息、金融监管决策信息和金融服务信息。这些信息有来自于中国人民银行的统计、监测信息,还有来自于国民经济各部门的计划统计信息。中央银行可以充分利用这些信息制定更有效的宏观货币政策,实现有效的资金管理措施,加强对商业银行的监管,提供宏观调控能力。

5.3.4 电子支付结算的规范

(1) 国外有关电子支付结算的立法规范。

美国在 1978 年颁布了《电子资金划拨法》,适用于联储电划系统与消费者电子资金划拨,成为世界上最早出台的有关电子支付的专项立法。该法仅适用于美国国内,且只是适用于客户是自然人的小额电子资金划拨。如 ATM 交易,不适用于商人客户通过银行办理的大额电子资金划拨与跨国电子资金划拨。它也不调整参加电子资金划拨系统的机构之间的关系或它们与客户直接交易关系以外的关系,美国法律界为填补这一空白,已在《统一商法典》(UCC)第 4A 篇 "银行存款与收款" 中另行增设部分专门适用于这类电子资金划拨的新条款,供各州立法采用。美国《统一商法典》已成为美国规范大额电子资金划拨的最重要的法律,并对联合国国际贸易法委员会于 1992 年颁布的《国际贷记划拨示范法》产生了重大影响。

英格兰银行在英国国内采用《票据交换所自动收付系统清算规则》办理票据交换所自动收付系统(CHAPS)会员银行之间的电子资金划拨。英国规范电子支付的实务惯例,除《CHAPS 清算规则》外,还有 1992 年由 "英国银行家协会"(BBA)等民间团体共同公布的《银行业惯例守则》。

在国际上,国际标准组织(ISO)的银行金融服务业委员会为电子支付制定的 "标准术语" 已经得到普遍认同。国际商会(ICC)的银行业委员会拟定了 "银行间支付规则草案" 以解决为位于不同国家的银行之间电子支付发生的损失赔偿提供保险的问题。联合国国际贸易法委员会(UNCITRAL)根据美国《统一商法典》第 4A 篇制定的《国际贷记划拨示范法》,将减少各国关于电子支付法令的差异,并为各国电子支付提供理论依据。尽管这些法律法规还不很完善,但毕竟对当事人的权利义务关系、无权限交易等做出了规定,一旦出现问题可以依据相关法律来判定当事人的风险责任。

(2) 我国有关电子支付结算的立法规范。

我国金融电子化的程度落后于其他发达国家,与此相关的立法也较落后。这对发展迅速的电子商务所要求的支付电子化、网络化、无纸化提出了严峻的挑战。在这种环境下,中国人民银行于 1997 年 12 月公布了《中国金融 IC 卡卡片规范》和《中国金融 IC 卡应用规范》,1998 年 9 月又公布了与 IC 卡规范相配合的《POS 设备规范》。这三个标准的制定为国内金融卡跨行跨地区通用、设备共享以及与国际接轨提供了强有力的支持;为智能卡在金融业的大规模使用提供了安全性、兼容性的保障。1999年1月,中国人民银行颁布了《银行卡业务管理办法》,对银行信用卡、借记卡等做出了规范,规定了银行卡的业务审批、收费标准、账户及交易管理、风险管理,并对银行卡当事人之间的职责也做了明文规定。为了保障电子支付的安全性,维护电子支付交易各方的合法权益,2004年,第十届全国人民代表大会通过了《中华人民共和国电子签名法》,2005年4月1日正式实施。此法对电子签名和数据电文的格式做了具体说明,并对电子认证服务的提供者的法律责任也做了详细规定。以上规范主要集中在技术标准和应用等方面,可以说是对电子支付的间接立法。

与电子支付最相关的法律当属2005年中国人民银行出台的《电子支付指引(第一号)》文件。此文件对电子支付的业务规则、操作规范、交易认证方式、风险控制、参与各方的权利义务等都做了具体的规范。《电子支付指引(第一号)》的实施将有利于规范电子支付活动,推动电子银行业务和电子商务的健康、有序发展;有利于明确电子支付活动参与各方的权利义务,防范支付风险;有利于推动支付工具创新,提升支付服务质量;有利于防范和打击洗钱及其他金融违法犯罪活动。

5.4 中央银行对电子支付的管理

5.4.1 中央银行与电子支付业务

随着电子商务的不断发展,电子支付成为越来越多消费者的选择。电子支付的业务类型按电子支付指令发起方式分为网上支付、电话支付、移动支付、销售点终端交易、自动柜员机交易和其他电子支付。

我国中央银行对电子支付的业务做了明确规定。在2005年出台的《电子支付指引(第一号)》(简称《指引》)中要求,客户申请电子支付业务,必须与银行签订相关协议,并对协议的必要事项进行了列举。银行有权要求客户提供其身份证明资料,有义务向客户披露有关电子支付业务的初始信息并妥善保管客户资料。

目前各家银行电子支付等方面的服务,同质化的趋势越来越明显,没有形成自身独特的竞争力,因此安全问题是客户选择电子支付业务时的首要考虑因素。《指引》就明确表示,安全控制依旧成为重中之重。《指引》要求银行采用规定的信息安全标准、技术标准、业务标准,建立有效的管理制度,同时要求确保业务处理系统的安全性、交易数据的不可抵赖性、数据存储的真实性、客户身份的唯一性真正实现,妥善管理安全认证数据。此外,《指引》还对支付过程中的差错与责任作了详细规定。

《指引》还要求银行根据审慎性原则,针对不同客户,在电子支付类型、单笔支付金额和每日累计支付金额等方面作出合理限制。同时,明确提出了在三种情况下的具体金额限制,即"银行通过互联网为个人客户办理电子支付业务,除采用数字证书、电子签名等安全认证方式外,单笔金额不应超过1 000元人民币,每日累计金额不应超过5 000元人民币""银行为客户办理电子支付业务,单位客户从其银行结算账户支付给个人银行结算账户的款项,其单笔金额不得超过5万元人民币,但银行与客户通过协议约定,能够事先提供有效付款依据的除外""银行应在客户的信用卡授信额度内,设定用于网上支付交易的额度供客户选择,但该额度不得超过信用卡的预借现金额度"等。这些措施对防范电子支付风险,保障客户资金安全将发挥积极作用。

5.4.2 中央银行与电子支付运营

对于电子支付的运营,中央银行也做了相应的规范管理。《指引》规范的主体主要是银行及接受其电子支付服务的客户。根据参与主体的不同,电子支付分为发生在银行之间的电子支付、银行与其客户间的电子支付以及其他支付服务组织与其客户之间的电子支付。随着电子商务的发展,作为银行向客户提供的新型金融服务产品,大量的电子支付服务面对的是个人消费者和商业企业在经济交往中产生的一般性支付需求,服务的对象数量众多,支付需求千差万别,与人们日常生活息息相关,对社会影响广泛。保证这类电子支付系统的独立性和效率,非常重要。这类电子支付参与主体众多,涉及银行、客户、商家、系统开发商、网络运营服务商、认证服务提供机构等,其中银行与客户之间的关系是这类电子支付赖以存在的基础和前提。因此,《指引》以调整银行和客户之间的关系为主线,引导和规范境内发生的银行为客户提供的电子支付业务。

为维护客户权益,《指引》要求办理电子支付的银行必须公开、充分披露其电子支付业务活动中的基本信息,尤其强调对电子支付业务风险的披露:要求银行明示特定电子支付交易品种可能存在的全部风险,包括该品种的操作风险、未采取的安全措施、无法采取安全措施的安全漏洞;要求银行明示客户使用特定电子支付交易品种可能产生的风险;要求银行提醒客户妥善保管、妥善使用、妥善授权他人使用电子支付交易存取工具。同时,《指引》还要求银行建立电子支付业务运作重大事项报告制度,按有关法律法规披露电子支付交易信息,及时向有关部门报告电子支付业务经营过程中发生的危及安全的事项。

《指引》要求客户应按照其与发起行的协议规定,发起电子支付指令;要求发起行建立必要的安全程序,对客户身份和电子支付指令进行确认,并形成日志文件等记录;要求银行按照协议规定及时发送、接收和执行电子支付指令,并回复确认。同时还明确了电子支付差错处理中,银行和客户应尽的责任。

除此之外,中央银行还规定了第三方支付服务组织的责任,并对第三方支付平台市场的准入门槛做了规定:全国性的第三方支付平台最低注册资金为1亿元人民币,区域性的为5 000万元人民币,本地性的为1 000万元人民币。通过这一规定可以滤掉一些资本规模较小的第三方服务组织,提高了整个行业的质量,加强了对客户利益的保障。

5.4.3 中央银行对电子支付体系的发展

中国人民银行作为我国支付体系的组织者、管理者和监督者,一直致力于推进我国电子支付体系的建设。特别是近几年来,中国人民银行切实履行中央银行支付结算职责,以构建安全、高效的支付体系为目标,加快中央银行支付系统建设,鼓励非现金支付工具的推广和创新,促进支付服务市场化,不断完善支付规章制度,努力防范支付体系风险,大大推动了中国支付体系改革发展的进程。

首先,适应社会主义市场经济发展需要的支付清算网络体系基本形成。大额支付系统成功实现与中国外汇交易系统、中央债券综合业务系统、中国银联信息处理系统、城市商业银行汇票处理系统等多个支付结算系统的连接。大额支付系统主要为银行机构间和金融市场提供大额支付服务或时间紧急的小额支付服务,是现代化支付系统的重要应用系统。大额支付系统的建成运行，实现了我国跨行资金清算的零在途，完成了我国异地跨行支付清算从手工联行到电子联行，再到现代化支付系统的跨越式发展和历史性飞跃。与此同时，近年来各政策性银行、商业银行都相继建设运行了以计算机网络技术为手段的行内系统，进行了不同程度的数据集中。目前，我国已基本形成以大额支付系统为核心、商业银行行内系统为基础、其他支付结算系统为补充的支付清算网络，支付清算体系的整体效率和安全程度大大提高。

其次，非现金支付工具不断丰富并得到广泛运用。近年来，随着经济金融的快速发展以及技术与金融融合趋势的加强，非现金支付工具在我国支付体系中的地位日益上升，在人们的生产生活中发挥了越来越重要的作用。银行卡的发卡规模和交易规模持续增加，联网通用目标基本实现，用卡环境明显改善，持卡消费初具规模，银行卡支付功能不断完善，产业链条初步形成，银行卡支付网络开始参与全球支付体系。银行卡已成为我国个人使用最为广泛的非现金支付工具。此外，网上支付等创新支付工具和方式也不断涌现。

再次，支付服务组织呈多样化发展趋势。近年来，随着我国市场化改革的推进，除了传统的票据交换所等支付清算组织外，我国陆续出现了一批专门处理支付信息的新型支付清算组织。这些支付清算组织的出现，强化了我国支付服务市场多元化的趋势，对于改善支付服务市场结构、增强市场竞争、优化资源配置、提高服务质量具有积极的作用。为了进一步改善对中小金融机构的清算服务，中国人民银行将批准城市商业银行资金清算中心为农信社提供资金清算服务，并支持成立农村合作金融机构资金清算中心，以进一步畅通中小金融机构汇路，培育公平的支付服务竞争环境。

最后，我国支付体系融入全球支付体系的步伐加快。近年来，中国人民银行吸收和借鉴国外先进经验和国际通行标准，积极参与支付领域的国际交流与合作，取得了积极成效。例如，在现代化支付系统设计中引入"实时全额结算"机制（RTGS）和"付款交割"机制（DVP）等国际通行做法，降低了风险，提高了效率。根据《重要支付系统核心原则》等国际通行标准，组织开展我国支付体系的自评工作，积累了支付体系评估经验。同时，我国支付服务网络与境外支付服务网络的联系日益密切，国际结算业务发展态势良好；我国与周边国家的支付结算合作不断加强，边贸结算方式不断规范，边境贸易本币结算范围日益扩大。我国支付体系逐步融入全球支付体系，成为全球支付体系的重要组成部分。

5.4.4　中央银行对电子支付的监管

参与电子支付结算的主体遍布整个社会层面，必须有一个强有力的监管者，并有法定的权威。任何一个国家都赋予中央银行及其相应的监察管理机构进行监督和管理。我国是由中国人民银行和银行监督管理委员会来共同行使其职责。

2005年，中国人民银行出台的《电子支付指引（第一号）》对发生在银行之间的电子支付、银行与其客户间的电子支付以及其他支付服务组织与其客户之间的电子支付进行了具体规定。此外，电子支付工具是电子支付中不可缺少的一部分，中央银行应当对电子支付工具的效率、安全性、便捷性等方面进行监管。尤其是安全性，提高电子支付过程中的安全性，增加公众对电子支付的信心，对推动其发展尤为重要。电子支付工具在实现快捷、便利的支付功能方面具有其他支付工具不能比拟的优势，与此同时，电子支付也暴露出许多问题，需要引起重视，比如在业务规则、操作规范、交易认证方式、风险控制等方面，都缺乏明确的要求和规范。因此，从中央银行角度出发，应当高度重视电子支付的安全性，采取积极措施，引导建立安全的电子支付机制，降低支付风险，维护公众对这类新型支付方式的信心，按照"规范与发展并重、安全和效率并重"的原则，逐步建立健全监督管理机制，促进电子支付健康发展。

所有的中央银行都应当按照《重要支付系统核心原则》对系统性重要的支付系统进行监管，尤其是对大额支付系统进行监测。此外，还应对日益兴起的提供支付服务的第三方机构进行监管，这类机构之间在资金实力、技术水平、风险管理能力等方面存在较大差距，存在不正当经营的现象，可能造成不良的社会后果。例如，一些机构通过为服务对象代为保管用于支付的货币资金的方式提供支付清算服务，在一定程度上保证了服务对象特定支付的完成，但是也导致了相当数额的资金沉淀。如果对其缺乏严格、有效的监督管理，就可能诱发较大的资金风险，并可能较广泛地影响到社会公众的合法权益。中国人民银行一直以来十分关注这类机构的发展，并就如何引导其规范、健康发展，有效防范和控制其业务活动中的风险，切实推动我国支付服务市场的持续与创新发展等问题进行了深入的研究。中国人民银行拟定了《支付清算组织管理办法》，旨在促进支付服务市场健康发展，规范支付清算行为，提高清算效率，防范清算风险，维护金融稳定。相信通过对此类支付清算组织的规范管理，电子支付服务市场将会得到更好、更快的发展，电子商务活动将会面临一个更加和谐、有效的支付环境。

本 章 案 例

招行手机银行——先发制人

2010年10月，招商银行（简称招行）的iPhone版手机银行发布，成为业内当之无愧的先行者。最新的数据表明，其手机银行的用户量已经突破百万，截至2011年4月末的交易数比去年同期翻了4倍，交易金额翻了5倍。

这恐怕是让许多同行都艳羡的一个成绩。而在群起争雄的手机银行大战中，行动迅捷的招商银行又能否继续领先优势？

领先——"时机最重要"

上传后的头两个星期，招商银行的iPhone版客户端下载数就突破10万次；在免费程序总排名中，一度爬升至前5名。

这也打破了近两年招行手机银行的一度沉寂，在iPhone版之前，各大银行的手机银行暗战早已展开，但是招行并没有太大的动静。

招商银行总行零售银行部副总经理胡滔坦陈那两年她负责手机银行也有不小的压力，"招行手机银行创新不如别家"的质疑声此起彼伏，但她一直坚信"时机未到"，直到与iPhone碰撞出了火花。

在此之前，招行手机银行也经历了跟随外界风潮亦步亦趋的阶段，从最早的GSTK（需要电信转换），之后是WAP版，随之又出现了HTLM的版本，但是频繁的追赶容易让人迷失，"一两年前的智能手机平台，系统有十几种，开发的成本很高，但是往往刚一开发出来，就发现技术被淘汰了。"胡滔说，招行手机银行的研发策略就是"抓对时机"。目前智能平台的手机研发系统渐趋稳定，iPhone手机银行的推出正逢其时。

自 2010 年 10 月推出试运行之后，截至 2011 年 4 月，招行手机银行的交易数比去年同期翻了 4 倍，交易金额翻了 5 倍。

对于这样的成绩，胡滔并不感到意外。"iPhone 版手机银行跟招商的客户群体是高度契合的，这也是我们推出该版本考虑的重要因素之一。"

"招行客户使用新设备的热情远超过其他银行的客户"，从招商网银的表现就可以判断胡滔对招行客户的了解所言非虚：在结汇和购汇业务上，招商网银的替代率都超过 75%，"这是许多银行所无法比拟的。"

在天时、地利、人和的条件全部齐备之后，招行的 iPhone 版手机银行顺理成章地首战初捷。招行的"移动"创意在这个平台上崭露无疑：随时随地可以获得金融咨询、查询就近的网点、进行理财产品交易；或者可以心血来潮买张电影票，网络购物更是小菜一碟。

模仿——"没那么容易"

iPhone 版开了个好头，招行的"移动银行"终端还在不断地加入新成员：4 月 angel 体验版已经上线，Windows mobil，java 等主流终端都在研发之中。

但是从技术角度而言，招商银行的产品尽管可以先行，却并不能保证唯一。在目前 iphone 版手机客户端你追我赶的阶段，往往一个产品推出，已经是跟随者甚众。

招行并不以技术为核心的竞争武器，"对于每一个产品来讲，产品领先的优势都是很难保持的。"胡滔坦陈智能手机终端的技术门槛并不是太高，跟进和模仿也在意料之中。"有后来者没有关系，因为我们还会继续往前走。"

那么继续走的方向是什么？在 2011 年 1 月刚刚发布的客户端 1.1 版本中，招商银行新增了一个名为"CMB STORE"的功能项目，"99 元秒杀 iPad、千元油卡 1 元秒杀"等一系列的团购优惠活动都打包其中；同时提供机票订购服务。

"光有平台是远远不够的，如何占据 iPhone 用户更多的在线时间才是银行真正要考虑的。"胡滔说，"只有这样才能提高用户黏度，发掘客户价值所在。"

因此，招行的目标是成为 1/10：与网银最大的不同就在于手机银行的界面有限，iPhone 用户最多也就下载 100 个左右的软件，最常用的也就是 10 个左右，"要让客户把招行手机银行的图标留住，就要完善客户的体验性，进行更精准的客户定位；单纯下载没有用，而是真正产生交易量。"

当然，要笼络住客户的欢心，招行先天的零售优势不可小觑。"技术平台没有太高的门槛，但是既有的客户优势是其他银行一时半会赶不上的。商家选择合作的关键就在于你这个平台能秒杀多少商品，招行所拥有的谈判能力就是我的持卡人带给我的。"胡滔说。

但是，招行手机银行的"野心"并不止步于维持现有客户，这从其设计理念就可以看出来，不同于在其之前同样推出 iPhone 版手机银行的交行和其后的工行都需要银行的卡号登陆，招行推出的免费金融咨询服务，非招行的客户同样可以使用。

"现在大多数银行做手机银行还是延续网银的思路，仅仅把它作为一个服务现有客户的通路，但是招行的理念是借此同时吸引新客户。"而招行刚刚推出的"互动银行"——i 理财有望成为使招行手机银行客户倍增的一个有效工具。据胡滔介绍，"i 理财"采用关系型社区模式，依赖论坛、博客、在线互动等方式建立银行与客户、客户与客户间的紧密联系。"以后手机银行会跟 i 理财捆绑，通过互动进行更加有效的客户营销。"

"现在 i 理财并没有受到市场的热烈追捧，这跟大家的使用习惯有关。"不过一直引导培育客户需求的招行显然已经尝到了甜头：时光倒回十年，当他们去校园推广网上银行的时候同样遭到冷遇，但是当初对这一新鲜事物接受度并不高的大学生现在已经成长为他们的白领客户、高端客户，成为招行手机银行令人艳羡的忠实拥趸。"移动银行的发展也是这个趋势，未来 3~5 年一定会看到收获。"

未来的一个场景就是，手机银行用户 24 小时不间断地使用移动银行的金融服务和生活服务，而招商银行却不再发愁理财经理的队伍建设问题，甚至不用再纠结于受限于服务网点。现有数据已经说明了这一切都是可能的，到目前为止，招行电子银行的建设相当于多建了 460 个网点，3 000 个柜员，综合节约成本 17 亿元。

当然，手机银行可以期待的盈利空间更多。"目前智能手机普及率并不是很高，而且偏高端；要想盈利的话，就要使客户群体达到一定的数量，现在还是培育客户的一个阶段，不可操之过急。"胡滔说，"当客户达到一定的使用黏性，银行要想根据其使用习惯主动推一些东西，并不是一件难事。"（资料来源：新浪博客，梁宵，2011-05-11）

问题：
1．招行建立手机银行是借此同时吸引新客户，能否达到目的？
2．招行如想黏住手机银行用户，需要采取哪些营销手段？

本 章 小 结

电子支付体系主要由电子支付服务组织、电子支付工具、电子支付清算系统及电子支付体系监督管理和相关的法律规章制度等要素构成。电子支付服务组织是指向客户提供支付账户、支付工具和支付服务的金融机构，以及为这些机构提供清算和结算网络服务的组织。支付服务组织是提供服务的市场主体，包括中央银行、商业银行和第三方支付清算组织等。电子支付与结算，是以商用电子化工具和各类电子货币为媒介，以计算机技术和通信技术为手段，通过电子数据存储和传递形式在计算机网络系统上实现资金的流通和支付。电子支付结算系统分为下层支付服务系统和上层资金清算系统，具有代表性的电子支付结算系统包括国际环球同业财务系统、纽约清算所银行同业支付系统、联邦储备通信系统和我国国家现代化支付系统。中央银行对于电子支付的业务、运营、发展以及监管起到十分重要的作用。

本 章 习 题

1．什么是电子支付服务组织？目前存在的电子支付服务组织有哪些？
2．什么是电子支付与结算？电子支付与结算的过程包括哪些环节？
3．什么是电子支付结算系统？电子支付结算系统可分为哪两层？
4．SWIFT 系统为其成员所能提供的服务有哪些？
5．中国国家现代化支付系统包括哪几个金融服务系统？

第6章

网络支付与结算

 学习目标

1. 了解网络支付与结算的概念。
2. 熟悉网络支付的流程,理解网络支付常用的几种方式。
3. 掌握网络支付系统流程,包括基于第三方代理机构的信用卡网络支付、简单加密的信用卡网络支付、基于 SSL 协议的信用卡网络支付、基于 SET 协议的信用卡网络支付、电子支票网络支付、电子钱包卡网络支付、数字现金网络支付以及 Direct Pay 支付和银行 Internet 支付系统。

 案例导入

中信银行手机银行——全方位移动渠道

继推出 iPhone 版"手机银行"业务后,中信银行寄望在 ipad 版本上进一步抢占先机。"5月份中信 iPad 版移动银行将上线。"中信银行总行零售银行部电子银行部总经理陈树军对《中国经营报》记者透露。

陈树军特意强调了"移动银行",取而代之此前大多数银行通用的"手机银行"的说法,"中信要打造全方位的移动渠道,而不仅仅限于手机终端。"

并不是所有的银行都愿意推出 iPad 版本,他们的理由非常充分:iPhone 版本可以在 iPad 上通用,而且,iPad 版本获得的附加价值并不会太高,因为毕竟客户群体有限,而在有限的客户里,他们认为,大家都用 iPad 来玩游戏,转账付费的需求很少。

但是中信银行的想法却与此迥异:不错,iPhone 版与 iPad 版可以通用,正如智能手机也能使用 WAP 版本一样,但是体验效果不佳。而 iPad 客户资源目前虽然有限,但同样是主流客户群体,不能放过任何一个可能进入移动银行视野的客户。

这两种观念背后,实际上是银行不同的移动终端策略。"中信银行的策略就是铺设不同的终端,进行差异化的客户服务。"陈树军说。

"在家可以用电脑和 iPad;出门可以用手机,也可以用银行自助网点;或者打个电话办理。"在中信移动银行的构想中,未来的移动银行一定是对客户进行全渠道、全能化、个性化、智能化的服务。"这些方式都面向不同层次的客户,当然,也面向同一客户不同阶段和不同条件下的选择。"陈树军解释说。"最终就是让客户拿着手边有的任何一个渠道都可以解决同样的问题。"

新技术的日新月异使这一目标并不容易实现,因为与网银的更新换代不同,手机银行由于终端标准不一,新平台的推出往往耗时费力,陈树军也透露 iPhone 端的外包研发就达到百万级的投入;"平台的转换升级是需要成本的,但是因为市场在不断变化,主流客户的需求也在随之改变,现在移动银行都强调易用性和便捷性,铺设多渠道是首要条件。"

但是技术升级并不是盲从盲动,中信银行把 iPhone 和 iPad 开发放在 android 之前,也正是基于客户细分的考虑,"除普通用户的需求外,高端客户的接受度较高,也是银行的重要选择。"陈树军表示。

(资料来源:新浪微博梁宵,2011-05-11)

6.1 网络支付与结算概述

6.1.1 网络支付与结算的概念

一、支付与结算的概念

支付是在交易、投资和资金转移等经济活动中,将账户的资金或货币付出的一种过程,以实现经济活动主体之间资金债权的转移或责任义务关系的形成。结算是将清算过程中产生的待结算债权债务,在收款人金融机构之间进行相应的账簿记录、处理以完成货币资金最终转移并通知有关各方的过程。支付结算有广义和狭义之分。广义的支付结算是指单位、个人在社会经济活动中使用票据、银行卡和汇兑、托收承付、委托收款等结算方式进行货币给付及其资金清算的行为,其主要功能是完成资金从一方当事人向另一方当事人的转移。广义的支付结算包括现金结算和银行转账结算。狭义的支付结算仅指银行转账结算,即 1997 年 9 月中国人民银行发布的《支付结算办法》中所指的"支付结算"。

二、网络支付与结算的兴起

网络支付与结算,是指从事电子商务交易的当事人,包括消费者、厂商和金融机构,通过信息网络,使用安全的信息传输手段,采用数字化方式进行的货币支付或资金流转。网络支付结算的兴起是伴随着电子商务的发展而出现的。

网络支付也称电子支付,是以商用电子化工具和各类电子货币为媒介,以计算机技术和通信技术为手段,通过电子数据存储和传递形式在计算机网络系统上实现资金的流通和支付。网上支付是电子商务的重要组成部分,也是电子商务得以顺利发展的基础条件,是对传统支付系统的发展和创新。传统支付变革的目的在于减少银行成本、加快处理速度、方便客户、减少欺诈等,而网上支付创新改变了支付处理的方式,使得消费者可以在任何地方、任何时间经互联网获得银行的支付服务,而无须再到银行传统的营业柜台。近几年来,电子支付市场每年都以高于 30% 的速度在增长,据艾瑞咨询近日推出的《2008—2009 年中国网上支付行业发展报告》显示,我国互联网支付市场交易规模从 2007 年的 976 亿元飙升到 2008 年的 2 743 亿元,同比增长 181%。这意味着,电子商务发展的需求直接导致了网络支付结算的兴起,而作为电子商务核心的支付环节也正在加速电子化。

三、网上支付结算的发展历程

从网上支付的发展过程来看,大致经历了以下几个阶段:

(1)银行内部电子管理系统与其他金融机构的电子系统连接起来,利用计算机处理银行之间的结算业务。

(2)随着计算机应用的逐渐推广,电子支付渗透到银行和其他机构计算机之间的结算,如代发工资。

(3)银行开始利用网络终端向客户提供各种银行服务,如 ATM 取款,这极大地方便了客户。

(4)支付服务的延伸,使客户利用银行的销售点终端提供扣款服务,如 POS 系统。

(5)信息技术的广泛发展,使支付手段更加多样便捷,客户可以随时随地通过互联网进行直接转账结算。

四、网络支付与结算的发展现状

根据 AC Nielsen 两年一次的"全球在线消费者意愿调研"结论,截至 2006 年,全球已有 6.27 亿在线购物者,占总人口的 1/10,但在不发达的电子商务市场,安全在线支付手段仍然缺乏。在发达地区,消费者需要更复杂高效的支付工具。卡公司与支付服务商面临挑战与机会,需要针对不同的市场,准确地挖掘支付工具的使用驱动力。从支付工具区分,信用卡占全球份额的 59%,银行转账为 23%。在北美,信用卡是最常用的支付手段,占 69%;PayPal 居次,占 32%;借记卡为 22%。在欧洲国家,货到付款(现金)仍占相当高的比例,仅次于信用卡。在英国,借记卡占在线支付方式的一半。在亚洲的印度,信用卡最受欢迎,货到付款占 29%。在日本,货到付款占 25%。而在我国,在线购物的支付方式中货到付款占 34%,居第一位;其次是银行转账,占 31%;信用卡为 26%;现金汇款为 23%。AC Nielsen 指出,在多个市场,包括俄罗斯、法国、波兰、韩国、日本、中国等,信用卡在线支付还存在相当大的需求。消费者期望使用信用卡进行在线支付,但由于各种原因选择或不得不选择其他的支付方式。在品牌上,全球范围 60%的消费者偏好 Visa。而在中国,银联卡占一半份额,Visa 为 29%。

根据中国互联网信息中心 CNNIC 发布的《第 23 次中国互联网络发展状况调查统计报告》(2009 年 1 月)的调查结果,我国网络购物市场的增长趋势明显。目前的网络购物用户人数已经达到 7 400 万人,年增长率达到 60%。在网络购物,尤其是 C2C 网络购物中,网上支付手段的使用已经较为普遍,B2C 网络购物在网上支付手段方面也逐渐丰富,这两项网络应用的发展可以促进网络购物的发展。除网络购物外,网络售物和旅行预订也已经初具规模,网络售物网民数已经达到 1 100 万人,通过网络进行旅行预订的网民数达到 1 700 万人。与网络购物密切关联的网络支付发展十分迅速,2008 年使用的网民规模已经达到 5 200 万人,年增长率达到 57.6%。有力地推动了网络购物的发展。2007—2008 年电子商务类应用用户对比见表 6-1。

表 6-1 2007—2008 年电子商务类应用用户对比

项目	2007 年年底		2008 年年底		变化	
	使用率/%	网民规模/万人	使用率/%	网民规模/万人	增长量/万人	人数增长率/%
网络购物	22.1	4 600	24.8	7 400	2 800	60.9
网络售物	—	—	3.7	1 100	—	—
网上支付	15.8%	3 300	17.6	5 200	1 900	57.6
旅行预订	—	—	5.6	1 700	—	—

2008年的全球经济危机给中国网络经济和各个行业带来了深刻影响。但是具体到发展快速的网络购物行业而言，经济危机反而成为继2003年非典之后网购市场发展的一个新契机。经济危机下网络购物最核心的几大优势更为凸显。国内的电子支付行业仍在稳步前行，并且，金融危机对整个电子支付行业来说反而是一个非常好的机遇。

6.1.2 网络支付的特点

（1）网络支付是采用先进的技术通过数字流转来完成信息传输的，其各种支付方式都是采用数字化的方式进行款项支付的；而传统的支付方式则是通过现金的流转、票据的流转及银行的汇兑等物理实体的流转来完成款项支付的。

（2）网络支付的环境是基于一个开放的系统平台（即因特网）之中；而传统支付则是在较为封闭的系统中运行的。

（3）网络支付使用的是最先进的通信手段，如因特网，而传统支付使用的则是传统的通信媒介。网上支付对软、硬件设施的要求很高，一般要求有联网的微机、相关的软件及其他一些配套设施；而传统支付则没有这么高的要求。

（4）网络支付具有方便、快捷、高效、经济等优势。用户只要拥有一台上网的 PC 机，便可以足不出户，在很短的时间内完成整个支付过程。支付费用仅相当于传统支付的几十分之一，甚至几百分之一。

（5）网络支付目前也还存在一些需要解决的问题，主要是安全问题。如防止黑客入侵、内部作案与密码泄露等涉及资金安全的问题。

6.2 网络支付

6.2.1 网络支付的方式

一、支付方式与网络支付方式

支付方式就是人们在经济生活中在清偿债权债务关系时所采用的支付手段的具体形式。在货币作为支付的媒介产生后，对债权债务关系的清偿随着信用社会的发展和进步就产生了各种不同形式的支付方式。网络支付方式就是利用网络作为支付的媒介载体，利用网络通道传递支付信息进行债权债务清偿的一种支付方式。

二、网络支付方式应具备的条件

（1）有清偿债权债务关系双方的网络环境。

债务人要向债权人利用电子的形式进行支付，支付的信息通道一定是能传递电子媒介的网络通信环境，它可以是通信网和互联网，也可以是卫星通信网等，但目前用的比较广泛的是公共互联网。

（2）有银行金融机构的参与。

银行加入支付环节出现了两个问题：第一，银行本身有一个用于自身业务的结算和清算系统，为保证资金货币的安全，它是专用网络。因此，存在银行自身的专业网与公用网的连接问题，要保证连接安全就需要一个支付网关。第二，银行的加入使得债权债务关系的清偿变成了债权人和债务人银行账户之间的资金划转操作,所以需要参与者的配合才能完成债权债务关系的清偿。

三、常见的几种网络支付方式

目前发展中的网络支付方式主要有:电子现金、电子零钱、电子钱包、电子支票、电子汇款、电子划款、智能卡、借记卡、数字个人对个人(P2P)支付等。下面主要介绍几种比较常用的支付方式。

(1)电子现金。

电子现金(E-cash)又称为电子货币(E-money)或数字货币(digital cash),是 20 世纪 90 年代中期出现的一种新型支付工具。目前存在的电子现金基本上是各个发行商自己设计的产品,产品的特征差异较大,种类较多,但是在基本属性方面完全一样,具有传统纸币体系所包含的大部分货币性质,又不以实物形式存在,可以被看作是现实货币的电子或数字模拟。电子现金以数字信息形式存在,通过互联网流通,但比现实货币更加方便、经济。

目前存在两种形式的电子现金形式:一种是硬盘文件形式的电子现金;另一种是 IC 卡形式的电子现金。硬盘文件型电子现金是保存在硬盘中的一个电子信息块或一个数据文件,也称为数字现金。它具有被完整复制的缺陷,所以要想保持此类数字现金的稀缺性和防伪性,就必须采用加强的密码技术或其他安全措施,使得合法的发行主体之外的任何个人或组织不可能制造出这种数字信息文件。IC 卡形式的电子现金是将货币价值的汇总余额存储在智能 IC 卡中,即将智能卡作为货币价值的计数器,或者可将 IC 卡看作记录货币余额的账户,当从卡内支出货币金额或向卡内存入货币金额时,改写智能卡内的记录余额。IC 卡形式的电子现金除了与银行账户中间的转移外,其余的转移操作均可独立完成,不用与银行发生任何联系,从而保证了其匿名性和离线操作性。

电子现金要取代现金,成为联机或脱机的支付工具,必须具备以下属性:

① 货币价值。电子现金必须有一定真实的有价资产来对等的支撑,必须得到某一家金融机构的支持,这是保证电子现金货币价值的关键。

② 可交换性。电子现金可以与纸币、商品服务、网上信用卡、银行账户存储金额、支票或负债,以及其他资产形式进行互换。随着电子现金的广泛使用,电子现金持有者还可以在不同国家或地区的各个银行或非金融机构使用,电子现金就自然面临在各银行或非金融机构间的可交换性问题。

③ 可存储性。允许用户在家庭、办公室或途中对存储在计算机、IC 卡,或者其他更易于传输的标准或特殊用途的设备中的电子现金进行存取、支付、查询和检索等操作。

④ 匿名性。使电子现金在流通中的有关流通路径和过程的信息完全没有记录可查,很难追踪,连银行也无法看到其所加密签发的货币序列号。

⑤ 重复性。一方面要防止电子现金的复制和重复使用,因为买方可能用一笔电子现金在不同国家、地区的网上商店同时购物,造成电子现金重复使用;另一方面,又要使电子现金如同通货一样允许多次转手使用。所以,电子现金必须通过盲签名和序列号的双重检验,确保使用的电子现金的身份和使用都是唯一的,未被复制和重复使用过。

⑥ 可分割性。可以满足任何微小的支付,能很好地适合日常小额的交易。

(2) 电子钱包。

电子钱包是顾客在电子商务购物活动中常用的一种支付工具,是在小额购物或购买小商品时常用的新式钱包,能装入电子现金、电子零钱、数字信用卡、数字货币和数字现金等电子货币,集多种功能于一体的网络支付方式。使用电子钱包购物,通常需要在电子钱包服务系统中进行。电子商务活动中的电子钱包的软件通常都是免费提供的,可以直接使用与自己银行账号相连接的电子商务系统服务器上的电子钱包软件,也可以从 Internet 上调用各种保密方式的电子钱包软件。电子钱包用户通常在银行里有账户,在使用电子钱包时,用户先安装相应的应用软件,在该软件系统中设有电子货币和电子钱包的功能管理模块,称为电子钱包管理器,用户可以用它来改变口令或保密方式等,以及用它来查看自己银行账号上电子货币收付往来的账目、清单和其他数据。该系统中还提供了一个电子交易记录器,顾客通过查询记录器,可以了解自己的购物记录。电子钱包用户的个人资料存贮在服务器端,通过技术手段确保安全,不在个人电脑上存储任何个人资料,从而避免了资料泄露的危险。消费者在申请钱包成功后,即在服务器端拥有了自己的档案,当外出旅游或公务时,不用再随身携带电子钱包资料,即可进行网上支付。

目前,世界上应用最广泛的 Visa Cash 和 Mondex 两大电子钱包服务系统,其他的电子钱包服务系统还包括惠普公司的电子支付应用软件、微软公司的电子钱包、IBM 公司的 Commerce Point Wallet 软件、EuroPay 的 Clip、德国银行业的 Geldkarte 和比利时的 Proton 等。由于电子钱包是零售部门的新型电子支付工具,不少金融机构都在实施国际电子支付服务的电子钱包开发计划。不同组织研制的电子钱包情况如表 6-2。

表 6-2 不同组织研制的电子钱包情况

国家、银行、公司	电子钱包	丹麦	Chip
惠普公司(HP/VERIFONE)	MS Wallet	芬兰	Dernmort(AISA)
微软公司	Commerce Point Wallet	德国	Avart
IBM 公司	ITP Wallet	意大利	Celdkarte(现金卡)
Compaq/Tandem Computers	Cyber Cash	荷兰	VISA 现金/迷你现金
Cybercash 公司	Card Cash	挪威	Chipknip/Chippers
Master Card	Clip	葡萄牙	PBM Moorbarnxo EP
EuroPay	VISA Cash	西班牙	Semp EPVSIA 现金
中国银行	中银电子钱包	瑞典	现金 Proton
奥地利	Quick	瑞士	现金 Proton
捷克共和国	Proton	英国	MONDEX(Mondex)

资料来源:张福德著,《电子商务与网络银行》,中国城市出版社,2000年,第44页。

(3) 电子支票。

电子支票是网络银行常用的一种电子支付工具。支票一直是银行大量采用的支付工具之一,将支票改变为带有数字签名的报文或者利用数字电文代替支票的全部信息,就是电子支票。电子支票,可以使支票支付的业务和全部处理过程实现电子化。网络银行和大多数银行金融机构通过建立电子支票支付系统,在各个银行之间可以发出和接收电子支票,就可以向广大顾客、全社会提供以电子支票为主要支付工具的电子支付服务。

电子支票（Electronic Check）是纸质支票的电子替代物，与纸质支票一样是用于支付的一种合法方式，使用数字签名和自动验证技术来确定其合法性。监视器的屏幕上显示出来的电子支票样子十分像纸质支票，填写方式也相同，支票上除了必需的收款人姓名、账号、金额和日期外，还隐含了加密信息。电子支票通过电子函件直接发送给收款方，收款人从电子邮箱中取出电子支票，并用电子签名签署收到的证实信息，再通过电子函件将电子支票送到银行，把款项存入自己的账户。这种电子支票的支付是在与商户及银行相连的网络上以密码方式传递的，多数使用公用关键字加密签名或个人身份证号码（PIN）代替手写签名。用电子支票支付，事务处理费用较低，而且银行也能为参与电子商务的商户提供标准化的资金信息，故而可能是最有效率的支付手段。

建立电子支票支付系统的关键技术有以下两项：一是图像处理技术，二是条形码技术。支票的图像处理技术首先是将纸质支票进行图像化处理和数字化处理，再将支票的图像信息及其存储的数据信息一起传送到电子支票系统中的电子支付机构；条形码技术可以保证电子支付系统中的电子支付机构安全可靠地进行自动阅读支票。实际上，条形码阅读器是一种软件，是一种条形码阅读程序，能够对拒付的支票自动进行背书，并且可以立即识别背书，可以加快支付处理、退票处理和拒付处理。也就是说，电子支票是将纸质支票转变为逻辑支票后再进行处理，以加速处理过程。电子支票系统抛开了纸质支票，最大限度地利用了当前银行系统的自动化潜力。目前电子支票的典型代表是 Net Check、Net Bill、E-Check 等。

（4）银行卡。

银行卡按信用性质与功能可以将其分为信用卡与借记卡。信用卡是一种把支付与信贷两种银行功能融为一体的业务，持卡人享有一定信贷额度的使用权，无须先在发卡机构存款，便可以"先消费，后还款"，完全具备这些特点的信用卡又称贷记卡。借记卡有着与信用卡相对的特点，即"先存款，后消费"，不允许透支。从技术角度可以将银行卡分为磁条卡和集成电路卡（Integrated Circuit Card，IC 卡）。磁条卡技术成熟，价格便宜，但由于磁条上的信息容易被复制和修改，而且磁条上记录的信息也比较有限，因此在安全保密和应用方式存在着一些问题。20 世纪 80 年代开始迅速发展起来的集成电路卡（IC 卡）则克服了磁条卡这些方面的不足。IC 卡也称智能卡、智慧卡、微芯片卡，它将一个专用的集成电路芯片镶嵌于符合 ISO7816 标准的 PVC（或 ABS 等）塑料基片中，封装成外形与磁条卡类似的卡片形式。智能卡配备有 CPU 和 RAM，可自行处理数量较多的数据而不会干扰到主机 CPU 的工作。智能卡还可过滤错误的数据，以减轻主机 CPU 的负担。适用于端口数目较多且通信速度需求较快的场合。

按所嵌的芯片类型的不同，IC 卡可分为三类：①存储器卡：卡内的集成电路是可用电擦除的可编程只读存储器 EEPROM，仅具有数据存储功能，没有数据处理能力；存储卡本身无硬件加密功能，只在文件上加密，很容易被破解。②逻辑加密卡：卡内的集成电路包括加密逻辑电路和可编程只读存储器 EEPROM，加密逻辑电路可在一定程度上保护卡和卡中数据的安全，但只是低层次防护，无法防止恶意攻击。③智能卡（CPU 卡）：卡内的集成电路包括中央处理器 CPU、可编程只读存储器 EEPROM、随机存储器 RAM 和固化在只读存储器 ROM 中的卡内操作系统 COS（Chip Operating System）。卡中数据分为外部读取和内部处理部分，确保卡中数据安全可靠。 从全球范围看，现在 IC 卡的应用范围已不再局限于早期的通信领域，而广泛地应用于金融财务、社会保险、交通旅游、医疗卫生、政府行政、商品零售、休闲娱乐、学校管理及其他领域。

利用信用卡进行网上支付的方式通常是这样的：首先将银行卡卡号输入计算机，通过电子钱包或电子钱夹管理器，将它装入电子钱包或电子钱夹内，成为电子信用卡。电子信用卡采用单击式支付方式，可以在网络上使用，也可以在电子支付中使用。有代表性的信用卡网络支付系统如 Cyber Cash 和 First Virtual Holding 系统、Visa 和 Master Card 国际组织联合制定的安全电子交易规范 SET 等，他们可以在网上商务活动中有效地保证信用卡网络支付的安全性和实用性。信用卡网络支付是目前网上交易应用中最成熟、最广泛的一种支付方式。

6.2.2 网络支付的过程

对于网络支付，必须有银行的参与，必须借助银行的支付工具、支付系统以及金融专用网络才能最终得以实现。网络支付的参与方通常包括消费者（持卡人）、商户和银行。交易流程如图 6-1 所示，一般包括如下几个步骤：

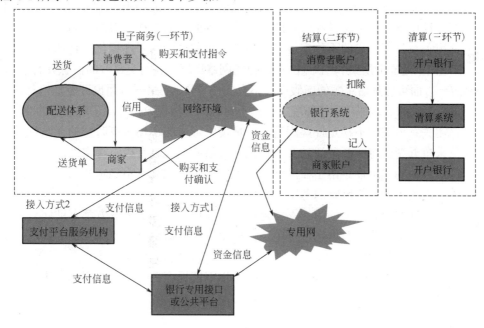

图 6-1 网络支付流程

（1）消费者连接互联网，浏览并选择商品，填写订货单。商家服务器做出应答，让消费者确认订单。消费者确认订单后，选择相应的网络支付工具，发出支付指令，对购物信息（包括订单信息和付款指令）进行加密后提交给商家。

（2）商家服务器检查、确认消费者的购物信息，把支付指令转发给支付网关，支付网关将从 Internet 传来的支付数据包进行解密，按照银行内部的通信协议将数据重新打包，送往商家开户行。

（3）商家开户行通过金融专用网从消费者开户行取得支付授权后，把授权信息送回商家。

（4）商家开户行在得到消费者传来的进一步收取结算信息后，借助金融专用网将资金从消费者的银行账户划拨至商家的银行账户，并分别发送支付结算成功信息给消费者和商家。

（5）商家服务器收到银行发来的结算成功信息后，给消费者发送网络付款成功信息和发货通知。

（6）银行之间则通过自身的支付清算系统来完成最后的行间清算。

6.2.3 网络支付的特点

网络支付形成的债权债务关系是在虚拟的网络环境下交易产生的，这就决定了债权债务关系形成的信用具有虚拟化的特点；而交易和支付信息的传递信道是网络，这就决定了信道开放性的特点；在网络环境下支付工具的载体只能是电子，这就决定了载体的电子化特点。这三个特点就使网络支付与传统支付相比具有较大的差异性。以下对网络支付的这三个特点加以详细分析。

一、信用虚拟化

在传统交易和借贷行为中，信用是在长期经济活动中形成和固定下来的，并以法律作保证。而在网络环境下，由于交易和借贷的双方未曾谋面，只是在虚拟的空间进行交易，这使得双方的信用关系具有一定的不稳定性和风险性，也称之为信用虚拟化。具体表现在：

（1）信用关系建立的质疑和困难性。在虚拟的网络环境下获得交易方的信息具有不确定性，这种不确定一方面可能是信息源的虚假性和不真实性导致的；另一方面也可能是信息在传递过程中的失真而产生的。这种在网络环境下信息不对称的必然现象也加剧了对信用的质疑。

（2）信用关系形成的不稳定性。因为网络环境下形成的市场具有时空的无限性，市场上的交易对象来自五湖四海，商务活动及债权债务关系的形成具有极不稳定性。

（3）信用考验的风险性。由于在网络环境下的信用形成具有不稳定性，导致在交易或借贷行为中的信用关系面临着风险的考验。

（4）信息验证的障碍性。信用的不稳定性和风险性决定了交易双方都有证实对方身份的必要，在网络环境下只能是对信息进行验证，但由于信息提供存在着真实性的问题，所以信息的验证也存在相应的障碍。

（5）法律界定的不明确性。这表现在虚拟环境下证据存在时效性的问题，事后取证困难决定了法律界定的不明确。

二、信道开放性

网络支付信息传递的通道是互联网，这种通道处于一种公共开发的环境之下，因此就可能存在着信息被截获或被篡改的风险，也就存在着安全性的问题。目前对于信息传递的安全多从技术上加以实施和保证，即用加密技术和通信协议来保证其在传输过程中的安全可靠。此外，还可以通过物理隔离的办法来解决，即在开放的信道上只传递非关键信息，而关键的重要信息一定要在银行隔离的金融专用网上来完成。

三、载体电子化

要进行支付就必须要有相应的支付工具，支付工具就是有提供支付和结算服务的相关机构认可的，用于社会中债权债务关系清偿的一种资金转移的载体。那么要进行网络支付就要使用网络支付工具，这种工具是记载着数字化信息的电子载体。记载信息载体的电子化，决定了传递信息的信道是通信电子设备的网络，这也就决定了电子支付系统主要采用电子技术构架。

6.3 网络支付系统

6.3.1 网络支付系统的构成

支付系统是指金融业为了解决经济行为人之间的商品交换和劳务关系所引起的债权、债务的清算和结算所提供的一系列金融服务。支付行为人之间由于交易而产生支付义务,这种支付义务必须依靠银行为其提供银行间的清算服务,所以中央银行是清算的最终机构。支付系统通常由两个层次组成,底层是由客户和银行等金融机构的支付结算活动组成;上层是由面向往来银行和金融机构、中央银行与商业银行之间的支付清算活动组成。这两个层次将金融交易中的双方与银行等金融机构紧密联系起来,共同组成了一个复杂的支付系统。

20 世纪 90 年代,Internet 技术的发展使得电子商务应运而生。在电子商务中,商家要在互联网上实现销售,消费者要在互联网上直接购物,商品交易过程要在网络环境中的虚拟市场完成,这一切促成了新的适用于电子商务的支付方式——网络支付的产生。网络支付是指通过 Internet 完成支付的行为和过程。通常情况下,网络支付仍然需要银行作为中介。在典型的网络支付模式中,银行建立支付网关和网络支付系统,为客户提供网络支付服务。网络支付指令在银行后台进行处理,并通过传统支付系统完成跨行交易的清算和结算。所以说,传统支付系统是实现网络支付的基础,网络支付是传统支付系统发展的更高形式。网络支付系统的构成如图 6-2 所示。

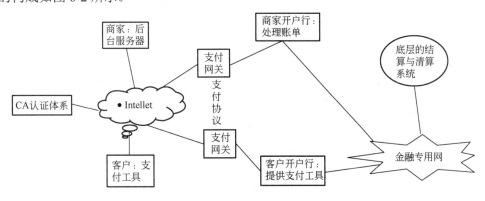

图 6-2 网络支付系统的构成

(1)客户:是指与某商家有着交易关系并存在未清偿的债权债务关系的一方(一般是债务)。客户用自己已拥有的支付工具(如信用卡、电子钱包等)来发起支付,是支付系统运行的原因和起点。

(2)商家:是指拥有债权的商品交易的另一方,可以根据客户发起的支付指令向金融体系请求获取货币给付。商家一般准备了优良的服务器来处理这一过程,包括认证以及不同支付工具的处理。

(3)客户的开户行:是指客户在其中拥有账户的银行,客户所拥有的支付工具就是由开户行提供的。客户开户行在提供支付工具的时候也提供了一种银行信用,即保证支付工具的兑付。在卡基支付系统中,客户开户行又称为发卡行。

（4）商家的开户行：是指商家在其中开设账户的银行，其账户是整个支付过程账户资金流向的地方。商家将客户的支付指令提交给其开户行后，就由开户行进行支付授权的请求以及银行间的清算等工作。商家的开户行是依据商家提供的合法账单（客户的支付指令）来工作的，因此又称为收单行。

（5）支付网关：是银行金融专用网络系统和 Internet 网络之间的接口，是由银行操作的将 Internet 上传输的数据转换为金融机构内部数据的一组服务器设备，或由指派的第三方处理商家支付信息和顾客的支付指令。支付网关可确保交易在互联网上的用户和交易处理商之间安全、无缝的传递，并且无须对原有主机系统进行修改。它可以处理所有 Internet 支付协议，Internet 安全协议，交易交换，信息及协议的转换以及本地授权和结算处理。另外，它还可以通过设置来满足特定交易处理系统的要求。离开了支付网关，网络银行的电子支付功能也就无法实现。支付网关可以将 Internet 传来的数据包解密，并按照银行系统内部的通信协议将数据重新打包；接收银行系统内部传回来的响应消息，将数据转换为 Internet 传送的数据格式，并对其进行加密。即支付网关主要完成通信、协议转换和数据加（解）密功能，以保护银行内部网络。

（6）金融专用网：是指银行内部及银行间进行通信的网络，具有较高的安全性，包括中国国家现代化支付系统、中国人民银行电子联行系统、商业银行电子汇兑系统、银行卡授权系统等。

（7）认证机构：为参与各方（包括客户、商家与支付网关）发放数字证书，以确认各方的身份，保证网上支付的安全性。认证机构必须确认参与者的资信状况（如通过其在银行的账户状况、与银行交往的历史信用记录等来判断），因此离不开银行的参与。

6.3.2 网络支付系统的功能

从以上网络支付系统的构成，可以看出网络支付系统应当具备以下功能：

（1）身份认证。通过认证机构向参与各方发放数字证书，在公开的网络环境下对各方的真实身份进行认证，以证实其身份的合法性。这样，通信协议才能对在网络环境下信息传递的安全性加以保证，同时交易行为的不可抵赖性也才能得以保证。

（2）信息安全。使用加密技术对业务进行加密。可以采用单钥体制和双钥体制来进行消息加密，并采用数字信封、数字签名等技术来加强数据传输的保密性，以防止未被授权的非法第三方获取消息的真正含义。

（3）信息完整性。使用消息摘要算法以确认业务的完整性。为保护数据不被未授权者建立、嵌入、删除、篡改、重放，而是完整无损地到达接收者，可以采用数据杂凑技术。通过对原文的杂凑生成消息摘要一并传送到接收者，接收者就可以通过摘要来判断所接收的消息是否完整；否则，要求发送方重发以保证其完整性。

（4）行为不可否认性。当交易双方出现异议、纠纷时，保证对业务的不可否认性。这用于保护通信用户对付来自于其他合法用户的威胁，如发送用户对他所发信息的否认，接收者对他已接收信息的否认等。支付系统必须在交易的过程中生成或提供足够充分的证据来迅速辨别纠纷中的是非，可以采用仲裁签名、不可否认签名等技术来实现。

（5）相互保密性。能够处理交易业务的多边支付问题。由于网上交易的支付涉及客户、商家和银行等多方，其中传送的购货信息与支付信息必须连接在一起，因为商家只有确认了支付信息后才会继续交易，银行也只有确认了购货信息后才会提供支付。但同时，商家不能读取客户的支付信息，银行不能读取商家的订单信息，这种多边支付的关系可以通过双重签名等技术来实现。

6.3.3 网络支付系统的分类

根据系统中所使用的支付工具的不同，可以将网络支付系统分为四类：基于信用卡的网上支付系统、电子支票支付系统、电子现金支付系统以及其他网络支付系统。

一、基于信用卡的网上支付系统

（1）信用卡的网上支付系统模型。

如图6-3所示，在信用卡支付系统中，卡中信息的读取与处理是十分重要的，因此应在客户端的计算机上配置专门的读卡设备，再由浏览器扩展部分把读卡设备驱动程序与浏览器捆绑在一起，使信用卡支付能随浏览器方便地访问各个电子商务站点。在商家的电子商务站点中，除服务器为顾客提供商品目录外，还有专用的后端交易服务器，并设有支付处理模块，专门处理客户发送过来的支付指令，以及与信用卡信息中心进行交互。信用卡信息中心是为信用卡支付系统的运作专门设立的机构，能够进行信用卡的真伪识别、持卡人的身份识别以及信用额度的确认，并进行授权的功能。

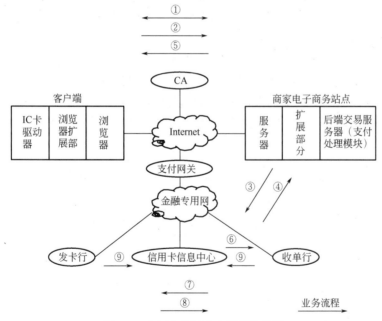

图6-3 信用卡的网上支付系统模型

信用卡支付系统的业务流程如下：

① 客户访问商家主页，验证商家CA证书。

② 客户挑选商品，填写订货单，并插入信用卡，由浏览器扩展部分进行验证，如果符合就打开信用卡，读取数据，并形成支付指令与订单一起发往商家。

③ 商家的后端交易服务器收到订单信息和支付信息后，对客户身份进行验证，然后将两种信息发往信用卡信息中心进行确认并申请授权。

④ 经支付网关检查过的合法支付指令被送往信用卡信息中心进行联机处理，确认了卡的真实性，持卡人身份的合法性以及信用额度后，决定是否授权，并将结果送回商家服务器。

⑤ 接到信用卡授权后，商家发货给客户。

⑥ 信用卡信息中心将信用卡授权产生的转账结算数据传给收单行进行财务处理。

⑦ 收单行将转账数据以及相关信息发往发卡行进行认证。

⑧ 转账业务经发卡行认证传回收单行。同时，发卡行将客户消费金额计入其消费信贷账户中，收单行把商家的货款计入其存款账户中，转账过程结束。

⑨ 转账结果分别由发卡行和收单行传往信用卡信息中心，以便更新数据库，从而方便商家和客户查询。

信用卡网上支付系统的结构比较适合 B2C 模式，小额的 B2B 模式也可以使用。通过信用卡信息中心办理业务可以提高整个系统的处理效率，而且跨国的信用卡信息中心可以进行国际的认证业务，这符合电子商务跨国界交易的特点。这种支付系统使用记名消费的模式，增强了系统的安全性。但是也失去了匿名性的特征，不能较好地保护消费者的隐私，不太适合 C2C 模式。

（2）基于第三方代理机构的信用卡网络支付。

基于第三方代理机构的信用卡网络支付的基本原理是在消费者和商家之间启用第三方代理机构，如中介或网上虚拟经纪人，一方面使卖方看不到买方信用卡信息，同时避免信用卡信息在网上多次传输而导致信用卡信息被窃取，从而改善信用卡网上支付的安全性。此类支付系统的代表是 First Virtual 公司开发的 FVC 系统。要使用此类系统进行网上支付，消费者和商家首先须以离线或在线的方式在第三方代理机构注册一个应用账号。消费者须提供姓名、信用卡卡号、电子邮件等信息；商家也须提供开户银行信息。这样，第三方代理机构就持有消费者的信用卡信息，商家的银行账户信息以及各自对应的应用账号。获得应用账号后，消费者就可以使用基于第三方代理机构的信用卡网络支付系统进行网上支付。其支付流程如图 6-4 所示：

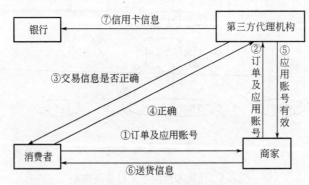

图 6-4　基于第三方代理机构的信用卡网络支付流程

① 消费者进行网上购物，把订货信息以及应用账号传给商家。

② 商家将消费者传来的订货信息以及应用账号发送给第三方代理机构，要求认证并请求支付。

③ 第三方代理机构验证商家以及消费者身份后，以电子邮件形式告知消费者有关交易

支付信息，请求消费者确认。

④ 消费者核对交易支付信息无误后，向第三方代理机构发送确认信息。

⑤ 获得消费者的确认信息后，第三方代理机构记下交易记录，并给商家发送确认信息。

⑥ 商家收到第三方代理机构发回的交易支付确认通知后，安排送货。

⑦ 第三方代理机构将信用卡信息传给银行，通过金融专用网进行结算，完成支付过程。

基于第三方代理机构的信用卡网络支付的优点是简单，它不使用加密技术，消费者和商家不必安装专门的硬件或软件，应用账号的使用也保障了信用卡信息的安全性。缺点是消费者和商家事先都必须在第三方代理机构注册，而且消费者的应用账号也可能在网上被盗。

（3）简单加密的信用卡网络支付。

简单加密信用卡网络支付是对第三方代理机构的信用卡网络支付的改进，其支付仍然要借助第三方代理机构来完成，只不过增加了对信用卡的加密，目的是提供安全的信用卡网络支付服务。在这种方式中，买方需要事先在银行开立一个普通的信用卡账户，并获得信用卡卡号。买方通过互联网在商家订货后，把信用卡信息传给商家。商家验证接收到的信息的有效性和完整性后，将买方加密的信用卡信息传给第三方的业务服务器，商家服务器无法看到买方的信用卡信息。业务服务器验证商家身份后，将买方加密的信用卡信息转移到安全的地方解密，然后将买方的信用卡信息通过安全专用网传送到商家银行。商家银行通过一般银行间的专用网络与买方发卡银行取得联系，确认信用卡信息的有效性。得到证实后，将结果传送给业务服务器，业务服务器通知商家服务银行自动清算所。此外，支付过程中的每一步都需要参与者以数字签名来确认身份。数字签名是买方和商家在注册时产生的，不能修改。此模式的典型代表是 Cyber Cash 公司推出的网上支付产品。简单加密信用卡网络支付流程如图 6-5 所示：

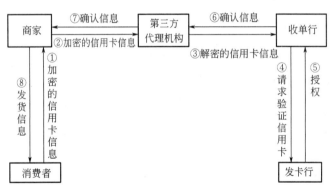

图 6-5 简单加密的信用卡网络支付流程

① 消费者进行网上购物后，利用客户终端软件将信用卡信息加密后传给商家服务器。

② 商家服务器验证信息的有效性后，将消费者加密的信用卡信息传给第三方代理机构的服务器。

③ 第三方代理机构的服务器验证商家身份后，将消费者加密的信用卡信息转移到安全的地方解密，然后将消费者信用卡信息通过金融专用网络传送给商家开户行，即收单行。

④ 收单行将消费者信用卡信息转发给发卡行请求验证。

⑤ 发卡行验证信息为真实后确认并授权收单行。

⑥ 收单行将确认信息传送给第三方代理机构服务器。
⑦ 第三方代理机构服务器通知商家服务器交易完成，并通知消费者交易结果。
⑧ 商家服务器通知消费者发货信息。

简单加密信用卡网络支付的优点是消费者的信用卡信息在传输中进行了加密，确保了支付的安全性。缺点是在支付过程中要进行一系列的加密、授权和验证，交易成本高，不适合微支付。

（4）基于 SSL 协议的信用卡网络支付。

SSL 协议是一种在持有数字证书的客户端浏览器和远程服务器之间，构造安全通信通道并且传输数据的协议。基于 SSL 协议的信用卡网络支付是指利用信用卡进行网络支付时遵守 SSL 协议的安全通信与控制机制，以实现信用卡的即时、安全、可靠的在线支付。SSL 协议机制效率较高，成本较低，具有较高的安全性，因此被广泛应用于国内外信用卡网络支付的实施中。但由于采用了加密、授权等一系列安全技术，使得交易成本较高，不太适合微支付。使用基于 SSL 协议的信用卡网络支付方式进行网络支付前，消费者必须离线或在线在发卡银行进行信用卡注册，得到发卡银行的网络支付授权。基于 SSL 协议的信用卡网络支付流程如图 6-6 所示：

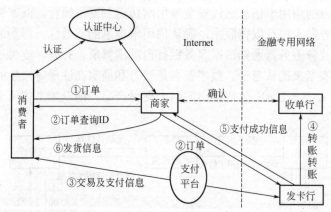

图 6-6　基于 SSL 协议的信用卡网络支付流程

① 消费者在网上商店选择商品，填写订单，选择支付的信用卡类别，提交后，生成一个带有信用卡类别的订单发往商家服务器。

② 商家服务器向消费者回复订单的查询 ID，并生成相应的订单号；然后将订单转发给发卡行。

③消费者提交订单后，SSL 协议开始介入，消费者浏览器自动验证发卡行服务器的数字证书。验证通过后，消费者浏览器与发卡行服务器的安全通道建立，进入加密通信状态；浏览器出现发卡行支付界面，显示订单号以及支付金额等信息，消费者填写信用卡卡号和支付密码，并确认支付；支付成功后，浏览器提示将离开安全的 SSL 连接，消费者确认后，消费者浏览器与发卡行服务器之间的 SSL 连接结束，SSL 协议机制介入结束。

④ 发卡行将资金转入商家银行账户。
⑤ 发卡行向商家发送付款成功信息。
⑥ 商家收到银行发来的付款成功的信息后，向消费者发送交易成功信息和发货信息。

(5) 基于 SET 协议的信用卡网络支付。

SET 协议是为使银行卡在 Internet 环境中安全地进行交易而提出的一整套完整的安全解决方案。协议涉及整个网络支付流程的安全以及参与各方的安全，主要采用数字证书形式，证实网络支付各方的身份，保护各方的安全性。基于 SET 协议的信用卡网络支付是指利用信用卡进行网络支付时遵守 SET 协议的安全通信与控制机制，以实现信用卡的即时、安全、可靠的在线支付。基于 SET 协议的信用卡网络支付尽管实施过程复杂，成本较高，支付速度也较慢，但由于其具有很强的安全性，越来越多的网络支付产品开始采用这种机制。

在使用基于 SET 协议的信用卡网络支付方式进行网络支付之前，消费者和商家必须首先分别到发卡行和收单行申请取得 SET 交易专用的客户端软件和商家服务器软件，并安装到各自的计算机上，然后向认证中心申请各自的数字证书。支付网关也要事先到认证中心申请数字证书，才能参与 SET 交易与支付结算活动。基于 SET 协议的信用卡网络支付流程如图 6-7 所示：

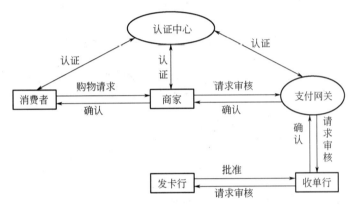

图 6-7 基于 SET 协议的信用卡网络支付流程

① 消费者上网浏览商品，填写订单。在线商家接到初步订单后做出应答，消费者确认订单后，签发付款指令，并输入信用卡信息。在这个过程中，消费者必须对订单和付款指令进行数字签名，同时利用双重签名技术保证商家看不到消费者的账户信息。

② 商家收到订单后，验证消费者的数字证书，查看数据是否在途中被篡改。验证通过后，对支付指令进行加密，连同订单数字摘要、商家和消费者的数字证书以及数字签名一起发往支付网关。

③ 支付网关验证消费者和商家的证书，确认有关数据未被篡改后，将支付指令发往收单行。

④ 收单行与发卡行通过金融专用网络完成资金支付结算后，向支付网关发送"支付应答"信息。

⑤ 支付网关收到"支付应答"后，对"支付应答"进行数字签名和加密，连同支付网关数字证书一起发给商家。

⑥ 商家收到支付网关发来的"支付应答"信息后，验证支付网关的身份以及数据的完整性。通过后，商家产生"购物应答"，对"购物应答"生成摘要、签名，然后连同商家证书一起发往消费者，同时安排发货。

⑦ 消费者收到"购物应答"后，验证商家身份以及数据完整性。至此交易支付流程结束。

二、电子支票支付系统

（1）电子支票支付系统模型。

电子支票系统提供发出支票、处理支票的网上服务，是纸质支票的电子化延伸。付款人向收款人发出电子支票以抵货款，收款人用此电子支票向银行背书以启动支付，经认证的合法电子支票在支付过程中就作为将存款从付款人账户转入收款人账户的确认依据。这是一种付款人启动支付的模式。大量的电子支票还可以经票据交换所进行清分，即通过票据交换组织，互相抵消各自应收应付的票据金额，然后只进行最终轧差金额的转账。由于整个过程的自动化程度很高，即使交易额很少，这种方式也是很经济的。电子支票系统模型如图6-8所示：

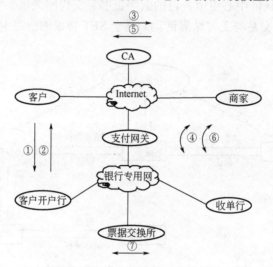

图 6-8　电子支票支付系统模型

电子支票支付系统的业务流程如下：

① 客户到银行开设支票存款账户，申请电子支票。

② 客户开户行审核申请人资信状况，决定是否给予使用电子支票的权利。

③ 顾客进行网上购物，填写订单，使用电子支票生成器和开户行发放的授权使用证明书生成此笔支付的电子支票，发往商家。

④ 商家将电子支票通过支付网关发往收单行进行验证，收单行将通过金融专用网验证后的信息传回商家。

⑤ 支票有效，商家确认客户的购货行为，组织送货。

⑥ 在支票到期前，商家将支票向收单行背书提示，请求兑付。

⑦ 持有多张不同开户行的电子支票的银行以及开户行之间选择固定的时间到票据交换所进行清分，轧出应收应付的差额据以记账。

电子支票系统比较适合B2B模式，由于电子支票的即时认证能加快交易的速度，并能保障交易的安全性，从而减少了处理纸质支票的成本，再加上票据交换所的介入，在很大程度上提高了整个支票系统的运行效率。但是电子支票支付系统对保密性要求较高，这在整个系统设计时需要充分考虑。

（2）电子支票的两种付款模式。

1）存款—清算模式

存款—清算模式的支付流程如图 6-9 所示：

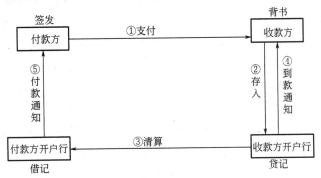

图 6-9　存款—清算模式的支付流程

① 付款方签发电子支票，并支付给收款方。
② 收款方收到电子支票后，对其进行背书，然后存入收款方开户行。
③ 收款方开户行与付款方开户行通过 ACH（Automated Clearing House，自动清算所）清算支票。
④ 收款方开户行向收款方发到款通知。
⑤ 付款方开户行向付款方发付款通知

2）兑现—转账模式

兑现—转账模式的支付流程如图 6-10 所示：

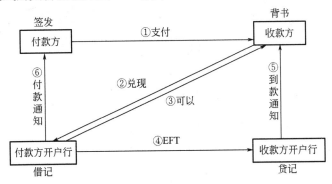

图 6-10　兑现—转账模式的支付流程

① 收款方签发电子支票，并支付给收款方。
② 收款方收到电子支票后，对其进行背书，然后请求付款方开户行兑现
③ 付款方开户行审查收款方递交的资料，如有效，发送确认信息。
④ 经由电子资金转账系统（EFT）贷记收款方的银行账户。
⑤ 收款方开户行向收款方发到款通知。
⑥ 付款方开户行向付款方发付款通知。

三、电子现金支付系统

（1）电子现金支付系统模型。

在整个电子现金支付系统中，电子现金的发行机构十分重要。为控制电子现金的发行量，发行机构应当在中央银行的严密监管下进行电子现金的发行，根据客户所存款额向客户发放等值的电子现金，并保证电子现金的防伪性。在整个系统中，电子现金的传送环节也应该充分考虑。在公共网络中，必须保证电子现金的传送是安全可靠的，即电子现金在传送途中不被截取、篡改，也不会丢失。这就需要通过加密技术、杂凑技术以及加强传输协议等来实现。电子现金的存储也十分重要，因为没有专门的银行账户与之对应，也不能跟踪其流通踪迹，一旦发生卡丢失或硬盘故障，电子现金就不复存在，所以要从技术上加强存储保护，尽可能减少技术故障带来的损失。电子现金支付系统模型如图 6-11 所示：

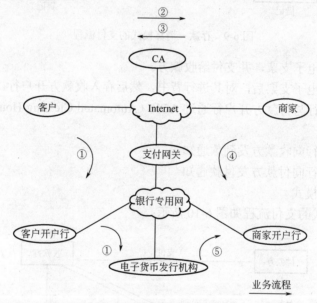

图 6-11　电子现金支付系统模型

电子现金支付系统的业务流程如下：

① 客户用现金或银行存款向发行机构申请兑换电子货币，发行机构将等额的货币输入客户的计算机或智能卡里。

② 客户进行网上购物，用电子现金支付货款。

③ 商家验证电子现金的数量以及真伪，然后组织发货。

④ 商家将一定数量的电子现金向发行机构申请兑换成存款账户。

⑤ 发行机构验证并收回电子现金，并将等额的货币由自己的银行账户转入到商家的银行账户。

由于电子现金的匿名性、离线操作性使得电子现金的网上支付效率较高，而且智能卡型的电子现金可以在流通中反复使用，并不一定每次都向发行机构兑回传统现金，这在很大程度上可以替代现金流通。但是由于电子现金的发行涉及国家货币发行的政策和金融稳定，所以对于电子现金的管理应当被国家高度重视。

(2)电子钱包卡支付模式。

电子钱包卡是一种具有存取款和转账消费功能的智能卡。其优点是,它在现实世界和虚拟世界都可以使用,相对安全、简单。利用电子钱包,就可以到银行将钱装入其中,然后在互联网上进行支付,也可以将这些钱兑现或用这些钱支付其他服务。此处介绍 Mondex 卡电子钱包支付系统。Mondex 电子钱包是英国银行和电信公司联合研究的融合金融和电信功能的电子现金系统。运作流程如图 6-12 所示:

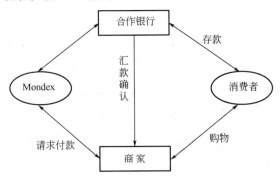

图 6-12　Mondex 电子钱包卡支付流程

消费者首先从银行户头划出一定的存款到 Mondex 电子钱包里,同时储户将等额的银行存款转到 Mondex 卡发行者的户头;持卡人消费时可以通过 Mondex 电话、零售终端机或网上进行电子货币的支付,商家可以随时向 Mondex 中心要求取款;收到取款通知的 Mondex 就向商家开户行汇款,同时征收一定的手续费。Mondex 卡具备和现金货币一样的储蓄和支付功能。当卡内的货币用完后,可以通过一种类似 ATM 的专用柜员机将持卡人在银行账户上的存款调入卡内。每次使用该卡时,卡上的芯片产生一个唯一的"数字签",以保证该卡是真实的,以辨别该卡为谁支付,从而防止了数字现金的非法截获。

(3)纯数字现金模式。

目前,提供数字现金支付方式解决方案的公司有 IBM、Digi Cash 和 Cyber Cash 等。下面以 Digi Cash 公司的 ecash 系统为例介绍数字现金的网络支付流程。使用 ecash 系统的消费者和商家首先应在数字现金银行开设数字现金账户,消费者用传统货币(如现金、存款等)购买数字现金。他们还应拥有专门的客户端软件和服务器端软件,位于客户端的软件被称为"钱夹"软件。在使用数字现金进行支付之前,消费者必须利用"钱夹"软件产生所需金额的"数字现金",对其"盲化"后发送给数字现金银行。这时的"数字现金"由于没有银行签名,所以无法使用,实际上相当于消费者向数字现金银行请求提取数字现金。银行收到请求后,先从消费者数字现金账户上减去提取的金额,再用银行的私密密钥对消费者发来的"数字现金"进行盲签,然后发回给消费者。在得到银行的签名后,数字现金就可以用于支付了。数字现金的网络支付流程如图 6-13 所示:

① 消费者在网上商店订购商品。
② 商家产生支付请求。
③ 消费者接受请求并确认,然后发送数字现金给商家。
④ 商家将数字现金发送给银行。
⑤ 银行验证数字现金真伪,若为真,贷记商家的数字现金账户,并提示商家送货。

电子支付与结算

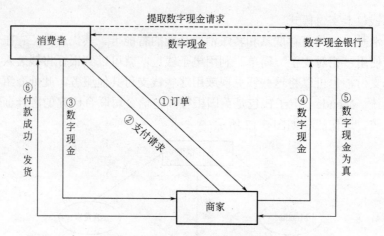

图 6-13 数字现金的网络支付流程

⑥ 商家发送付款成功信息给消费者，并组织送货。

数字现金网络支付流程的优点是交易成本低，支付速度快，因而可以进行微支付。缺点是数字现金和物理现金一样会丢失，如果消费者的硬盘出现故障，并且没有备份的话，数字现金就会丢失。

四、其他网络支付系统

（1）Direct Pay 网络支付。

美国国家自动清算所（National Automated Clearing House Association，NACHA）是一个研发操作规则和促进 ACH 网络应用的非营利性的电子支付交易组织。NACHA 的 Direct Pay 项目的目标是允许银行账户持有人通过 Internet 发起 ACH 贷记，将资金由 ACH 网络直接划拨到商家的银行账户。Direct Pay 网络支付流程如图 6-14 所示：

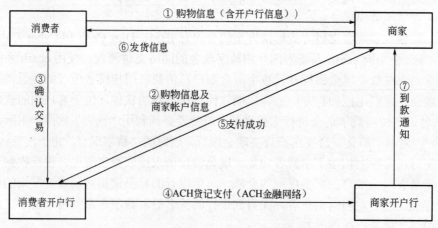

图 6-14 Direct Pay 网络支付流程

① 消费者在网上商店选定商品，选择使用 Direct Pay 支付，然后发送订货消息以及消费者开户行信息给商家。

② 收到消费者发来的购物请求信息后，商家连同商家的银行账户信息一起发送给消费

者开户行。

③ 消费者开户行使用在线银行认证技术对消费者身份进行认证,若是合法的账户持有人,则向消费者发送交易以及支付请求信息,消费者收到后进行确认,然后将确认信息发送给消费者开户行。

④ 在收到消费者对交易的确认信息后,消费者开户行经由传统的 ACH 金融网络进行 ACH 贷记操作。

⑤ ACH 贷记操作成功后,消费者开户行向商家发送支付成功信息。

⑥ 商家收到后,向消费者发交易成功信息并发货。

⑦ 资金到达商家账户后,商家开户行会通知商家。

从支付流程图可以看出,Direct Pay 网络支付是利用消费者的银行存款进行网络支付的方法,对于没有支付卡的银行客户来说,这提供了一种进行 Internet 网络支付的工具。

(2) 银行 Internet 支付系统。

银行互联网支付系统(Bank Internet Payment System,BIPS)是由美国金融服务技术协会(Financial Services Technology Consortium,FSTC)于 1996 年启动的一个研究项目,旨在研究如何经由 Internet 启动现有的银行支付系统,如 ACH 支付、SWIFT、电汇转账等。其基本思想是付款人经由 Internet 发送安全的支付指令到银行的 BIPS 服务器,BIPS 服务器将支付指令转换为传统的银行支付交易,BIPS 服务器相当于连接 Internet 和现有多种银行的支付系统网关。

BIPS 的设计目标是既能进行大额交易支付,也能进行小额零售交易支付,可由付款人或银行按照成本效益原则选择一种最佳的银行支付系统。BIPS 设计的指导思想是对现有设施的破坏尽可能少,因此,BIPS 使用现有的标准和技术,仅研发现有的 Internet 协议和银行系统之间的连接问题。使用 BIPS 进行网络支付时,仅需要付款人开户行安装 BIPS 服务器。

BIPS 的体系结构如图 6-15 所示,付款人通过电子邮件或 Web 发送 BIPS 支付指令到其开户行的 BIPS 支付服务器,BIPS 支付服务器将其转换为银行支付交易后发送到相应的银行支付系统。每个 BIPS 指令信息都由发送者进行数字签名,包括发送者的证书和交易 ID。BIPS 支付协议称为网络支付协议(Network Payment Protocol,NPP),每个 NPP 信息由多个字段组成,如支付类型、付款人信息、收款人信息、支付金额等,可根据需要对有关字段进行加密。

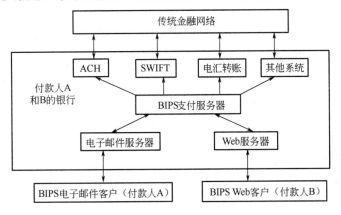

图 6-15 BIPS 的体系结构

目前已有三个原型系统符合 BIPS 规范，一个来自 Glenview 银行，使用电子邮件传输支付指令，启动 ACH 支付；一个来自 Mellon 银行，允许付款人通过 Web 发送支付指令，借助 ACH 进行公用事业费的支付；最后一个来自花旗银行，提供了一个企业到企业账单支付的解决方案。

本 章 案 例

网店店主虚假陈述后卷款失踪案

2008 年 6 月 17 日，张某在某网站一家名为"运动达人 fighting"的网店订购了一张乒乓球球桌，商品标价为 3 000 元，支付方式为网上电子支付。张某选择了该网站指定的某网上银行安全支付方式支付了全部款项 3 000 元，操作结束后屏幕显示交易成功。此后，张某在该银行打印的对账单也表明当日在其银行账户确实发生了该笔款项的支出。根据该网站交易规则，该笔款项将从消费者的银行账户中划拨到该网站指定的第三方支付平台"xx 宝"中，商家"发货"后，待消费者收到货物后"确认付款"，该笔款项再由该第三方支付平台划拨到商家账户中。而网站交易规则还规定，在商家"发货"后 7 日内，消费者即使没有"确认收货"，该笔交易也将自动完成，此时交易额将从第三方支付平台中划拨到商家账户之内。然后，张某在拍下货物支付货款之后便出差至外地十天。在此期间，张某因为工作关系没有上网，回到家中才发现乒乓球桌并未到货，而网站上的交易状态已显示成功。此后一星期，一直未收到货物的张某联系不到该商家，网页上面店主的联系电话始终是关机状态，投诉到该网站也未得到合理解决。原来，该商家在骗取了众多消费者共计五万余元的货款之后便"人间蒸发"了，而该网站在商家注册之时并无强制验证真实身份的要求。此后经查证，该商家在指定银行的账户是使用偷盗的身份证办理，银行工作人员在开设账户时也未尽到审核义务，由此消费者的损失便无从追寻。这样的案例在现实中屡见不鲜。

讨论：网上购物付款后，网店店主卷款失踪，消费者损失应由谁承担责任？

本 章 小 结

网络支付是指通过 Internet 完成支付的行为和过程。网络支付通常涉及消费者、商家、银行等中介机构，还包括认证机构和支付网关。网络支付的方式有很多种，如电子现金网络支付、电子钱包网络支付、电子支票网络支付、银行卡网络支付等。从 20 世纪 90 年代初期到现在，信用卡网络支付的安全性逐步提高，先后出现了无安全措施的信用卡网络支付、基于第三方代理机构的信用卡网络支付、简单加密信用卡网络支付、基于 SSL 协议的信用卡网络支付以及基于 SET 协议的信用卡网络支付。由于企业与企业间的支付结算越来越多地采用电子支票，使得电子支票系统也变得日益重要。随着电子现金这一新兴支付工具的出现，不少金融机构和组织都开发了相应的电子现金系统以适应其发展的需要。除了信用卡、电子现金、电子支票网络支付系统外，其他的一些网络支付系统也处于不断研发和实验阶段，如 Direct Pay 网络支付和银行 Internet 支付系统等。

本 章 习 题

1. 什么是网络支付？网络支付系统的基本构成如何？
2. 什么是网络支付方式？网络支付方式包括哪些？
3. 信用卡网络支付系统包括哪些种类？比较各自的业务流程及特点。
4. 按照载体来分，电子现金可分为哪两类？各自相应的支付系统如何？
5. 画出 Direct Pay 的网上支付流程图。
6. 银行互联网支付系统的基本思想是什么？试分析其优点。

第 7 章

移动支付

 学习目标

1. 掌握移动支付的概念;
2. 掌握移动支付的类型、运营链及运营模式;
3. 了解远距离移动支付的接入方式;
4. 掌握近距离移动支付的功能和流程;
5. 了解移动支付可能存在的问题;
6. 了解移动支付的安全保障技术;
7. 了解移动支付的发展方向。

 案例导入

手机支付将井喷式发展,零售业"钱"景巨大

随着 3G 网络和手机终端的日益完善,手机终端承载的功能越来越多,SIM 卡在速度、存储、识别能力上获得空前提高,多功能手机支付应用步伐明显加快,方便快捷的手机支付方式越来越广泛地成为用户的支付习惯,这个市场爆发出"巨大革命性的"能量。

艾瑞咨询数据显示,中国手机用户已经超过 7 亿,仅中国移动就有 5 亿用户。若参考日本成熟市场的手机支付用户渗透率约 50%,则未来几年中国市场手机支付用户数量可望达到 3.5 亿;若以人均每年交易金额 300 元为例,每年手机支付全国至少能产生近千亿消费市场。来自申银万国证券的报告显示,移动支付业务是"十二五计划"国家信息化战略的重要组成部分,移动支付业在产业链各环节的大力推进下,产业环境已基本形成,移动支付将进入高速发展期,手机支付井喷在即。

最近 Aberdeen 咨询公司公布的报告中指出,随着移动通信从话音业务重点转向 3G 数字业务,各种移动增值业务层出不穷,目前 80%的国内零售企业已意识到移动支付的重要性,而 2005 年这个数字只有 36%。如今大型零售企业面临的头号问题是如何提高服务水平、加强消费者的忠诚度,移动支付正是达到此营销目标的重要手段之一。

移动支付能为消费者创造更灵活、更亲切的消费环境,实现钱包的电子化、移动化,极大地丰富用户可选支付方式。在业务发展之初,手机支付的主要应用放在小额支付上,如缴纳电子信箱费、QQ 会员费、网络游戏月费,从自动售货机上买饮料食品、购买地铁票以及足球彩票投注等,其实用性颇受欢迎。未来的移动支付还可以用于买家电、汽车、买房等大

额支付。从消费者购买行为来看，消费者使用移动支付在商场、超市等零售卖场进行购物是符合市场发展规律和现代人生活方式的一种大趋势。可以预见，在不久的将来，移动支付有非常大的商业前景，将广泛应用于零售业的各个领域，将带来整个零售业销售模式的变革。

早在 2005 年，日本、韩国几乎所有的 3G 手机都配备了红外线装置用于移动支付，很多零售设备如自动贩卖机、售票机、售货亭等都对收款设备进行了改造和更新，增加了红外线、RFID 远程读取功能，很大程度地促进了日韩两国零售业的发展。手机支付或带来整个零售业营销模式的变革，引爆零售业"第二春"。

随着移动通信技术和通信设备的快速发展，特别是智能手机的快速普及，移动支付越来越受到广大消费者的欢迎。本章主要介绍移动支付的基本概念、商业运营模式、我国目前使用的近距离移动支付模式和远距离移动支付模式及其存在的问题和发展趋势。

7.1 移动支付概述

市场研究公司 Strategy Analytics 的数据显示，到 2011 年，全球消费者使用手机支付的金额将达到 220 亿美元[1]，手机支付市场潜力巨大。

7.1.1 移动支付相关概念

1. 移动支付

对移动支付（Mobile Payment，简称 M-Payment）的概念业界存在不同的观点，主要差别存在于以下两个方面

（1）移动支付的工具。

部分学者认为移动支付工具包括手机、PDA、移动 PC 等移动设备，另一部分学者认为移动支付工具就是手机。

（2）移动支付的支持网络。

部分学者认为移动支付通过移动通信网络实现支付，另一部分学者认为移动支付通过无线通信网络进行支付。

另外，一个专业从事移动支付相关研究的全球性组织"移动支付论坛"对移动支付的定义是："移动支付是指交易双方为了某种商品或服务而通过移动设备交换金融价值的过程。"综合上述学者们的观点，我们认为移动支付可以从广义和狭义两个方面进行界定，狭义的移动支付主要指利用手机进行的支付；广义的移动支付除包括手机支付外，还包括采用其他移动通信设备所进行的支付方式。本书采用广义移动支付概念。

综上所述，移动支付就是通过移动设备利用无线通信技术转移货币价值以清偿债权债务关系的一种支付方式，其中"移动设备"包括手机、PDA、移动 PC 等，无线通信技术包括各种近距离无线通信技术（例如红外线、射频识别技术、蓝牙等）和远距离无线通信技术（例如短信、WAP 等）。

手机是目前移动支付中使用最普遍的移动设备，利用手机进行支付的支付方式通常称为

---

[1] 数据来源：http://www.zgjrw.com/News/20101230/home/070479862220.shtml

手机支付。手机支付最早出现在美国，但是，美国和欧洲的移动运营商却都没有给予它太多重视与关注；相反，在日本和韩国，手机支付的发展变得最为迅速；无论是在业务量，还是在业务模式上，我国的手机支付还处于发展的初期，但发展势头非常迅猛，尤其在最近一年，手机电子钱包应用快速发展。

另外，以电子钱包方式支付的各种智能储值卡在交通、购物、校园等领域也日益普及，我国一些大城市已经开始运行一卡通项目，智能储值卡应用也成为移动支付领域的一个重要分支。

移动支付具有方便、快捷、安全、低廉等优点，日益受到电子商务商家和广大消费者的青睐，成为一种具有光明发展前途的电子支付结算方式。

2. 手机银行

手机银行就是通过移动通信网络与移动通信技术实现手机与银行的连接，通过手机界面操作或者发送短信完成各种金融服务的电子银行创新业务产品，是手机支付的一种实现方式，也是目前移动支付中使用比较普遍的一种支付方式。手机银行作为一种结合货币电子化与移动通信的服务，不仅可以使人们随时随地处理多种金融业务，而且极大地丰富了银行服务的内涵，使银行能以便利、高效而又较为安全的方式为客户提供传统和创新服务。

早在 2000 年 5 月中国工商银行、中国银行就推出了基于 SIM 卡（Subscriber Identity Module，客户识别模块的缩写，也称为智能卡、用户身份识别卡）技术的手机银行。后来中国建设银行推出了基于 BREW（Binary Runtime Environment for Wireless，无线二进制运行式环境）技术的手机银行。目前各大银行基本都推出了基于 WAP（Wireless Application Protocol，无线应用协议）先进技术的手机银行，客户利用手机通过浏览器进入自己的账户进行账户查询、支付、转账、缴费等操作，但 WAP 版手机银行界面不太灵活，为满足高端手机用户的需求，招商银行等部分商业银行针对 iPhone 等高端手机又推出了基于 XHTML1.0、CSS2.0、Javascript 等 Web 技术的新一代网页版手机银行，操作性更强，用户界面更加友好。

随着智能手机的不断改进和无线通信技术的发展，手机银行与网上银行在功能上的差距越来越小，甚至有人将手机银行称为"网上银行的手机版"或"移动银行"。

3. 手机钱包

手机钱包是手机与电子钱包的结合。正如本书第 2.3 节所述，电子钱包包括智能储值卡式电子钱包和纯软件式电子钱包。手机既可以通过与智能储值卡的物理融合成为电子钱包，也可以作为移动终端通过使用电子钱包软件成为手机钱包。但目前人们所称的手机钱包多指前者，即手机与智能储值卡的融合。

2005 年，中国移动、中国银联、联动优势科技有限公司联合各大银行率先在我国推出软件式手机钱包服务，通过把客户的手机号码与银行卡等支付账户进行绑定，使用手机短信、语音、WAP、K-Java、USSD 等操作方式，随时随地为拥有中国移动手机的客户提供移动支付通道服务。使用该通道服务可完成手机缴费、手机理财、移动电子商务付费等类别个性化服务，具体包括：查缴手机话费、动感地带充值、个人账务查询、手机订报、购买数字点卡、电子邮箱付费、手机捐款、远程教育、手机投保、公共事业缴费等多项业务。

2010 年，人们直接刷手机乘坐公交、地铁、出入门禁等现象在上海等大城市已经随处可见，这种智能卡式手机钱包呈现出勃勃生机。

4. 手机支付

如前所述，凡是通过手机进行的支付都应该属于手机支付，既包括类似手机银行这种支付双方互不见面的手机远程支付，也包括支付双方面对面的手机现场支付。手机支付是我们平常所说的"移动支付"的代名词（即狭义的移动支付）。但中国移动公司的"手机支付"业务则是一种业务名称，仅指利用手机进行远程支付的方式，该公司手机现场支付业务称为手机钱包业务。

中国移动手机用户在开通手机支付业务后，可以通过短信、WAP、互联网等多种接入方式进行互联网购物、缴话费、生活缴费、手机订票、手机投注等各种远程消费；同时，还可以进行提现、查询、收付款、账户管理等多种操作。

7.1.2 移动支付分类

根据不同的分类标准，移动支付可以分为不同的种类，但比较有意义并且常用的分类是按照传输方式和技术进行的分类。不同类别在安全性、支付成本等方面都有不同的要求，应用领域也具有一定的差异，支付的实现模式也各有不同。

（1）根据移动支付基于的账户，移动支付可以分为基于银行卡账户的移动支付和基于后台账户（包括话费账户）的移动支付。

银联开展的移动支付以及商业银行推广的手机银行属于基于银行卡账户的移动支付，而移动运营商的小额支付、各种储值卡的刷卡支付则是基于后台账户的移动支付。

（2）根据移动支付是否事先指定受付方，移动支付可以分为定向支付和非定向支付。

例如，手机话费的支付属于定向支付，手机购物就属于非定向支付。

（3）根据使用的传输方式和技术，移动支付可以分为远距离支付和近距离支付，或者称为远程支付和现场支付。

例如：刷卡或刷手机乘坐公交车、支付停车费或加油费等属于现场移动支付，而通过手机购买数字化产品或者网上购物选择手机支付则属于远程移动支付。

（4）根据移动支付金额的大小，移动支付可以分为大额支付、小额支付和微支付。

在不同国家和不同的发展阶段，大额支付、小额支付和微支付的划分标准有所差异，这主要取决于经济发展水平和支付业务的实际发展情况。目前的移动支付以微支付和小额支付为主。

7.1.3 移动支付产业链构成与运营模式

移动支付属于典型的技术驱动型业务，这类业务成功的基础是建立一个基本成型的产业链和合理的商业运营模式。

1. 移动支付的产业链构成

产业链是指围绕服务于某种特定需求或进行特定产品生产，一些相关资源通过多个产业环节不断向下游产业转移直至到达消费者的纵向链条。各个产业环节之间互为基础、相互依存，而且，每个产业环节都是一个相对独立的产业。据此，移动支付产业链可以定义为：为了满足消费者对移动支付的基本服务和增值服务的需求，由移动支付服务提供商（即发卡机构）、移动支付应用服务商、移动支付平台运营商、收单机构等多个产业环节共同组成（参见

图 7-1），实现相关资源从上游到下游的不断转移并达到消费者的链条。只有建立并完善移动支付产业链，才能使产业链中各成员获得最大的利益，实现多赢，从而推动我国移动支付市场的健康发展。

（1）移动支付服务提供商（即发卡机构）。

此处的发卡机构包括银行卡、储值卡（公交卡等）和虚拟卡（如 QQ 币）的发卡主体以及移动运营商。移动支付服务提供商向用户提供用于移动支付的载体。当然，这个载体已经摆脱了传统意义上的卡介质而完全数字化了。用户凭此载体进行支付。

（2）移动支付应用服务商。

移动支付应用服务商向移动支付服务提供商提供支付产品的销售和管理平台，向用户提供挑选合适支付产品的卖场，例如：移动设备提供商。因此，从某种意义上来说，移动支付应用服务提供商可以视为移动支付服务提供商和用户之间的重要桥梁。移动支付应用服务商是面向用户的直接窗口，能够快速、及时地掌握用户对支付产品的需求及变化等信息，并将这些变化向上游企业传递。

（3）移动支付平台运营商。

移动支付平台运营商的直接客户是各类发卡机构和收单机构，而最终客户则是用户和商户。其主要职责是跨行信息的转接和清算。目前，移动运营商和银行卡公司凭借现有的网络基础都可以进行移动支付平台的运营，成为移动支付平台运营商。

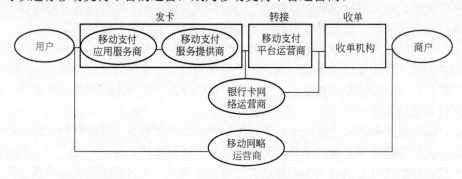

图 7-1 移动支付产业链构成

（4）收单机构。

收单机构主要为特约商户（包括实体商户和网上商户）受理支付产品（包括银行卡）提供授权和结算、交易后的对账查询和差错处理、监控收单交易等。收单机构包括金融机构以及有资质的专业化收单机构。对于移动远程支付而言，发卡、转接和收单的界限并不那么明显，尤其是收单环节可以和转接环节合为一体。

商户和用户虽然不包含在产业链中，但他们是移动支付服务的最终服务对象，商户提供产品和服务，用户是移动支付的使用者。商户的数量及提供产品的丰富程度，用户的使用习惯和接受程度也是决定移动支付发展的重要因素。

相对于其他新兴支付产业链，移动支付产业链的最突出特征就是主要环节间的关系更为复杂。一方面，现场移动支付和远程移动支付所涉及的产业环节、盈利模式甚至利益分配格局具有很大差异。在远程支付业务上，移动通信网络具有天然的联网通用特性，并且移动运营商已经拥有较为完善的计费系统，具有一定的优势；而在现场支付业务上，银行卡公司已经投入了大量人力、物力和财力,并已初步建成全国性的受理网络,具有优势。另一方面,移动运营商和银行为掌控用户资源(特别是用户的消费信息)的主导权展开争夺,因为谁掌握了用户的消费信息,就意味着谁可以展开有针对性的个性化增值服务(例如:产品营销)。

2. 移动支付商业运营模式

移动支付商业运营的主要模式有以下几种:以金融机构为主导的运营模式、以移动运营商为主导的运营模式、以第三方支付服务提供商为主导的运营模式、金融机构与移动运营商合作的运营模式。

(1)以金融机构为主导的运营模式。

提供支付服务的金融机构主要是银行。在该种运营模式下,银行独立提供移动支付服务,消费者和银行之间利用手机借助移动运营商的通信网络传递支付信息。移动运营商不参与运营管理,只负责提供信息通道。用户将手机与银行账户进行绑定,直接通过语音、短信等形式将货款从消费者银行账户划转到商家银行账户,完成支付。参见图7-2。

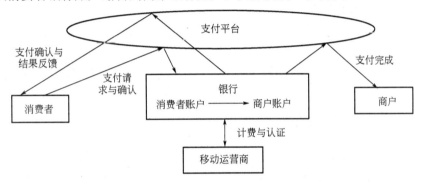

图7-2 以金融机构为主导的移动支付运营模式

在这种模式中,银行的收益主要来自以下方面:
① 手机银行账户上的预存金额,可以增加存款额度;
② 对移动运营商、商户的移动支付业务利润分成;
③ 降低银行支付渠道的经营成本(如网点、ATM);
④ 通过移动支付业务激活银行卡的使用,巩固和扩展客户群。

在该种运营模式下,各银行只能为本行用户提供手机银行服务,移动支付业务在银行之间不能互联互通;各银行都要购置自己的设备,通过与移动运营商搭建专线等通信线路,自建计费与认证系统,因而会造成较大的资源浪费;对终端设备的安全性要求很高,用户需要更换手机或STK(SIM Tool Kit)卡。

(2)以移动运营商为主导的运营模式。

这种运营模式以移动运营商代收费业务为主,银行完全不参与其中。消费者对其话费账户预先充值,当采用手机支付形式购买商品或服务时,将话费账户作为支付账户,交易费用直接从话费账户中扣除。这样货款支付先由电信话费进行扣除,最后由商家和移动运营公司进行统一结算。例如中国移动公司推出的"移动影音书刊俱乐部"购物的支付方式,日本移动运营商NTT DoCoMo推广的i-mode Felica手机电子钱包服务等。参见图7-3。

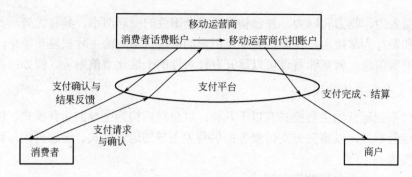

图 7-3　以移动运营商为主导的移动支付运营模式

在这种运营模式下,移动运营商主要从以下几方面获得利益:
① 服务提供商(即商户)的佣金;
② 带来基于语音、SMS(Short Messaging Service)、WAP(Wireless Application Protocol)的移动支付业务,增加业务收入;
③ 移动支付业务可以刺激用户产生更多的数据业务需求,同时稳定现有客户,并吸纳新用户。

在这种运营模式下,移动运营商直接与用户交流,不需要银行参与,技术实现简单;但移动运营商需要承担部分金融机构的责任,如果发生大额交易将与国家金融政策发生抵触;而且无法对非话费类业务出具发票,税务处理复杂。因此一般只能用于小额支付。

(3) 以第三方支付服务提供商为主导的运营模式。

这里的第三方支付服务提供商指独立于银行和移动运营商,利用移动通信网络和银行的支付结算资源进行支付的身份认证和支付确认的机构。第三方支付服务提供商可以是银联,也可以是别的手机支付平台,他们需要构建移动支付平台,并与银行相连完成支付,同时充当信用中介,并且为交易承担部分担保责任。货款通过第三方提供的移动支付账号进行划转。如通过上海捷银支付、联动优势科技的移动门户支付、手付通等平台进行的支付。参见图 7-4。

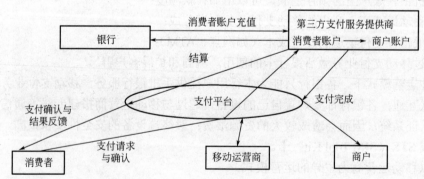

图 7-4　以第三方支付服务提供商为主导的移动支付运营模式

这种模式中,第三方支付服务提供商的利润主要来源于向移动运营商、银行和商户收取的信息交换佣金。

这种运营模式具有以下特点。
① 银行、移动运营商、第三方支付服务提供商、商户之间分工明确、关系简单;

② 第三方支付服务提供商发挥着"插转器"的作用，将银行、移动运营商等各利益群体之间错综复杂的关系简单化，从而大大提高了商务运作的效率；

③ 实现了跨行支付；

④ 第三方支付服务提供商可以平衡移动运营商和银行之间的关系；

⑤ 对第三方支付服务提供商在技术能力、市场能力、资金运作能力方面都要求很高。

（4）金融机构与移动运营商合作的运营模式

金融机构和移动运营商发挥各自的优势，在移动支付技术安全和信用管理领域强强联手，综合了以金融机构为主导和以移动运营商为主导的两种运营模式。参见图7-5。

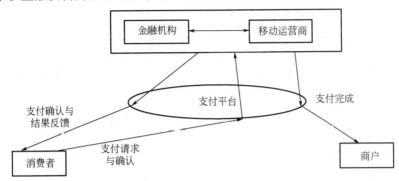

图 7-5　银行与移动运营商合作的运营模式

在这种模式下，移动运营商与金融机构关注各自的核心产品，形成一种战略联盟关系，合作控制整条产业链；在信息安全、产品开发和资源共享方面合作更加紧密；运营商需要与各银行，或与银行合作组织（例如银联）建立联盟关系。

随着中国人民银行对电子支付服务提供商实行"牌照制"，移动支付的市场秩序将得到规范和整顿。在产业利益的驱动下，最好的运营模式将是以金融机构和移动运营商紧密合作为基础，以第三方支付服务提供商的协助支持为推动力的整合商业模式。

7.2　移动支付业务模式与技术

前面已经提到，按照传输方式和技术的不同，移动支付可以分为远距离移动支付和近距离移动支付，参见图7-6。不同类型的支付技术具有不同的业务模式和支付流程。

7.2.1　移动支付业务模式

下面分远距离移动支付和近距离移动支付分别介绍移动支付的业务模式。

1. 远距离移动支付（远程支付）业务模式

远距离移动支付是指通过无限移动网络进行接入的服务。消费者在购买商品或服务时，可以用短信、WAP或客户端软件等方式将支付信息传递到支付平台的后台服务器，支付平台在相应账户中扣除相应的费用，并且向商家发出支付确认信息，商家发货或提供服务。远距离移动支付通常用于网上消费，其业务模式在我国目前主要分为以下几种类型。

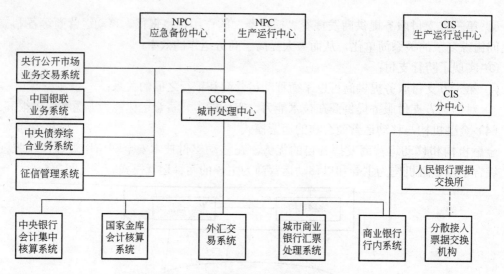

图 7-6 移动支付的两种传输方式

（1）手机银行模式。

手机银行是各商业银行提供的一种主要移动支付方式。一般对用户有两项要求：用户在该商业银行拥有合法账户；用户手机支持相应的技术和协议，例如招商银行手机银行要求手机支持 WAP1.1 或更高版本的 WAP 协议。

在使用手机银行之前，为保障用户的安全，部分商业银行要求客户持有效身份证件和账户凭证到账户所在地的营业网点办理注册或开通手续，或者对某些功能要求客户到柜台办理相关协议手续。

使用时，用户通过手机浏览器访问银行特定的手机银行网站，例如招商银行手机银行网站为：http://mobile.cmbchina.com。目前，手机银行可以提供类似网上银行的各种功能和服务，例如：各种银行卡的账户管理、自动转账、自助缴费、网上支付、投资理财，信用卡的还款管理和积分管理等增值业务。

招商银行手机银行使用流程如图 7-7 所示。

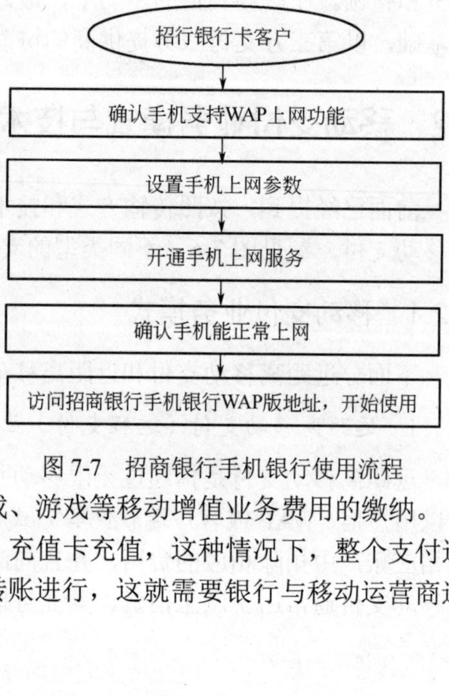

（2）后台账户（包括话费账户）模式。

移动运营商为每个手机客户建立一个与手机号码绑定的后台支付账户，用户为该账户充值后，即可在远程合作商户购物，并通过 Web、短信、语音等方式从该账户进行支付。运营商将客户消费的金额从该支付账户中扣除，服务提供方则通过与移动运营商的结算来获得收益。

图 7-7 招商银行手机银行使用流程

与手机号码绑定的后台支付账户也可以是该手机号码的话费账户，这种模式主要适用于图铃下载、游戏等移动增值业务费用的缴纳。

为后台支付账户充值可以通过营业厅现金充值、充值卡充值，这种情况下，整个支付过程中没有银行的参与；账户充值也可以通过银行卡转账进行，这就需要银行与移动运营商进行结算。

(3) 银行卡绑定模式。

这是一种移动用户通过手机号码和银行卡业务密码进行缴费和消费的业务模式。这种模式要求移动用户将银行卡与手机号码事先绑定，在移动支付交易过程中，手机号码代替了定制关系对应的银行卡，用户只需要输入银行卡业务密码就可以了。中国银联和大多数的第三方移动支付服务提供商采用的都是这类业务模式。

在这种业务模式中，移动运营商只为银行和用户提供信息通道，不参与支付过程。银行为用户提供交易平台和付款途径，并提供相应的安全机制。

(4) 虚拟账户模式。

这是一种移动用户使用在第三方支付机构开设的网上虚拟账户进行支付的业务模式。这种模式要求用户预先将资金转账或充值到后台服务器的虚拟账户内，或者将该虚拟账户与银行卡账户关联，在支付时使用该账户进行消费。使用时，用户在手机上安装第三方机构推出的具有第三方支付接口的手机客户端，通过该客户端操作虚拟账户完成支付。2010 年 10 月 19 日，国内领先的第三方支付公司支付宝在北京宣布，联合手机芯片商、系统方案商、手机硬件商、手机应用商等 60 多家厂商成立"安全支付产业联盟"，并针对移动互联网发布业内新一代的无线支付产品——"手机安全支付"，为手机应用开发者提供一个开放式隐形平台。根据该方案，手机用户在安装带有支付宝接口的 APP（应用软件）之后，就可以在手机上通过支付宝账号完成该 APP 的所有付费操作。而此类 APP 包括但不限于游戏、阅读、充值、缴费、网购等，最直接的应用就是用户可以在手机话费充值时调用支付宝账户进行支付。据统计，当前基于支付宝手机客户端的日均支付已超过 20 万笔。

2. 近距离支付（现场支付）业务模式

近距离移动支付不通过移动网络，利用近距离无线通信技术（例如：红外线、射频识别、蓝牙等技术）进行支付，包括接触式支付和非接触式支付。这种支付方式也就是储值卡式电子钱包支付，每个电子钱包有一个对应的后台支付账户。例如：刷卡或刷手机乘坐公交车、支付停车费或加油费等。

消费者在储值卡发行机构（例如公交公司、商场、加油站、商业银行等）预存资金并获取储值卡（相应建立与该储值卡对应的后台账户），在购买商品或服务时，通过刷卡完成支付，支付的处理在现场进行，支付完毕，消费者即可得到商品或服务。当储值卡内资金较少时，消费者可以通过充值机构对卡进行充值。这种业务模式目前被称为"电子钱包"模式。

近两年，这种电子钱包与手机加速融合，通过在手机终端内置 NFC（近距离通信）芯片，植入用户信息、账户信息或银行卡号等信息，将储值卡或银行卡功能集成到手机卡中，以手机作为储值卡的载体，通过刷手机就可以乘公交、地铁、出租等交通工具，还可以进行公共事业缴费、超市购物、医疗卫生、社会综合保险等功能应用。这种电子钱包与手机的融合方式目前主要有两种方式：贴片卡方式，将储值卡信息经过特殊工艺加工或异型，贴在手机 SIM 卡上；改造传统 SIM 卡，形成具有 RFID 卡和 SIM 卡两种功能的双界面智能卡 RFID-SIM 卡。

7.2.2 移动支付远距离支付技术及流程

按照移动支付远距离支付接入方式的不同，移动支付可以分为以下四类：

1. 基于短消息（SMS）方式（包括基于 STK 的支付接入方式）的支付

国内提供基于 SMS 移动支付的典型是中国工商银行，工行在 2004 年正式在全国范围内推出基于短信的手机银行服务，为个人网上银行用户提供增值服务。

在以金融机构为主导的移动支付运营模式中，用户必须将手机原有的 SIM 卡换成 STK（SIM Tool Kit，用户识别应用工具）卡，STK 卡与 SIM 卡一样都能够在普通手机上使用，但是 STK 卡具有更高的存储量，能够运行应用软件。基于 STK 卡的支付方式与基于 SMS 的移动支付流程相似。中国银行、建设银行、招商银行等都曾提供过 STK 手机银行，但在随后的发展中，多数都被其他类型的手机银行所代替。

（1）短消息 SMS 业务。

短消息分为两类：一类是点到点短消息（SMS），一类是校区广播短消息（CBS），一般意义上提到的短消息主要指的是点到点短消息。

短消息 SMS（Short Message Service）业务是一种在数字蜂窝终端上发送或接收长达 140byte 字符的消息，并具有存储和转发功能的服务。短消息并不是直接从发送人发送到接收人，而始终通过 SMS 中心进行转发。如果接收人处于未连接状态（可能电话已关闭或超出服务范围），则消息将在接收人再次连接时发送。

点对点短消息既是一种基本电信业务，又可以作为信息服务业务的数据传输载体提供增值业务，如信息点播服务及远程数据操作业务。由于短消息需在短消息中心存储转发，所以实时性较弱。

短消息业务以较低的延迟支持国际漫游，因此特别适合多用户寻呼、Email、语音邮件通知和消息类业务等应用，但具体提供给用户的各种功能和相应的收费在很大程度上仍依赖于网络运营商所提供的服务水平。已经有大量的应用可以使用计算机来接收和发送短消息。

（2）基于 SMS 的移动支付流程。

主要采用的是点到点短消息模式，这种方式广泛在欧洲和亚洲使用，基于 SMS 支付方式的支付流程参见图 7-8。

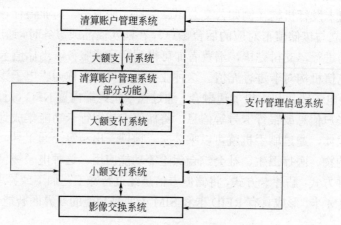

图 7-8 基于 SMS 支付方式支付流程

① 用户通过短消息形式向移动支付平台请求内容服务；
② 移动支付平台收到请求内容后认证用户的合法性及账户余额，如果合法则向增值服

务提供商请求内容,不合法则返回相应错误信息;

③ 增值服务提供商收到移动支付平台的内容请求后,认证移动支付平台的合法性,如果合法,则增值服务提供商发送请求的内容给移动支付平台,否则返回相应错误信息;

④ 移动支付平台从用户的账户中扣除相应费用,然后把收到的内容转发给用户,同时告诉用户付款结果;

⑤ 移动支付平台通知增值服务提供商转账成功。

在 SMS 系统中,费用从用户的话费中扣除,账户的处理由移动支付平台来完成,银行不参与,因此 SMS 系统仅适合小额的信息服务。SMS 方式移动支付的安全性主要由短消息的安全性决定。这种方式的优点是费用低廉、节省成本,符合手机使用群体以低成本享受高质量服务的期望。

2. 基于 USSD 方式的支付

(1) USSD 简介。

USSD(Unstructured Supplementary Services Data)即非结构化补充业务数据,是基于 900/1800MHz 数字蜂窝移动网络的一种应用,遵循 GSM02.90、GSM03.90、GSM04.90 标准。它是一种面向连接的基于会话的数据业务,在使用上与 SMS 非常类似。用户可以在移动终端上按照规定的格式编辑 USSD 字符串,然后发起 USSD 请求。USSD 在非通话状态下使用独立专用控制信道,每个 USSD 会话占用一个专用控制信道,传输速度约 600byte/s;在通话状态下使用快速随机控制信道,传输速度约 1000byte/s。USSD 第一阶段规范只支持移动台发起的 USSD 操作,且只支持一次交互,因此只适合简单的业务;第二阶段规范引入了对网络发起的 USSD 操作的支持,允许移动平台与网络间的持续会话。

USSD 是继短消息业务后在 GSM 移动通信网络上推出的又一新型增值业务。USSD 业务与 SMS 的主要区别在于 SMS 采用的是存储转发方式,而 USSD 业务系统采用的是面向连接,提供透明通道的交互式会话方式,是会话类业务的理想载体,具有响应速度快、交互能力强、可靠性高的特点,特别适合开展支付型、交易型的业务(如,银行转账、股票彩票业务、移动电子商务小额交易等)。大多数普通 GSM 手机支持 USSD 功能,可使手机用户在不换卡的情况下,采用菜单方式访问各项 USSD 业务,有利于降低用户操作难度。

(2) 基于 USSD 接入方式的移动支付流程。

基于 USSD 接入方式的移动支付流程如图 7-9 所示。

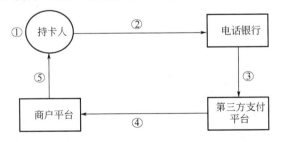

图 7-9 基于 USSD 接入方式的移动支付流程

3. 基于 K-JAVA 方式(包括基于 BREW 的支付接入方式)的支付

国内提供 K-JAVA 方式手机银行服务的典型代表是兴业银行和工商银行上海分行。兴业银行 K-JAVA 手机银行提供的服务主要包含两大类：外汇和银证。与基于短信方式的手机银行相比，基于 K-JAVA 方式的手机银行界面更友好，输入输出更方便，网络传输更快；而与基于 WAP 方式的手机银行相比，则存在必须先下载客户端的劣势。

（1）K-JAVA 及其规范。

K-JAVA 即 J2ME（Java to Micro Edition），是 Sun 公司专门用于嵌入式设备的 Java 软件。利用 K-JAVA 编程语言为手机开发应用程序，可以为手机用户提供游戏、个人信息处理、电子地图、股票等服务程序。J2ME 致力于消费产品和嵌入式设备的最佳解决方案，其遵循"对于各种不同的装置而造出一个单一的开发系统是没有意义的事"这个基本原则，将所有的嵌入式装置大体上区分为两种：一种是运算功能有限、电力供应也有限的嵌入式装置（例如：PDA、手机等）；另外一种是运算能力相对较佳，并且在电力供应上相对比较充足的嵌入式装置（例如：冷气机、电冰箱等）。针对这两种嵌入式设备引入了两种规范：把上述运算功能有限、电力有限的嵌入式装置规范为 CLDC（Connected Limited Device Configuration）规格；而另外一种装置则规范为 CDC（Connected Device Configuration）规格。

（2）基于 K-JAVA 接入方式的移动支付流程。

基于 K-JAVA 接入方式的移动支付流程如图 7-10 所示，以招商银行为例。

① 用户挑选商品后，由商家服务人员录入所买商品的详细信息，并按固定格式形成订单。用户核对完订单后告诉服务人员手持设备的号码。

② 商家对该订单和手持设备（如手机号）加密、签名后通过安全 Internet 通道（SSL）发送给移动支付平台。

③ 移动支付平台收到消息后确认消息的来源，如果消息确实来自指定商家则对消息处理（如加密签名）后发送给移动用户。

④ 用户收到移动支付平台发来的消息后，进行验证，输入 PNI 码，同意使用移动支付系统，然后确认所买的商品、消费额、商家标识及消息来源，如果消息正确，则同意支付。消息处理后传送给移动支付平台。

⑤ 移动支付平台确认消息正确后向银行发起转账请求。

⑥ 银行处理支付。

⑦ 移动支付平台收到转账成功的消息。

⑧ 用户收到电子发票或收据。

⑨ 商家收到支付成功的通知。

⑩ 商家为客户提供服务。

4. 基于 WAP 协议的方式的支付

目前，我国几乎所有银行都在着力提供 WAP 方式的手机银行。其中发展成效最好的当属中国建设银行。早在 2000 年建设银行就已携手中国移动共同探索手机银行服务的研发，相继提供了 STK 手机银行、BREW 手机银行（类似于 K-JAVA 手机银行），2005 年与中国联通合作在业内首次推出联通 WAP 手机银行。该手机银行功能可形象地被表述为"手机理财+手机支付+手机电子商务"，它是国内首个大规模推出支持在线交易的金融服务，让我国手机银行服务的发展有了一次跳跃式的进步。随后又在 2006 年与中国移动合作推出移动 WAP 手机银行。

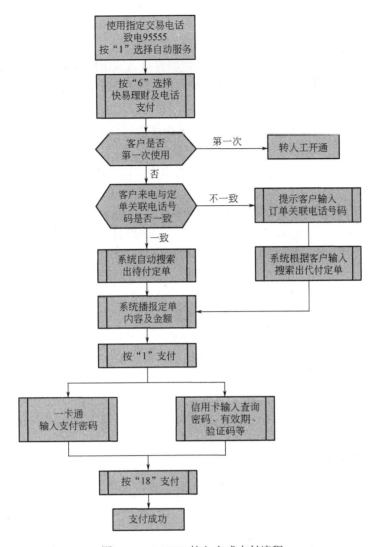

图 7-10 K-JAVA 接入方式支付流程

（1）WAP 简介。

WAP（Wireless Application Protocol）即"无线应用协议"，是一种向移动终端提供互联网内容和先进增值服务的全球统一的开放式协议标准，是简化了的无线 Internet 协议。WAP 将 Internet 和移动电话技术结合起来，使随时随地访问丰富的互联网资源成为现实。WAP 服务是一种手机直接上网，通过手机 WAP"浏览器"浏览 WAP 站点的服务，可享受新闻浏览、股票查询、邮件收发、在线游戏、聊天等多种应用服务。WAP 由一系列协议组成，用来标准化无线通信设备。

WAP 由 WAP 论坛（WAP forum，网址为 www.wapforum.com）发布，WAP 论坛由爱立信、摩托罗拉、诺基亚以及无线星球（Unwired Planet）共同创建于 1997 年 6 月，其目标是通过 WAP 这种技术，将 Internet 的大量信息及各种各样的业务引入到移动电话、PALM 等无线终端之中。WAP 论坛的成员目前占据着超过 90%的全球手机市场，同时又是领先的基础设施提供商、软件提供商。正是由于 WAP 论坛成员有广泛的代表性，其制定的 WAP 规范具有多厂商设备可以互操作的特点，使 WAP 成为业界广泛接受和使用的无线信息网络连接方式。WAP 标准和其他技术文档可以直接从 WAP 论坛上下载。

WAP 无线应用协议的产生，使移动设备能够直接访问国际互联网上的资源，WAP 可以支持目前使用的绝大多数无线设备，包括移动电话、FLEX 寻呼机、双向无线电通信设备等。目前，WAP 已经成为移动通信业中的一大热点，具有以下特点：

① WAP 是公开的全球无线协议标准，并且是基于现有的 Internet 标准制定的。

② WAP 提供了一套开放、统一的技术平台。WAP 定义了一套软硬件的接口，实现了这些接口的移动设备和网站服务器可以使人们像使用 PC 机一样，使用移动电话收发电子邮件甚至浏览 Internet。

③ WAP 定义了一种 XML（Extensible Markup Language）语法，被称作为无线标记语言 WML（Wireless Markup Language）；WML 是专门为小屏幕和无键盘手持设备服务的语言。

④ WAP 协议可以广泛地运用于 GSM、CDMA、TDMA、3G 等多种网络。

⑤ 为保持现有的巨大移动市场，WML 用户的界面直接映射到现有的手机界面上。

（2）WAP 应用体系结构。

WAP 的应用模型是基于 WWW 的客户/服务器结构（即 B/S 结构），客户方通过浏览器向 Internet 上的服务器请求以标准格式表示的 Web 页面内容；还针对无线和移动环境的特点对内容格式、通信协议等方面进行了优化和扩展；可以利用现有的大量应用开发工具（如 Web 服务器、XML 工具等）。

WAP 的目标是利用其在 Internet 上的对等 WEB 结构，使内容提供商和移动设备之间的通信比在单独使用情况下更有效和省时。因此 WAP 应用结构非常类似 Internet 结构。一个典型的 WAP 应用系统如图 7-11 所示。

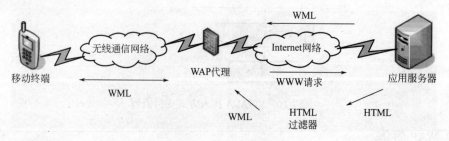

图 7-11　WAP 应用体系结构

在一个 WAP 应用系统中包括以下三种实体。

① 具有 WAP 用户代理功能的移动终端。

典型的移动终端是 WAP 手机，它相当于 Internet 中的 PC 机，在它的显示屏上运行有微浏览器（micro-browser），用户可以采用简单的选择键来实现 WAP 服务请求，并以无线方式发送和接收所需的信息。WAP 终端使用 WML 显示各种文字图像数据。

② WAP 代理。

WAP 代理是联系 GSM 网与万维网的桥梁。它具有两方面的功能：一是进行协议的"翻译"，实现 WAP 协议栈（WSP，WTP，WTLS 和 WDP）与 Internet 协议栈之间的转换；二是作为内容编码器，WAP 网关利用信息内容编码/解码器（Content Encoders and Decoders）把 WAP 数据压缩编码，减少了网络数据流量，最大限度地利用无线网络缓慢的数据传输速率。

同时，WAP 还采用了错误校正技术，确保网络浏览和数据过程不会因无线通信线路质量的变化而受到影响。

③ 应用服务器（或称为内容服务器）。

支持 WAP 的 Web 网站就存放在应用服务器上，服务器中存有用 WML Script 及 WML 编写的 WAP 应用，这些应用可以根据 WAP 移动终端的需要而被下载，在不需要时可以从 WAP 终端中卸载。

WAP 应用系统的基本工作过程如下：

WAP 移动终端上 WAE（Wireless Application Environment）用户代理将编码后的 HTTP 请求通过无线接口，经由无线通信网络发送给 WAP 代理。

WAP 代理解码请求后将其转换为标准的 HTTP 请求提交给内容服务器（即应用服务器）。

响应信息经由应用服务器返回到 WAP 代理。

如果应用服务器提供的是 WAP 内容（即 WML），WAP 代理可以从应用服务器上直接取回；如果应用服务器提供的是 WWW 内容（即 HTML），则需要先使用过滤器（例如：HTML 过滤器），把 WWW 内容转化为 WAP 内容。

WAP 代理对响应信息进行编码并返回给移动客户端。

WAE 用户代理负责解释并显示响应数据。

小知识

无线应用环境 WAE

无线应用环境是一个融合了 WWW 和移动电话技术的通用应用开发环境。其主要目标是建立一个兼容的环境，以便让移动运营商和服务提供商能够在各种无线平台上高效、实用地建立应用程序和服务。无线应用环境 WAE 包括一个微浏览器环境，主要有以下功能：

无线标记语言

这种语言是一种与超文本标记语言 HTML 相似，经过优化的轻量级标记语言。

WML 脚本语言（WML Script）

这是一种与 JavaScript 相似的轻量级脚本语言。

无线电话应用（Wireless Telephony Application，WTA，WTAI）

它们是电话业务和编程接口。

内容格式

这是一组已经定义好的数据格式，包括图像、电话簿记录和日志信息等。

（3）WAP 安全机制。

WAP 环境的安全机制包括 WIM（WAP Identity Module）、WIMScript（WAP Script Crypto API）、WTLS（Wireless Transport Layer Security）、WPKI（Wireless Application Protocol PKI）四个安全标准。

① WIM。

WIM 是安装在 WAP 设备里的微处理器芯片，能够保存一些关键信息（如 PKI 公钥和用户的私钥信息），WIM 通常使用智能卡实现。

② WIMScript。

WIMScript 是 WIMScriptLib 库提供的应用编程接口，包含密钥产生、数字签名，以及处理一些常用的 PKI 对象的函数。

③ WTLS。

WTLS 是基于互联网中的 TLS 的传输层安全协议。WTLS 能够实现对通信参与方的认证，对 WML 数据加密，并能保证 WML 数据的完整性。WTLS 针对无线设备通信的低宽带特性进行了优化。

④ WPKI。

WPKI 为无线应用协议的 PKI，是传统 PKI 在无线应用环境中的优化扩展。详细内容参见本节安全部分。

（4）WAP 移动接入方式的支付流程。

WAP 移动支付接入方式的支付流程如图 7-12 所示，以工商银行为例。从移动客户端开始，经过商家、支付网关并最后到达银行端；银行经过验证、处理后，向商家及移动终端发出反馈说明本次交易状态。其中银行与商家不进行直接通信，而是通过商家在银行注册的支付网关进行转发；对于移动终端，则由银行向其发送签名消息来完成通知过程。

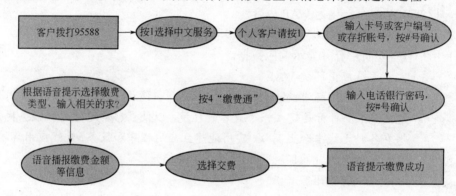

图 7-12　WAP 移动接入方式支付流程

具体而言，WAP 移动接入方式的支付流程可以分为五个阶段。与有线交易不同的是，移动客户在整个交易过程中并不是一直处于连接状态，移动终端向商家提供订购信息后便断开网络连接，等待从银行发来的支付确认签名短信。这种做法有效地节约了无线网络的带宽，也从经济上为客户节省了开支，是目前一种可取的办法。

交易过程从移动终端用户开始，可能有以下两种情况。

① 网上购物。

客户从商家主页获取商品信息并做出选购，当商家发回确认信息后，再由客户生成交易数据。

② 直接支付。

客户不需要浏览商家网站，而只是进行一种简单的支付行为。例如，客户可能到某个超市进行购物，付款时发现身上没带现金，也没带银行卡，因此，客户选择移动支付方式，从商家获得代表本次交易的交易号，并将交易号、金额、商家账号等信息输入移动设备后向商家服务器提出支付请求。

不论哪种情况，真正的支付流程以商家向客户端发送支付确认为标志，以上述直接支付情况为例，支付流程图的各步骤具体含义如下。

① 客户端移动设备访问商家服务器，并与商家 WAP 网关建立安全连接。

② 商家提供未支付的交易查询，保证客户能够通过交易序列号查询出本次交易所需支付的金额。

③ 商家向支付平台发出连接请求，支付平台收到请求后向其发送自己的数字证书。如果商家验证支付平台证书通过，则将数据以平台的公钥加密，将交易数据以及商家自己的证书发送给支付网关。支付网关利用商家证书验证商家身份，如果通过验证，则证明商家身份合法，可以进行通信；否则，发出警告并断开连接。

④ 银行前置机是整个交易流程的最后一个处理环节，并且是银行内部系统的外部接口。银行前置机根据支付平台传过来的支付请求信息生成本行内部使用的命令，操纵内部数据库，完成转账过程。

⑤ 支付结果反馈。完整的反馈过程由银行端发起，银行端会同时向支付平台及客户端发送支付确认消息。由于支付平台及客户端在银行均有注册，所以可以根据对象的不同使用其公钥进行加密，并附加上保证数据完整性的数字签名进行反馈。

7.2.3 移动支付近距离支付技术及流程

在近距离支付中，常采用的支付技术有红外线技术、蓝牙技术及射频识别技术三种。目前，基于 RFID 的非接触式移动支付正在逐步取代蓝牙、红外线等成为非接触式移动支付的新宠。

1. 红外线技术

红外线（Infrared Rays）是一种光线，是波长在 750nm 至 1mm 之间的电磁波，由于它的波长比红色光（750nm）还长，超出了人眼可以识别的（可见光）范围，所以是不可见光线。

红外线由德国科学家霍胥尔于 1800 年发现，又称为红外热辐射（Infrared Radiation），它的频率高于微波而低于可见光，通常把波长为 0.75～1 000μm 的光都称为红外线，并可以按照波长继续细分为三部分，即近红外线，波长为 0.75～1.50μm；中红外线，波长为 1.50～6.0μm；远红外线，波长为 6.0～1 000μm。红外线具有普通光的性质，常常被用做近距离视线范围内的通信载波。

红外线传输是一种点对点的无线传输方式，传输对象间不能离得太远，要对准方向，且中间不能有障碍物，几乎无法控制信息传输的进度。目前红外线应用于移动支付主要是在日本和韩国。

2002 年 7 月，韩国的 HarexInfoTech 开始对基于红外线非接触式移动支付系统进行测试。该系统名为 "ZOOP"，用户可以通过手机中的 "手机钱包" 进行支付，具体的支付流程如图 7-13 所示[1]。

图 7-13 ZOOP 手机支付流程

---

1 资料来源：诺达咨询

2. 蓝牙技术

蓝牙技术（Bluetooth）是一种无线数据与语音通信的开放性全球规范。它以低成本的近距离无线连接为基础，为固定设备与移动设备通信环境建立一个特别连接，同时形成一种个人身边的网络，使得身边各种信息化的移动便携设备都能无缝地实现资源共享。

蓝牙以无线 LAN 的 IEEE802.11 标准技术为基础，使用全球通并且无须申请执照的 2.45GHz 无线频带，最高数据传输速度为 1Mbps。系统设计通信距离为 10cm～10m，如增大发射功率，其距离可长达 100m。可以同时实现 8 台设备的互联通信。

蓝牙技术起源于 1994 年，由爱立信、IBM、Intel、诺基亚和东芝等公司联合推出，并于 1998 年 5 月组建了蓝牙特殊利益小组（SIG）负责蓝牙技术标准的制定、产品测试以及协调各国蓝牙使用频段的一致性。近年来，世界上一些权威的标准化组织，也都在关注蓝牙技术标准的制定和发展。越来越多的设备厂商和驱动厂商支持蓝牙，蓝牙已逐渐成为较为普及的一种无线近距离通信技术。在短距离技术应用方面，蓝牙技术正逐步超越红外技术，成为手机中的主要传输技术。

2001 年，爱立信与 EurocardAB 在瑞典开始测试基于蓝牙的移动支付系统，具有蓝牙支付功能的手机与 Eurocard 账号进行了绑定，其交易流程如图 7-14 所示[1]。

图 7-14 Eurocard 手机支付流程

3. 视频识别技术 RFID 与 NFC

RFID（Radio Frequency Identification）即射频识别技术，射频识别技术是 20 世纪 90 年代开始兴起的一种自动识别技术，是一项利用射频信号通过空间耦合（交变磁场或电磁场）实现无接触信息传递并通过所传递的信息达到识别目的的技术。

RFID 产品的工作频率有低频、高频和超高频，根据频率可以定义符合不同标准的不同产品。不同频段的 RFID 产品有不同的特性。

RFID 是 20 世纪 90 年代兴起的一项自动识别技术。与传统识别方式相比，RFID 技术无须直接接触、无须光学可视、无须人工干预即可完成信息输入和处理，操作方便快捷。

采用 RFID 技术的支付流程与采用蓝牙技术的移动支付流程类似。

目前近距离移动支付中应用广泛的 NFC（Near Field Communication，近距离通信技术）是由 RFID 技术及互联互通技术整合演变而来的一种近距离无线通信技术。它在单一芯片上结合感应式读卡器、感应式卡片和点对点的功能，能在短距离内与兼容设备进行识别和数据交换。NFC 技术由飞利浦公司发起，诺基亚、索尼等著名厂商联合推广。与 RFID 技术不同，NFC 具有双向连接和识别的特点，工作于 13.56MHz 频率范围，典型操作距离 10cm 左右，数据传输速度目前为 424kbit/s，将来可提高至 1Mbit/s 左右。NFC 和现有的 RFID 基础设施兼容，符合 ISO/IEC18092 和 ECMA340 标准；同时，NFC 兼容广泛建设的基于 ISO/IEC14443A

---

[1] 资料来源：诺达咨询

的非接触式智能卡基础设施。

NFC 技术在 ISO 18092、ECMA 340 和 ETSI TS 102 190 框架下推动标准化，同时也兼容应用广泛的 ISO 14443 Type-A、B 以及 Felica 标准非接触式智能卡的基础架构。

同 RFID 技术一样，NFC 也是通过频谱中无线频率部分的电磁感应耦合方式传递信息；但 NFC 与 RFID 两者之间也存在很大不同。第一，NFC 传输范围比 RFID 小。RFID 的传输范围可以达到几米，甚至几十米；NFC 的操作距离只有 10cm 左右，NFC 具有距离近、带宽高、能耗低等特点。第二，NFC 与现有非接触智能卡技术兼容，目前已经成为主要厂商支持的正式标准。第三，NFC 是一种近距离连接协议，提供各种设备间轻松、安全、迅速而自动的通信。通过 NFC，电脑、数码相机、手机、PDA 等多个设备之间可以很方便快捷地进行无线连接，进而实现数据交换和服务。与无线世界中的其他连接方式相比，NFC 是一种近距离的私密通信方式。第四，RFID 更多地被应用在生产、物流、跟踪、资产管理上，而 NFC 则在门禁、公交、手机支付等领域内发挥着巨大的作用。

基于 NFC 技术的移动支付以移动终端为载体，把非接触式 IC 卡应用结合于 SIM/UIM 卡中，使用卡模拟、阅读器、点对点 3 种应用模式之一，实现手机支付应用。在移动终端中集成 NFC 控制芯片及天线，通过安装的射频天线，接收和发送 NFC 射频信号，实现非接触功能。NFC 控制芯片连接手机中的卡，并传输应用数据到卡中。包含 NFC 芯片的 RFID 模块即可以当作 RFID 无源标签使用（用来支付费用），也可以当作 RFID 读写器（用作数据交换与采集）。当 NFC 移动终端关机或者电池用尽以后，可以继续使用卡模拟方式进行移动支付业务。

在美国、欧洲各国家、韩国、日本等国家基本上从 2004 年就已经开始将 NFC 技术应用于移动支付领域，其中芬兰更是早在 2002 年就开始试行手机支付地铁等公共交通费用。

资料卡

我国移动支付技术解决方案发展历史

第一代移动支付方案：基于短信或语音交互结合后台账户绑定模式的移动支付

这是最早期出现的一种手机支付模式。当时，短信和语音是手机仅有的两种通信方式，手机信息存储空间也有限。这种模式将手机号和后台支付账户建立一一对应关系，移动运营商首先推出绑定话费账户的有偿图铃下载业务，后来银行和专业支付服务商加入，手机号绑定银行卡账户进行手机话费和公用事业费自助扣缴业务，并得到大规模推广。第一代移动支付最大的优势是对手机没有特殊要求，普及门槛低；缺点是存在安全问题，业务范围狭窄，只能进行定向远程支付。

第二代移动支付方案：WAP 浏览器或手机客户端配合 GPRS/CDMA1X 无线数据通信方式的移动支付

第二代移动支付方案仍然采用手机号绑定后台账户模式，后台账户信息也可以不做静态存储，而是在支付过程中即时输入。这种支付模式也只能完成远程移动支付，具有部分的安全性，但同样存在一定的支付风险。

第三代移动支付方案：融合远程支付和现场支付的安全的移动支付

第三代移动支付方案在第二代移动支付方案基础上做了两方面的改进：首先，为手机增加安全芯片，解决了支付账户信息的承载以及支付过程中的安全性问题；其次，为手机增加近距离无线通信功能,解决现场支付的信息交互问题。虽然这种支付模式对手机提出了更高要求,增加了投资成本,但随着智能手机的普及和人们生活水平的提高,这不会成为一个太大的问题。

7.3 我国移动支付发展现状与发展趋势

近年来,移动支付产业发展迅速。特别是在欧美日韩等地区,移动支付业务得到用户的广泛接受和认可。随着3G时代的来临,我国移动支付也呈现出勃勃生机,蕴含着广大的发展空间。

7.3.1 我国移动支付发展现状

3G为移动支付业务带来了良好的发展契机和空间,电信运营商和各大金融机构纷纷在移动支付领域开疆拓土。移动支付已经成为"3G时代应时而生的宠儿"。艾瑞咨询统计显示,2010年我国手机支付市场规模近30亿元,2013年全球手机支付市场规模将近4.2万亿。中国移动支付产业论坛对移动支付中的技术问题、信息安全问题、产业链各方的合作问题提供了沟通和探讨的平台,无疑对我国移动支付的发展也起到了很大的推动作用。

目前我国移动支付业务开展现状如表7-1所示。电信运营商和金融机构等移动支付产业链各方在激烈竞争的同时,也逐渐认识到了合作的必要性,积极开展合作。例如,中国移动联手中国银联成立北京联动优势,中国联通联合建设银行推广手机银行业务等。2010年3月,中国移动入股浦发银行,成为浦发银行第二大股东。2010年6月,中国银联联合18家商业银行、中国联通、中国电信、手机制造商等共同成立移动支付产业联盟。该联盟是银行和移动运营商共建的基础服务平台,公交、地铁、水电煤、影院、石油公司、医院、商业零售等各行业用户都可以基于此平台开展服务,将打通支付、通信、芯片、智能卡、电子等不同行业间的壁垒。

表7-1 移动支付业务现状表[1]

	业务提供方	业务开展
移动运营商	中国移动	2000年,与工商银行等金融部门合作,推出了基于SIK卡技术的手机银行业务
		目前,与工行等10多家金融机构签署了合作协议,开展话费账务查询、银行转账、手机缴费、电子支付、零售购物、票务等业务
	中国联通	2004年12月有,与建行合作,推出手机银行业务
		2009年5月有,在全国55个城市正式启动3C网络商用的同时,也在上海率先正式推出其非接触式通信(NFC)技术的手机支付业务
	中国电信	天翼3G业务,已经可提供订购电影票、预约看病、缴纳水电煤费用等服务
		2009年6月开始尝试推出手机银行业务
金融机构	商业银行	推出了一些"手机银行"业务,以查询、转账和缴费为主,将其作为传统银行业务的补充
	中国银联	第一代移动支付业务:2002年推出,截至2009年,银联第一代移动支付业务已在我国湖南、广东、山东、上海、厦门、青岛等21个省区市开通使用
		第二代移动支付业务:利用集成在移动终端上的具有非接触功能的IC卡芯片作为支付信息的安全载体,将银行卡和电子钱包信息存储在该安全芯片中,通过非接触通信和无线数据通信技术进行现场和远程的支付

---

[1] 参考资料:http://www.sinosure.com.cn/sinosure/xwzx/rdzt/ckyj/ckdt/xyzt/gkjxy/129882.html

		续表
第三方支付业务提供商	北京联动优势	全权代理中国移动"手机钱包"业务
	上海捷银	已经成为多家移动运营商、银行及商户的合作伙伴,推出话费充值、电子票务、公用事业费缴付等多种服务

1. 金融机构移动支付发展现状

目前,各大银行都开通了以手机银行为代表的移动支付业务,而且手机银行业务不断丰富、升级。中国银联借助其已有的网络优势,推出了第一代、第二代移动支付方案和业务,实现了联机和脱机、远程和现场各种移动支付业务。

在技术上,各大银行不仅可以支持普通 WAP 手机用户,而且推出了 3G 版手机银行,建设银行、招商银行等银行还针对 iPhone 手机用户推出了专门的手机银行版(例如:建设银行提供专门的手机客户端,招行提供基于 XHTML1.0、CSS2.0、Javascript 等 Web 技术的新一代网页版手机银行),提高了手机银行的可操作性,用户界面也更加友好。

在功能上,手机银行业务不断扩展,用户通过手机银行完成的业务与通过网络银行完成的业务差距越来越小,有人甚至将手机银行称为网络银行的手机版。例如,中国建设银行手机银行可以实现手机查询账户余额及明细、公积金、企业年金等多种信息,还提供手机到手机转账、手机信用卡还款、手机跨行转账、手机股市、手机缴费等多种功能。

各家银行在手机银行的安全性方面也都采取了各自的安全保护方式。例如:建设银行的手机银行为客户身份信息与手机号码建立了唯一绑定关系,加上登录密码的验证与控制,建立了客户身份信息、手机号码、登录密码三重保护机制,构建了手机银行业务独特的安全特性。为防止有人恶意试探别人密码,系统设置了密码错误次数日累计限制,当达到限制时,将设置该客户手机银行服务为暂停状态。其他银行也在手机银行交易密码上做了双重保证,并且交易限额上也有限制。兴业银行还有图片附加码保护功能。招商银行则设计了图形验证码机制,防止程序自动试探密码,还有密码错误次数过多自动锁定账户,以保证用户安全。

除各大商业银行以外,中国银联在移动支付领域也频频发力。中国银联于 2002 年推出第一代手机支付模式,通过短信互动完成银行卡交易,可实现手机话费查询和缴纳、银行卡余额查询、银行卡账户信息变动通知、公用事业费缴纳、彩票投注、数字化产品购买、移动代理商回缴款等多种支付服务。截至 2009 年年末,该模式已在北京、上海、深圳、广东、江苏、浙江、山东、天津、湖南等 21 个省市成功推广,全国用户规模突破 2 000 万户,年交易金额超过 170 亿元。

2009 年,中国银联联合有关方面研发的以手机中的金融智能卡为支付账户载体,以手机为支付信息处理终端的新一代手机支付业务开始试点推广,目前试点区域已扩展至上海、山东、宁波、湖南、四川、深圳、云南等七省市。该银联手机支付业务功能强大、使用便捷,不仅将手机与银行 IC 卡合二为一,还把银行柜台"装进"了持卡人的口袋。用户无须更换手机号码,只要通过移动通信运营商或发卡银行,将定制的金融智能卡植入手机,便能借助无线通信网络,实现信用卡还款、转账充值、水电煤缴费、网上购物、预订酒店和机票等远程支付功能。同时,还能利用非接触通信技术在小额快速支付领域的银联卡受理商户进行现场"刷机"支付。在使用现场支付功能时,小额消费交易无须输入密码和签名,大额支付输入银行卡密码并在签购单上签名即可完成交易。中国银联移动支付业务范围参见图 7-15 所示。

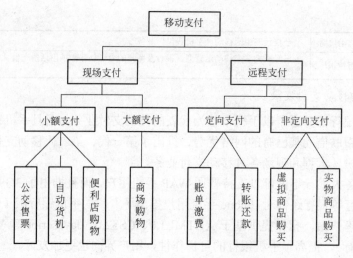

图 7-15 中国银联移动支付业务范围 [1]

2. 电信运营商移动支付现状 [1]

现阶段，我国三大电信运营商（中国移动、中国联通、中国电信）的移动支付业务都限于手机支付业务。在技术上，中国联通与中国电信已经选择与中国银联合作推进移动支付业务。

（1）中国移动。

早在 1999 年，中国移动与中国工商银行、招商银行等金融部门合作，在广东等一些省市开始进行移动支付业务试点。2009 年 6 月，中国移动和交通银行达成合作协议，双方将基于 TD-SCDMA 技术进行金融信息化产品的合作，开展手机支付、手机银行、银行中间业务合作、积分兑换数据商品业务和 POS 商户合作等创新业务。2009 年 7 月中国移动推出一种全新的 SIM 卡 RFID-SIM 卡，将 NFC 芯片与 SIM 卡融合，既具有普通 SIM 卡的移动通信功能，又能够通过附于其上的天线与读卡器进行近距离无线通信，从而扩展至非典型领域，尤其是手机现场支付和身份认证功能。

中国移动手机支付业务包括手机支付和手机钱包两部分，分别对应两个账户。手机支付可以用来缴费和网上支付；手机钱包可以用来刷卡，使用手机钱包前，必须要对手机钱包进行充值。手机支付账户除了可以进行远程支付外，还可以为手机钱包账户充值和提现；但是手机钱包账户只能用来刷卡，不能取现，也不能为手机支付账户充值。手机支付账户也可以和用户银行账户捆绑，一旦手机支付账户余额不足，就可通过短信将银行账户资金转入手机支付账户内。

目前，中国移动客户办理手机支付业务后，可通过 WWW、短信等多种方式使用互联网享受购物、公用事业缴费、手机订票、手机投注等远程购物服务；开通手机支付业务后，若用户在中国移动营业厅更换一张手机钱包专用卡（RFID-SIM 卡），则用户还可以使用手机在布设有中国移动专用 POS 机的商家（如轻轨、便利店、电影院等）进行现场刷卡消费。

（2）中国电信。

2009 年 5 月，中国电信上海公司正式推出天翼 3G "移动支付"业务，目前可提供手机订购电子电影票，支付名医专家预约费用，缴纳电信、水电煤公用事业账单费用，充值等服

---

1 资料来源：中国银联手机支付业务介绍（2010 年版）

务。不久还将推出手机银行业务，只要将手机卡与银行卡绑定，便可以直接用手机进行转账汇款、缴费业务、手机股市、基金业务、外汇业务、黄金业务、银期转账、信用卡还款等金融服务。中国电信天翼"移动支付"业务联合了银行、银联、设备提供商、系统集成商、公共事业集团或单位、各商家以及终端的用户。随着世博会的日益临近，移动支付业务也将为国内外游客在观光旅游、生活消费等方面提供快速、安全、便捷的支付手段。

（3）中国联通。

"中国联通手机钱包"是中国联通、中国银联、各大商业银行和联通华建多方合作的、基于联通手机用户和互联网用户的移动支付与电子商务业务。话费小额支付业务于2006年9月上线，签约商户70余家，跟踪考察商户60余家，上线产品100余款。"手机钱包"银行卡支付业务于2005年年底开通，陆续具备全网"银联通"银行卡余额查询业务，北京、上海、广东三地话费充值缴费业务；中间账户业务（目前，中间账户商户仅限广东省福利彩票）。

2009年，中国联通和上海公共交通卡股份有限公司、上海复旦微电子共同研发，推出了可刷公交卡的联通3G手机，预装目前国际领先的NFC（非接触式通信）芯片，内置公交卡账户，用户在乘公交车、轨交、出租车时，直接"刷手机"扣费。

7.3.2 我国移动支付面临的主要问题

现阶段我国移动支付还处在初级阶段，要大规模地普及推广，还面临诸多问题。

1. 我国移动支付面临的主要问题

（1）技术标准不统一。

我国移动支付产业还没有统一的技术标准。目前近距离移动支付主流的技术形式有四种，分别是NFC、SIM-pass、RFID-SIM和智能SD卡。中国联通采用NFC技术，中国移动采用RF-SIM技术，中国电信采用SIM-pass技术，中国银联支持的是工作在13.56MHz频率下的智能SD卡。13.56MHz频率是金融行业所认可的标准，其中包括NFC和SIM-Pass两种。NFC技术由飞利浦、诺基亚、索尼等厂商主推，其应用是在手机中嵌入一块NFC芯片，之后与SIM卡互连。NFC技术成熟，芯片和手机互为一体，工作稳定，但是需要更换手机，使用成本高，很难推广；SIM-pass技术无须更换手机，灵活性高，有效降低用户门槛，但由于频率低，卡片置于电池后因信号微弱无法穿过锂电池或金属板，稳定性差；RF-SIM技术具备SIM-pass的所有优点，且超高频微波可轻易穿过手机锂电池和金属板，内置独立安全模块，安全性高，但是RF-SIM卡成本较高，且采用2.4GHz频率标准，须解决与ISO15693 13.56MHz频率的兼容问题。

据传，中国移动正叫停2009年主推的手机支付业务方式RF-SIM，其替代方案为银联主导的13.56MHz的手机支付方式。如果事实果真如此，则我国移动支付将迎来统一技术标准时代。

（2）法律制度与行业规范尚待完善。

目前中国在电子支付领域的法律体系尚未完善，移动支付参与方的责任与分工缺少明确的法律描述，在行业运营方面也没有可靠的行业操作规范。只能靠不断的用户体验和测试使用来订立并完善规范标准。因此，现阶段的移动支付应用存在一定的法律风险与经营风险。

中国人民银行颁布的《非金融机构支付服务管理办法》以及国资委对央企的一些限制规

定，在一定程度上影响了中国移动支付的发展。《非金融机构支付服务管理办法》规定未经中国人民银行批准，任何非金融机构和个人不得从事或变相从事支付业务。同时，对第三方支付机构设立了最低注册资本 3000 万、须连续盈利两年以上等九道"准入门槛"。对第三方支付机构进行牌照管理，标志着长期游走于"灰色地带"的第三方支付业务获得了央行认可，第三方支付产业面临洗牌。因此，第三方支付业务提供商要想在移动支付产业有所作为，还得做很多准备。另外，根据国务院国资委的相关规定，央企不能投资非主营业务；中国银监会也在金融范畴的准进方面有着严格的限制。因此，移动运营商若想进军大额支付业务，必须与银行合作，规避政策风险。

（3）成本问题。

移动支付业务的开展需要巨大的投入，如研发成本，终端成本，运营成本等。特别是高昂的终端成本，给移动运营商和银联造成了不小的经济负担。终端成本主要体现在 POS 机、读卡器以及 SIM 卡上。以银联技术方案为例：一台 POS 机少则几百元，多则几千元；每个新型 SIM 卡的成本在 50 到 100 元；每个读卡器的成本大概 3 000 元。这对于自有资产只有十几亿的银联来说，独自完成对终端的改造和建设几乎是不可能的。

另一方面，如果不能向用户提供足够的优惠服务，将很难吸引用户由现金支付或银行卡支付转向移动支付。

另外，三大移动运营商和金融机构都希望以自己为中心建立商业模式，客观上影响了移动支付产业的规模化发展步伐，而且造成了资源的浪费，不利于降低总体成本。

（4）行业卡和电子钱包存在监管风险。

由于发行电子钱包本身类似于吸储，形成的沉淀资金在管理上存在一定风险，大多数国家对电子钱包发行机构的资格有所要求，一般都规定只有银行、信用机构以及接受监管的金融机构才有资格发行电子钱包。而在我国，目前不符合上述规定的具有预付款性质的行业卡和电子钱包大量存在，而且一些行业卡的预付资金数量巨大，且不计利息、不兑现，如果这些沉淀资金的管理、运用出现问题，将会出现支付危机，扰乱金融秩序。

（5）信息安全问题。

移动支付涉及支付用户资金的安全和相关信息的保密等问题，开展移动支付要面对来自移动通信系统和互联网的安全风险，用户对移动支付的安全性仍然存在疑虑。具体问题及防治措施参见下面的内容。

2. 移动支付的安全问题及防范措施

移动支付中面临的安全问题主要存在于三个方面：无线链路、服务网络和终端，具体而言，主要包括以下问题。

（1）窃听。

窃听是最简单的获取非加密网络信息的形式，这种方式可以同样应用于无线网络。由于无线网络本身的开放性特点，以及短消息等数据一般都是明文传输，使得通过无线空中接口进行窃听成为可能。攻击者通过窃听有可能了解支付流程，获取用户的隐私信息，甚至破解支付协议中的秘密信息。

（2）重传交易信息。

攻击者截获传输中的交易信息，并把交易信息多次传送给服务网络。多次重复传送的信息有可能给支付方或接收方带来损失。

（3）终端窃取与假冒。

攻击者有可能通过窃取移动终端或 SIM 卡来假冒合法用户，从而非法参与支付活动，给系统和交易双方造成损失。通过本地和远程写卡方式，攻击者还有可能修改、插入或删除存储在终端上的应用软件和数据，从而破坏终端的物理或逻辑控制。

（4）中间人攻击。

如果攻击者设法使用户和服务提供商间的通信变成由攻击者转发，那么该中间人可完全控制移动支付的过程，并从中非法牟利。

（5）交易抵赖。

当移动支付成为普遍行为时，就可能存在支付欺诈问题。用户可能对发出的支付行为进行否认，也可能对花费的费用及业务资料来源进行否认。随着开放程度的加强，来自服务提供商的抵赖可能性也会有所增加。

（6）拒绝服务。

破坏服务网络，使得系统丧失服务功能，影响移动支付的正常运行，阻止用户发起或接受相关的支付行为。

为解决移动支付面临的安全问题，满足移动支付安全需求，从管理上来说，一般采用限额控制（即设定一定的支付限额）和签约机制（如：部分银行客户在享受手机银行服务时需与银行签订服务协议）；从技术上来说，一般采用访问控制技术使支付中的交易信息不被非法用户获取和篡改；采用身份认证技术实现对交易各方的身份认证；采用数字签名技术实现信息的保密等。与一般的网络传输相比，移动支付安全在身份认证技术和数字签名技术上具有新的特点。

（1）移动支付身份认证技术。

移动电子商务中，每一次交易活动都会涉及不少于两个交易实体之间的对话，所以，移动支付安全性的一个关键方面，就是能否对交易实体的身份进行认证。

① 移动支付身份认证体制的要求。

一个安全的身份认证体制至少需要满足下列要求：

互相认证性：服务提供者和用户的相互认证；

可确认性：已定的接收者能够校验和证实信息的合法性、真实性和完整性；

不可否认性：消息的发送者对所发的消息不能抵赖，有时也要求消息的接收者不能否认所收到的消息；

不可伪造性：除了合法的消息发送者之外，其他人不能伪造合法的消息。

为了满足上述安全需求，身份认证体制往往需要引入可信的第三方，这样，身份认证主要由用户实体、提供信息服务的网络和可信的第三方三个方面组成。

对于传统应用领域，如有线电子商务，认证体制往往采用认证中心（CA）作为可信的第三方，发放和管理数字证书。数字证书是一种数字信息附加物，由证书权威机构颁发，该证书证明发送者的身份并提供加密密钥。PKI（Public Key Infrastructure）提供了与加密和数字证书相关的一系列技术，成为有线电子商务等领域身份认证或访问控制安全模块的首选。

移动支付应用领域的身份认证技术因为移动环境和移动终端的特殊性而提出了更高的要求。在无线通信环境下，PKI 无法实现无线终端和有线设备之间的互通，同时，移动终端计算能力非常有限以及数据流速率低的特点，也使得传统的 PKI 体制无法成为移动安全支付的合理解决方案。WPKI（Wireless Public Key Infrastructure），即无线 PKI，是 PKI 结合移动环境特点的产物。WPKI 的出现和发展，为解决移动安全支付的身份认证问题提供了合适的选择。

② 无线公钥基础设施（WPKI）技术。

WPKI 并不是一个全新的 PKI 标准，它是传统的 PKI 技术应用于无线环境的优化扩展。它采用证书管理公钥，通过第三方可信机构——认证中心（CA）验证用户的身份，从而实现信息的安全传输。

在移动支付过程中，存在着无线网络和有线网络之间的连接问题。无线应用协议（WAP）解决了这个连接问题，但在其实现过程中需要 WPKI 的支持。

WPKI 的工作流程主要包括两个部分，一是完成 WPKI 证书的发放，二是实现 WAP 的安全连接，如图 7-16 所示，其中 POSP 为终端设备前置系统。

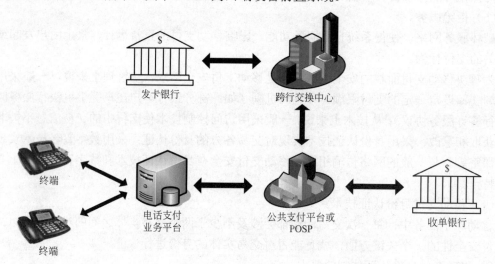

图 7-16　WPKI 工作流程图

a. 用户向注册中心（RA）提交证书申请；
b. RA 对用户的申请进行审查，审查合格将申请发给认证中心（CA）；
c. CA 为用户生成一对密钥并制作证书，将证书交给 RA；
d. CA 同时将证书发布到证书目录中，供有线网络用户查询；
e. RA 保存用户的证书，针对每一份证书产生一个证书 URL，将该 URL 发送给移动终端；
f. 有线网络服务器下载证书列表备用；
g. 移动终端和 WAP 网关利用 CA 颁发的证书建立安全连接；
h. WAP 网关与有线网络服务器建立连接，实现移动终端和有线网络服务器安全信息传送。

除了上述工作流程之外，WPKI 体系还规定了其他内容，包括证书的格式，证书的撤销和更新机制等，这些内容与对应的有线环境下所采用的 PKI 体系的内容是一致的。

WPKI 不仅可以用于移动支付，还可以用于电子邮件等其他移动电子商务领域。现在对 WPKI 技术的研究是 WAP 研究的热点，美国、日本和欧洲各国的 WPKI 体系均具备自己完整的协议体系，并且已经在无线数据业务中得到实际应用，国内的一些厂商也正在着手 WPKI

技术的研究和开发，而且也取得了一定程度的进展。但是，WPKI 还存在不少问题，需要进一步的研究，主要包括证书的交互性、交叉认证技术、桥接技术和弹性 CA 技术等问题。目前，问题还没有得到很好解决。

总之，WPKI 是移动支付的关键安全技术，在无线领域具有很广阔的应用前景，但是 WPKI 目前的认证方案还不是系统级的安全认证，需要进一步的深入研究。

（2）移动支付数字签名技术。

在移动支付应用领域，移动支付所需要采用的数字签名技术除了需要满足数字签名的基本条件之外，还需要结合移动安全支付中移动终端计算能力和存储能力弱的特点，选取更加合适的公钥密码算法。椭圆曲线密码体制算法正好能满足这些要求。

椭圆曲线数字签名协议的实现过程包括两个主要步骤：密钥的产生和签名的生成与确认。假设商家和移动支付平台两个主体要实现数字签名，商家在密钥产生之前，必须选定一个七元组 $T=(q,FR,a,b,G,n,h)$ 作为椭圆曲线域的参数，并确保其有效。其中 q 代表有限域；FR 为域表示法；a,b 是方程中的系数；G 为基点；n 为大素数并且等于点 G 的阶；h 是小整数，称为余因子。

然后，进行以下步骤的操作。

① 密钥的产生。

商家随机选择区间 $[1,n-1]$ 内的一个随机或伪随机数 d；计算 $Q=dG$。此时，商家的公钥是 Q，私钥是 d。

商家的公钥 Q 和私钥 d 生成之后，还必须经过特定的算法或协议进行公钥和私钥的有效性证明，才能够正确地进行签名的生成与确认。

② 签名的生成和确认。

商家拥有了特定的域参数七元组 $T=(q,FR,a,b,G,n,h)$ 和有效的密钥对 (d,Q) 之后，商家就可以利用自己的私钥 d 对消息进行数字签名。

移动支付平台必须首先得到域参数 $T=(q,FR,a,b,G,n,h)$ 和商家的公钥 Q，并对其有效性进行确认，然后利用商家的公钥 Q 对接收到的消息签名进行确认。

椭圆曲线数字签名协议无论在安全性还是在实现效率方面，具有其他签名算法不可比拟的优势，具有广泛的应用空间。在安全性方面，椭圆曲线数字签名协议的安全性基于椭圆曲线离散对数问题和单向散列函数的安全性，比其他公钥密码算法要高得多。在实现效率方面，椭圆曲线签名所使用的运算是一些简单的位运算，其运算速度比较快运行效率比较高。

7.3.3 我国移动支付发展趋势[1]

1. 全面的移动支付产业联盟将形成

我国移动支付的历史和现实已经证明，无论是移动运营商、金融机构，还是第三方支付业务提供商，都不可能单独成就移动支付的革命性发展，产业链呈现了"共存共荣"的局面，无论哪一环节落后，移动支付的发展都会受到影响，产业链各方的合作势在必行。

2010 年 6 月，中国银联联合 18 家商业银行、中国联通、中国电信、手机制造商等共同

---

[1] 参考资料：http://www.sinosure.com.cn/sinosure/xwzx/rdzt/ckyj/ckdt/xyzt/gkjxy/129882.html

成立移动支付产业联盟。中国移动是否加入该联盟还有待时间和事实的验证。但无论如何，随着相关政策法规的完善以及移动支付业务的深入推广，全面的移动支付产业联盟是一个充满希望的趋势。这不仅可以打通支付、通信、芯片、智能卡、电子等不同行业间的壁垒，共建一个相互沟通、紧密协作的平台，还可以通过整合消费者的需求、运营商的网络能力、银行的信用度以及商家的销售能力，打造一个融合远程、近程支付的移动电子商务圈，整体提升我国移动支付产业发展水平。

2. 技术标准将统一

多种技术标准的存在不仅不利于移动支付的推广应用，更造成了基础设施资源的浪费。目前，工信部已经开始酝酿制定统一标准，解决中国移动支付产业标准不统一的难题。而且，自"移动支付产业联盟"成立以来，中国联通、中国电信、中国银联就开始大力推广13.56MHz的NFC技术，中国移动也宣布兼容银联标准，因此，移动支付技术标准的统一指日可待。

3. 支付领域将由小额支付向大额支付领域延伸

随着移动支付业务的推广和移动支付安全措施的提高，人们对移动支付的接受和认可程度将逐渐增加；手机支付标准的统一和技术的逐渐成熟，安全性的增加，为实现大额支付提供了技术保障；而全面移动支付产业联盟的形成，将有效帮助移动运营商规避政策壁垒，发展大额支付业务。因此，移动支付将由目前的小额支付领域向大额支付领域延伸。

4. 近距离支付智能卡将走向多功能、多行业通用的一卡通

近距离支付智能卡，不仅可以作为支付的介质，而且可以作为个人信息载体，用于身份设别等领域。随着移动支付标准的统一、产业链各实体之间利益关系的划分、人们对刷卡消费需求的不断增长，未来近距离支付智能卡（例如电子钱包卡、交通卡、校园卡，等等）必将多卡合一，一卡多用。目前，我国部分大城市（例如上海、青岛等）已经在逐步实施城市一卡通。例如，2010年年初，青岛市"一卡通"B卡——"琴岛通"卡开始启用，市民从乘车到加油，从上网到供暖，从物业到家政，从吃饭到购物，等等，人们衣食住行全方位的小额支付，都可以通过刷"琴岛通"卡完成。未来，必将有越来越多的城市走向一卡通之路。

本 章 案 例

成熟运营中的日本NFC移动支付[1]

在日本街头，"刷手机"非常普遍：乘地铁、公交、出租车等公共交通工具，去商场购物，吃饭等日常消费，几乎都可以通过手机支付实现。2010年3月日本手机支付业务的交易额已经占信用卡市场的20%~30%，电信运营商NTTDoCoMo有超过40%的移动用户在使用手机支付功能。

日本的NFC网络运营商在领域通信网络中不断推进自己的NFC智能手机卡，并扩展出一系列的在线服务以改变人们现实的生活环境。而丰富便利的在线服务居然是由一张小小的

---

[1] 参考资料：http://www.ndcchina.com.cn/ndc/1284.htmlw

IC 芯片实现的。NFC 智能手机卡现时已经采用了索尼公司的 Felica 新推出的芯片。该新芯片有更大的存储量和双倍传输速度（424kbps）。

在日本东京 NFC 智能手机 IC 芯片给生活带来如下的便利服务。

使用 NFC 智能 IC 卡记录您银行卡的账号和信息，只要在 NFC 智能 IC 卡里设置好银行账号信息，在银行的 ATM 中就能通过手机识别客户的身份，并直接读取账号信息，此时用户只要输入密码就能通过 ATM 提款机取钱了，而每天揭款的现金限额由对应的银行制定。使用 NFC 智能 IC 卡可同时存储 6 张卡片信息。

另一个在线服务是日本出租汽车将很快实施刷手机支付出租汽车服务。如果租用出租车公司的一台汽车，只要带上带有 NFC 智能 IC 卡的手机，就可以直接支付出租汽车费和出外时的费用。

除此之外，日本的一些加油站已经装备 NFC 智能 IC 卡接收器，用户可以通过付款终端用手机直接划付加油费用。

目前，日本所有机场均支持 NFC 手机。国内航班的乘客登机检录只需刷下手机而无须纸质机票即可，飞行里程亦可由 NFC 手机记录。非接触式移动支付在日本以票务消费为主要领域的商业化运作模式非常成功，为世界各国的 NFC 商业化运营提供了经验。

尽管现阶段基于 NFC 技术的移动支付大多国家还处于试用阶段，应用范围局限于单一个城市内公交、地铁方面的应用，但是业界对其未来商业化应用还是充满信心。

目前，NFC 移动支付在交通运输业方面有两个发展趋势：

第一，突破单一城市实行跨区域发展战略。一个 NFC 移动支付智能卡可以同时在不同的城市内使用。

第二，随着 NFC 终端问题得到解决，NFC 移动支付要在立足于城市内短距离应用的同时，积极向长途客运专线发展，使铁路客票走向电子化，满足客运专线提供一流铁路客运服务的要求：询票可实现手机在线查询；购票可实现在线电子购票；检票验票可实现自动检验票；车票可方便地实现实名制，伪票现象将得到有效遏制。从而使一流的铁路客运服务能吸引更多的客流，特别是高端客流，进而提高铁路的市场占有率。

问题：日本的近距离移动支付非常成熟，目前，我国正处于采用非接触式移动支付的开始阶段，社会各界对新一代移动支付的前景非常看好，你认为借助移动支付是否可以实现我国铁路客票的实名制及电子化？为什么？

本 章 小 结

随着无线通信技术的发展和智能终端的不断升级，移动支付将越来越受到人们的关注和青睐，其应用也越来越广泛。

移动支付是通过移动设备转移货币价值以清偿债权债务关系的一种支付方式，移动支付包括广义和狭义两种概念。与移动支付密切相关的三个概念是手机银行、手机钱包和手机支付。根据不同的分类标准，移动支付具有不同的分类，其中，按照传输方式将移动支付分为远距离支付和近距离支付是比较常用的一种分类方式。

移动支付属于典型的技术驱动型业务，这类业务成功的基础是建立一个基本成型的产业链和合理的商业运营模式。移动支付的产业链主要由移动支付服务提供商（即发卡机构）、移动支付应用服务商、移动支付平台运营商、收单机构等多个产业环节共同组成。移动支付商业运营的主要模式有四种：以金融机构为主导的运营模式、以移动运营商为主导的运营模式、以第三方支付服务提供商为主导的运营模式、金融机构与移动运营商合作的运营模式。

移动支付的业务模式分为远程支付的手机银行模式、后台账户（包括话费账户）模式、银行卡绑定模式、虚拟账户模式和现场支付的电子钱包支付模式。

远距离移动支付的接入方式主要包括基于短消息（SMS）方式、基于语音（IVR）方式、基于 USSD 方式、基于 WAP 协议方式、基于 K-JAVA 方式；近距离移动支付的接入方式主要包括红外线、蓝牙、射频识别技术。不同的支付技术具有不同的支付流程。

电信运营商和金融机构纷纷在移动支付领域开疆拓土，展开激烈竞争，但竞争的同时，也逐渐认识到合作的必要性，积极开展合作。移动支付业务已经进入融合远程支付与现场支付的第三代支付阶段，业务功能不断丰富，操作更安全便捷。

我国移动支付目前面临诸如技术标准不统一、法律制度与行业规范尚待完善、成本问题、行业卡和电子钱包存在监管风险、信息安全问题等多方面的问题。移动支付中面临的安全威胁主要包括无线链路威胁、服务网络威胁和终端威胁，为此，管理上一般采用限额控制和签约机制；技术上一般采用访问控制技术使支付中交易信息不被非法用户获得和篡改；采用身份认证技术实现对交易各方的身份认证；采用数字签名技术实现信息的保密等。WPKI 和椭圆曲线数字签名技术是适合移动支付特性的安全技术。

随着移动支付产业的发展，全面的移动支付产业联盟必将形成，技术标准走向统一，支付领域也将由小额支付向大额领域延伸，近距离支付智能卡也将走向多功能、多行业通用的一卡通。

本章习题

一、选择题

1. 移动支付中使用的移动设备包括（　　）。
   A．手机　　　　　　　　　　　B．固定电话和小灵通
   C．PC　　　　　　　　　　　　D．PDA
2. 移动支付价值链中，以下（　　）不属于其中的构成部分。
   A．发卡机构　　　　　　　　　B．商家
   C．移动支付平台提供商　　　　D．收单机构
3. 以下（　　）属于移动支付近距离支付技术。
   A．基于短消息（SMS）方式　　B．基于 WAP 方式的支付
   C．基于 K-JAVA 方式的支付　　D．蓝牙
4. 下列（　　）不属于移动支付商业运营的主要模式。
   A．以金融机构为主导的运营模式
   B．以移动运营商为主导的运营模式
   C．金融机构与移动运营商合作的运营模式
   D．以移动设备提供商为主导的运营模式

5．移动支付业务模式中，下述（　　）属于近距离支付业务模式。
　　A．手机银行　　　　　　　　B．基于后台账户的支付
　　C．基于话费账户的支付　　　D．手机钱包

二、简答题

1．简述移动支付、手机银行、手机钱包的概念。

2．简述移动支付的分类。

3．简述移动支付的业务模式和接入技术。

4．移动支付面临哪些主要问题？

5．简要列举移动支付安全策略。

6．什么是 WPKI 技术？

7．结合自己手机银行支付的经历，谈谈你所用的手机银行具有哪些功能，采取了哪些安全技术。

三、讨论题

1．登录中国移动手机支付网站（https://cmpay.10086.cn/），了解其手机支付业务、手机钱包的使用流程及业务范围。

2．你认为用商场提供的预付款性质的磁条式购物卡支付购物是否属于近距离移动支付？为什么？

第8章

电话支付

 学习目标

1. 掌握电话银行的概念及其与手机银行的区别，与电话支付的关系；
2. 掌握电话支付的功能、特点；
3. 掌握电话支付的类型及其支付流程；
4. 了解电话支付的发展阶段；
5. 了解电话支付的安全保障技术。

 案例导入

服务上海世博　吉祥航空力推电话支付新体验[1]

民航资源网 2010 年 9 月 16 日消息：2010 年 6 月，上海吉祥航空有限公司（Juneyao Airlines Co., Ltd., 简称"吉祥航空"）与上海环迅电子商务有限公司（简称"环迅支付"）达成将电话订票系统引入环迅支付的快速通道的合作协议。为庆祝双方顺利合作，吉祥航空联手环迅支付计划开展为期 3 个月的电话订购机票业务的推广活动，以回馈吉祥航空常旅客会员，吸引更多新客户。

从 8 月 20 日至 11 月 30 日，旅客只需拨打吉祥航空客服热线 95520 购买机票并使用电话支付，即可享受在原折扣价格基础上再降 3% 的折上折优惠；会员通过 95520 热线购买机票，并以电话支付方式购票，除获得常旅客旅行积分外，还可额外获赠累积奖励积分；非会员旅客可拨打 95520 免费申请加入会员并享受此次积分奖励活动。此外，在活动期间，凡购买吉祥航空机票并成功使用电话支付的旅客，还可参加抽奖活动，将有机会赢取"任意航程的免费经济舱机票、飞机模型、时尚电子书、世博门票、世博会特许商品"等丰厚礼品。

金秋时至，世博会迎来了游园高峰，吉祥航空秉承"服务世博"的宗旨，不断提升服务品质，在电话订票系统中引入电子支付解决方案，为旅客提供了更为便捷的服务，让旅客足不出户即可订购机票，享受吉祥航空"精致服务"的新体验。

打个电话就可完成付款、转账、查询等业务，这确实极大地方便了人们的生活，但同时与此密切相关的风险问题也不容忽视。为了更安全的利用电话支付这种现代支付方式，我们有必要了解与此相关的基本知识。

---

[1] 资料来源：民航资源网

8.1 电话支付概述

电话虽然很早就进入了人们的生活,但是用它来管理银行账户,进行资金的查询、划拨以及支付等还是近些年才逐渐兴起的。

8.1.1 电话银行基本概念

电话银行(Telephone banking)是指银行利用计算机电话集成(CTI)技术,借助公共电话网络,通过电话语音自动应答和人工服务的方式为客户提供金融服务的系统。电话银行是金融机构提供的一种服务方式,它允许客户通过电话与银行进行交互。

目前,我们所指的电话银行大多意义上是指银行的呼叫中心,我国绝大多数银行都成立了自己的电话银行呼叫中心,它不仅是银行的一种服务方式,而且已经成为银行客户关系管理(CRM)的重要组成部分,对银行的发展起着至关重要的作用。

在人们的观念中,电话有多种,例如:家庭固定电话、手机、小灵通、公用电话、办公电话等等。那么电话银行中的电话是否包括上述所有种类的电话呢?电话银行与上一章的手机银行又有什么区别呢?

根据电话银行和手机银行的定义,我们可以得出以下结论:

(1)上述所有种类的电话都可具有语音通话和按键输入应答的功能,因此,理论上讲,电话银行中的电话应该包括上述所有种类的电话,但是,它们的适用性和安全性不尽相同,特别是公用电话和办公电话,它与使用人之间不具有固定的对应关系,其"公用"性质和"重播"功能很容易造成客户信息的泄漏。因此,不是特殊情况,一般不用这类电话进行电话银行业务操作。

(2)电话银行与手机银行是两个不同的概念,它们提供服务的技术和表现形式不同:电话银行的服务方式是语音服务,在语音提示下办理银行业务,同时用语音方式告知处理结果;而目前的手机银行大都采用 WAP 技术,服务方式为可视上网操作,在手机键盘输入数据,在屏幕看到提示和处理结果。

8.1.2 电话银行的产生与发展

自从第一部电话问世以来,经过一百多年的发展,电话已经成为人们生活的一部分。人们不再满足于将电话作为纯粹的通信工具,而对其寄予了更高的期望。它所扮演的角色也从最初的传递信息发展成为今天功能丰富的通信工具,电话银行就是一个对电话功能进行扩展的好例子。用户期望将电话和银行卡、商务支付有机地结合起来,让电话作为个人金融终端,用户只要拨几个号码就可轻松完成支付,不再受时间、地域的限制。而电信运营商也一直在努力寻找与其他行业联合开发增值业务的机会,向客户提供更全面、更便捷的通信服务。

随着技术的不断成熟和业务范围的不断完善,电话银行经历了人工服务、自动语音服务和电话银行呼叫中心(Callcenter)三个阶段。目前各大银行均建立了自己的电话银行呼叫中心。

1. 人工服务阶段

电话银行人工服务最早出现于 1956 年。由于当时技术的限制,银行只是通过话务员接听电话，主要为客户提供一些预定、咨询、投诉等方面的简单业务。

2. 自动语音服务阶段

80年代初期，计算机语音技术的成熟为电话银行自动语音服务创造了条件。这时的电话银行提供了一些简单服务，例如，账户余额、明细的查询以及公共金融信息查询等。客户可以通过语音提示来完成各种操作。

3. Call center

80年代末，自动语音服务已经不能满足客户多样化的需求。因此，能够同时提供自动语音服务和人工服务的电话银行呼叫中心应运而生。Call center 不仅功能更加丰富而且更加人性化，符合当今社会以人为本的宗旨。与单纯的人工服务、自动语音服务比较，Call center 具有以下特点。

（1）电话银行呼叫中心是人工和自动语音服务的有机结合。

不仅人工和自动语音服务有机结合，而且两者之间可以相互转换，使用户既可以享受自动语音服务带来的便利，也可以感受到贴心的人工服务。

（2）电话银行呼叫中心的功能更加强大。

由于一些交易比较复杂，必须要人工介入，因此人工和自动语音服务的结合使得电话银行的服务范围更加广泛，不仅可以处理银行的基本业务，还能够进行客户管理，提供决策支持等。

（3）电话银行呼叫中心有效地提高了工作效率。

电话银行呼叫中心在技术上采用了先进的计算机电话集成技术（CTI），使声音信号与数据同步传输，客户个人资料、账户信息与话音可以同时由计算机与银行座席代表协同处理。

8.1.3 电话银行的功能

随着技术的不断成熟，电话银行的功能不断升级。无论走到哪里，只要一个电话，就可以完成大部分的银行业务，省掉了去银行柜台的不便。例如使用招商银行的信用卡，除了申请卡片以外的业务都可以由信用卡客户服务中心（电话银行）来完成。

具体而言，电话银行具有以下几方面的功能。

1. 传统银行扩展类业务

包括开户；销户；设置、修改密码；账户查询（查询账户余额、明细）；转账；账户支付；账户挂失等。

2. 代理业务

主要是代理缴费。通过与收费部门联网，使用电话银行可以缴纳各种费用，如移动、联通手机费用等。

3. 投资理财业务

包括银证转账、银证通、银期转账、外汇买卖、国债、基金等。

4. 其他功能

（1）金融业务咨询。

客户可以通过电话银行查询公共金融信息，包括利率、汇率，银行业务介绍等。

（2）处理客户投诉。

电话银行中心是面向全社会开放的一个客户与银行沟通的平台，客户可以随时通过电话对银行的服务工作进行投诉。

（3）金融产品营销。

电话银行可以根据掌握的客户资料，使用外拨功能主动向潜在客户推介金融产品。

可见，电话银行为客户提供了较为完善的交易处理功能，客户只需要一部电话就可以办理除现金交易外的各类金融业务。但值得注意的是，除了查询类的业务以外，其他涉及账户操作的功能都要经过身份验证才可以进行。

比较常见的身份验证方法是通过注册成为注册客户。所谓注册客户是指用户在银行营业网点凭有效身份证件、账户资料等进行登记，在电话银行客户数据库中留有记录的客户。注册后客户可以得到一个电话银行的客户账号和密码，客户通过自己的账号和密码对账户进行操作。客户身份验证在一定程度上保证了账户的安全，而且在身份认证后，电话银行中心座席代表使用的计算机就可以显示用户的个人信息（如果客户选择使用人工服务），使得座席代表可以对用户的情况有所了解，从而提供更全面合理的服务。

8.1.4 电话银行的优势

目前，即使已经出现了网上银行、手机银行等现代支付方式，使用传统电话工具的电话银行仍然受到各银行的重视，业务功能不断增强，业务量不断上升，这足以说明电话银行存在自己特有的优势。

1. 电话银行针对用户而言存在的优势

（1）使用方便快捷。

目前我国固定电话、移动电话的普及率相当高，总数已经超过 9.76 亿台，电话已经成为人们生活中不可或缺的一部分。因此，使用电话作为金融交易的载体显然十分方便。

（2）交易成本低。

按照现代市场营销理论的观点，客户交易成本不仅仅是他所支付的货币资金，还包括客户所消耗的时间、精力等。相对而言，电话银行的客户交易总成本是较低的。

（3）不受时间、空间的限制。

电话银行向客户提供全年 365 天每天 24 小时不间断的金融服务，而且，可以说，有电话的地方就有电话银行。因此，客户可以根据自己的情况，随时随地拨通电话来办理业务。

（4）操作实时性较强。

客户通过电话银行进行的操作可以很快生效。例如客户的银行卡被盗，可以在第一时间通过电话银行口头挂失，对这张卡的任何操作立即被限制，从而避免不必要的损失。另外，使用电话银行进行转账也十分快捷。

（5）服务种类丰富、个性化。

随着技术的不断成熟，电话银行的功能也越来越强大，服务的品种也越来越多，基本上可以满足客户的各种需求。而且，电话银行的人工服务，可以根据不同的客户提供个性化的服务。

2. 电话银行存在的优势

（1）节省人力。

电话银行的大部分业务可以由自动语音应答系统完成，因此节省了人力。

（2）降低成本。

电话银行借助原有的电话线路，不需要再投资建立专门的网络，降低了银行的成本。

（3）为客户关系管理提供帮助。

电话银行在满足客户各种需求的同时，通过电话银行的人工服务及时了解客户的需求和意见，加强了客户和银行的沟通，为客户提供个性化的服务，增强客户的忠诚度。

8.1.5 电话银行系统组成

电话银行系统的组成比较复杂，其中最核心的几大组成部分是：自动呼叫分配系统、交互式语音应答系统、计算机电话集成服务系统、人工座席系统、数据库服务器与应用服务器以及后台管理系统。

1. 自动呼叫分配系统（Automatic Call Distribution，ACD）

自动呼叫分配系统也称排队机，是呼叫中心的前台接入系统，完成对接入呼叫的转接和分配，即将接入的呼叫中心系统的来电按特定规则自动转接到正确的座席员前或进行其他自动处理，如排队或留言等。其性能的优劣直接影响到呼叫中心的效率和顾客的满意度，是呼叫中心有别于一般的电话系统的重要标志。

2. 交互式语音应答系统（Interactive Voice Response，IVR）

交互式语音应答系统是一种功能强大的电话自动服务系统。通俗地说，它也叫语音导航、欢迎词，通过预先录制或合成的语音对客户呼入的电话做出自动语音响应，为客户提供一种菜单导航的功能。客户可以根据提示，通过电话按键与电话银行系统进行信息交互。

3. 计算机电话集成服务系统（Computer Telephone Integration，CTI）

计算机电话集成服务系统是计算机系统与电话系统的结合，能够通过计算机自动完成复杂的通信任务。它的功能包括自动拨号、语音数据处理以及通过呼入信息在计算机屏幕上显示呼叫的相关信息等。

4. 人工座席系统（Call-Center Service Representative，CSR）

人工座席系统是人工处理客户电话的系统，一般由座席电脑、座席软件、座席耳麦、服务人员等组成。呼叫中心座席通过座席软件及硬件设备实现相关的控制功能，为客户提供服务。其基本型功能如下。

（1）来电接听、外呼。

人工座席能通过呼叫中心系统实现客户来电接听，并通过外呼功能实现回访等主动沟通。这是系统最基本的功能。

（2）示忙、示闲。

若座席临时离开座位或者临时不能接听电话，可将状态示忙，来电将不会被转入该座席位置。

（3）转接。

如果某座席回答不了客户的问题，可将来电转给其他座席。

（4）座席权限。

根据角色可以设置不同级别的座席。例如组长座席和普通座席，他们相应的操作权限也将不同。

（5）通话保持、通话恢复。

在和客户通话过程中，如果座席 A 想暂时停顿（比如去寻求组长座席的帮助）和客户的通话，这时候可以给客户播放等待音乐，等座席 A 回来后再通过通话恢复继续和客户通话。

5. 数据库服务器与应用服务器

数据库服务器主要是提供系统的数据存储和访问功能。这里的数据包括客户的基本信息、账户信息、交易记录、银行的内部资料等。应用服务器是介于客户和银行数据库服务器之间的中间服务器，作用是提高呼叫中心的效率和安全性。

6. 后台管理系统

后台管理系统也被称为内部管理系统，它是银行管理电话银行业务的主要途径。技术人员通过后台管理系统进行日常系统管理和维护；客户服务中心管理人员利用后台管理系统进行业务统计和报表生成与查询，并通过技术手段对呼叫中心的工作人员进行有效的绩效考核。这不仅增加和丰富了银行的管理手段，也为呼叫中心的运营管理提供了有效的技术手段。

8.1.6 电话银行与电话支付

通过前面的介绍，我们已经对电话银行有了基本认识，那么电话支付是否就是电话银行呢？

从字面上讲，只要通过电话进行的支付应该都属于电话支付。实际上，通过电话支付的形式多种多样，例如：通过短信或 WAP 无线上网进行支付的手机银行支付，通过语音应答和人工座席服务的电话银行支付，通过除上述方式之外的其他方式的电话支付。由于手机银行支付方式与其他移动终端设备支付方式类似，我们一般将手机银行支付归为移动支付范畴，利用电话进行的其他方式的支付则归为电话支付范畴。由此可知，电话支付与电话银行并非一个概念，电话银行只是电话支付的一种重要方式。

当我们还在感慨电话银行支付给人们带来的种种便利时，一些更加方便安全的电话支付方式又悄然而生。这些新型的电话支付方式已经不再需要通过电话银行系统，甚至不需要打电话，例如："固网支付"直接就把电话变成了一个可以刷卡的 POS 机，另外还有 MOTOPAY 以及 eBilling 等新的电话支付模式。

8.2 电话银行支付流程与安全

8.2.1 电话银行支付流程

目前，电话银行支付可以由银行与支付提供商合作完成，也可以由银行直接完成。

1. 银行与支付提供商合作提供的电话支付

使用电话银行支付，首先必须要开通电话银行的支付功能，也就是先要成为电话银行的注册用户。注册电话银行支付时一般会要求用户绑定电话，当然，也可以不绑定。注册用户如果已经绑定了电话，则必须使用该绑定电话来进行电话支付；如果没有绑定任何交易电话，则必须使用订购商品时预留电话号码所对应的电话来进行电话支付。

这种方式的电话银行支付过程包括下单和支付两部分，下面就通过电话方式下单和通过网络下单分别对电话支付进行介绍。

（1）电话下单过程。

电话下单过程如图 8-1 所示。

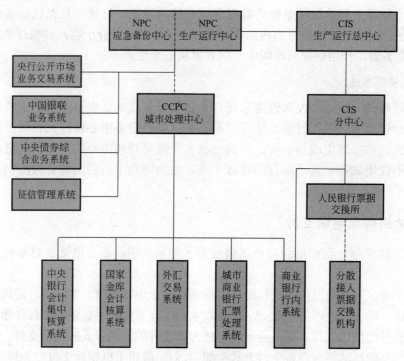

图 8-1　电话下单过程

① 支付卡开通电话支付功能；

② 持卡人拨打商户销售热线电话，订购产品或服务，告诉销售人员自己选择的银行，并留下个人手机号码；

③ 商户销售人员通过商户的订单系统录入订单和支付信息，通过联机接口方式，将订单信息提交到第三方电话支付平台；

④ 第三方电话支付平台根据持卡人选择的银行信息进行处理，将订单信息通过联机接口提交到银行平台；

⑤ 银行处理订单之后，回复处理结果给第三方电话支付平台；

⑥ 第三方电话支付平台修改订单状态，然后将处理结果通过联机接口返回给商户平台；

⑦ 商户平台通过订单系统向电话销售人员反馈下单结果，商户电话销售人员根据第三方电话支付平台提供的支付说明和流程，引导持卡人进行支付。

（2）网站下单过程。

网站下单过程如图 8-2 所示。

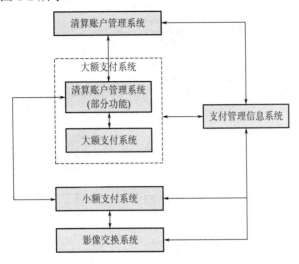

图 8-2　网站下单过程

① 支付卡开通电话支付功能。

② 持卡人登录商户网站，订购产品或服务生成订单，并选择电话支付。

③ 商户网站重定向到电话支付页面，持卡人选择支付银行，并选择确认支付。持卡人浏览器显示订单提交页面，要求持卡人输入电话号码，并选择提交。

④ 第三方电话支付平台根据持卡人选择银行信息，进行处理，将订单信息通过联机接口提交到银行平台。

⑤ 银行处理订单之后，回复第三方电话支付平台处理结果。

⑥ 第三方电话支付平台修改订单状态之后，将处理结果通过联机接口返给商户平台。

⑦ 第三方电话支付平台同时将处理结果和支付流程引导信息通过浏览器返给持卡人。

（3）支付过程

支付过程如图 8-3 所示。

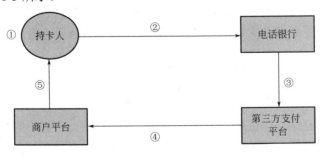

图 8-3　支付流程

① 持卡人用绑定的电话拨打所选银行的电话银行中心电话，然后按照自动语音流程进行支付操作。例如，招商银行电话银行中心电话为 95555，按语音提示支付流程如图 8-4 所示。

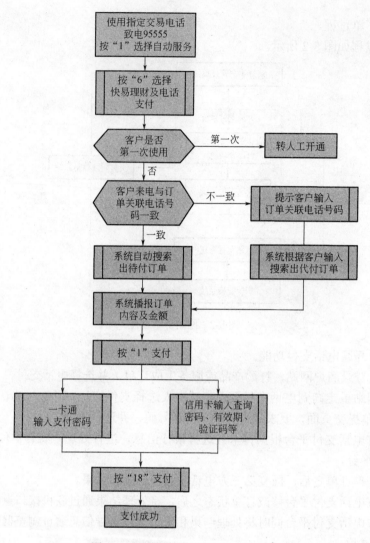

图 8-4 招商银行电话银行支付流程*

② 银行平台将支付结果通过联机接口反馈给第三方支付平台电话支付平台；

③ 第三方支付平台电话支付平台修改订单支付结果状态后，将支付结果通过联机接口反馈给商户平台；

④ 商户根据支付结果处理发货事宜。

2. 银行直接完成的电话银行支付

由银行电话系统直接完成的电话支付比较简单，不需要处理客户的购物下单环节，而只进行支付业务处理。客户只能面对一家特定的银行，支付种类与银行有着直接的关系，必须建立在银行已经与相应的商家有合作关系的基础上。例如，如果消费者要通过工商银行的电话银行缴电话费，那么首先要看工商银行是否提供了这项缴费服务，如果没有，那该项支付就无法进行。图 8-5 给出了工商银行电话银行自主缴费的支付流程。

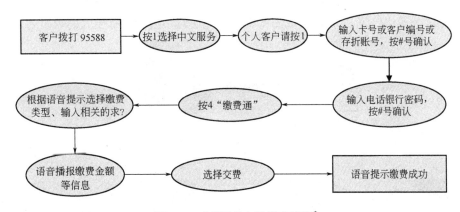

图 8-5　工商银行自助缴费流程*

由于不存在第三方支付提供商，而且收款机构与银行已经达成了协议，所以在客户支付完成以后，其余的工作都可由银行内部完成。

8.2.2　新型电话支付支付流程

1. 固网支付

电话银行支付虽然可以随时随地进行，但是相对于刷卡消费来说，要不停地输入账号等用户个人信息，这使得电话银行支付的过程比较复杂而且也存在安全隐患。那么，能不能避免输入卡号这个问题呢？通过电话刷卡的固网支付方式很好地解决了这一问题。

（1）固网支付概念和功能。

固网支付是中国银联和中国电信共同推出的一种基于在固定电话上进行刷卡支付的电子支付模式。由于是在具有 POS 终端的电话机上进行刷卡支付，所以我们也称之为电话 POS。此模式要求用户需要具备一部智能终端刷卡电话，这部电话与 POS 终端设备相结合，相当于一个安放在家中的终端 POS 机。

固网支付提供的服务除了网上购物、机票订购之外，还包括自助缴费、电子订单支付和信用卡还款、银联卡跨行转账、余额查询等金融服务。用户只需开通固网支付业务，便可在固网支付终端上使用所有包括工商、农业、中国、建设银行在内带有银联标记的信用卡和借记卡进行水、电、煤、电话、手机等公用事业账单缴付；实现包括工商、农业、中国、建设银行在内的所有带有银联标记的银联卡余额查询；更支持多种信用卡还款，和多家银行的跨行转账自助服务。

图 8-6 给出了固网支付的网络图。其中，POSP 为终端设备前置系统。

（2）固网支付的优势。

固网支付具有以下几方面的优势。

① 支付费用和商户扣率更加低廉。

虽然由于各地政策的不同导致固网支付业务有不同的费率以及标准，但是大部分地区如果用合作银行借记卡作为支付工具时都可以享受费率优惠或者免费。而大部分使用固网支付

---

* 资料来源：中国工商银行电话银行网站：http://www.icbc.com.cn

的商户也可以获得比传统 POS 机具低的扣率，这无疑对小型商铺有更大的吸引力。

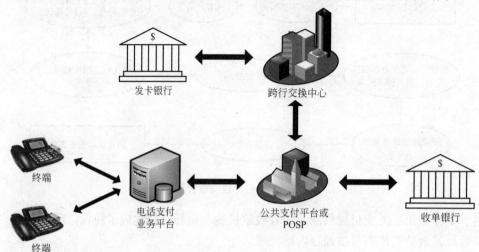

图 8-6　固网支付网络图[1]

② 支持跨行支付。

固网支付是银联推出的服务，可以使用银联的跨行结算、清算网络，这意味着客户可以使用任何一种拥有银联标识的卡作为支付工具，支持借记卡对异行信用卡的还款等跨行支付交易，大大提高了终端客户的使用方便性。

③ 操作简便。

固网支付的操作相对网络支付更加简单，而其使用的便捷性与商场刷卡消费一样，更符合目前人们的习惯。

④ 安全性更高。

与开放性的互联网相比，固网拥有天然的安全优势。在固网支付中，账户信息是通过电信光缆进行传送，与公网开放式的传送相比，被盗取的概率几乎为零；当用户刷卡时，磁条信息自动被 PCM（一种信息加密格式）加密，即使出现信息泄露，被盗走的信息也只是一堆乱码，无法辨认；在交易过程中，无须输入卡号，只要刷一下银行卡，输入密码即可进行支付；另外固网支付中还设置有自毁功能的 PSAM 卡（终端安全控制模块），能够防止木马等网上攻击行为。

（3）固网支付支付流程。

固网支付流程与一般刷卡支付方式有一定的区别：客户有可能是在网上购物，刷卡终端——电话 POS 并不一定在商家手中。因此，客户在网上下订单并选择电话刷卡后，系统会提示输入电话号码和客户的名字，然后该账单会发送到刚才输入的电话号码的电话机上，此时，客户才可以在电话 POS 上刷卡支付。图 8-7 给出了网上购物通过固网支付的具体流程。

① 下单。

与其他电话支付方式一样，持卡人首先都要选择商品，提交订单，并且选择支付方式。

---

[1] 资料来源：中国银联四川分公司

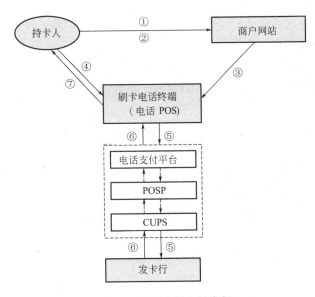

图 8-7 固网支付支付流程

② 选择固网支付方式。

当持卡人选择了固网支付方式后,需要输入一个可以用来刷卡支付的电话号码和用于账单识别的姓名。

③ 支付账单发送到持卡人固网电话终端 POS。

商家确定账单后把支付账单发送到刷卡电话 POS 上,刷卡电话则会接收到刚才的账单信息,这时,电话 POS 会显示收到一笔新的业务,包括具体交易明细等项目。

④ 持卡人在固网电话 POS 上支付。

持卡人根据账单信息提示按电话 POS 上的"支付"键,根据提示进行刷卡,然后输入密码进行支付。

⑤ 支付信息加密传送到发卡行。

电话 POS 将持卡人的账号及密码信息打包送往发卡行,数据经过电话支付平台、终端设备前置系统(POSP)以及银联卡跨行信息交换系统(CUPS)逐级传送。

⑥ 发卡行验证支付卡信息。

发卡行验证持卡人账号、密码信息,检查持卡人账户余额是否足够进行支付,并将信息返回到电话 POS(同样经过 CUPS、POSP、电话支付平台逐级传送)。

⑦ 在电话 POS 上显示支付成功信息,持卡人确认支付成功。

2. MOTOpay 支付

MOTOpay(Mail Order and Telephone Order Payment)即邮件或电话订购,是我国领先的第三方电子支付企业网银在线推出的线下支付服务产品,是一种专门针对信用卡的电子支付方式。消费者只需通过电话、传真或邮件等形式将信用卡卡号和有效期报给商家,就可以实现产品服务从咨询、预订到支付的全程服务,三秒钟之内即可完成支付。MOTOpay 具有非面对面、脱离网络等特点,这不但帮助银行扩充了信用卡消费渠道,更重要的是彻底解决了长期困扰电子机票、酒店预订、电视购物、网上购物等行业的一大难题:商户无法通过电话等非面对面的手段受理信用卡支付业务,而消费者又不方便上网支付。MOTOpay 有效提升了持卡用户的刷卡率及消费金额。

(1) MOTOpay 的特点。

与之前介绍的电话银行支付相比,MOTOpay 具有以下几个特点。

① 针对信用卡用户。

MOTOpay 主要是针对信用卡用户,而电话银行支付主要是针对借记卡用户。

② 支付更方便。

使用 MOTOpay 只需信用卡卡号和有效期即可完成支付,见不到实体卡也可以进行信用卡支付,并且只需要一个电话就可以完成购物、支付的全过程。而电话银行支付需要先拨打商家电话(或者网上)下单,挂断后再拨打电话银行才能完成支付。

③ 没有支付金额的限制。

MOTOpay 支付不受支付限额的限制,但是电话银行支付要受到当日单笔额度的限定。

④ 商户可跟踪支付过程。

MOTOpay 商户可以实施跟踪购物、支付的过程,一旦发现问题能及时解决。而电话银行支付时,商户是无法控制支付过程的。

⑤ 服务更加周到。

实现产品服务从咨询、预订到支付的全程服务,解决了因支付环节致使销售过程不完整的问题。

(2) MOTOpay 的支付流程。

MOTOpay 的支付流程如图 8-8 所示。

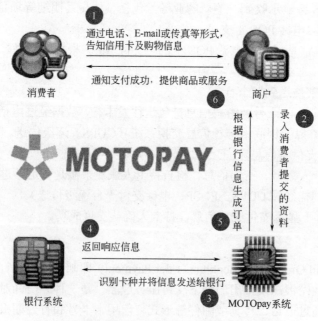

图 8-8　MOTOpay 支付流程*

3. eBilling 电话支付

电子支付方式可谓是百花齐放，仅以电话为工具的电话支付方式就有很多种不同的支付模式，但在比较了这些支付方式后，会发现尽管它们在便捷、安全程度方面各有千秋，但在用户进行小额支付时（例如：购买网游点卡、电子图书、音像作品下载或在线点播）还是显得有点麻烦，需要银行卡、认证、支付手续费等。eBilling 电话支付给人们带来了新的小额支付的快捷体验。

eBilling 是由韩国第一大电信运营商——KT（韩国电信）旗下的 Softfamily 公司在 1998 年研发而成的互联网付费系统，由上海凯翼悌信息技术有限公司率先引入中国。它是一种电话支付系统，适用于固定电话和移动电话。

互联网用户在使用收费内容时，无须信用卡或银行转账，更无须记录卡号密码，只要提交付费申请、简单拨打一个电话即可完成付费。也就是说不需要开通任何电子支付业务，不需要绑定任何银行账户，只需要一部电话就可以完成支付。用户在网上消费的收费内容直接从电信、移动的电话账单（信息使用费）中扣除，由运营商代收该使用费。

（1）eBilling 电话支付的优点。

电话小额支付虽然可能不会成为网上消费的主流支付方式，但却可以在小额支付领域大放异彩。它主要有以下一些优点：

① 方便。

打一个电话即可完成整个操作，十分方便。

② 快捷。

从网上输入付费电话到拨打特服号确认支付电话号码付费成功，只需 20 秒即可完成。

③ 安全。

无须输入其他个人资料，即使电话号码被泄露，也无须担心被盗用。

④ 最成熟的电话付费服务。

该技术在韩国已有多年的运营经验，是十分成熟的电话支付服务。

（2）eBilling 支付流程。

eBilling 支付流程如图 8-9 所示。

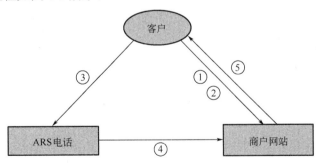

图 8-9 eBilling 支付流程

① 用户登录网站，点击要购买的内容，选择 eBilling 电话支付。
② 用户在网站上输入用于付费的电话号码。
③ 用户根据页面提示拨打 ARS（Automatic Response System）：ARS 电话是声讯电话的

一种电话号码，并确认付费。

④ 认证通过，支付完成。

⑤ 网站提示用户支付成功。

8.2.3 电话支付的安全性问题和保障措施

相对于互联网具有的发散性和强大的交互性特点，电话银行支付的产品开发设计理念建立在"封闭系统"之上，因此，电话支付是独立、封闭的语音系统；同时，电话是专线系统，是点对点的数据传输，其安全性更有保证。尽管如此，电话支付仍然存在一定的安全性问题，同样需要采取一定的安全措施来防范这些问题，降低风险。

1. 电话支付存在的安全性问题

（1）客户缺乏安全意识。

客户对电话银行交易的安全了解较少，在缺乏安全机制或措施的环境中进行电话支付，导致登录账号和密码被窃取、资金被划走的状况。例如利用公用电话支付等。

（2）电话的键盘存在安全隐患。

我们平时使用的 POS、ATM 等交易终端输入键盘，都是采用通过中国人民银行严格安全检测的加密键盘模式，每个数字键在操作时候所发出的声音频率和电子辐射都是一样的。而我们日常使用的手机、固定电话和小灵通，其数字输入键盘都没有经过加密处理，也没有经过安全测试和检验。在操作的时候，每个数字键所发出声音的频率大小不一样，电子辐射也不一样，容易被人通过声音接收设备或电子辐射接收设备，轻易地辨别出操作的是哪一个数字键，这就造成了电话支付在商业应用或在公共场合的应用中，存在极大的安全隐患。

（3）密码简单，易被破解。

由于输入字母不便，电话银行的密码相对简单，在先进设备和技术下，其被破解的难度也大打折扣。另外，由于电话银行和网络银行的关联性，用户往往用网络银行的密码兼当电话银行的密码，使黑客知晓银行卡密码后能轻松盗取电话银行的密码。

（4）易受木马程序攻击。

如果客户使用智能手机进行电话支付，犯罪分子可以通过电脑或手机木马程序盗取密码，而智能手机终端的杀毒、防毒工作还远远不及智能手机的普及速度，这显然制造了一个漏洞。

（5）客户不能及时获取资金变动情况。

除非用户办理相关业务，否则使用电话银行支付后，银行是不会就用户的资金变动情况与用户主动沟通的，这大大降低了用户追回损失的可能性。

2. 电话支付的安全性保障措施

如何才能使简便、快捷的电话支付更加安全呢？下面将从几个方面进行探讨。

（1）客户应采取的安全防护措施。

客户要提高自身的安全意识，不给犯罪分子任何可乘之机。保护好自己的卡号、密码等重要信息。

① 尽量在安全的环境下进行电话支付。

要尽量避免使用公用电话等公共通信设备；避免使用免提电话，以防他人偷听。

② 客户在申请电话银行支付时，最好绑定一个特定的电话。

在这种情况下，即使不法分子偷听到了银行卡的卡号和密码，也不能对客户电话银行的账户进行任何操作。因为电话银行支付必须要通过用户绑定的电话进行支付，也就是说账号、密码，以及绑定电话缺一不可，所以其他人是无法盗用的。这就类似于网上支付时的电子口令卡等手段，同密码一起为支付提供双保险，手机号码、密码的双重验证保证了电话支付的安全性。

③ 设置科学的密码，并且与其他支付环境尽量使用不同的密码。

客户在设置电话银行密码时，不要使用过于简单的数字（如6个6，6个8等），不要使用自己的出生日期、电话号码等容易被人猜中的数字作为密码；密码最好定期进行修改。另外，客户在使用 ATM、POS、网上银行以及电话银行时，尽量使用不同的密码。这样，就算不法分子通过偷听设备等手段获得了客户的银行卡卡号和电话银行的支付密码，并且复制了银行卡，也无法得到交易密码。

④ 注意防治木马病毒。

如果客户使用的是智能手机，那么就要注意这个高科技产物的安全性了。由于现在智能手机已经逐渐地向掌上电脑的方向发展，其功能不断完善，一方面为客户提供了更多的功能，但另一方面也为木马病毒提供了生存的土壤。

（2）银行应采取的防范措施。

在电话支付过程中，银行有责任为客户提供一个安全的支付环境，这一方面需要严格的管理措施，另一方面也需要一定的技术支持。

中国银监会 2007 年 11 月 28 日下发通知，对商业银行电话银行业务发出风险提示。银监会在《关于商业银行电话银行业务风险提示的通知》中对商业银行提出了几项要求：

① 商业银行应面向客户开展各种形式的电话银行风险教育和安全提示，明示电话银行业务操作应注意的各类安全事项，帮助客户培养良好的密码设置习惯和密码保护意识；

② 商业银行应积极开展电话银行转账功能风险评估和分类，依据收款账户的潜在风险高低，相应设置不同的转账额度和次数限制；

③ 对应用银行卡卡号和密码相组合完成登录的电话银行业务，商业银行应在客户使用潜在风险较高的转账功能时，增加其他身份信息检验要求，如银行卡 CVV 码、身份证信息或其他预注册信息等；

④ 商业银行应严格控制规定时间内同一卡号、账号、密码等登录信息在电话银行操作中的输入次数，避免无次数限制的允许输入错误登录信息，严格防范犯罪分子采用试探手段获取密码信息；

⑤ 商业银行应建立电话银行异常交易监测预警机制。

除此之外，银行也应该做好其客户关系管理。银行有责任及时通知客户的账户支出情况，一旦发生资金变动，就应当及时通知客户，不过这需要客户事先绑定了电话。

电话银行计算机系统主要处理客户通过电话提出的各种服务请求，必须满足较高的安全性要求，特别是数据的正确性、保密性和完整性。

① 保证数据库安全。

数据库是所有计算机应用系统的核心。数据库中保存了客户的各种相关数据，一旦数据库遭到篡改或破坏，会给银行和客户的利益带来严重的损害，甚至使整个电子银行陷于瘫痪，引起十分严重的后果。在保证数据库安全方面采用了以下技术措施。

a. 校验数据的真实、合法性。

电话银行计算机系统所有客户在进入系统操作之前，必须经过验证；用户密码全部采用密文方式保存在数据库中；一旦发生验证失败，系统要做出安全处理。另外，为了防止恶意破译密码，系统中还设置了验证错误次数的限制，如果超过次数，禁止客户再试。

b. 进行访问控制。

对不同类别的客户采用不同的标记。例如，将注册客户与非注册客户用不同的标记来区分对待，他们的操作权限也根据标记的不同而有所差异。

c. 保护数据的完整性。

这里数据的完整性保护包括存储数据的完整性保护和传输数据的完整性保护。

对于存储数据的完整性保护，采用对关键数据进行 MAC（Message Authentication Code）校验的方式。关键数据包括：客户号、客户密码、证件号码、账号、更新日期等。将这些数据组成一个字符串，通过调用函数，生成 MAC，保存数据的同时，将 MAC 也保存下来。在需要进行关键数据操作时，首先需要校验 MAC，如果 MAC 不正确，禁止该操作，MAC 校验通过后，才能够继续进行操作。如果关键数据进行更改后，MAC 也需要重新计算，更新到数据库中。

对于传输数据的完整性保护主要包括两部分：IVR（交互语音应答系统）交易平台的数据交互和交易平台与后台业务系统的数据交互。这两种数据交互方式都采用 MAC 校验来保证数据传输的完整性。

② 保证网络安全。

网络安全是信息安全的基础，也是银行数据安全、系统安全的前提条件。客户的基本信息和账户资料都存放在银行的数据库中，而数据库与银行系统却是通过网络连接起来的，不论是银行内部网络还是银行外部网络，都可能存在着对电话银行系统的威胁。保证电话银行系统的网络安全可以采用以下措施。

a. 数据加密。

网络中为了保证数据的安全传输，首要的就是对数据加密。数据加密是利用数据加密算法来实现数据保密的方法和技术。与数据加密紧密相关的就是密钥管理机制，它主要考虑密钥的产生、分发和存储的安全。

b. 信息认证。

信息的认证性是信息安全的另一个重要方面，它要验证信息的确来自授权方。网络中互不认识的双方要进行通信，必须事先取得权威认证机构的身份证书，才能取得对方的信任。

c. 信息的完整性保护。

信息在网络中传输是可能会被篡改、重播或迟延。为了防止这些情况的发生，就要采取信息的完整性控制。序号机制、信息识别码和数字签名都可以有效地用于数据完整性控制。

d. 访问控制。

与数据库中的访问控制类似，给每个客户赋予适当的操作和访问权限，目的是为了拒绝非法访问和使用网络资源，以保障网络系统的安全。每个网络资源（如各种服务器、文件系统和数据库等）都有访问控制表（ACL），通过 ACL 规定客户的访问权限。

e．路由控制。

路由控制一般由网络服务商提供，使信息通过安全可靠的子网、中继网或节点进行传送。当发现或怀疑信息受到监视或非法处理时，就重新建立路由。正确的路由控制可以避免敏感数据进入危险的节点和链路。

8.3 电话支付举例

目前，我国各大银行都开通了电话银行。下面将以中国工商银行为例，详细介绍电话银行情况[*]。中国工商银行电话银行的登录网址为"http://www.icbc.com.cn"。中国工商银行电话银行是利用计算机电话集成技术，采用电话自动语音和人工座席等服务方式为客户提供金融服务的一种基于呼叫中心的业务系统。它集金融交易、投资理财、咨询投诉等功能于一身，为客户提供全年365天、全天24小时不间断的综合性金融服务。客户只要拨打全国统一的电话银行服务号码"95588"即可随时随地享受工商银行提供的服务。

工商银行的电话银行主要分为两类：一类是个人电话银行，为个人注册客户提供服务；一类是企业电话银行，为单位注册客户提供服务。

为了简化工行电话银行的操作，为客户提供更加便捷和人性化的服务，工行在电话银行自助语音和人工座席服务中增加了"个性化菜单定制的"功能。利用这项功能，客户可以根据自身的需要以及操作习惯定制常用语音菜单，在登录电话银行时，可选择直接进入快捷菜单，实现操作的便捷性和个性化，提高办理业务的效率。

8.3.1 中国工商银行个人电话银行

1．工行个人电话银行客户开通电话银行服务

中国工商银行个人电话银行适用于持有工行理财金卡、牡丹灵通卡、牡丹信用卡、活期存折等账户的个人客户。个人客户可以通过以下任何一种方式开通电话银行：

（1）柜面注册。

个人客户只要携带本人有效身份证件及本地工行银行卡到网点办理，填写《中国工商银行电子银行个人客户注册申请表》开通电话银行。

（2）电话自助注册。

个人客户只要拥有工行银行卡及活期存折，即可拨打"95588"，通过语音提示或人工服务自助申请注册电话银行。

2．工行个人电话银行的服务功能

工行个人电话银行能够为客户提供账户信息查询、转账汇款、投资理财、缴费服务、外汇交易、异地漫游、信用卡服务、人工服务等一揽子金融业务。具体功能如下：

（1）账户信息查询。

提供查询各类账户及其卡内子账户的基本信息、账户余额、账户当日明细、账户历史明细、账户未登折明细等功能。

---

[*] 本节资料来源：中国工商银行网站

(2) 转账汇款。

提供同城转账、异地汇款等功能。

(3) 投资理财。

提供买卖股票、基金、债券、黄金的功能。

(4) 缴费服务。

提供电话费、手机费、水电费、燃气费等多种日常费用的查询和缴纳功能。

(5) 外汇交易。

提供实时买卖外汇，查询汇率、账户余额及各类交易明细等功能。

(6) 异地漫游。

提供异地办理开户地各类银行业务的功能。

(7) 信用卡服务。

提供办卡、换卡申请，卡片启用、挂失，账户查询，人民币购汇还款，调整信用额度等功能。

(8) 人工服务。

提供业务咨询、投诉建议、网点信息、新业务介绍，并受理账户紧急口头挂失等业务。

3. 工行个人电话银行的特点和优势

工行个人电话银行不仅业务种类丰富，功能强大，而且具有鲜明的时代特征和超群的科技优势。具体表现在以下方面。

(1) 使用简单，操作便利。

工行电话银行将自动语音服务与人工接听服务有机结合在一起，客户只需通过电话按键操作，就可享受自助语音服务和温馨人工服务的完美统一。

(2) 手续简便，功能强大。

工行电话银行申办方便，客户只须携带本人有效证件及工行存折或银行卡到网点就可办理开户申请手续，享受账户管理的方便和投资理财的高效。

(3) 成本低廉，安全可靠。

工行电话银行可以办理柜面及网上大部分业务，既节省时间，又降低成本。同时，工行采用目前最先进的计算机电话集成技术，让客户用得安心，用得放心。

(4) 号码统一，全国漫游

工行电话银行在内地各省市的服务号码均为95588，在香港为21895588。选择异地漫游，即可漫游回居住地区的电话银行，使客户无须再承担长途电话费用。

4. 工行个人电话银行的使用流程

(1) 工行个人电话银行用户的语音树。

工行个人电话银行用户的语音树如图8-10所示。

(2) 基本操作流程。

工商银行个人电话银行基本操作流程如图8-11所示。

(3) 自助修改密码。

为提高电话银行的使用安全性，客户可以定期自助更改电话银行密码。具体流程如图8-12所示。

第 8 章 电话支付

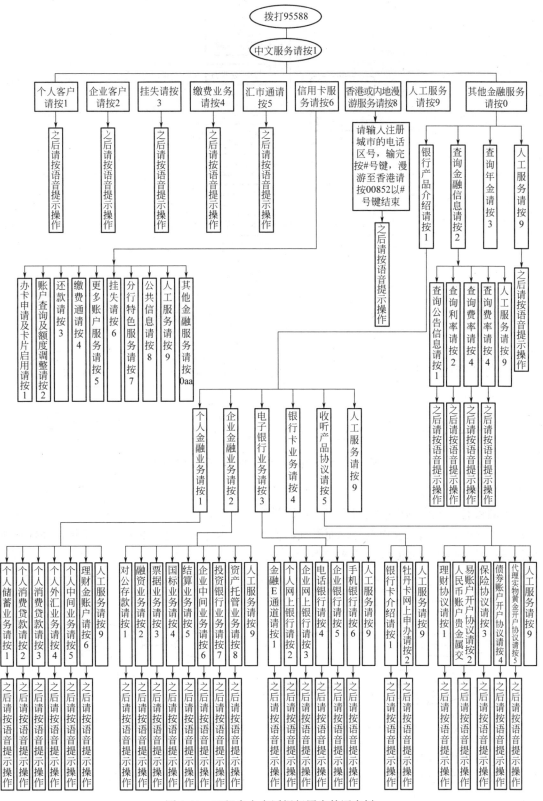

图 8-10 工行个人电话银行用户的语音树

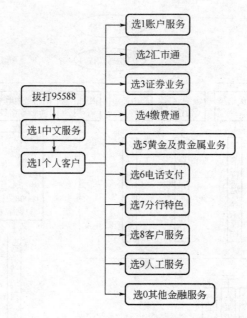

图 8-11　工行个人电话银行用户基本操作流程图

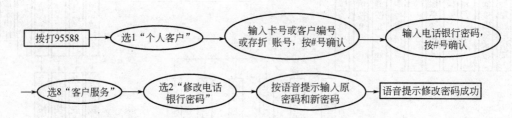

图 8-12　工行个人电话银行自助修改密码操作流程图

（4）设置客户编号。

工商银行个人电话银行注册客户可自助设置 8 位客户编号,在每次进入电话银行"个人客户"菜单时直接输入客户编号,而无须再输入多位卡号或账号,方便客户记忆,使操作更加便捷。具体操作步骤流程如图 8-13 所示。

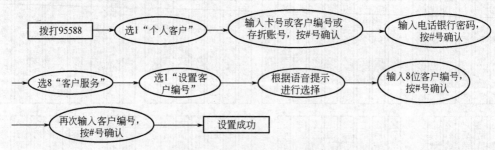

图 8-13　工行个人电话银行设置客户编号操作流程图

（5）自动销户流程。

工商银行个人电话银行自动销户流程如图 8-14 所示。

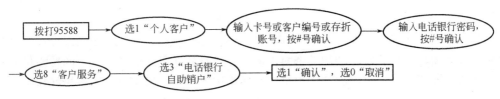

图 8-14　工行个人电话银行自动销户流程操作流程图

8.3.2　中国工商银行企业电话银行

1. 工行企业电话银行客户开通电话银行服务

在工行开立账户且信誉良好的企业客户,包括企业、行政事业单位、社会团体等均可开通企业电话银行。

企业客户需到工行网点办理企业电话银行注册手续。申请企业应向其开户行提交企业经办人单位介绍信、经办人的身份证件及《中国工商银行企业电子银行注册申请表》,并在申请表上加盖企业所开账户预留银行印鉴,经开户行审核无误后,签署《中国工商银行企业电话银行服务协议》,并办理电话银行注册手续。已经申请普通卡或者金卡证书的企业直接使用该证书办理企业电话银行注册;没有客户证书的企业由银行柜员发放普通卡或者金卡证书。

2. 工行企业电话银行的服务功能

工行企业电话银行能够为企业客户提供以下金融服务:

（1）账户服务

提供查询账户余额、查询当日明细、查询历史明细的功能。

（2）票据查询

提供现金支票查询、转账支票查询、银行汇票查询、银行承兑汇票查询等功能。

（3）传真服务

提供传真当日交易明细、历史交易明细的功能。该服务使企业可以更加直观地了解账户的交易明细、方便企业日后与银行进行对账。

3. 工行企业电话银行的使用流程

工行企业电话银行的一般操作流程如图 8-15 所示。修改登录密码、设置客户编号、自动销户等操作与个人电话银行类似。

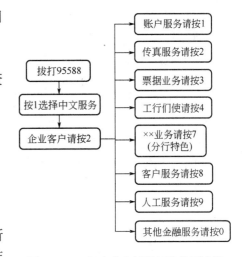

图 8-15　工行企业电话银行的使用流程

本 章 案 例

女子开通电话银行被转走 6 万多元[1]

住在重庆市江北区某小区的何某喜欢网购,最近正好需要买一批建材,为了方便网上交

---

[1] 资料来源:重庆晚报 2010 年 10 月 12 日

易，9月24日去五里店一家银行开户，同时开通了网上银行。

听说电话银行服务更方便，25日一早，她又前往银行柜台，开通了电话银行——只需打进指定电话，报出密码、账号和相关资料，便可以随时随地完成对绑定账户的转账付款。

当天上午9时许，何某办好开通电话银行的申请手续后，用绑定的手机拨打客服电话查询，发现该项服务已开通，遂走出银行大门。

"刚穿过一条公路，手机就收到一条短信。打开一看，我吓了一跳：××账号于9点58分转出5万元……"何某说。

开通电话银行不到10分钟，钱就莫名其妙被转出，到底咋回事？何某赶紧返回银行，要求查询。

柜台工作人员称，可能是电话银行的缘故，让她拨打电话银行客服电话查询。何某拨打客服电话，工作人员听了之后，答复有可能是系统问题，让何某等一阵再查。第二天一早，何某再次前往银行，因为账上只剩4 900多元，她急着打一笔款出去，便又存了1万元进去。但收到存款信息刚3分钟，她再次收到一条让她心惊肉跳的信息："××账号于8点33分转出14 900元……"再一查，账上已经没钱。

"这账户就像黑洞。"何某吓坏了，再次向工作人员反映，异常情况引起了银行工作人员重视，立即派人开始调查。同时，何丽拨打110报警。

何某向记者出示了"电话银行申请书"，上面明确写着，"电话转账当日累计转出金额默认设置5000元，客户可自行设定，但不得超过5 000元"。何某认为，"在我没有操作的情况下，两次都超出限额，并转走了我的钱，银行有不可推卸的责任！"因此，她要求银行先返还自己的存款，再调查追究具体责任。

银行负责处理此事的张主任告诉记者，目前公安部门正介入调查，到底是客户没保管好密码，还是银行系统有问题，还得等待公安的调查结果。

他提醒市民：银行工作人员看不到客户密码，只有客户本人知道。为了账户安全，客户一定要保管好密码。

何某也觉得挺冤：开通电话银行是为了方便，结果惹出这么多麻烦。她也以自己的经历提醒大家：如果不是确实需要，开通这些业务最好谨慎。

讨论：根据上面的案例，分析本例中使用电话银行所面临的支付安全问题，思考银行应该如何来解决这些安全问题。

本 章 小 结

电话支付具有使用方便、不受时间空间的限制、实时性强、安全性好等特点，近些年受到广大消费者的欢迎。电话支付主要包括以语言自动应答为主要方式的电话银行和其他诸如固网支付、MOTOpay和eBilling支付的新型电话支付方式。

电话银行是指银行利用计算机电话集成（CTI）技术，借助于公共电话网络，通过电话语音自动应答和人工服务的方式为客户提供金融服务的系统。它与手机银行是两个不同的概念。

电话银行经历了人工服务、自动语音服务和电话银行呼叫中心（Call-Center）三个阶段。

目前各大银行均建立了自己的电话银行呼叫中心。

随着技术的不断成熟，电话银行的功能不断升级。目前，电话银行具有以下几方面的功能：传统银行扩展类业务、代理业务、投资理财业务、咨询投诉等其他业务。

电话银行系统的组成比较复杂，其中最核心的几大组成部分是：自动呼叫分配系统、交互式语音应答系统、计算机电话集成服务系统、人工座席代表系统、数据库服务器与应用服务器以及后台管理系统。

电话银行及各种新型电话支付具有各自不同的支付流程和适用环境。电话银行适用于个人和企业客户的多种支付业务，固网支付适用于个人电话刷卡消费，MOTOpay 适用于个人信用卡的线下支付，eBilling 适用于小额支付。

电话支付是独立、封闭的语音系统和专线系统，是点对点的数据传输，安全性较好，但是仍然存在一定的安全性问题，例如：客户缺乏安全意识；电话的键盘存在安全隐患；密码简单，易被破解；高级智能手机易受木马程序攻击；客户不能及时获取资金变动情况等。

为了使简便、快捷的电话支付更加安全，需要广大客户和银行双方付出努力，客户主要需要提高安全意识、养成良好的操作习惯；银行需要严格的管理措施和有效的安全技术保障，例如做好数据加密、数据校验、访问控制等工作。

目前，我国各大银行都开通了电话银行业务，工商银行电话银行是一个典型的电话银行支付例子。

本 章 习 题

一、选择题

1. 下列（　　）不是电话银行呼叫中心的突出特点。

   A．人工和自动语音服务的有机结合

   B．功能更加强大

   C．有效地提高了工作效率

   D．使用更加方便

2. 电话银行针对用户而言存在的优势不包括（　　）。

   A．使用方便快捷　　　　　　　B．交易成本低

   C．不受时间、空间的限制　　　D．为客户关系管理提供帮助

3. 在电话银行系统组成中，（　　）是前台接入系统，完成对接入呼叫的转接和分配。

   A．交互式语音应答系统 IVR　　B．自动呼叫分配系统 ACD

   C．计算机电话集成服务器 CTI　D．人工座席系统 CSR

4. 下列（　　）是中国银联和中国电信共同推出的一种基于在固定电话上进行刷卡支付的电子支付模式。

   A．固网支付　　　　　　　　　B．eBilling 支付

   C．MOTOpay 支付　　　　　　　D．手机银行支付

5. 以下（　　）是保证电话银行系统的网络安全可以采用的措施。

A．路由控制　　　　　　B．数据加密
C．访问控制　　　　　　D．安全控件

二、简答题

1．电话银行经历了哪几个发展阶段？
2．比较移动支付、电话银行支付、网上支付方式，它们各自有什么优劣？
3．电话银行支付有哪些功能？
4．目前中国存在哪些模式的电话银行支付？各种模式的支付流程是怎样的？
5．电话银行支付存在哪些安全方面的问题？
6．结合自己电话银行支付的经历，谈谈你所用的电话银行支付的大体流程，有哪些方面需要改进。

三、讨论题

登录招商银行网站（http://www.cmbchina.com），探讨招商银行电话银行的功能、流程、安全措施。

第 9 章

第三方支付

学习目标

1. 熟悉第三方支付的特点和优势。
2. 了解第三方支付面临的困难和存在的问题。
3. 分析第三方支付产业价值链现状及其价值活动。
4. 掌握第三方支付的运营模式
5. 熟悉第三方支付公司的国际监管模式

案例导入

移动支付也安全

《2014 中国互联网金融发展报告》显示，我国手机支付用户规模达 1.25 亿户，同比增长 126%，手机支付、网络银行、金融证券等相关各类移动应用累计下载量超过 4 亿次，移动支付进入了爆发期。

移动支付爆发式增长，其影响意义绝不仅仅局限于金融行业和电商行业，而是对所有服务业都会产生影响。因为，当消费者们不再习惯使用现金和信用卡，而是更愿意用手机支付账单时，不论你开的是餐馆还是书店，也不论你卖的是飞机票还是地铁票，都需要为消费者提供可以进行移动支付交易的平台。而能够为移动支付者提供更多便捷甚至优惠的企业，将在行业竞争中占得先机。

目前，移动支付交易领域呈现"三足鼎立"的态势。先是各类互联网企业利用各自平台开发移动支付，并有大军进军金融业之势，而银行、保险等传统金融机构纷纷上马手机客户端，利用已有的金融实力和体制内的政策优势，后来居上。与此同时，电信运营商也不甘落后，利用自身技术优势和既有的产业链也参与进来。

飞速发展的移动支付市场背后，却是种种安全隐忧。在第三方支付平台上沉淀的，不只是消费者们积少成多、集腋成裘的大笔资金，还有海量的客户个人信息。就当下的相关法律法规而言，对这些资金和个人信息的监管，依旧存在诸多盲区，而移动支付所依赖的信用体系，也尚未建立起来。

目前，我国虽然已经有了一定的移动支付的监管措施，不过在已出台的监管措施中，多数是针对电子支付或支付服务整体的，对开办移动支付业务的监管仍不健全。并且，由于移动支付产业链上涉及信息、金融等诸多管理部门，在制订措施和执行监管时如何兼顾平衡就成了待解问题。例如，当央行出台对移动支付的限制性措施时，就有舆论认为此举不利于民营经济的发展，有对国资银行"护短"之嫌。

安全性是客户对支付方式的重要选择依据，而移动支付的安全性尚待时间检验。这也导致了移动支付虽然使用者众多，但是总金额量并不高的现状。

事实上，对于包括互联网企业在内的移动支付相关企业而言，移动支付带来的好处绝不仅仅是巨额的资金沉淀和资金沉淀可带来的利息和投资收入，还有通过移动支付过程可以掌握的海量客户信息和支付数据。在大数据时代，这些准确详尽的客户信息和支付数据对于企业而言弥足珍贵，许多产品都可依此来分析市场。不过，如何保护这些客户信息的安全性，目前仍是一片空白。

移动支付作为一种新兴的支付模式，其便捷性和安全性，本身就已经成了一把双刃剑。但是，绝不能为了提高便捷性而牺牲了安全性，因为金融交易是建立在安全这一前提之下的，移动支付亦然。

讨论：1. 简述我国移动支付产业价值链的构成和特点。
2. 结合案例说明移动支付产业链的竞合关系。

9.1 第三方支付的内涵与发展状况

随着电子商务的飞速发展，网上购物、在线交易已经从一个新鲜未知的事物变成了人们日常生活的一部分。然而，"网上购物易，在线支付难"。据40万网民参与的《互联网信任环境调查报告》显示，75%的网民进行网上交易时，最看重商家的资质和信用，信用已成为在线交易的主要诉求。以第三方支付为代表的新型在线支付方式满足了电子商务中商家和消费者对信誉和安全的要求，在商家与顾客之间建立了一个安全、有效、便捷、低成本的资金划拨方式，为网上支付提供了一个可行的放心支付的安全环境，很大程度上改善了电子商务的购买信任危机，有效推进了我国电子商务的发展。

所谓"第三方支付"就是指由非银行的第三方机构投资运营的网上支付平台。第三方平台提供商通过通信、计算机和信息安全技术，在商家和银行之间建立连接，起到信用担保和技术保障的职能，从而实现从消费者到金融机构以及商家之间货币支付、现金流转、资金清算、查询统计等功能。

我国早在1998年就有了第一家第三方支付公司。随着网上支付的迅速发展，越来越多的第三方支付服务平台出现。目前，提供网上支付服务的企业已超过50家，其中规模较大的近20家，它们的年处理交易量在亿元左右或几亿元。国内以易趣、淘宝为首的大型电子商务网站，正式应用"安付通""支付宝"等第三方支付手段，来促进自身的电子商务活动发展及提供安全交易保证。阿里巴巴的"支付宝"、易趣eBay的"安付通"、首信的"易支付"、一拍网的"e拍通"、云网的"支付@网"、慧聪网的"买卖通"等具有一定代表性的第三方支付企业正在显着着稳定的上升趋势。其中，"支付宝"作为国内第三方支付企业的佼佼者，已成为我国第三方支付的重要样本。据支付宝提供的数据显示，截至2007年11月19日，使用支付宝的用户已经超过5 600万户，支付宝日交易总额超过2.3亿元，日交易笔数超过117万笔。"支付宝+淘宝"方式的网上支付企业模式已经成为一些支付企业的参考标本。"没有应用就没有支付"也已成为当前第三方支付企业们的共识。在电子商务应用中这种新型的借助于第三方支付的模式体现了巨大的生命力。根据艾瑞咨询 2008 年 1 月推出的《2007—2008 年中国电子支付行业发展报告》研究显示,在政策鼓励及第三方电子支付企业的努力和创新下,2007 年电子支付市场的发展十分迅速,其中第三方电子支付市场交易额规模突破 1 000 亿元,而仅第三方网上支付交易额规模就达 976 亿元。第三方支付方式现已成为国内网民从事网上支付时的第一选择。

中国互联网络信息中心(CNNIC)在 2008 年 1 月发布《第 21 次中国互联网络发展状况统计报告》。数据显示,截止到 2007 年 12 月 31 日,我国网民总人数达到 2.1 亿人,成为网民规模仅次于美国的世界第二大国家。随着网民数量增多,网上支付用户也快速上升,据艾瑞咨询市场调查表明,2007 年前三个季度第三方网上支付市场规模已达 725 亿元,与 2006 年支付市场规模的 290 亿元相比,已达到 2006 年的 2.5 倍,足可见第三方网上支付市场发展之迅速。

第三方支付是典型的应用支付层架构。提供第三方支付服务的商家往往都会在自己的产品中加入一些具有自身特色的内容。但是总体来看,其支付流程都是付款人提出付款授权后,平台将付款人账户中的相应金额转移到收款人账户中,并要求其发货。有的支付平台会有"担保"业务,如支付宝。担保业务是指将付款人要支付的金额暂时存放于支付平台的账户中,等到付款人确认已经得到货物(或者服务),或在某段时间内没有提出拒绝付款的要求,支付平台才将款项转到收款人账户中。

第三方支付的交易流程如图 9-1 所示:
(1) 买方将实体资金转移到支付平台的支付账户中。
(2) 买方购买商品(或服务)。
(3) 买方发出支付授权,第三方平台将买方账户中相应的资金转移到自己的账户中保管。
(4) 第三方平台告诉收款人已经收到货款,可以发货。
(5) 卖方完成发货许诺(或完成服务)。
(6) 买方收到物品,确认无误,通知第三方付款。
(7) 第三方平台将临时保管的资金划拨到卖方账户中。
(8) 卖方可以将账户中的款项通过第三方平台和实际支付层的支付平台兑换成实体货币,也可以用于购买商品。

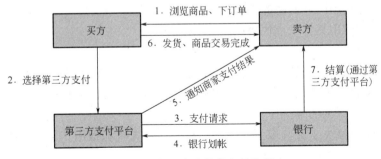

图 9-1 第三方支付的交易流程

9.1.1 第三方支付的特点

电子商务的发展,使得人们可以不见面就完成交易的整个过程,大幅度地节约了交易成本，提高了交易效率。作为中间环节的网上支付，是电子商务交易双方最为关心的问题，但由于信用问题，却成了限制中国电子商务进一步发展的瓶颈。显然，如果一种支付方式能够解决网上支付的信用和安全问题，那么这种方式的市场潜力就是无限的。第三方支付平台正是在商家与消费者之间建立了一个公共的、可以信任的中介，一方面连接银行，处理资金结算、客户服务、差错处理等一系列工作；另一方面又连接着非常多的商户和消费者，使客户的支付交易能顺利接入。它满足了电子商务中商家和消费者对信誉和安全的要求，成为目前我国电子商务发展的推动力。第三方支付的优点有以下几点：

（1）第三方支付平台采用了与众多银行合作的方式，从而大大地方便了网上交易的进行，对于商家来说，不用安装各个银行的认证软件，从一定程度上简化了费用和操作。

（2）第三方支付平台作为中介方，可以促成商家和银行的合作。对于商家第三方支付平台可以降低企业运营成本；对于银行，可以直接利用第三方的服务系统提供服务，帮助银行节省网关开发成本。

（3）第三方支付平台能够提供增值服务，帮助商家网站解决实时交易查询和交易系统分析，提供方便及时的退款和止付服务。

（4）第三方支付平台可以对交易双方的交易进行详细的记录，从而防止交易双方对交易行为可能的抵赖以及为在后续交易中可能出现的纠纷问题提供相应的证据。

总之，第三方支付平台是当前所有可能的突破支付安全和交易信用双重问题中较理想的解决方案。

9.1.2 第三方支付应用的优势

第三方支付主要适用于 C2C、B2C 的部分领域。在实际应用中，B2B 交易还是以银行支付结算和商业信用为主；在 B2C 市场，将会以银行和第三方支付共存，商业信用高的、金额较大的以银行结算为主，商业信用低的或金额较小的以第三方支付为主。在 C2C 市场，因为没有可靠的诚信体系，银行结算几乎无能为力，应该以第三方支付为主。

目前的网上商城都会选用第三方支付平台作为自己的支付方式之一，有的商城采用自家公司研发的第三方支付平台，如淘宝网的支付宝、拍拍网的财付通，有的公司则选择知名支付公司的产品，如当当网选择的快钱、贝宝、易宝。还有的商城如易趣网，既使用自家公司研发的安付通，也使用国际通用的支付平台贝宝。

第三方支付的应用具备三点优势：

（1）减少社会交易成本。

① 银行大大减少服务成本，加快处理速度和效率，企业减少时间和人力的成本；

② 第三方支付服务商提供统一的应用接口，打破了银行间的壁垒，实现了企业和银行的互连，减少了开发和维护费用；

③ 第三方支付减少了交易取消、交易迟延、支付失败和信用诈骗带来的风险，提高了企业交易成功率。

（2）提升企业竞争力。

① 第三方支付提高了交易效率和利润水平，促使了更多创新服务的涌现；

② 第三方支付拓宽了企业的业务覆盖范围，同时让顾客在支付款项的时候有了更多的选择；

③ 消费者因为信任知名的第三方支付服务商,从而消除了与小规模企业进行交易的顾虑;

④ 商家某些业务实现外包,压缩了人员规模,降低了运营成本,大大提高了交易效率和效益。

(3) 促进多种产业的发展。

① 第三方支付帮助银行推广电子银行业务,促进了 B2C 和 C2C 业务,使其获得了更多的潜在储户。

② 银行和企业能够根据专业分工,得以专注于他们的产品服务设计和市场推广。

③ 第三方支付服务商能够以中立的身份介入交易,保护交易各方的合法权益。出于身份制约和责任规避的考虑,第三方支付都尽量避免卷入具体的交易中,同时也因此造就了第三方支付的超然地位。

④ 商家能够获得更多的增值服务,如定制实时交易查询和数据报表功能、退款功能、信用卡风险控制、向分支机构(代理商)清算货款等。

⑤ 第三方支付使更多人体验到了网上交易的乐趣,电子商务因此逐步普及开来。

概括起来,第三方支付的优势在于:利益中立,商业模式比较开放,能够满足不同企业的商业模式变革,帮助商户创造更多的价值。第三方支付是以银行的服务为基础,与银行合作,向大大小小的企业提供个性化的电子支付服务,为银行发展面向用户的增值服务。第三方支付是电子支付产业链中重要的纽带,一方面连接银行,处理资金结算、客户服务、差错处理等一系列工作,另一方面又连接着非常多的商户和消费者,使客户的交易支付能顺利接入。由于拥有款项收付的便利性、功能的可拓展性、信用中介的信誉保证等优势,第三方网上支付较好地解决了长期困扰电子商务的诚信问题、物流问题、现金流问题,在电子商务中发挥着重要的作用。

9.1.3 第三方支付面临的困难和存在的问题

第三方支付服务商的出现确实推动了中国的电子商务发展。然而,第三方支付平台正面临着巨大的困难,这可以从提供平台的支付服务商的发展环境看得出来:

首先,第三方支付服务商的盈利处境正在恶化。因为第三方支付服务的直接支付收入因为竞争等的关系下降幅度较大,加上付给银行的交易手续费成本居高不下,因此支付服务的直接毛利率相当低。此外,一些实力强大的互联网公司自建支付平台,以免费策略抢夺市场,使第三方支付服务商不得不降低收费标准。再加上中小商家一般无法从银行获得较低的手续费,就采取各种办法压低第三方支付服务商的收费。事实上,大部分的第三方支付企业被迫用其他业务的利润来补贴支付业务以维持其艰难的生存。

第二,同质化竞争严重。第三方支付服务商、银行与银联、企业内部的支付平台之间的支付业务重叠比例非常高,很容易导致支付服务商在经营的稳健性、服务的质量以及诚信方面出现问题,最终结果是企业和个人用户利益受到损害,实力弱、缺乏创新的支付平台商被淘汰。而处于产业链上游的金融机构"业务向下延伸"的威胁更是让第三方支付企业的处境雪上加霜。

第三,银行的业务发展也对支付服务商提出了挑战。作为第三方支付服务商的重要战略合作伙伴,银行也从他们手上拿走了很大比例的支付收入作为手续费用;同时个别银行还使用低于第三方支付服务商的费率与第三方支付服务商直接展开低端的竞争。这就要求第三方支付服务商跳出过去的业务局限，在新的起点上与银行达成更深入的合作，实现新的业务创新，做到双赢。

在行业发展期间，第三方支付逐渐暴露出以下的问题，引起监管部门的注意：

(1) 风险问题。在电子支付流程中，资金都会在第三方支付服务商处滞留即出现所谓的资金沉淀，如缺乏有效的流动性管理，则可能存在资金安全和账户，先代收买家的款项，然后付款给卖家，这实际已突破了现有的诸多特许经营的限制，它们可能为非法转移资金和套现提供便利，因此形成潜在的金融风险。

(2) 电子支付经营资格的认知、保护和发展问题。第三方支付结算属于支付清算组织提供的非银行类金融业务，银行将以牌照的形式提高门槛。因此，对于那些从事金融业务的第三方支付公司来说，面临的挑战不仅仅是如何赢利，更重要的是能否拿到将要发出的第三方支付业务牌照。

(3) 业务革新问题。因为支付服务客观上提供了金融业务扩展和金融增值服务，其业务范围必须要明确并且要大胆推行革新。到目前为止，全球拥有手机的人多于拥有电脑的人，相对于单纯的网上支付，移动支付领域将有更大的作为。所以第三方支付能否趁此机遇改进自己的业务模式，将决定第三方支付最终能否走出困境，获得发展。

(4) 恶性竞争问题。电子支付行业存在损害支付服务甚至给电子商务行业发展带来负面冲击的恶意竞争的问题。目前，国内的专业电子支付公司已经超过 40 家，而且多数支付公司与银行之间采用纯技术网关接入服务，这种支付网关模式容易造成市场严重同质化，也挑起了支付公司之间激烈的价格战，由此直接导致了这一行业"利润削减快过市场增长"，在中国，惯用的价格营销策略让电子支付行业吞下了利润被摊薄的苦果。

(5) 法律、法规支持问题。在保护电子商务交易的同时，从支付认证、支付标准和交易公开性的角度看，我国必须考虑建立一些标准，为工商管理、税收管理和政府的行业管理作技术上和政策上的准备。如何规范电子支付业务、防范支付风险、保证资金安全、维护广大商户和用户在电子支付活动中的合法权益，已成为影响我国电子支付产业健康发展的关键问题。

9.2　第三方支付价值链分析

所谓第三方支付，就是一些和国内外各大银行签约、并具备一定实力和信誉保障的第三方独立机构提供的交易支持平台。在通过第三方支付平台的交易中，买方选购商品后，使用第三方平台提供的账户进行货款支付，由第三方通知卖家货款到达、进行发货；买方检验物品后，就可以通知付款给卖家，第三方再将款项转至卖家账户。相对于传统的资金划拨交易方式，第三方支付可以比较有效地保障货物质量、交易诚信、退换要求等环节，在整个交易过程中，都可以对交易双方进行约束和监督。在不需要面对面进行交易的电子商务形式中，第三方支付为保证交易成功提供了必要的支持，因此随着电子商务在国内的快速发展，第三方支付行业也发展得比较快。

9.2.1　价值链理论

价值链理论是哈佛大学商学院教授迈克尔·波特于 1985 年提出的。波特认为："每一个企业都是在设计、生产、销售、发送和辅助其产品的过程中进行种种活动的集合体。所有这些活动可以用一个价值链来表明。"企业的价值创造是通过一系列活动构成的，这些活动可分为基本活动和辅助活动两类，基本活动包括内部后勤、生产作业、外部后勤、市场和销售、服务等；而辅助活动则包括采购、技术开发、人力资源管理和企业基础设施等。这些互不相同但又相互关联的生产经营活动，构成了一个创造价值的动态过程，即价值链。价值链在经济活动中是无处不在的，上下游关联的企业与企业之间存在行业价值链，企业内部各业务单元的联系构成了企业的价值链，企业内部各业务单元之间也存在着价值链联结。价值链上的每一项价值活动都会对企业最终能够实现多大的价值造成影响。

波特的"价值链"理论揭示，企业与企业的竞争，不只是某个环节的竞争，而是整个价值链的竞争，而整个价值链的综合竞争力决定企业的竞争力。用波特的话来说："消费者心目中的价值由一连串企业内部物质与技术上的具体活动与利润所构成，当你和其他企业竞争时，其实是内部多项活动在进行竞争，而不是某一项活动的竞争。"

如果把"企业"这个"黑匣子"打开，我们可以把企业创造价值的过程分解为一系列互不相同但又相互关联的经济活动，或者称之为"增值活动"，其总和即构成企业的"价值链"。任何一个企业都是其产品在设计、生产、销售、交货和售后服务方面所进行的各项活动的聚合体。每一项经营管理活动就是这一价值链条上的一个环节。企业的价值链及其进行单个活动的方式，反映了该企业的历史、战略、实施战略的方式以及活动自身的主要经济状况。

价值链可以分为基本增值活动和辅助性增值活动两大部分。企业的基本增值活动，即一般意义上的"生产经营环节"，如材料供应、成品开发、生产运行、成品储运、市场营销和售后服务。这些活动都与商品实体的加工流转直接相关。企业的辅助性增值活动，包括组织建设、人事管理、技术开发和采购管理。这里的技术和采购都是广义的，既可以包括生产性技术，也包括非生产性的开发管理，例如，决策技术、信息技术、计划技术；采购管理既包括生产原材料，也包括其他资源投入的管理，例如，聘请有关咨询公司为企业进行广告策划、市场预测、法律咨询、信息系统设计和长期战略计划等。

价值链的各环节之间相互关联，相互影响。一个环节经营管理的好坏可以影响到其他环节的成本和效益。比方说，如果多花一点成本采购高质量的原材料，生产过程中就可以减少工序，少出次品，缩短加工时间。虽然价值链的每一环节都与其他环节相关，但是一个环节能在多大程度上影响其他环节的价值活动，则与其在价值链条上的位置有很大的关系。根据产品实体在价值链各环节的流转程序，企业的价值活动可以被分为"上游环节"和"下游环节"两大类。在企业的基本价值活动中，材料供应、产品开发、生产运行可以被称为"上游环节"；成品储运、市场营销和售后服务可以被称为"下游环节"。上游环节经济活动的中心是产品，与产品的技术特性紧密相关；下游环节的中心是顾客，成败优劣主要取决于顾客特点。不管是生产性还是服务性行业，企业的基本活动都可以用价值链来表示，但是不同的行业价值的具体构成并不完全相同，同一环节在各行业中的重要性也不同。例如，在农产品行业，由于产品本身相对简单，竞争主要表现为价格竞争，一般较少需要广告营销，对售后服务的要求也不是特别强烈，与之相应，价值链的下游环节对企业经营的整体效应的影响相对次要；而在许多工业机械行业以及其他技术性要求较高的行业，售后服务往往是竞争成败的关键。

"价值链"理论的基本观点是，在一个企业众多的"价值活动"中，并不是每一个环节都创造价值。企业所创造的价值，实际上来自企业价值链上的某些特定的价值活动；这些真正创造价值的经营活动,就是企业价值链的"战略环节"。企业在竞争中的优势,尤其是能够长期保持的优势,说到底,是企业在价值链某些特定的战略价值环节上的优势。而行业的垄断优势来自于该行业的某些特定环节的垄断优势,抓住了这些关键环节,也就抓住了整个价值链。

目前,中国网络支付市场已经形成了由基础支付层、第三方支付服务层和应用层组成的产业价值链雏形。在这条三层结构的产业链中,位于最底层的是由银行、银联等国家金融机构组成的基础支付层。在基础支付层提供统一平台和接口的基础上,一些具有较强银行接口技术的服务商对其进行集成、封装等二次开发,形成了产业链的中间层——第三方支付服务层。在产业链的最顶层是终端消费者(网上商城、消费者)形成的应用层。如图 9-2 所示:

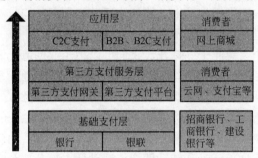

图 9-2　网络支付的产业价值链结构图

第三方支付是产业链中最重要的纽带,一方面连接银行,处理资金结算、客户服务、差错处理等一系列工作,另一方面又连接着非常多的商户和消费者,使客户的支付交易能顺利接入。由于拥有款项收付的便利性、功能的可拓展性、信用中介的信誉保证等优势,第三方网上支付较好地解决了长期困扰电子商务的诚信、物流、现金流问题,在电子商务中发挥着重要的作用。网上支付是一个漫长的产业链,包括了发卡机构(商业银行)、银联交换中心、互联网支付服务提供商、第三方支付平台、网上商城、消费者等多个环节,环环相扣,每一个环节都有各自的利益与应得的收入。

9.2.2　第三方支付服务的发展历程

互联网用户对第三方支付服务的态度,是随着第三方支付服务与个人网络消费偏好的变化而不断变迁的,可分为三个阶段。

(1) 早期发展阶段:这个阶段银行的网银功能非常有限,加之低效率与功能开放的谨慎,使得初始发展的大多数互联网企业只能选择第三方支付平台来勇敢地尝试和推广自己的业务;这个阶段企业用户对第三方支付平台的选择比较慎重,而个人网络用户往往还无法左右商家对支付平台的选择。由于个人用户的影响力还小,加之这个阶段的第三方支付平台往往隐在商户后面而不做太多的宣传,很多企业用户一旦选定支付平台后往往比较稳定、忠诚,而个人用户往往宁愿认为自己是某商城的用户而不觉得自己是某支付平台的用户。

(2) 中期阶段:选择低成本服务于短期目标。这个阶段突然出现了很多号称领先,却缺乏运营经验的支付平台,银行也开始关注网银业务而推进,但仍然不是银行的主要业务方向。用户在这个阶段,由于更多地在尝试互联网上的支付,加之互联网竞争激烈等因素,很多新型企业用户宁愿选择低成本甚至还有赠品的支付服务,或者为了支付安全考虑连接多家支付同时把流量切向成本最低的。

（3）未来阶段：服务于自身长期的商业战略，商业上每个环节的低成本未必是最终的低成本。未来阶段，企业用户更加关注支付服务商的产业链定位与自身业务的耦合程度给自己带来的竞争力，包括支付商所拥有的企业与个人用户资源、电子推广销售渠道资源、广告定位能力等。而且企业用户十分关注支付服务商的全面创新能力能否跟得上企业自身的业务变换，把握企业需求十分关键；而个人用户可能会选择不同定位的前三家支付服务商的钱包，来满足自己在网络的消费与价值，并且个人用户对支付商的忠诚度增强，影响到企业商户对支付服务商的选择。

所以，从长期战略看待外包的支付服务及其附加价值，是互联网用户以及线下用户未来选择在线服务商的重要准则，支付手续费可能退化到一个相对次要的因素来考虑。

9.2.3 第三方支付产业价值链现状

第三方支付通过与银行的商业合作以银行的支付结算功能为基础向政府、企业、个人提供中立的个性化支付结算与增值服务的同时，该价值链也面临着许多问题。主要表现在：

（1）第三方支付同业低水平无序竞争激烈。第三方支付企业产品的同质化导致价格成为唯一的竞争筹码，不少支付厂商以不正常的低价来抢占市场份额，于是出现了"跑马圈地"的短期行为。此举不仅进一步挤压了支付市场有限的盈利空间，更带来了许多资金风险。随着产业价值链的初步形成，许多实力强大的公司相继采用收购或合并的方式强势进入，我国网络支付市场未来竞争势必更加激烈。

（2）银行等金融机构与第三方支付企业存在竞合关系。由于第三方支付给银行带来了结算的便利，在发展初期得到了银行的支持，但从长远来看，银行和第三方支付企业存在竞争关系。在未来，我国银行业整合基本完毕之后，银行或银联组织完全可能抛弃第三方支付网关企业，独立发展。第三方支付平台模式也面临来自银行的压力。

（3）安全问题仍将在一定时间内限制第三方支付业务的发展。第三方支付平台只能从技术上保证交易的安全，而无法保证交易本身的真实，所以技术的完善并不能完全克服整个社会诚信发展水平相对落后所带来的不利影响。在短时间内，对安全问题的担忧依然是制约第三方支付产业价值链完善的重要因素。

（4）第三方支付企业面临重新组革。网上支付是当前银行、网络商务和投资界普遍认为市场前景好、发展快，但又面临多重挑战的新兴产业。网络支付发展到今天，第三方公司和银行事实上主要做了两件事情，第一个是带来了签约的商家，第二个是通过创新进行服务，银行的用户能够得到更好的业务体验。以第三方支付为核心的网络支付产业价值链现在还处于起步阶段，网络支付领域的无序竞争最大的原因还是缺少差异性，缺少创新造成的。因此，第三方支付公司、银行、信用卡组织及有影响力的贸易商只有携起手来加强合作，才能推动网络支付产业的快速发展。

9.2.4 第三方支付企业的价值活动

从面向用户的服务上看，支付手段不足以区分支付服务的类型。事实上，支付服务商的差别与其在产业链中的位置有很大关系。支付手段在技术选择上的壁垒并不高，而不同产业链环节所积聚的用户与市场优势，以及由之带来的服务成本差别，则是本质的。第三方支付是通过与银行的商业合作,以银行的支付结算功能为基础,向政府、企业、事业单位提供中立的、公正的面向其用户的个性化支付结算与增值服务。突出表现在:

(1) 提供成本优势。支付平台降低了政府、企业、事业单位直连银行的成本,满足了企业专注发展在线业务的收付要求。中国有大大小企业 2 600 多万家,能与银行直连的企业平台与商务平台少之又少,大量的企业走上电子商务后,还需要选择第三方支付的服务。

(2) 提供竞争优势。利益中立避免了与被服务企业在业务上的竞争,企业在第三方支付平台上,不会出现其业务与其他类型支付平台的业务直接、间接竞争,也避免了用户、推广、网上渠道直接、间接被其他支付平台操纵的情况。

(3) 提供创新优势。第三方支付平台的个性化服务,使得其可以根据被服务企业的市场竞争与业务发展所创新的商业模式,同步定制个性化的支付结算服务。而其他类型的支付服务,其平台在产业链的特征,某种程度上限制了企业用户在商业模式上的创新。因为其大量的企业用户的业务,实质上是在一种总的商业模式下变换而竞争的,这对企业长期发展是有风险的,因为商业模式的创新会受到局限,商业信息的保护可能不够。

9.3 第三方支付的运营模式

第三方支付平台是通过与国内外各大银行签约,由一定实力和信誉保障的第三方机构投资建立的交易支持平台。第三支付以第三方平台作为中介,在网上交易的商家和消费者之间作为一个信用的中转,通过改造支付流程来约束双方的行为,从而在一定程度上缓解彼此对双方信用的猜疑,增加对网上购物的可信度。

除了信用中介,第三方支付平台还承担安全保障和技术支持的作用,与银行的交易接口直接对接,支持多家银行的多卡种支付,采用国际先进位加密模式,在银行、消费者和商家之间传输和存储资料。同时还根据不同用户的需要对界面、功能等进行调整,增加个性化和人性化的特征。

总结目前市场上的第三方支付公司的运营模式,我们可以将它们分为两种类型:一类是独立的第三方支付模式,典型代表是首信易支付;一类是具备担保功能的非独立第三方支付模式,如支付宝、云网。

第三方支付是电子支付产业链中重要的纽带,一方面连接银行,处理资金结算、客户服务、差错处理等一系列工作,另一方面又连接着非常多的商户和消费者,使客户的支付交易能顺利接入。由于拥有款项收付的便利性、功能的可拓展性、信用中介的信誉保证等优势,第三方支付较好地解决了长期困扰电子商务的诚信、物流、现金流问题,在电子商务中发挥着重要的作用。

(1) 竞合。

网上支付是一个漫长的产业链。目前,中国网络支付市场已经形成了由基础支付层、第三方支付服务层和应用层组成的产业价值链雏形。第三方支付公司之间的竞争最先反映在和银行的竞争上。第三方支付平台有基于 C2C 的和基于 B2B 或 B2C 的两种模式。C2C 模式只向客户收取极低的手续费,甚至有些干脆不收任何费用。B2B 或 B2C 模式更注重与银行的合作。对于银行和第三方支付公司来讲,竞争是难免的,但合作也是必需的。当前,他们之间更多的是合作关系,但从长远看,二者必将发生竞争,未来的第三方支付与银行,可能更多的还是竞合关系。

（2）挑战。

① 市场竞争问题。

支付公司之间的竞争最先反映在和银行关系的竞争上。能否与各大商业银行形成紧密合作，能否在和银行的谈判中将价格谈到最低，成为支付公司竞争的首要手段。除银行之外，目前我国第三方支付市场还面临四种力量的竞争，分别是潜在竞争对手、替代品生产商、客户、现有产业竞争对手，他们是驱动产业竞争的五种基本力量。第三方支付市场的五种竞争力量在市场上的博弈竞争，将共同决定该产业的平均盈利水平，这五种力量的分化组合也将对第三方支付平台的发展产生深刻影响。

② 政策风险问题。

第三方支付结算属于支付清算组织提供的非银行类金融业务，中央银行将以牌照的形式提高门槛。现在国家制订了相关法律法规，准备在注册资本、保证金、风险能力上对这个行业进行监管，采取经营资格牌照的政策来提高门槛。因此，对于那些从事金融业务的第三方支付公司来说，面临的挑战不仅仅是如何赢利，更重要的是能否拿到将要发出的第三方支付业务牌照。

此外，第三方支付还面临着其他问题。如：信用问题，我国的信用卡体系相比之下比较落后，金融系统基本上以借记卡为主，所以提取的交易费率也就较低；风险问题，能否有效防范和化解基于信息技术导致的系统风险和基于虚拟产品形成的支付风险是第三方支付成败的关键；政府监管问题，第三方支付的出现给支付体系监管提出了全新课题。

（3）定位。

① 第三方支付是 IT 技术还是金融延伸服务。

网上支付涉及的很多金融规则和敏感信息是技术所无法解决的，只有技术而无完整系统的运营机制，网上支付必然难以持续发展。因此，网上支付不仅仅是 IT 技术，更是 IT 与金融的有效整合，是金融的延伸服务。

② 支付厂商抢位银行还是银行撇开第三方支付。

第三方支付要在未来与银行的博弈中提高筹码，必须现在就打造自己的不可替代性，准确把握客户的需求，提高服务的质量，提供增值服务。

③ 短期跑马圈地还是长期可持续发展。

网上支付是个慢热型的行业，以不正常的低价来抢占市场份额，无法做到产业投机。服务质量才是网上支付的生命力所在。规范市场运作，增强消费者对网上支付的信心，合力培育市场，共同把网上支付的"蛋糕"做大，才是当务之急。

④ 支付厂商是同质化竞争还是创新发展。

由于目前网上支付较多的是纯技术网关接入服务，因此市场同质化程度非常高，导致竞争激烈。标准化服务固然是市场所需要的，但更多商户需要的是定制化的支付解决方案，创新因而成为支付厂商的核心竞争力。对于第三方支付企业，最大的创新是理顺上下游产业链的关系，避免恶性竞争。

（4）创新。

在产品类似、模式单一、高度同质化的支付市场，"创新"无疑是企业核心竞争力所在，也是第三方支付唯一的出路。对第三方支付而言，创新主要体现在以下几个方面：

① 电子支付技术的提高与服务的优化。

产品和服务质量是第三方网上支付平台在竞争中制胜的关键因素。所以,各网上支付平台必须进行研发投入以获得技术进步,减少和消除支付信息被窃取、掉单率高等关键问题,保证网上支付的安全性,增强客户的忠诚度。

② 进一步强化市场细分。

电子支付可以区分为通用类支付、行业支付、定制化服务或者基础支付层、骨干支付层、应用支付层等不同类别,按照支付的载体还可以再细分银行卡支付、电子钱包等。第三方支付可以根据自身的资源优势,准确定位,形成有效的细分市场,避免蜂拥而上的同质化竞争。

③ 与银行和商家的紧密合作正成为第三方支付走向坦途的不二法门。

银行在早期的发展已经树立值得信任的品牌,拥有完善的渠道,由此而得到大众的认可和商家的信任。借鉴国外的成功经验,第三方支付应加强和银行的深度合作,与银行保持密切的合作关系,借助银行品牌和渠道一起推广创新的服务,从而提供本地化的支付平台。

④ 创新多元化支付模式也是值得推荐的策略之一。

在提供网上支付服务的同时,提供在线支付、手机支付、电话支付、虚拟支付等其他电子支付手段,形成立体化的支付体系。在线支付包括网关银行卡支付,也包括会员支付,同时也包括包月的服务等等。

⑤ 创新营销策略,开展互动营销。

第三方支付之所以陷入价格战的非良性竞争,最大的原因是缺乏差异,只有在产品策略、价格策略、渠道策略、促销策略等营销手段上开展深度创新,才能共同把网上支付的蛋糕做大。通过和商家开展互动营销则可以避免诸侯割据的价格战,优势互补进而实现双赢。

9.3.1 独立的第三方支付模式

该模式是指第三方支付运营商独立于电子支付产业链上的其他部分,由第三方支付运营商为签约用户提供以订单支付为目的的增值服务运营平台。该类运营商仅提供支付产品和支付系统解决方案的运营平台,其前端为网上商户和消费者提供多种支付方法,并相应地在后端联系着与各种支付方法相对应的银行的电子接口。第三方支付运营商就负责与各银行之间账务的清算,并为签约用户提供订单管理和账户查询等增值服务。

独立的第三方支付模式实质上充当了支付网关的角色,因而该种模式也称为网关支付模式。该类支付平台没有自己的电子商务交易网站。从整个过程上来看,可以把支付网关模式看作一个把多银行和签约商家连起来的通道,消费者通过第三方支付平台付款给商家。通过第三方支付为商家提供一个可以兼容多银行支付方式的接口平台。

以网关支付首易信为例,支付流程如下:

(1) 网上消费者浏览检索商户网页;

(2) 网上消费者在商户网站下订单;

(3) 网上消费者选择支付方式——"首信易支付",直接链接到首信易支付的安全支付服务器上,在支付页面上选择自己适用的支付方式,点击后进入银行(银联)支付页面进行支付操作;

(4) 首信易支付将网上消费者的支付信息,按照各银行银联支付网关的技术要求,传递到各相关银行银联;

（5）相关银行（银联）检查网上消费者的支付能力，实行冻结、扣账或划账，并将结果信息传至首信易支付和网上消费者本身；

（6）首信易支付将支付结果通知商户；

（7）支付成功的话，由商户向网上消费者发货或提供服务，并通知商城；

（8）各个银行银联通过首信易支付向不同的、交易成功的商户实施清算。

该类型的支付运营平台具有独立网关，灵活性大，主要面向 B2B、B2C 和 C2C 市场，为中小型商户或者有结算需求的政企单位提供支付解决方案。在这一模式中消费者并不是第三方运营商的用户，其用户是通过第三方运营商联系在一起的银行和商家。其收益主要来自银行收益的分成，和根据客户的不同提供不同的产品服务，根据不同的产品服务收取不同组合的年费和交易手续费。该模式没有完善的信用评价体系，抵御信用风险能力有待加强；同时增值服务初步开发，容易被同行复制，受到银行的冲击最大。

例如，首信易支付支持全国范围 23 家银行 60 余种银行卡及全球范围 4 种国际信用卡的网上支付。凭借其特有的政府背景的支持，建立了国内外近 800 家企事业单位、政府机关、社会团体的庞大客户群，业务领域涉及图书音像、鲜花礼品、门户搜索、教育考试等。同时，凭借其独具特色的二次结算模式，作为支付过程中的中立第三方，保留商户和消费者所有的有效交易信息，最大限度地避免了拒付和欺诈行为的发生。目前，首信易支付已经承担起部分政府机构与客户之间的桥梁，逐步渗透教育考试、政府服务、社区管理等公共事业领域，是少数持续盈利的第三方平台之一。

总之，成熟的运营管理经验和网络平台技术是此类第三方支付平台发展制胜的关键。国内庞大虚拟支付市场吸引着众多家公司进入，发展相对成熟。但是，增值业务相对较少，进入门槛比较低，技术含量不是特别大，很容易被银行等机构复制等是其发展的局限。

9.3.2 非独立的第三方支付模式

非独立的第三方支付模式，也称为信用中介型模式。该种运营模式，基本是由大型的电子交易平台独立开发或与其他投资人共同开发，凭借运营商的实力和信誉与各大银行合作，同时能够为买卖双方提供中间担保的第三方支付运营模式。这种模式的运营商主要是借助电子交易平台和中间担保支付平台与用户开展业务，在交易过程中采用充当信用中介的模式，保证交易的正常进行。

在网上交易中，当交易双方达成交易意向后，买方须先将支付款存入其在支付平台上的账户内，待买家收货通知支付平台后，由支付平台将买方先前存入的款项从买家的账户中划至卖家在支付平台上的账户。这种模式的实质便是以支付公司作为信用中介，在买家确认收到商品前，代替买卖双方暂时保管货款。在一定程度上讲，信用支付模式是线上交易"信用缺位"条件下的必然产物。客户在商家网站下订单后，先把货款付给大家都信任的第三方中介机构，在商家知道货款已到第三方中介机构后把货物发送给客户。如果客户对货物满意，货款就通过第三方中介机构付给商家；如果不满意，客户把货物返回给商家，并从第三方中介机构处取回货款。此模式要求客户和商家首先在第三方中介机构注册账户。

以非独立的第三方支付模式支付宝为例，其具体运行流程是，首先买方在网上选中自己所需商品后就与卖方取得联系并达成成交协议，这时买方需把货款汇到支付宝这个第三方账户上，支付宝作为中介立刻通知卖方钱已收到可以发货，待买方收到商品并确认无误后支付宝才会把货款汇到卖方的账户，整个交易就完成了。支付宝作为代收代付的中介，主要是为了维护网络交易的安全性。

该类型的支付运营商拥有完整的电子交易平台，大容量的网络客户资源，主要面向 B2C、C2C 市场，向个人或者中小型商户提供支付服务。承担中介担保职能，并能根据平台交易记录建立平台可见的交易双方的信用评价体系，具有相对较高的信任度。该模式基本是以资金沉淀利息和交易服务费等为运营收益，用户主要集中于自身的电子商务平台，平台间竞争激烈认证程序比其他模式复杂些，交易纠纷取证比较困难，中介账户的资金滞留，还有账户管理服务，有悖企业的经营性质。这类第三方支付工具在国内颇具代表性，其中以淘宝网的支付宝和腾讯的财付通独占市场鳌头。相比较于独立的第三方支付方式，该方式的市场份额占据了网上支付的绝对主流。

9.3.3 国外第三方支付公司的经营模式

Paypal 是美国一家成功运营网上支付业务的公司，1999 年 11 月开始运行，8 个月后发展到 270 万用户，两年内用户扩大到上千万，目前有七千万用户。Paypal 使个人在因特网上购买商品和服务变得容易，特别是在 C2C 模式的电子拍卖中更加有用。它的盈利模式和收入来源非常明显，每笔交易的标准费率为 2.9%（美国再加 30 美分），最高限额为 5 美元。Paypal 的业务目前已经可以在 45 个国家使用。其每天 600 000 笔的交易量中有 2/3 是在线的拍卖交易，这是其作为 eBay 支付方式的必然结果。

在全球范围内，美国的 Paypal 是最成功的第三方支付平台。Paypal 的服务使公司和个人可以安全高效地通过 E-mail 进行在线支付。它基于现有的银行账户和信用卡的转账支付框架。Paypal 的支付方式为：一个 Paypal 账户的持有人输入收款方的 E-mail 地址和支付金额，并选择一个付款账户（信用卡、银行账户或 Paypal 账户，Paypal 账户包括那些没有在 Paypal 登记信用卡或银行卡账户的用户，Paypal 为他们开通并管理一个虚拟账户）。如果用户要从 Paypal 账户提款，就必须在自己的 Paypal 户头提交一个银行转账操作，才能将钱转到指定的银行账户。Paypal 的用户检验是：收到 E-mail 的同时也收到款。实际上，邮件系统只是一个通知系统，完全独立于现金的流动。

Paypal 的账户分个人版、高级个人版和商用版，使用不同的账户支付都是免手续费的。个人版账户是完全免费的，使用这种类型账户对于那些只进行网上购物的个人而言是最理想的，不足的是该类型的账户不能接收来自银行借记卡和信用卡的付款。高级个人版可以接收所有类型的付款方式且只需交很低手续费，对于那些在 eBay 或别的电子商务网站上或通过电子邮件买卖货物的人而言，这种账户是最合适的。商用版是那些进行在线商务活动的企业的最佳选择，它具有高级个人版的所有功能，商用版账户允许多人管理，适合公司和团体使用。

Paypal 的费用较低，是任何企业和个人都有能力接受的，并且 Paypal 只是在你收取别人给你发送来的钱时才收取一定比例的手续费，如果你没有接收到钱，那么你不必负任何的手续费。并且 Paypal 提供完善的防欺诈服务，而不额外收取费用。Paypal 的不同类型的账户的收费情况是不同的。

从 Paypal 的功能介绍可以看出，Paypal 的先进性一方面是其创新模式所带来的方便、安全与快捷，另一方面，很重要的是：

① Paypal 提供了众多的卖家工具，以促进在线商家接受 Paypal 付款；

② Paypal 还提供买家奖励计划，鼓励买家使用 Paypal 付款；

③ 另外 Paypal 提供了交易保障机制。

2005 年，Paypal 收购 Verisign 支付网关以来，具备了全面的商户收单能力。2006 年先后与 Monster.com、HP 等大型商户达成合作，与 Mastercard 合作发行的虚拟信用卡目前在小范围试点。2006 年第 3 季度，Paypal 商户服务交易比例达到历史最高的 37%，第 4 季度为 36%。由于支付网关业务的合并，Paypal 交易欺诈率同时上升，2006 年第 4 季度达到 0.41%，高于 2006 年第 1 季度的 0.29%。

Paypal 获得的巨大成功依赖于若干特定的条件，包括：特定的金融支付业务支撑环境、准确的市场定位与恰当的市场时机、灵活坚决的扩张战略与有效的风险控制措施、特定的法律与政策环境等。

当然 Paypal 的技术与业务模式也极易复制，但即使拥有雄厚金融背景的花旗 C2it，以及拥有强大品牌支撑的 Yahoo Paydirect 都没有在第三方支付领域战胜 Paypal。雅虎和其他公司，比如 Citibank，都在经历失败后关闭了各自的在线支付系统。

经过一年多的调查测试后，2006 年 6 月，Google 推出了第三方在线支付业务 Checkout。2006 年，Google 在线支付业务是利润最高的业务。尽管 Checkout 的用户使用率在增长，但其品牌知名度和使用率远远落后于对手 Paypal。据 2007 年初的调查，在品牌认知度方面，有 80%的受访者认可 Paypal，而仅有 20%的用户认可 Checkout。

9.4 第三方支付公司的国际监管模式

（1）美国模式。

美国对第三方支付公司实行的是功能性监管，即将监管的重点放在交易的过程，而不是从事第三方支付的公司。美国采取的是多元化的监管体制，分为联邦层次和州层次两个层面进行监管。但美国并没有制定针对第三方支付公司的专门法规条例，只是在现有的法规中寻求相关的监管依据，或者对已有法规进行增补。

首先，美国联邦存款保险公司（FDIC）认为第三方支付公司上的滞留资金是负债，而不是联邦银行法中定义的存款，因此该平台不是银行或其他类型的存款机构，不需获得银行业务许可证。该平台只是货币转账企业或是货币服务企业（MSB）。但同时指出，各州监管部门可依据本州法律，对第三方支付公司开展的业务做出自己的定位。

其次，FDIC 通过提供存款延伸保险（Pass through insurance coverage）实现对滞留资金的监管。第三方支付公司的留存资金需存放在 FDIC 保险的银行的无息账户中（Pooled account），每个用户账户的保险上限为 10 万美元。

再次，依据美国在"9 · 11"事件后颁布的《爱国者法案》，第三方支付公司作为货币服务企业，需要在美国财政部的金融犯罪执行网络（FinCEN）注册，接受联邦和州两级的反洗钱监管，及时汇报可疑交易，记录和保存所有交易。

（2）欧盟模式。

欧盟规定网上第三方支付媒介只能是商业银行货币或电子货币，这就意味着第三方支付公司必须取得银行业执照或电子货币公司（ELMIs）的执照才能开展业务。实际上，欧盟对第三方支付公司的监管是通过对电子货币的监管实现的。该监管的法律框架包括三个垂直指引：

第一个指引是 2000 年 1 月颁布的《电子签名共同框架指引》，此项指引确认了电子签名的法律有效性和欧盟内的通用性。

后两个指引是同年颁布的《电子货币指引》和《电子货币机构指引》，要求非银行的电子支付服务商必须取得与金融部门有关的营业执照（完全银行业执照、有限银行业执照和电子货币机构执照），在中央银行的账户留存大量资金，并将电子货币的发行限定在传统的信用机构和新型的受监管的电子货币机构。

美国和欧盟对电子货币的监管有许多共同之处需要执照和审批，实行审慎的监管，限制将客户资金进行投资，反洗钱等。

（3）亚洲模式。

第三方支付公司在亚洲的出现较欧美略晚，仍处于发展初期，但各国监管当局一直密切关注其发展，不断调整相应的监管措施。新加坡在这方面是亚洲的"领头羊"，早在 1998 年就颁布了《电子签名法》。韩国在亚洲金融危机后成立了新的金融监管委员会（FSC），在 1999 年颁布《电子签名法》。中国香港则在 2000 年颁布《电子交易法令》，给予电子交易中的电子记录和数字签名与纸质对应物同等的法律地位，并增补了有关电子货币发行的法律。另外，香港金融管理局还采取了行业自律的监管方式，收到了较好的效果。中国台湾对网上支付中使用的电子支票的监管给予了较多重视，颁布了《电子商务中的电子签名法》《议付工具法》《从事电子支票交换的金融机构管理条例》以及《申请电子支票的标准合同》。但是，各国都没有对第三方支付公司制订专门的监管法规，相应的监管政策仍处在探索阶段。

9.5 第三方支付发展的对策建议

第三方支付的发展与企业的竞争策略有很大关系。第三方支付只有形成独特的"核心竞争力"，才能实现盈利。下文将根据上述对于第三方支付的分析，提出相应的对策建议。

（1）深化行业细分。

随着电子商务的发展，很多传统行业都纷纷网络化，而网上支付作为电子商务的重要环节，必然成为传统行业运作电子商务的重要支撑。这块巨大的市场目前仍有待开发。传统产业与网上支付的结合将为 B2B、B2C 网上支付带来契机。目前网上支付市场，C2C 已经发展得相对成熟，交易占比最大。未来主要的业务突破口将集中在 B2B 和 B2C 领域。这两类业务本身中间流程十分复杂，需要在充分了解行业特性的基础上定制适合的产品，可开拓的空间很大。

伴随着网上支付向传统行业的不断渗透，行业细分化趋势也逐步显现。行业应用的深入将成为第三方支付平台强化市场优势、应对主流支付平台竞争的主要方向。第三方支付平台应积极进行市场细分，找到"空白的市场"，提供与此匹配的产品和服务。市场的变化性和竞争的激烈性要求第三方支付继续进行有效市场细分，提供相应的产品和服务，才能在竞争中占有一席之地。第三方支付可以根据自身的资源优势准确定位，形成有效的细分市场，避免蜂拥而上的同质化竞争。

以电影票为例，国内最高档的电影院——华星影院至今不能完成网上订票服务，用户只能通过电话订票，并且必须提前半小时到电影院柜台付款领票。而通过 IT 技术实现网上购票并不是一件难事，作为最高档的影院之一，这样的订票服务怎么能让客户接受。支付系统与华星影院的座位情况对接很容易就可以实现，同样，众多影院都可以轻易地完成这样的系统对接。用户只需要在网上选择好影院和要看的场次，在网上选好座位，再完成付款，他并不需要提前半小时到电影院领取订票，同样能够买到理想的座位。当众多票务网站忙于以打折票吸引客户的时候，他们却忽视了如今的电影院人群更需要的是高质量的服务，而不是低价格的电影票。

所以对于第三方支付企业而言，它们只有真正深入行业、了解用户需求，才能找到生存空间。事实上，第三方支付企业如果不再追求网络零售支付领域的恶性竞争，而是对行业需求准确把握，转而开发行业市场，他们的IT技术优势会建立一个不小的竞争门槛。

（2）提供增值服务。

现在逐渐被达成共识的是，单纯靠收取网关服务的交易费，无法保证长期的盈利状态，不能获得和保持竞争优势。第三方支付平台应关注自己的核心竞争力，依托自己强大的IT、财务、咨询等专业人员，为用户提供银行不愿提供的、提供不了的增值业务（财务报表、数据分析、管理咨询分析等），以增加自己的赢利途径，吸引更多的用户，为第三方支付平台企业的发展打下良好的基础。

第三方支付平台易宝便是其中首先将"互动营销"付诸实施的支付企业。它基于一个平台根据需求提供量身定制的解决方案，并给商户提供市场推广、共同发展与积累会员等增值服务。这种从一开始就从商家、用户的需求入手，为其量身定做一套个性化的解决方案，是"形如一体"的"切入式"合作，大大拓展了支付企业为商户提供多样性增值服务的空间。商户关心系统是否安全、结算周期是否满意、手续费是否在同行中有竞争力等，但是在支付同质化竞争日渐严重的情况下，商户更希望电子支付公司能否在他们的特定的业务基础上开发出务实、有针对性的电子支付工具，并帮助推广。例如在机票行业，国内机票代理商易行天下与易宝合作推出国内最大的电子客票交易平台。从易行天下构想这个平台开始，易宝便介入其中，共同分析市场需求，提供平台开发的技术支持。在此过程中，易宝提供的服务由支付提升到管理层面，远远超出了一个普通第三方支付企业的业务范围。

第三方支付企业的出现，从一开始，只是更方便将中小商户纳入电子商务的新经济环境中，而今随着它的不断壮大，已经对以航空机票为主的旅游业、数字娱乐、电信充值等行业产生变革性影响。从"插线板"到综合解决方案，从单一模式到"多进多出"的多元化支付平台，从银行接口的二次封装、开发到围绕行业商家的需求定制，第三方支付企业只有越来越多地承担起骨干支付层对产业上下游整合的使命，才能更具竞争力优势。

（3）加强与银行的合作。

在现代商业银行四大基础职能——信用中介、支付中介、金融服务和金融衍生产品中，至少前三个都与第三方支付平台存在重合。因此在很大程度上，两者存在直接竞争。但是，从整个网上支付产业的形势来看，竞争不应当成为银行与第三方支付平台关系的主流。与未来的前景相比，目前的市场规模只是一个开局，产业的巨大潜力并未完全释放。在这个阶段，培育市场更应该是最大的产业主题，产业参与主体的"共享精神"显得尤为重要。因此，在支付产业的链条上，银行和第三方支付平台完全可以发挥各自优势、共同发展。

对于银行而言，通过与第三方支付平台的合作，可以得到专业的电子支付扩展服务，也可以赢得更多客户，更有助于银行与电子商务全过程有效结合，切入这一广阔市场。对于第三方支付平台而言，银行不仅可以提供支付网关接口等基础设施，还可以为其他衍生的支付服务提供强大支持。支付平台连通的银行资源及合作深度是评价其竞争力的重要标准。与银行的合作是他们抢占市场、提升服务的关键步骤。

可以预见，银行和第三方支付平台的融合将成为未来发展的大趋势。而在客观存在的跨实体产业竞合中，银行和第三方支付平台可以通过划分市场，做大自身资源和增强自身实力，推动整个网上支付产业的进步。2006年年初，工行就与阿里巴巴签署战略合作伙伴协议，双方通过加深网上支付工具"支付宝"的合作，共同进军第三方支付市场。之前，电子商务企业与银行的合作，基本上是电子商务企业向银行现有的技术平台靠拢。但是，在工行与阿里巴巴的合作中，银行首次成为一个主动的适应者——根据电子商务交易的特殊性，专门开发与支付宝相应的模式以进行对接。此举表明，银行对这些新兴的第三方支付公司不但不排斥，反而是看中了电子商务行业越来越大的交易所带来的庞大资金流，借第三方支付公司之力，拓展网上支付市场空间。

（4）提高网上支付的安全性。

只要采取适当的安全措施，网上支付的安全是可以保障的。网上支付的安全保障应综合采用由业务和技术措施共同组成的双重安全机制，也就是说不仅要利用高精尖的技术手段保证网上支付的安全，而且在管理与流程上也要建立安全控制措施。

在技术方面，网上支付系统通常从服务器端、客户端及通信信道三个层面进行安全控制：

① 服务器端的系统安全措施包括：设立多重防火墙，有效实现内外网的隔离与防控；采用高安全级的Web应用服务器、先进的网络安全检测软件实施24小时实时安全监控、漏洞扫描和入侵检测，及时发现并阻断针对网络的病毒攻击或黑客入侵。

② 客户端的安全措施包括采用数字证书明确用户身份：采用动态口令、短信密码、安全控件等防止木马病毒盗窃用户口令。

③ 通信信道的安全措施主要包括利用SSL、SET等安全协议对网络上传输的敏感信息进行强加密，使攻击者不可能从网络上的数据流中得到任何有用的信息。

在安全管理方面，主要包括网上支付账号与主账号分离控制机制，设定网上支付限额，严格审查商户资格，监控商户服务质量以及保证网上交易的可追踪性等。

总的来说，第三方支付平台应不断投入人力物力，不断研发新的安全手段，以确保网上交易的安全性，为电子商务的蓬勃发展保驾护航，推动电子商务的健康发展。

（5）提供多元化的支付方式。

目前第三方支付平台的支付手段主要是网上支付，但是由于担心网上交易安全问题，不少消费者不愿意进行网上支付。因此，第三方支付还可以提供电话支付、手机支付等其他更安全的电子支付手段。多元化的支付还能满足更多用户的更多样支付需求，并扩大用户基础，提高第三方支付平台服务提供商的交易量。未来只有把线上——线下、网上支付、电话支付、移动支付整合在一起的第三方支付商才能顺应第三方电子方支付发展的趋势。

① 手机支付。

手机支付曾被称为"杀手级支付"，因为相对于其他支付方式，其有明显的优势：首先其用户基数大，目前国内用户约3.5亿户；其次使用方便，不论何时、何地，针对任何支付需求，只要发出支付请求命令，就可以完成支付过程，且24小时服务支持异地漫游等。在中国互联网络信息中心自2005年7月以来的最新互联网络信息调查报告中，"手机支付"作为一项支付方式列入调查范围。其中在2005年7月发布的第16次调查报告中，"手机支付"的比例为0.3%，而在2006年1月发布的第17次报告中，仅半年时间这一比例即增加为3.5%，这反映出新兴的支付方式正在被网民所接受，其潜力是非常巨大的，所以在未来的第三方支付当中应该考虑将手机作为一种可选择的支付终端。

② 电话支付。

电话作为一种交流工具早已进入了千家万户，其在人们生活中的作用也早已突破了沟通的范畴。人们通过电话开展"电话商务"以及与互联网结合开展线上线下互动商务的模式，是一种电子商务很好的过渡形式。

时下，具体的B2B、B2C及C2C电子商务模式是人们在讨论电子商务时时常提及的，不过随着发展变化，电子商务的格局势必会有所改变，新的形态的电子商务模式会随着人们消费习惯、生活模式的改变而出现，社区电子商务或许是一种新的形态。

北京首信易支付有限公司是国内较早推出第三方支付服务的公司。据该公司的统计显示，在社区服务中，90%的服务定购来自电话，9%来自网站，另外1%来自其他补充形式。首信易公司从2000年开始，已经开始在北京各社区搭建公共网络服务系统，在18个区县、170多个街道、2 400个居委会配备了网络和相关软件，只要用户拨通专用号码，就能和系统内的3 000多家服务商联系上，能享受如家政公司、家教公司、月嫂、看护老人、清洗油烟机、家电维修、小件搬运、酒后代驾、心理咨询、电脑维修等服务，并且据初步统计，针对这些服务的呼叫量每年在40万次左右，而且这些呼入最后几乎都是达成交易的。

总之，第三方支付平台是目前所有可能的突破支付安全和交易信用双重问题中较理想的解决方案，尤其在小额支付领域明显有效地缓解了电子商务过程中支付难的问题。目前，第三方支付市场已经吸引了政府、银行、民间支付公司以及风险投资商的注意，纷纷涉足这一市场。毋庸置疑，今后的所有电子商务活动中，应用第三方支付机构提供服务，使用第三方平台提供的账户进行货款支付，将成为网上支付业务走向成熟、完善轨道的必然趋势。

本章案例

手机银行安全隐患——手机病毒

随着智能手机的快速普及，目前国内大多数银行都已推出手机银行业务，但受当前支付环境和安全形势的影响，手机银行业务一直不尽如人意。来自艾瑞市场调研的一组数据显示，由于网络欺诈、网络"钓鱼"等现象的持续泛滥，近六成智能手机用户表示最担心手机支付安全。这在很大程度上影响了手机银行业务的推广。

手机病毒可盗听客户密码

广州某大学学生张先生平时喜欢通过手机银行管理自己的个人资产，不久前，他通过互联网搜索下载了一款某国有银行手机网银支付客户端，但在登录使用几天后发现再也无法登录，一再提示密码错误。

在懂技术的同学的提示下，张先生赶紧到银行进行柜台查询，发现密码已被更改。张先生告诉本报记者，幸亏那个账号平时只是用来网上购买一些小额的东西，钱不多。

安全厂商分析，张先生的智能手机是感染了手机操作平台下知名的"终极密盗"手机病毒，其典型特征为，侵入手机后会自动在后台监听用户的输入信息，捕获到用户的银行密码后通过短信外发给黑客，对方一旦远程修改密码，则可进行转账操作。

欺诈短信暗含"钓鱼"网站

市民陈女士昨日向记者反映，其春节期间收到内容为"新春送豪礼，抢iPhone4S"的短信，邀请其参加抽奖。陈女士用手机浏览了短信附带的网站，且"幸运"地抽中了头等奖，但该网站提醒陈女士在领奖前要缴纳手续费，并要求在网站中输入自己的手机银行账号、密码。

出于安全考虑，陈女士以此网站和此信息为关键字在网上搜索，发现该网站正在被大量网友举报，称任何人都能中奖，同时都会被要求支付手续费。

安全专家分析，陈女士收到的是典型的"钓鱼网站"短信，一旦输入信息客户银行卡密码将被盗用。

现状：国内手机银行业务低端化

中国互联网络信息中心（CNNIC）的数据显示，截至2011年12月，我国手机在线支付用户达到3058万。另据市场调研公司Berg Insight的数据显示，手机银行用户已达3.6亿，有望在2015年增长至8.9亿。

然而，这一巨大市场的背后却是业务的低端化现实。从国外来看，手机银行可以汇集账户管理、转账汇款、支付、存取款、投资理财、三方存管、代缴费、信用卡、咨询等各种银行服务功能，一部手机可以管理个人所有的金融账户。相比之下，中国手机银行发展一直受到软硬件环境的制约，目前还停留在消费、转账层面。

农业银行电子银行部门一位高级工程师对记者表示，目前手机银行业务主要面临"软硬件标准化"问题。由于移动终端的软硬件系统不断变换，银行需要不断更新调试系统，在此过程中就有可能产生一些技术漏洞或盲点，让犯罪分子有可乘之机。

"对于银行而言，手机银行平台与软硬件如果能统一规范，手机银行的安全性就能大幅提高。"该工程师对记者表示。

专家：用完手机银行后清除密码信息

网秦手机安全专家邹仕洪博士对记者表示，整个手机支付行业需要通过构建安全的支付环境来提升用户的信心，这包括对信息的安全审核、对卖家或商铺采用全面认证、增强手机端的安全保护机制以屏蔽病毒木马入侵等，捍卫用户的支付安全。

而对于手机支付用户，邹仕洪则建议提高安全意识，选择正规电商网站进行交易，安装专业的手机安全软件，查杀和拦截手机盗号病毒，并识别短信、网页中可能存在的"钓鱼"网站链接。

专家建议，用户要做好以下几条：妥善保管好手机和密码、设置合理的转账支付限额、开通及时短信通知服务、提防虚假WAP网址和网络钓鱼、使用完手机银行后应及时清除手机内存中临时存储的账户、密码等敏感信息等。

银行：会不断进行安全升级

对于客户对手机银行的忧虑，中国银行业务人员对记者表示，银行会针对潜在的系统漏洞与病毒问题，不断进行系统开发和功能优化。工商银行一位业务部门负责人对记者表示："手机银行业务下一步将会进行硬件等物理认证、UK码识别等方面的突破，增加开放权限，未来还会不断进行安全升级。"

专家认为，目前韩国、日本手机银行的发展较成功，手机中内置智能芯片，可通过外插特殊记忆卡进行电子金融服务。

（资料来源：广州日报，2012-02-03，作者：王亮、段郴群、薛松）

问题：1. 网络欺诈如何威胁手机支付安全？
2. 手机支付行业如何构建安全的支付环境来提升用户的信心？

本 章 小 结

本章着重阐述了第三方支付的内涵、发展、运营模式、安全与风险防范，从价值链理论入手，分析了第三方支付价值链、第三方支付公司的国际监管模式以及第三方支付发展的对策建议。重点内容有以下四点：
1. 第三方支付的概念、特点，以及其应用的优势。
2. 第三方支付服务的发展历程、价值链组成与第三方支付企业的价值活动。
3. 第三方支付的运营模式有独立的第三方支付和非独立的第三方支付模式。
4. 发展第三方支付的对策和建议。

本 章 习 题

1. 什么是第三方支付？第三方支付的特点和应用优势是什么？
2. 第三方支付的服务发展历程是怎样的？第三方支付企业的价值活动有哪些？
3. 第三方支付的运营模式是什么？其各自的特点是什么？
4. 第三方支付公司的国际监管模式有哪些？
5. 第三方支付发展的对策建议是什么？

第 10 章

自助支付

 学习目标

1. 熟悉自助支付的概念和特点。
2. 熟悉自助支付的设备特性。
3. 掌握自助支付的功能及安全。
4. 熟悉自助支付服务模式及其发展。
5. 掌握 ATM 系统的构成和功能。
6. 熟悉 ATM 系统业务处理流程。
7. 掌握 POS 系统业务功能。
8. 熟悉 POS 系统终端的工作。
9. 对智能 POS 面世有所认识。

案例导入

手机移动支付许可

等待了一年后，平安付科技终于获得了迟到的手机移动支付许可证。南都记者昨日从央行官网发现，平安付科技去年 6 月向央行提交的移动电话支付牌照，今年 7 月 10 日获批。而平安付在壹钱包 2.0 版本上线后，具备消费支付和金融增值等功能，而且找到了逆袭其他支付的方向：以超级蓝牙为基础的近场支付，打通线上和线下（O2O 闭环）。

2012 年并购壹卡会的平安集团将其更名为平安付科技服务有限公司。截至目前，平安付科技获批开展的业务范围为互联网支付、预付卡发行与受理、移动电话支付等。

而据第三方检测中心银行卡检测中心对其移动电话支付两大系统的功能、风险监控、性能、安全、文档和外包等六方面进行检测，认为系统能正确执行业务所需的各项功能。

南都记者同时获悉，已更名为平安付电子支付有限公司的上海捷银牌照亦包括互联网支付、移动电话支付、银行卡收单、预付卡发行与受理（仅限于线上实名支付账户充值）等。事实上，平安付电子在移动支付领域排名前十，主要是得益于移动电话支付。

去年中国移动支付交易规模增长率为 707%，远高于银行卡收单、互联网支付等增速。平安付发力移动支付意图明显。平安付相关人士表示，在壹钱包前期用户活跃量并不高的情况下，壹钱包现已拥有 500 万用户。

根据艾瑞咨询的统计数据显示，2014 第一季度中国第三方移动支付市场交易规模达

15328.8 亿元，环比增长 112.7%。其中，移动互联网支付增势迅猛，占移动支付整体比例已高达 98.5%。

讨论：1. 何谓第三方移动支付平台的许可证制，央行给第三方移动支付运营商颁发牌照说明了什么问题？

2. 试分析我国目前第三方移动支付迅猛发展的原因有哪些。

10.1 自助支付概述

10.1.1 自助支付的概念

自助银行又称"无人银行"、"电子银行"，它属于银行业务处理电子化和自动化的一部分，是近年在国外兴起的一种现代化的银行服务方式。它利用现代通讯和计算机技术，为客户提供智能化程度高、不受银行营业时间限制的 24 小时全天候金融服务，全部业务流程在没有银行人员协助的情况下完全由客户自己完成。

国外的商业银行经过多年的建设，已建立了先进的计算机网络系统，自助银行的建设起点也比较高，利用现代科技手段向客户提供自动化程度高、方便、安全、周到、全天候的金融服务，功能也比较全面。目前，我国的自助银行也已经由理论研究和技术准备阶段转向了应用实现阶段。

无人银行与自助银行系指客户在一个独立、安全的室内区域，根据银行提供的存兑机、ATM（包括手持 ATM 等）、多媒体服务机、夜间库房等自动化金融银行设备，在没有银行工作人员直接服务的情况下，由客户自己操作，独立完成存取款业务、外币兑换业务、账户金融信息查询、现金寄库和个人外汇买卖交易。简而言之，自助银行就是能让银行以自动形式去处理传统办事处网点的柜台作业交易的系统。它通过电子自动化设备来提供资金金融服务，使银行客户一天 24 小时之内，在没有银行人员协助的情况下，随时能以自助方式完成某些柜台业务交易。

自助银行（Self-service banking）属于银行柜台业务电子化与自动化的一部分。它借助现代化的自助服务设备，为客户提供方便、高效的多种金融服务。简单地看，自助银行通过人机对话的形式，采用全自动的运营模式、设备及相应应用系统，能够对客户提供足够的指引和帮助。它不受银行营业时间的限制，能够 24 小时全天候不间断地进行运作。

自助银行的功能近年来可算是花样翻新，令人目不暇接。其中最让人们熟悉的有取款（ATM）、现金存款（CDM）、存折补登机、夜间金库（现金、票据、贵重物品保管）、外币兑换、自助客户信息打印机、信息查询终端、银行业及金融信息查询等。据调查，每一家银行新批开设的营业网点都趋向同时开张一间 24 小时自助银行。

20 世纪六七十年代，自助银行首先在国外得到应用。应用的原因很简单，银行柜台客户流量大，不少人排长队仅仅是为了办理小额存取款及查询等简单的业务，使得柜台人员疲于应付，因此而降低了对优质、高含金量客户的服务能力。为提高服务水准，为黄金客户提供个性化的服务，以期达到留住大客户的目的，如果仅依靠扩大营业网点，增加人员来解决又势必大幅度提高成本开支。

基于这一情况，银行为了分流简单业务客户，减少柜台工作量，产生了引入自助取款机设备的念头,并得到了技术供应商的响应。于是,自助取款机便应运而生,接着又扩展到自助存款机、外币兑换机、夜间金库、自助保管箱、IC 卡圈存机、存折补登机、对账单打印机、信息查询机等一系列自助银行设备。这些设备的出现,从时间和空间上延伸了银行的服务,很快便得到了客户的拥戴,于是便迅速从银行营业网点中走到公共场所,从室内走到室外,风靡全球。

世界上第一个完全意义上的自助银行,即无人银行(Unmanned banking),是 1972 年 3 月在美国俄亥俄州哥伦布市开设的亨奇顿国民银行总行。这种新型银行自助服务的诞生,为客户提供了跨越时空限制的多功能银行服务。

在我国,1997 年年初,中国银行上海市分行设在虹桥开发区的中国第一家现代化水准的无人银行在上海诞生。它标志着我国无人银行的研究已从技术准备阶段转向实现阶段。

目前,国内外各大商业银行都已推出了不同规模层次的自助银行,客户通过银行提供的电子设备,一天 24 小时之内都可完成银行柜台作业的交易。通过自助银行还可实现客户理财咨询、贷款咨询及其他金融咨询服务等功能。在信息技术广泛应用的今天,自助银行已成为衡量商业银行现代化水平的重要标志之一。

10.1.2 自助支付的特点

作为自动银行,它应具有如下主要特点:

(1)全天候服务:对客户提供自动化服务。所以应从系统设计、管理、运行以及账务处理等方面将其当成是一个无人值守、无人服务的储蓄网点。

(2)保密性强:由于完全是客户自行操作,可以做到良好的保密性。

(3)方便快捷:客户可以随时办理存取款等业务,不受服务时间的影响,非常方便。

(4)以客户为中心:银行利用计算机网络技术及银行业务自动化设备向客户提供自助式服务,可以满足不同的市场及客户需求,吸引更多的客户。这将会推动客户理财服务,强化客户与银行的关系,使银行经营更具特色。

(5)交易信息完整及时:自助银行的所有金融交易均采用联机实时交易方式,自助银行系统内以及与分行监控中心和分行主机之间的金融交易信息,以及大量非金融交易信息,如系统监控信息、统计信息、管理信息都能及时处理。

10.1.3 自助支付的内容

随着更多种类的银行自助设备的不断推出,自助银行提供的服务越来越完善,所以自助银行的应用组合也越来越多。目前,从国内外来看,自助银行的营业网点主要有以下三种形式:

一是建立完全独立的自助银行。这种模式的无人银行与自助银行的网点规模较大,功能比较完善,能为银行客户提供全面的自助服务。这种方式的自助银行是传统营业网点的延伸和扩展,能节省开办营业网点的巨大开支,营业网点覆盖的地域较广。

二是在现有银行网点内划出一个无人银行与自助银行服务区域,放置自助业务与服务设备,白天可以分流银行柜台的工作,夜间可以提供无人银行与自助银行服务。

三是在需要频繁使用银行自助服务设备的场所,针对所需要使用的自助服务设备的种类,配置相应的无人银行与自助银行设备。如在机场、宾馆等放置 ATM、外币兑换机等;在商场安置 ATM 和夜间金库等；在高级住宅区，可放置多媒体查询系统、自动保管箱系统等，以方便客户存款和取款，满足客户私人理财的需要。

自助银行的服务种类与内容繁多，可以按其性质分为以下类别：

（1）交易服务。指一般的柜台业务功能，包括：银行各种金融卡的提现、存款、更改密码等；各类转账、账户资料查询；补登存折；对账单打印；夜间金库等服务。

（2）销售交易。此类服务功能可以帮助银行吸纳更多的客户，包括：信用卡贷款；信用卡购物消费；新开户申请；支票申请；信用卡申请；银行业务介绍及查询。

（3）客户服务。主要指为客户提供方便的一些辅助服务，如：公用事业缴费；理财试算服务；自动保管箱服务；金融顾问服务；信用卡交费等。

（4）资讯服务。为客户提供金融信息，让客户享受高质量的金融附加服务，如：金融市场行情；汇率、利率、股市行情；房产销售情报；热点购物信息等。

10.1.4　自助支付的设备

自动存取款机为目前世界上最先进的自动柜员机，它集现金存取款于一身，并且可以办理缴纳费用业务，极大地方便了客户。自动存款机提供存款服务。自动取款机提供取款、缴纳费用、查询余额和修改密码服务。多媒体自动终端可以全方位介绍金融知识和银行业务信息，并可查询、打印所有账户的历史交易明细，缴纳各种费用，办理卡间转账、卡内转账、外汇买卖、银证转账、质押贷款、国债买卖、提醒服务、打印发票、口头挂失等业务。全自动保管箱则提供自助式保管箱服务，客户存取物品不受时间限制，亦无须银行人员陪同，也能确保客户隐私。事先申请夜间金库业务，则能 24 小时自由存放现金或物品。

自助银行的网络建设是一项复杂的系统工程，它涉及自助服务的设备购置、网络系统的搭建、选址、设备的安装、软硬件技术的支持、发展规模的确定等多个环节，需要统筹安排制定系统科学的发展规划，这些东西对我们来说，都是全新的知识。因此，这首先要求银行从观念上要充分认识自助银行的发展前景。

自助银行融合了个人金融业务的所有资源，即品牌、知识、知识产权、技术、产品、服务和人才等资源，将它们有机地组合到一起，才能打造成一间能带来效能的自助银行。对于大银行来说，他们希望自助银行能有效地整合其所有的资源，建立无所不在的价值网络;对于中小银行而言，自助银行能有效地延伸其网点架构的不足，提升其新型技术银行的形象，以赢得更多的知识型客户群。

自助银行的设备有一个共同点，即设计外观及使用上都在努力朝"傻瓜型""智能型"方向发展，其核心技术方面的要求越来越高，升级换代更是达到日新月异。

银行卡实行通用，对自助业务将起到有力的促进，但系统结构将更加复杂庞大，以目前银行业务水平、制度、效率来看，都还存在一定的不适应性。总之，不管有多少障碍，自助银行在我国的发展犹如一列已开到快车道上的列车，其势不可挡。

自助银行采用何种配置受诸多因素制约，如地理位置、客户需求、本行储蓄柜台业务种类、资金状况、本地区银行交易量的多少以及潜在市场的大小等。如在一般居民居住区附近可采用最小配置；对于本行未设点的地区、大型交通枢纽，如车站、口岸、繁华商业中心、旅游中心附近可采用基本配置；对于大型高档住宅与大型车站、口岸、繁华商业中心、旅游中心相互交错的地区应采用最大配置。

通常,一个功能较为齐备的自助银行的配置包括:

(1) 自动柜员机(ATM)。

(2) 自动出钞机(Automatic cash dispenser)。

(3) 现金存款机(Cash exchange machine)。现金存款机的特色是能够对钞票作检验,并及时将金额记入客户账户,为客户提供很大方便。及时入账与传统的 ATM 要隔一天才能处理存款交易的方式不同,及时入账能给客户以安全感。

(4) 外币汇兑机(Foreign exchange machine)。自动外币汇兑机不仅可以方便游客,还可获取一定收益。如香港每次交易收取 40 港币的手续费,另外外汇的买卖差价也可赚取利润,同时它也是吸收外汇的一种途径。

(5) 自动存折补登机(Automatic passbook utility machine)。它是一种方便客户存折更新需要的自助服务终端设备。

(6) 账户查询服务终端(Account inquiry terminal)。

(7) 公共事务缴费服务机(Public utility terminal)。

(8) 电话银行(Telephone banking system)。

(9) 自动保管系统(Automatic safe deposit locker system)。自动保管箱由金库安全壁、整理室隔间、移载机、保管箱存储架、整理室搬送机、检修专用门、前室卡片读入器等构成。客户只需将保管箱卡片插入输入装置,并输入密码,保管箱就会自动从金库传到指定的整理室,使用完毕后又自动返回金库收藏。

(10) 夜间金库(Night deposit)。它方便客户在夜间将钱存入银行。它提供两种存款方式:一是信封投放,这种方式无须钥匙;二是钱袋投放,客户要用钥匙打开钱袋投入口,存入钱袋。

(11) 多媒体查询系统(Multi-media service inquiry)。

(12) IC 卡圈存圈提机。为作电子钱包和现金卡用的比卡提供存、取款服务。

10.2 自助支付的功能、安全与发展

10.2.1 自助支付的功能

两种形式

目前自助银行主要有两种形式,一种是混合式自助银行,一种是隔离式自助银行。

所谓的混合式自助银行,指的是在现有的银行分支机构的营业大厅内划分出一个区域,放置各种自助式电子设备,提供 24 小时的自助银行服务。该区域在日常营业时间内与营业大厅相连通,能够分担网点的部分银行业务,缓解柜台压力。在柜台营业时间外,营业大厅关门,该区域被人为地与营业大厅隔离,又变成了独立的自助银行。

隔离式自动银行又称全自动自助银行,这种形式的自助银行与银行分支机构和营业网点完全独立。一般是设立在商业中心、人口密集区或高级住宅区内,也是全天候开放。

功能齐全

走进任何一家自助银行,你都会发现里面至少有 3 台机器,一般来讲是自动提款机、自动存款机、多媒体查询机、存折补登机、外币兑换机等。大部分银行的自助银行设备和功能

也都只局限于这几种。

1）自动提款机。自动提款机就是我们常说的 ATM，如果从英文 Automatic Teller Machine 直接翻译过来应该是自动柜员机，但是为了与自动存款机相对照，所以文章中称它为自动提款机。它是最普遍的自助银行设备，最主要的功能就是提供最基本的一种银行服务，即出钞交易。在自动提款机上也可以进行账户查询、密码修改等业务。

2）自动存款机。自动存款机能实时将客户的现金存入账户，这种功能其实就是自动取款的反向操作。在存款过程中，自动存款机能自动识别现金面值并判断真伪。客户存款能实时入账，并可以马上查询到交易处理结果，不必担心交易过程中出现意外问题。

3）存折补登机。存折补登机是一种方便客户存折更新需要的自助服务终端设备。通过存折感受器和页码读取设备的配合，实现自动打印和向前、向后自动翻页。客户将存折放入补登机后，设备自动从存折上的条码和磁条中读取客户的账户信息，然后将业务主机中的客户信息打印到存折上，打印结束后，设备会发出声音提示客户取走存折。

4）多媒体查询机。多媒体查询机利用触摸屏技术提供设备说明、操作指导、金融信息、业务查询等多种服务。其中包括外汇牌价、存贷款利率等信息。不少自助银行还都配有人屏幕及时提供各类公共信息的查询。

5）外币兑换机。在机场和商业圈的自助银行里，我们经常可以看到外币兑换机。其主要服务对象为外国游客和有外汇收入的居民。外币兑换机能识别多种不同的货币，在兑换过程中自动累计总数，然后按照汇率进行兑换。各家银行的自助银行的设备和功能不一样，就算是同一家银行，也会在不同地点的自助银行内摆放不同的设备，提供不同功能的服务。一些自助银行还提供信用卡对账单打印功能，将信用卡插入，按照提示就可以打印一张对账单。还有转账服务，一般都只能提供同城账户的转账服务。一些自助银行还提供电话机，直接接通到各自银行的电话服务系统。

6）外汇买卖、银证转账。在这方面，民生银行和招商银行的自助银行胜出。但客户必须首先在这两家银行的营业柜台办理交易开通手续。招商银行和民生银行的自助银行提供外汇牌价和利率等综合信息的查询，客户可以根据这些信息，通过自助银行终端进行外汇买卖交易。点击自动柜员机屏幕上的"个人外汇买卖"项目，选择相关的币种，输入交易金额，按照指示一步步操作下去即可。招商银行和民生银行自助终端还能提供证券、基金业务的服务，但不能进行买卖操作，只能资金转账。

7）缴纳公用事业费。目前不少银行的自助终端都能提供公用事业费的缴纳服务。用户只需将存折或借记卡插入或输入卡折的账号、密码，然后将带条形码的公用事业缴费单对准机器紫外线端口扫描，机器就会自动将账户内的对应资金扣除，缴费即刻成功。建设银行、中国农业银行、工商银行和交通银行都能提供该项服务。

8）关于自助贷款，招商银行在这方面绝对是强者。招商银行能够通过自助终端系统提供自助贷款服务。只要你在招行有定期存款，就可以通过自助终端操作，申请定期存款 9～9.5 折额度的贷款，电脑自动审核通过后即时生效，就会将贷款划转到你的活期账户上。

分流银行业务

目前在发达国家，自助银行已经基本替代了传统的银行商业网点。在年营业额 40 亿美元以上的美国银行中，平均 22％的交易是在自助服务设备上完成的。在国内，自助银行业有朝这方面发展的趋势。

专家预测,未来的银行网点将分为两类,一种是银行的营业大厅,一种是自助银行。银行的营业大厅主要为银行的高端客户提供服务,就是我们常说的那部分20%的客户,为他们提供人对人的个性化服务。而自助银行主要是为其他80%的普通客户提供简单的服务。

国内自助银行的布点还不是很广泛,一位外资银行的研究人员表示,中国的自助银行在发展初期并非像国外那样是为了分流客户,而是为了树立银行的高科技形象。因此,一开始国内的自助银行设备多数是安装在网点的内部,直到最近一年才像雨后春笋一样出现在大街小巷。自助银行业务流程优化如图10-1所示。

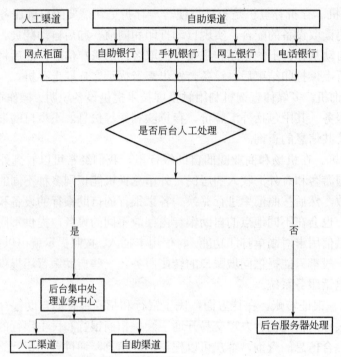

图 10-1 自助银行业务流程优化示意图

10.2.2 自助支付的安全

近年来,随着银行卡业务的迅速发展,自助设备(主要是自动柜员机,也称 ATM)在我国得到了广泛的应用,这些自助设备在给广大金融消费者带来便利的同时,也给一些不法分子利用 ATM 机进行诈骗活动提供了可乘之机。如果您在使用自助设备时遇到了下面的情况,请提高警惕,因为这些情况经常是不法分子利用 ATM 机进行诈骗的主要形式。

不法分子会安装特殊装置盗取银行卡信息。除通过在自助银行门禁系统、自助设备上安装摄像头、假键盘、录音机等特殊装置盗录持卡人银行卡卡号、密码等安全信息或利用高倍望远镜在距 ATM 机不远处窥视窃取密码外,还利用测录机等设备盗取客户磁卡上的磁道信息,再利用盗取的信息制作伪卡后大肆消费、取现,给持卡人和发卡银行造成重大经济损失。

有时候,不法分子会制造吞卡、不出钞等假象来进行欺骗。不法分子先将自制装置放入 ATM 读卡器内制造"吞卡"假象,或是在 ATM 出钞口设障,使 ATM 机吐钞不成功,同时在 ATM 机旁粘贴假冒的"客户服务投诉热线",引诱持卡人向所谓的"银行员工"或"公安人员"透露卡号、密码等安全信息,或直接把资金转移到其指定的账户上。经查,目前不法分子的诈骗手段又有升级,出现了将真实银行客户服务电话号码嵌入小灵通号码,伪装银行客户服务热线的新手法,较之早前的手法更具隐蔽性和欺骗性。

张贴虚假告示是不法分子的另一惯用手法:不法分子会冒充 ATM 管理单位,在 ATM 机上张贴紧急通知或公告(如"银行系统升级""银行程序调试"等),要求持卡人将自己银行卡的资金通过 ATM 转账到指定账户上,从而盗取持卡人的存款。

此外,分散持卡人注意力、对卡片进行掉包也是目前常见的犯罪手段。在此类案件中,不法分子通常结伙作案,在持卡人进行 ATM 机操作过程中,采取假装提醒持卡人遗落钱物、询问 ATM 机使用方法、故意推撞持卡人等方式干扰持卡人的正常操作,转移其视线后在卡口插上假冒的同类银行卡,使持卡人误以为自己的银行卡被 ATM 机退出。持卡人为防盗抢,慌乱中没有认真鉴别卡片真伪即离开,犯罪分子利用留在机具内的真卡,继续进行取款、修改密码甚至取卡后到商场消费等操作,使持卡人蒙受损失。有些不法分子也会冒充"好心人"提醒或帮助持卡人,设诈套取卡号和密码后盗取卡内资金。

有时候,不法分子还会故意设置出钞故障。他们往往利用自制装置在 ATM 出钞口设障,如用铁片或胶水黏住出钞口,使 ATM 机吐出的钱卡在出钞口内,让持卡人误以为机器或操作故障而离开。而通过取款键盘设障,不法分子用仿造的 ATM 键盘(内有电路装置,具有记录存储功能)附在 ATM 键盘上,窃取持卡人的银行卡信息和密码,然后制作伪卡消费、取现,也会给持卡人和银行带来重大损失。

小提示:安全使用自助银行还须注意以下三点
● 使用自助设备时,注意后面的人是站在一米线外的安全位置,还是站在您背后偷窥您的账号、密码;
● 有陌生人跟您说话或干扰您时,尤其要注意先取回卡、现金和交易凭条;
● 千万不要向任何来历不明的账户转款。

除了需要了解不法分子利用自助设备进行诈骗的各种形式外,在平时使用自助银行的时候,您也需要了解一些自助银行安全使用的知识。

不法分子通常利用银行下班后的时间作案,因此持卡人在银行下班后,尤其是在夜间或凌晨进入自助银行使用 ATM 机时应格外提高警惕,观察周围有无尾随、偷窥等可疑情况。要尽量避免在太晚的时候进入自助银行,或避免进入位置僻静的自助银行。而且进入自助银行时,要注意观察有没有人不刷自己的卡而尾随您进入,如果出现这样的情况,需要提高警惕。

通过自助银行门禁系统时不要输入密码。进入自助银行服务区通常需要在自动门上刷卡(借记卡或信用卡)开门,但不需要密码。如遇要求输入密码方可进入时,持卡人应及时报警。此外,各商业银行已加强了对自助服务设备的日常检查,因此持卡人需要提高自身安全防护意识,在使用自助设备前,应先观察自助设备上有无可疑的附加装置。您还需要注意银行通过网点、网站、媒体、ATM 屏幕等正常渠道公布的统一客户服务电话,一旦在使用自助银行的过程中有吞钞、吞卡等不正常事件发生,不要急于离开自助设备,也不要轻易相信来历不明的电话号码,而应拨打设备所属银行统一客户服务电话寻求帮助。

在利用自助银行办理相关业务时,您还应随时注意周围情况,如遇到有人故意以各种理由靠近,或制造事端分散自己的注意力时,应要求其与自己保持一定的距离,在输入密码过程中注意用身体遮挡键盘。若中途有被干扰的情况，尤其要注意先取回卡、现金和交易凭条。持卡人在完成所有操作环节后，应仔细核对取回的银行卡，确认没有被人趁乱掉包。

在办理完业务后，不要把交易凭条随意丢弃，尤其不要丢在自助设备旁，而且现在银行通常都会在 ATM 交易凭条上将部分卡号隐去，如果遇到有未将卡号隐去的情况，请注意妥善处理交易凭条。需要提醒的是，在任何情况下，银行职员或警方都不会要求持卡人提供银行卡密码或向来历不明的账户转款，如果遇此类要求，首先应怀疑其身份的真实性，并及时通过正规渠道报警。

牢记发卡银行的统一客户服务电话，并尽量开通账户变动短信提醒服务，第一时间了解自己账户金额变动情况。一旦怀疑自己的银行卡信息或资金被盗用，应立刻联系发卡银行查询账户余额、办理止付或将卡内资金转移到属于自己的其他账户中。

10.2.3 自助支付的发展

自助银行是在 20 世纪 80 年代初登陆中国市场，中国银行香港中银集团电脑中心首先开发出 ATM 机应用系统并投入使用，1988 年中国银行深圳分行推出国内第一台联机服务的 ATM 机，1994 年中国银行又在广东、湖南、福建等地开通了"中国通-银联"网，海内外客户开始在华南地区的 ATM 机上办理取款及查询业务。

然而自助银行在中国的发展却颇具中国特色，其应用初衷并非像国外那样是为了分流客户，而是为了树立银行高科技、现代化的崭新形象。因此，一开始中国的自助银行设备多数是安装在网点的内部。国内银行的竞争在当时也才刚刚开始，多数居民还不知道银行卡为何物，已办卡的也多停留在"贵族卡""身份卡"的阶段，同时，国内各家银行自成系统，各发各的卡，各用各的设备。加上当时居民的时间价值低以及心理的习惯等方面的原因，多数人宁愿排长队等候服务也不愿享受机器提供的方便自助服务，甚至许多人还不懂使用这些机器。因此，自助银行设备的利用效果很不理想。

进入 90 年代，几大国有银行向商业银行运行机制转轨，各种体制如股份制银行之间的竞争加剧，纷纷抢滩市场，使得国内银行之间的竞争加剧。同时，国家严格控制银行新设网点，为了开辟新利润的来源，不少银行这时开始把发展转向以银行卡为首的个人金融业务，特别是国家从政策上积极为全国"银联"卡创造条件，各家专业银行开始把自助银行作为扩大规模、提高吸储能力、不断强化和改善现有的服务手段的有效工具。

进入 2000 年以后，金融创新成为各家银行关注的焦点，自助银行的发展势头更加迅猛。银行嗅到了在 ATM 以及相关自助产品上开展中间业务，将成为银行新的利润增长点，而且发展空间很大。而互联网技术的高速扩张，进一步拓宽了自助银行的发展空间，互联网技术的发展改变着消费者的消费行为，而且给金融工具的高效、安全提供了技术保障。从外部环境看，加入 WTO 后，我国的银行卡业务将在 3~5 年内对外资开放。目前，国际著名的银行卡组织 VISA 和万事达都把中国入世看作是扩展业务的大好机会，这两家公司在中国的业务正呈现高速增长的势头，这一点也迫使国内银行要加快自助银行建设的前进的步伐。

10.2.4 自助支付服务模式

根据个人零售业务以客户为导向的营销理念，充分考虑到不同消费者的消费需求，一些新型的服务网点模式应运而生。

自助银行模式推荐

- ▲ 社区模式：在居民区、厂矿企业、办公楼及其附近提供银行服务的分行模式，强化中间业务服务及营销，是一种典型的"自助银行增强型"设计，即以自助设备为主，并不定时地配合必要的人工服务，以期同时达到高效率服务和业务推广的双重业务目标。
- ▲ 商业区模式：在商业区、闹市区提供快速现金服务的自助银行，强化快速取现服务和卡发行，以自助银行或自助银行增强型为主。
- ▲ 校园模式：在校园及其附近提供简单存取款服务，其交易特征为"频度高、单次交易额小"，以特殊形式自助银行为主，如网吧银行、书吧银行等。
- ▲ 店中行模式：在便利店、机场、加油站、商场、酒店等其他行业的营业厅内提供银行服务；这些营业场所也是银行客户最常光顾的场所，在这些场所提供银行服务显然给银行储户提供了最大的方便。可以结合所在营业场所的具体情况设计成咖啡吧银行、超市银行、专卖店银行等。
- ▲ 顾问银行模式：又称 VIP 分行，一种专门为其附近的 VIP 客户提供专业理财服务的网点。金融自助支付平台模块结构如图 10-2 所示。

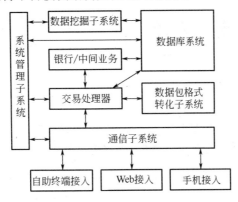

图 10-2 金融自助支付平台模块结构图

新型模式自助银行的特色

与传统的网点不同，这些新型模式的网点具有更强的针对性、更贴近普通社会大众的生活，可以根据目标客户群的不同采用完全不同的风格设计，以满足目标客户群的心理情感上的需求，这些将是未来银行网点发展的主要形式。

不同城市有不同的消费特点，相同城市不同区域的市民也有着不同的消费要求，相同区域的客户又会因为收入、职业等情况的不同分为若干个不同的客户群。在一个城市区域范围内，往往需要采用多种网点的整合布局以达到最大服务覆盖、又能有区别地为不同的客户提供不同服务方式的目的。

最终的城市区域银行服务网点体系必将是一个由重构的传统网点、各种新型分行模式和单独布放的自助服务设备（如 ATM 等）组成，这些不同模式网点的数量及分布则应完全根据整合营销策略要素进行确定。自助支付平台系统网络结构如图 10-3 所示。

作为业务营销和向客户提供服务的一种准银行网点，自助银行建设和规划理所当然地应该从本行业务发展的目标出发,确定出目标客户群的分布及数量多少,从而确定出自助银行的城市区域布局,在合适的地点建设合适类型的自助服务网点。

建设自助银行不是目的,发展业务、最大限度地争夺客户份额,留存忠诚客户才是银行业务渠道建设的真正目的,自助银行只是其中的工具之一。在营销渠道整合布局时,最先应该考虑的是如何通过结构重建充分发挥现有网点的作用。是否需要建设自助服务网点,则应根据目标客户群的特征进行正确分析。金融自助支付平台模块结构如图10-3所示。

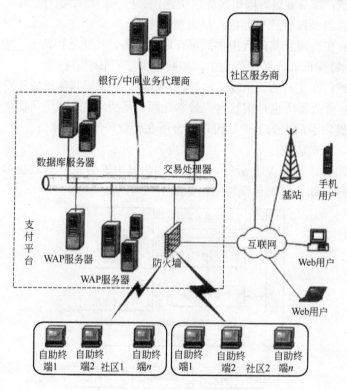

图10-3 自助支付平台系统网络结构

10.3 ATM 机系统

10.3.1 ATM 系统的构成

1. 基本组成

共享 ATM 系统服务的对象,除本行客户外,还涉及他行客户。在一个典型的共享系统中,其参加银行或金融机构可以通过系统中的所有 ATM,为其客户提供 ATM 服务。

共享系统一般包括下列组成部分:持卡人;ATM;发卡行,它们是共享系统的成员行,发卡行对外发行银行卡;清算银行,它是负责共享系统内跨行账务清算的处理单位,通常是由中央银行担任;交换中心,它负责共享系统内各种交易信息的转接处理和管理等工作。

上述 ATM 系统各成员之间,通过交换中心,连接成一个大型的共享网络。交换中心除了负责共享 ATM 系统内各种交易信息及相关信息的转接和处理工作,还可暂时代替发卡行作暂代性银行卡授权处理。交换中心可由某个发卡行,也可由多个发卡行合作经营管理,还可由第三方担任。在共享 ATM 系统里,成员行的持卡人可在共享网络的任何一台 ATM 上进行存取款交易。

2. 发展历程

ATM 系统在发展过程中,经历了从专有系统到共享系统的阶段。专有系统是由一个金融机构独自购置网络中的 ATM、其他硬件和所需软件,并独自发行其银行卡的系统,它的对象是本行客户。在 ATM 系统发展早期,一些大的银行或金融机构凭借自身资金或资源优势组建了方便自己客户使用的 ATM 服务系统。后来随着技术的发展和业务规模的扩大,专有系统提出了与其他金融机构的 ATM 网络互联,对彼此的客户提供服务的要求。同时一些中小银行或新型金融机构受资金、人力和其他资源的限制,也提出了共享原有系统,走联合发展道路的需求。

当今世界上著名的 ATM 系统,都是共享系统。共享 ATM 网络的进一步发展,就是形成全国性共享的 ATM 系统。通过全国性共享 ATM 系统,可使各金融机构平摊新产品的开发费用并分摊风险;可大大降低支付产品的运行管理费用;可克服地理限制,使银行能经营跨地区的银行业务。

目前,发展共享系统已经成为一种趋势,不论大小银行都要选择参加一个共享系统,尤其随着 VISA 和 Master Card 两大国际性信用卡组织提供全球性的 ATM 服务后,ATM 系统又朝着国际化方向发展。在发达国家,如美国,已经建立了全国性的 ATM 网络,任何一个持卡人,持有任何一个银行发行的银行卡都可以在美国境内任何一家银行的 ATM 中提取现金,然后由这个 ATM 所属的银行与发卡行进行结算。这个 ATM 网络正在向全世界发展,形成全球性自动提款机网络。例如,美国花旗银行已经将其在墨西哥和加拿大境内的分行与这个网络系统连通,使美国各个银行的储蓄卡持有人可以在墨西哥和加拿大境内的花旗银行的 ATM 中提取现金。我国早就开始建设全国性共享 ATM 系统,并于 2002 年成立了银联中心,只要具有"银联"标识的银行卡就可以享受共享 ATM 系统提供的服务。

10.3.2 ATM 系统的功能

1. 主要功能

ATM 系统通过 ATM 可提供如下多种功能。

(1) 取现功能。可以从支票账户、存款账户或信用卡账户提取现金。

(2) 存款功能。可以存款到支票账户或存款账户。

(3) 转账功能。可以实现从支票账户与存款账户的相互转账;从信用卡账户到支票账户的转化等。

(4) 支付功能。具有从支票账户、存款账户扣款以及函内支付等功能。

(5) 账户余额查询功能。系统可根据客户的要求检索该特定账户的余额。

(6) 非现金交易功能。例如修改个人密码(PIN)、支票确认、支票保证、电子邮递、验证现钞、缴付各种公共事业账单等。

(7) 管理功能。例如,查询终端机现金余额;终端机子项统计;支票确认结果汇总;查询营业过程中现金耗用、填补及调整后的数据；安全保护功能等各种管理性功能。

2. 发展趋势

ATM 系统自 1969 开始使用至今，网络系统已经相当发达，在全球广泛使用并正朝着多功能服务、网络化的趋势发展。

首先，由于 ATM 系统使用的技术越来越先进，促使 ATM 向多功能化发展。现在，它不仅可用于存取款作业，还可当作自助银行的一台终端机使用，进行各种非现金交易和信息服务。如具有磁性墨水字符识别和光学字符识别功能的 ATM，它能读取公用设施账单和汇款单上的磁性墨水字迹、光学字符条码线，识别账单上的文字和图形，从而可为储蓄户提供验证现钞、缴付各种公共事业账单等服务，如不仅能以转账方式缴税、缴房租、缴水电费，甚至还可用它缴停车罚款、办理驾驶执照续期等非现金交易事务。

同时，利用视频技术和各种专家系统，ATM 能进行视像会晤，并实现交互服务。这种终端机具备超级出纳能力，客户通过这种终端机，可同远地的银行职员谈话，犹如面对面地商讨开户、贷款等事项，银行职员也可用之指导客户完成一笔金融业务，如提供保险或安排旅行计划；直接解答客户提出的各种疑难问题等信息服务。

1998 年，HP 公司推出了手持自动柜员机，它是一种可以随身携带的向银行自己的顾客自动提供现金的设备。顾客通常利用手持 ATM 提取现金。手提式的 ATM 终端更加灵活，这进一步扩大了它的使用范围。

并且，随着 IC 卡制造成本的下降和广泛应用，以及电子钱包 IC 卡的发展，必将有更多的 ATM 系统为多功能的 IC 金融卡提供多种支持服务。而通过采用虹膜识别技术和语音识别技术的 ATM，将大大改善系统的安全性，可以将其运用于网上购物支付等商务活动。

其次是网络化方面的发展趋势。一方面是共享 ATM 系统的发展，即不同银行 ATM 系统的互联；另外就是 ATM 系统与其他电子支付系统的互联，尤其是与开放式的互联网相连，形成广泛的金融服务网络。随着其他电子银行系统的开发应用，将会有更多的 ATM 系统，可同其他的电子银行系统，如柜员联机系统、POS 系统、家庭银行系统等作联动处理。就是说，ATM 系统将作为电子银行系统的一部分，同其他电子银行系统集成在一起，形成电子银行综合服务网络，为客户提供综合的业务服务。

10.3.3 ATM 系统业务处理流程

共享 ATM 系统采用不同类型的网络结构，将导致不同的业务处理流程。由于复合型的网络结构是由前方交换型与后方交换型共同组成的；同时在我国，随着银联公司的成立，无中心的 ATM/POS 机将识别出的各发卡行信息统一递送到银联公司下属的银行卡信息交换总中心，再由总中心进行信息交换。因此，实质上，共享 ATM 系统由前方交换型与后方交换型这两种不同的业务处理方式构成，下面将分别介绍。

1. 前方交换型的业务处理流程

前方交换型的 ATM 系统交易经交换中心识别后转发交易信息，因此，不存在跨行交易，通常为行内交易，现用存取款交易进行举例说明。

通常，业务处理过程包括请求处理、响应处理和确认处理，并各自对应三种信息流，即请求信息、响应信息和确认信息。

（1）请求处理。当持卡人输入 PIN、交易类型和交易额后由 ATM 终端机启动请求信息，经交换中心发往相应的发卡行。

（2）响应处理。发卡行进行响应处理和账务处理后，发出响应信息给交换中心，授权它按指示向 ATM 发指令。

（3）确认处理。交换中心向 ATM 发出响应指令后，若非查询交易，还需向发卡行发确认信息；发卡行收到确认信息后，就执行提交操作，修改数据库，完成该笔 ATM 交易。

因此，在前方交换型网络作一笔存取款交易，需经过以上步骤才能最终完成。

2. 后方交换型的业务处理流程

后方交换型网络结构类型包含行内交易与跨行交易，相对而言，处理较复杂，需要清算银行的介入才能完成跨行支付的清算工作。在这种 ATM 系统里，各成员行都可拥有自己的 POS 和 ATM 终端机；自己的持卡人在自有系统的 POS 和 ATM 上所作的交易，留在自己行内处理；在共享 ATM 系统上所作的跨行交易，均送交换中心转发到相应的发卡银行去处理。

（1）请求处理。当持卡人输入 PIN、交易类型和交易额后，由代理行终端机启动请求信息，请求信息经代理行、交换中心发往发卡行。

（2）响应处理。发卡行接收到交换中心发来的交易请求信息后，检查银行卡和持卡人等的合法性，交易金额的合理性，并由发卡行启动响应信息，通过交换中心，授权代理行指令 ATM 按响应指令指示进行交易。与此同时，若发卡行授权代理行存取款处理，则发卡行还要进行账务处理（包括持卡人的账务处理和与代理行之间的清算处理）和各种交易费用的计付处理。

（3）确认处理。完成一笔交易后，由代理行启动确认信息，针对交易执行结果提出确认报告。发卡行接收到确认信息后，提交上述账务处理和交易费用计付处理结果，修改数据库中的相应数据，最终完成一笔 ATM 交易。

如果是一笔跨行的余额查询业务，则只有请求处理和响应处理，而无须确认处理。最后，日终时，交换中心要向清算银行（我国为中央银行）发送清算信息，由清算银行完成代理行与发卡行之间当天的资金清算。然后，清算银行通过交换中心向各银行发送当天的对账信息，若对账无误，则最终完成一天所有的 ATM 交易。

10.3.4 ATM 机行业政策环境

1. 行业最新政策法规分析

2013 年央行实行冠字码新政，从产品结构和经营理念上冲击到了 ATM（自动柜员机）行业。所谓的冠字号码，其实是用来记录纸币的发行序列，每一张钞票的号码唯一，故俗称百元大钞的"身份证号码"。银监会新政要求：银行业金融机构必须在 2013 年年底前，实现 ATM 机付出的 100 元面额人民币冠字号码可查询；在 2014 年年底前，存取款循环一体机付出的 100 元面额人民币冠字号码可查询；在 2015 年年底前，银行业金融机构柜台付出的 100 元面额人民币冠字号码可查询。各地金融机构纷纷对于 ATM 机进行了冠字码查询布局，虽然模式不一，但是其背后的 ATM 整个产业链正在渐变之中。

2. 其他相关政策法规分析（见表 10-1）

表 10-1　ATM 行业其他政策分析

时间	政策分析
2002 年	国家质量监督检验检疫总局 2002 年颁布的《自动柜员机（ATM）通用规范》（GB/T 18789—2002）规定，设计、生产 ATM 产品的通用规范。此外，由于 ATM 的特定用途，ATM 的应用要求还同时需要符合中国人民银行于 2001 年颁布的《银行磁条卡自动柜员机（ATM）应用规范》等相关规定。同时，根据 ATM 行业的惯例，ATM 产品在向行业下游的银行类金融机构供货前，必须先经过银行类金融机构严格的供应商认证
2004 年	国家发改委、科技部、商务部联合发布的 2004 年第 26 号文及附件《当前优先发展的高技术产业化重点领域指南（2004 年度）》中指出：电子商务近期产业化的重点是"安全认证、在线支付、物流配送、标准规范与信用等电子商务支撑环境建设，电子商务在企业、行业和区域的应用，重点企业信息化建设，电子商务技术服务体系建设"
2005 年	国务院国发（2005）40 号文《国务院关于发布实施<促进产业结构调整暂行规定>的决定》，以及国家发改委 2005 年第 40 号令及附件《产业结构调整指导目录（2005 年本）》均将"金融电子设备制造及系统建设"列为第一类鼓励类中"信息产业"内容之一
2006 年	2006 年 11 月银监会颁布的《银行业金融机构信息系统风险管理指引》以有效防范银行业金融机构运用信息系统进行业务处理、经营管理和内部控制过程中产生的风险。提出优先使用具有中国自主知识产权的软、硬件产品。给国内拥有较强自主创新的金融支付信息安全设备生产企业带来了良好的发展前景

资料来源：前瞻产业研究院整理

10.4　POS 机系统

10.4.1　POS 系统概述

1. 特点

从 20 世纪 60 年代末开始，发达国家的金融机构为了扩大银行卡的功能和使用范围，在零售商店、酒吧等销售点处开办了 POS（Point-of-Sales）系统。持卡人在消费点消费后，可通过 POS 系统直接进行电子资金转账工作。

同 ATM 系统一样，POS 系统也是第一线的便民服务系统，系统网络的覆盖面广，服务网点多，能提供实时的、全天候的电子资金转账服务。这种系统有如下特点：由人驱动；面向客户；高度分散性；要能吸引大量客户，而这些客户又是不断变化的。为此，POS 系统应是一种联机的共享系统。事实上，当今世界上的主要 POS 系统几乎都是以共享形态出现的，并兼具直接扣账和信用挂账双重功能。

POS 系统是发生于闹市区的、繁忙的交易系统，由客户（持卡人和商户）输入交易数据，每笔交易都必须在严格的监控下进行。在联机的情况下，每笔 POS 交易都要能同相应的银行数据库打交道。POS 系统要能实现请求处理、授权处理、确认处理和账务处理，而且要能确保交易的各个方面都得到正确的处理。

为实现上述要求，同其他的银行联机系统一样，POS 系统必须做到：能正确访问所需数据所在的文件；要能实时处理；整个操作过程必须在授权的控制下进行，并要有证实过程；必须有日志文件记录每笔交易；要能及时发现交易中出现的差错，及时进行冲正处理。

3. 优越性

POS 系统的推广使用，使银行、商场、客户三方的交易都能在短时间内迅速完成，给三方都带来了较大的经济效益和较好的社会效益，其主要表现在：

（1）减少现金流通。使用 POS 系统后，客户只需随身携带一张银行卡，就能方便地进行消费结算，甚至在必要时还可提取少量现金以供急需。在 POS 系统中，现金已被电子货币所代替，从而减少了货币的印刷、运送、清点和保管，提高了整个社会的经济效益。

（2）加速资金周转。POS 系统的使用，使客户在数秒钟内就能完成与商户资金的转账结算，保证商户资金及时到账，明显提高了资金周转率。

（3）确保资金安全。随身携带现金或支票进行消费往往不安全，尤其进行大额交易时会带来诸多的不便。使用 POS 系统就能防止此类现象的发生，即使丢了信用卡，通过挂失仍能保证资金安全。传统的支付方式使商户手中留有过多现金，也给其安全带来一定的威胁，使用 POS 系统后，商户就不会因为手头存有过多现金而烦恼担忧。

（4）提供有用信息。一方面能为商户提供各种实时的商品交易信息；同时各种金融交易信息在银行主机系统中归类、汇总、分析后，可以帮助银行分析形势，确定适应形势发展的目标。

10.4.2　POS 系统业务功能

1. 服务功能

目前，广泛采用的共享 POS 系统可提供下列多种服务：

（1）自动转账支付。自动完成顾客的转账结算，即依据交易信息将客户在银行开立的信用卡账户上的部分资金自动划转到商家在银行开立的账户上。具体指 POS 系统能完成消费付款处理、退货收款处理、账户间转账处理、修改交易处理、查询交易处理、查询余额处理、核查密码处理并打印输出的账单等功能。

（2）自动授权。是指具有信用卡的自动授权功能，如能自动查询信用卡、止付黑名单，自动检测信用卡是否为无效卡、过期卡，自动检查信息卡余额，透支额度等，使商家在安全可靠的前提下迅速为客户办理信用卡交易。

（3）信息管理。是指在 POS 系统上完成一笔交易后，POS 系统还具有自动更新客户和商家在银行的档案功能，以便今后查询；同时，也可更新商家的存货资料及相关数据库文件，以提供进一步的库存、进货信息，帮助决策管理。

一些发达国家的零售商还利用 POS 系统，通过综合信息管理，产生了一种称为微观市场的销售观念。这种微观市场以存货单位计算利润的基础，比传统的按部门计算利润的方法更精细。具体而言，它将 POS 系统采集来的交易数据，通过数据仓库技术和数据挖掘分析方法，了解各种货品的销售利润、销售特点，各货品之间的微妙的互动销售关系，从而策划适当的订货、货架空间管理、促销方法等，实施有效的存货管理和促销策略。

10.4.3　POS 系统终端

POS 终端是社会上广泛采用的收款、结算、进行电子支付的设备。为使持卡人在销售点消费后，能够实现电子资金转账，银行要事先同特约商户（如商店、超级市场、旅馆、饭店、加油站、机场等）签约，并在特约商户安装 POS 终端机。通常，安装于商店里的 POS 终端机，既是银行 POS 系统的终端，又是商店计算机管理系统的一个终端。因此，POS 终端机不仅要通过专用网或公共数据通信网，同银行系统联机，还必须同商店的主机系统联机。

一套 POS 终端机由主控设备、客户密码键盘、票据打印机三部分组成。主控设备包括银行卡阅读器、显示信息和数据输入。银行卡阅读器用于识别客户提供的各类卡上的相关信息；显示信息则提供交易金额的显示；数据输入可以有不同方式，常用的有键盘输入、条形码输入、光学字符阅读及输入等方式。客户密码键盘提供客户输入密码，密码的输入并不显示，以确保顾客数据信息的安全。票据打印主要是输出交易的凭单，供顾客签字或检查。

现时许多大厂家的 POS 终端产品综合了计算机、通信技术和机械技术，使 POS 终端机从单纯的信息采集工具，发展成多功能的信息处理工具。POS 终端机的硬件基础是通用的微机核心部件。POS 终端机要有很强的网络通信和数据处理能力，能方便地实现 POS 终端机与服务器之间的双向实时通信。POS 终端机除有各种标准 PC 接口外，还有一些专用接口，如有与磁卡或 IC 卡阅读器、钱箱、条码阅读器和电子秤等的接口，考虑到银行卡介质的发展，不少 POS 终端产品不仅可识别磁卡，也可识别 IC 卡。由于商场流量大，干扰因素多，POS 终端机还要有很强的抗干扰能力、防尘抗震能力。开放式结构允许用户选择现有的软件实现促销管理，也允许用户根据实际需要自行开发应用软件，以完善商店的管理。在安全方面，采用分级授权、口令和专用钥匙，以加强系统的安全。

10.4.4 POS 系统的工作

1. POS 系统的工作方式

POS 系统的工作方式主要有直接转账、脱机授权和联机授权等 3 种。

（1）直接转账方式。早期的 POS 系统使用借记卡，采用扣款卡直接转账的方式，即通过确认持卡人的身份，鉴别卡的合法性，核实卡中余额，随时办理转账结算，因此，这种方式效率高、安全、可靠，但它主要是一种专有系统，使用范围有限，客户消费并不方便。

（2）脱机授权方式。信用卡最初在 POS 系统上使用时，授权往往通过脱机处理方式，一般可以通过电话授权和查询信用卡、止付黑名单。这种方式由于受电信条件的限制往往时间较长，而且，黑名单的提供往往有延时性，给系统带来不安全因素，影响整个系统的运行效率。

（3）联机授权方式。随着银行卡业务的不断扩展和通信事业的突飞猛进，在 POS 系统上又推出了信用卡联机授权方式。通常，这是一种区域性的或国际性的共享 POS 系统，它可以在所有对象之间完全实现信息共享。目前，多数 POS 系统都使用这种方式。它通过通信网络连接各发卡行、各特约商户及各大银行信息系统，随时检查信用卡的真实性、合法性、有效性，随时为客户提供方便、安全、可靠、准确的转账支付结算。

2. POS 系统的参与对象及其关系

共享的 POS 系统，涉及持卡人、成员金融机构、特约商店、清算中心和国外信用卡集团等多个实体对象，各成员之间的业务处理关系如下。

（1）持卡人，即消费者。他们持有可用于消费的银行卡。

（2）成员金融机构，即参加 POS 系统的金融机构。按执行的业务功能，可将成员金融机构分为发卡行和收单行。发卡行是将其银行卡发行给持卡人的银行。收单行是同特约商店签约，处理销售点电子转账及相关事项的银行。成员行可同时兼具发卡行和收单行两者的功能。由于系统运营中涉及许多特约商店，而与特约商店往来、协调和业务推广等事务又都十分繁琐，因此，最好由收单行来担任特约商店的管理。

（3）特约商店。与收单行签约提供 POS 服务的商店。POS 终端机就装在特约商店内。

（4）清算中心。负责执行参加 POS 系统成员行间跨行账务清算的金融机构。在我国为各级的中国人民银行。

（5）国外信用卡集团。如 VISA、MasterCard 等国际上知名的信用卡机构。国内金融机构若同这些国际信用卡集团签约授权，就可在国内发行和使用它们的银行卡。此时，国内银行通过地区交换中心与国际信用卡组织的全球网络连接起来，本国的国际卡持卡人即可在全球任何地方购物消费，他国的国际卡持卡人也可在本地购物消费。如果该特约商店安装有联机 POS 终端机，还可利用联机方式与原发卡行通信，进行银行卡和 PIN 的检验授权和账务处理工作。持卡人持卡消费时，特约商店将销售单据数据发送给收单行，收单行同发卡行通过清算中心进行资金清算后，即将贷款拨付给商店。如果是国际旅行者用国际卡消费，则需经由国外信用卡集团进行资金清算。POS 系统各成员之间，通过交换中心连接成一个大型的共享网络。交换中心负责与共享 POS 系统有关的各种交易信息的转接和处理工作，如各种信息的转送、结账、清算及管理。

3. 网络结构

如前所述的 ATM 系统一样，POS 系统根据交换中心在系统中的位置不同，可将网络结构分成前方交换型、后方交换型和复合型三种。采用不同的网络结构时，其应用系统的设计和作业处理流程会略有差异，但并不影响整个系统所能提供的功能。

考虑到 POS 系统传输的数据量大、集中等特点，通常在 POS 终端密集区设置网络控制器，先汇集低速通信线路上的交易信息，然后经高速线路将汇总信息送往交换中心或银行主机处理。

因此，POS 系统主要由销售点终端（POS）、前置机、网络控制器、通信网和交换中心或银行主机处理等部分组成。

（1）POS 是安装在商业网点和储蓄所内，为持卡人提供授权、消费、结算、存取现金等服务的一种专用银行电子设备。它通过通信线路与发卡银行的计算机相连，自动鉴别银行卡的真实性、合法性、有效性，并具有自动授权和自动转账功能，是实现购物消费不用现金、将纸币转换为电子流的一个重要组成部分。

（2）前置机的主要功能是负责对 POS 状态的监控以及 POS 和银行主机间的数据发送。

（3）网络控制器（Network Access Controller，NAC）是连接在 POS 与银行前置机之间的一种设备。它主要负责接收、转换由 POS 机通过网络送来的交易数据，并将其进行协议转换后送入交换中心或银行前置机，待主机处理完毕后，再将处理结果返回 POS。

（4）通信线路的作用是将 POS 与银行的计算机连接起来，实现数据的传输。

（5）交换中心的作用主要是识别银行卡上的相关信息，并将识别的信息发往发卡银行的主机系统；同时传送反馈信息。

（6）银行计算机系统是整个系统的核心，客户账务数据以及扣款卡使用的信息全部由银行计算机系统处理。

4. POS 系统业务处理流程

完成消费的自动转账，银行必须预先同特约店签约并安装 POS 终端系统，通过通信网络连接银行主机系统。同时，客户必须向银行申请信用卡账户，经审核批准后发给信用卡，并提供相应密码，银行随后也将客户资料输入主机系统，客户完成消费活动后，在特约商户的 POS 上利用信用卡就能完成转账结算。主要分为以下三个步骤。

（1）申请授权。当顾客递交银行卡、输入密码、营业员刷卡读入卡信息并输入交易数据后，通过通信网络将这些数据传输到银行主机系统。首先检查银行卡的合法性，如果不合法，则返回 POS 终端机提示信息要求作压卡处理。其次要检查用户密码的准确性，将用户输入的密码同主机系统中数据库中的密码进行核对，如果出错且累计出错 3 次以上，则通过 POS 终端机作压卡处理；如果密码有误，但累计不到 3 次，则返回信息要求客户重新输入密码；如果密码正确，就进入下一步账务处理。

（2）账务处理。完成合法性检查后，银行主机系统自动进行账务处理。记流水账、记持卡人账、记特约商户账、记银行收益账等，并返回 POS 终端机提示交易成功信息。

（3）完成交易。POS 终端机接收到交易成功信息后自动打印客户凭单，将银行卡返还客户，整个 POS 交易完成。

通常，上述过程几秒内就可全部完成。而电子转账工作可在商品成交后立即进行，也可经协议期（如 1～2 天）后进行。这样，POS 交易既完成了商品交易，也完成了相关的电子转账工作。这种 POS 服务既给顾客带来方便，也给商店带来许多好处。不仅提高了顾客购物时的结账效率，还可改善商店的经营管理。由于银行也参与了商品交易过程，并提供了自己的服务，也因此获得新的收益。

10.4.5 智能 POS 面世

2016 年 3 月，POS 收单业关于借贷分离、打破 721 分润、新机制收费标准等新闻陆续曝光，作为支付环节不可或缺的商户端设备，POS 行业如何盈利，其商业发展空间多大，都成为大家关心的话题。

传统的 POS 是指支持银联卡刷卡完成支付转账，但它们不支持现在大多数消费者的使用的二维码支付、Apple Pay 等方式。为了迎合消费需求，商户们纷纷升级自己的 POS 机为智能互联网 POS。然而，有这样的一台 POS 设备就完美了吗？全球首款智能 POS 掌贝的负责人认为，POS 设备发展的新趋势不仅是全支付，更是"超支付"。

近两年移动支付发展迅速，支付宝和微信为代表的第三方支付代表在极力圈地，一方面抢占消费者的手机端支付入口，另一方面也紧锣密鼓开展与线下商户合作。对于商户而言，无论是支付宝、微信支付，还是 Apple Pay 等 NFC 支付，只要方便收款，他们都非常欢迎。然而这几种支付方式在技术上的多样化会带来冲突——各个支付巨头铺设场景和地推的收款设备，并不一定兼容彼此。这不仅增加了设备成本，而且带来收款、运营上的麻烦。

其实，支持所有支付方式，这是智能互联网 POS 最显而易见的特点。经过两年多的发展，智能互联网 POS 的支付功能已日趋完善，昔日的市场竞争也渐现巨头格局。

智能 POS 最早于 2013 年由掌贝发明，此后其他数家互联网公司尾随加入市场，成为智能 POS 领域最早的一批产品。2015 年，很多小微互联网公司看到了这片市场的行业前景纷纷进入，除此以外有几家传统 POS 大企业，在原有产品上增添了二维码收款的功能，就此冠上了"智能互联网 POS"的帽子，行业竞争愈加激烈。

2016 年初，在激烈的市场竞争大浪淘沙后，小微的智能互联网 POS 或逐渐倒闭，或被大企业所收购;而那些只是单纯改装,仅仅增加了扫码器的传统 POS,由于骨子里仍旧缺乏互联网基因,运营效果也不尽人意。行业开始两极分化,那些功能卓越的产品和运营服务优秀的企业脱颖而出。

就商户而言,几乎所有人都看到了移动支付的趋势,甚至连菜市场买菜的大妈都会摆个二维码图片来收款。智能互联网 POS 必然取代传统 POS 的发展方向已成为行业内外人士共识,"全方式支付"作为智能互联网 POS 的标配,也将成为实体商户收款工具的标配。

可见,智能互联网 POS 产品很难在支付这一项基础功能上体现差异性与竞争力了。智能互联网 POS 要谋求发展,就一定要寻找新的增长点。

本 章 案 例

手机近场支付模式

阿里、腾讯的虚拟信用卡及二维码扫码支付因为安全性被质疑,已被暂停数月之久,由于涉及金融、通信两大领域,央行正在同工信部统筹制定二维码支付的相关标准,不过据悉这个标准不会太快出台。有业内人士称,阿里、腾讯 O2O 生态中的二维码支付方式绕过传统的线下收单,与银联推崇的 NFC(近场支付)之间存在利益博弈,二维码支付被禁,或是在为 NFC 加快构建产业链留出时间。

央行金融 IC 卡领导小组办公室主任李晓枫日前表态,二维码支付成本低廉但不安全,所以没有密码认证的二维码技术不可以作为可信支付技术在线下大范围推广。我国的移动支付发展目标方向应该是,促进移动金融服务与金融 IC 卡融合,以商业银行、通信运营商、中国银联的 NFC 移动支付电子化路线为主导,第三方支付机构、地方性/区域性移动支付电子化路线为补充,实现优势互补、多方共赢。

在移动支付产业链上,运营商、金融机构、第三方支付平台各方都想占据主导权。运营商有海量的手机用户,所有的移动支付必须使用他们的终端和网络;银行则拥有金融牌照,希望保持其在银行卡领域的地位;第三方支付平台则有靠近大量电子商务用户的优势。在第三方移动支付领域,NFC 近场支付的占比仅有 0.8%,但此技术是运营商、金融机构在移动支付领域分羹所力推的。在这场争夺战中,银联的策略是,以银联为主导,拉拢商业银行、运营商、地方政府进行合作。

不过,相较第三方移动支付生态圈的建立,NFC 生态圈(主要涉及银联、银行、通信运营商、手机厂商等)的发展较慢,用户习惯培养起来也耗时较长。主要原因包括两大方面:

第一,NFC 要真正铺开来,搭建硬件环境的成本很高,支付工具包括 NFC 手机、具有非接触支付功能的金融 IC 卡等,POS 机等终端设备也需改造成支持近场支付。

据悉,截至 2014 年第一季度末,银联在全国的"闪付"终端 POS 机有将近 300 万台,可支持金融 IC 卡和 NFC 手机支付。银联相关负责人表示,每台 POS 终端改造成本为 300~500 元,据此计算,银联在 POS 机改造方面的投入已达(9~15)亿元。银联还表示正在联合第三方支付机构,补贴线下 POS 机。

此外,随着金融 IC 卡全面迁移进入倒计时(由于银行磁条卡盗刷现象严重,央行在 2010 年加快了金融 IC 卡推广部署,规定自 2015 年 1 月 1 日起,所有新发行的银行卡应为金融 IC

卡，且实现商户 POS 和 ATM 受理全面覆盖），银联也正联合产业各方，推动金融 IC 卡"闪付"特性的发展，以覆盖更多使用场景。截至 2013 年年底，全国金融 IC 卡全年新增发卡量 4.67 亿张，占当年全国新增发卡总量的 64%，全国累计发行 5.93 亿张金融 IC 卡。据产业链人士表示，金融 IC 卡的本金在 8～9 元/张左右，大规模发行，成本负担并不低。

第二，银联、银行、运营商之间的利益博弈会长期存在。

从 2009 年开始，为争夺我国移动支付领域的"国标"地位，中国银联主推国际市场通用的 13.56MHz 标准，中国移动则力推自主研发的 2.4GHz 标准，到 2012 年年底，政策基本向前者倾斜。

去年 6 月，中国银联与中国移动合作，称将打造以 TSM（可信服务管理）系统为核心的移动支付平台，共同推广 NFC-SIM 移动支付，但双方合作仅限于共同推广，并没有具体的利润分配方案。

最近，中移动总部发文称，为普及 NFC 终端，中移动 4G 卡默认要绑定 NFC-SIM 卡，在 NFC 手机方面，各终端合作伙伴在 2014 年 6 月 30 日前送测的 LTE（4G）高、中、低端产品中，各档需至少有一款产品具备 NFC 功能，每卖一台 NFC 手机，中移动会给 30 元的补贴，按照中移动在 2014 年实现 3000 万部 NFC 手机销量的计划，中移动需要向手机设备制造商补贴 9 亿元。

而在此之前，中国电信也曾表态，4G 时代的天翼终端将全部具备 NFC 功能。中国联通也正与多家银行合作推广 NFC 手机钱包，已在个别省市启动 NFC 手机钱包专用 SWP 卡采购。

央行的李晓枫承认，NFC 手机、"闪付"终端 POS 机和 TSM 平台之间的合作有一定困难，商业银行、中国银联、通信运营商能否形成紧密合作的商业模式，目前看还是未知数。

暂停二维码支付，给了 NFC 技术发展一个喘息的时间，目前，通信运营商、金融机构、手机厂商都在加速推进 NFC 技术。各利益相关方虽暂时不用再被互联网公司二维码扫码支付的市场增量闹得心惊肉跳，但仍需面对上述提及的两方面难题。

的确，在支付安全方面，二维码支付因为他人恶意植入木马病毒、持卡人（手机等设备持有人）身份难以验证而受到质疑，而 NFC 近场支付是基于物理载体，有硬件加密。不过，二维码行业的创业者、妙淘网创始人苗涛说，不少老百姓认为硬件安全优于软件安全，但是未必如此，以锁车为例，虽然遥控电子锁有可能被犯罪分子复制信号，存在安全隐患，但不能就此认为它的安全性能低于铁链子。

这个比喻不见得恰当，但面对新生事物，监管层以更有效率、更开放的姿态去规范、完善它，效果会否更好些？对年轻消费者来说，二维码扫码在小额支付方面的用武之地，不可说小。政府监管和尊重市场规则，是一枚硬币的两面，在不同行业里将二者调适有度，硬币才能转得好。

讨论：1. 何谓二维码支付，何谓 NFC 手机近场支付？

2. 央行对待以上两种移动支付业务模式的政策是什么，你认为今后改如何发展这两种移动支付模式？

本 章 小 结

通过本章学习，要了解自助支付的概念、自助支付的特点、内容，要熟悉自助支付的设备。重点掌握自助支付的功能，注意自助支付的安全，熟悉自助支付服务模式。掌握 ATM 系统的构成和功能，熟悉 ATM 系统业务处理流程，理解 ATM 机行业政策环境。掌握 POS 系统业务功能，熟悉 POS 系终端统的工作，理解智能 POS 面世的重要意义，它是行业发展新的增长点。

本 章 习 题

1. 简述自助支付的概念与特点。
2. 概述自助支付的功能和服务模式。
3. 试述 ATM 系统的构成和功能。
4. 简述 ATM 系统业务处理流程。
5. 举例说明 POS 系统业务功能。
6. 试分析智能 POS 面世后的影响。

第 11 章

跨行支付

 学习目标

1. 了解跨行支付的需求；
2. 掌握跨行支付系统的组成、职能；
3. 了解中国跨行支付系统的发展现状；
4. 掌握 CNAPS 的职能及业务流程；
5. 了解 SWIFT 系统；
6. 了解 CHIPS 系统；
7. 了解 FEDWIRE 系统；
8. 了解 TARGET 系统。

 案例导入

2010 年第二季度我国支付体系运行总体情况

2010 年第二季度，支付系统业务量继续快速增长。大额实时支付系统日均处理金额首次突破 4 万亿元（此处按 2010 年第二季度大额实时支付系统实际运行 62 个工作日计算）；小额批量支付系统业务量继续大幅上涨，小额支付系统便民作用逐步显现；同城票据清算系统业务量继续小幅增长；境内外币支付系统业务量保持快速增长态势；银行业金融机构行内支付系统业务量持续快速增长，继续发挥在支付服务市场中的基础性作用；银行卡跨行支付系统业务量继续快速增长。

第二季度，支付系统（包含大额实时支付系统、银行业金融机构行内支付系统、银行卡跨行支付系统、小额批量支付系统、同城票据清算系统及境内外币支付系统等六个系统）共处理支付业务 26.67 亿笔，金额 384.07 万亿元，同比分别增长 26.0%和 37.7%，较上年同期增速分别加快 5.4 个百分点和 37.5 个百分点。从支付系统资金往来情况（包含大额实时支付系统、小额批量支付系统、银行业金融机构行内支付系统三个系统处理的资金交易）看，省（市、自治区）辖内资金流动量占比较第一季度略有上升。第二季度，全国共 16 个省（市、自治区）的辖内资金流动量占本省（市、自治区）资金流动总量的比例超过 50%。第二季度，处理资金总量最大的三个地区仍然是北京、上海和广东，这三个地区的资金流动总量分别占全国资金流动总量的 32.4%、13.6%和 12.2%。三地资金流动总量占全国总量的 58.2%，占比较第一季度小幅回落 0.7 个百分点。

大额实时支付系统业务量同比继续快速增长，日均处理业务金额首次突破4万亿元，日均处理业务笔数稳定在100万笔以上。第二季度，大额实时支付系统处理业务0.69亿笔，金额256.09万亿元，同比分别增长17.4%和34.1%，业务金额是第二季度全国GDP（9.23万亿元）总量的27.76倍，较第一季度略有下降；日均处理业务111.54万笔、4.13万亿元，环比笔数减少0.47万笔，金额增加2 235.54亿元。

小额批量支付系统业务量继续大幅上涨，小额支付系统功能作用逐步显现。第二季度，小额批量支付系统共处理业务0.89亿笔，金额4.06万亿元，同比分别增长74.6%和59.6%，占支付系统业务笔数和金额的3.3%和1.1%；日均处理业务97.54万笔，金额445.78亿元（此处以2010年第二季度小额批量支付系统实际运行91个工作日计算）。

同城票据清算系统业务量继续小幅增长。第二季度，同城票据清算系统共处理业务1.13亿笔，金额17.88万亿元，同比分别增长7.2%和11.0%，占支付系统业务笔数和金额的4.2%和4.7%；日均处理业务181.75万笔，金额2 883.09亿元（此处以2010年第二季度实际工作日62日计算）。

境内外币支付系统业务量保持快速增长态势。第二季度，外币支付系统共运行62个工作日，处理支付业务12.45万笔，金额1 980.20亿元（290.02亿美元），同比分别增长126.4%和243.9%；日均处理支付业务2 008笔，金额31.94亿元（4.68亿美元）。

银行业金融机构行内支付系统业务量持续快速增长，继续发挥在支付服务市场中的基础性作用。第二季度，银行业金融机构行内支付系统共处理业务10.52亿笔，金额103.33万亿元，同比分别增长29.5%和52.9%，分别占支付系统业务笔数和金额的39.4%和26.9%；日均处理业务1 155.85万笔，金额1.14万亿元（此处按第二季度91个自然日计算）。外资银行和城市商业银行行内支付系统业务量增长迅速，支付服务市场竞争力进一步提升。外资银行行内支付系统处理业务6.15万笔，金额9 376.94亿元，同比分别增长126.9%和137.3%；城市商业银行行内支付系统共处理业务8 759.96万笔，金额17.15万亿元，同比分别增长45.2%和65.6%。

银行卡跨行支付系统业务量继续快速增长。第二季度，银行卡跨行支付系统共处理业务13.45亿笔，金额2.52万亿元，同比分别增长23.4%和43.0%，增速较第一季度分别加快0.7个百分点和下降20.8个百分点，日均处理业务笔数1 477.53万笔，金额276.74亿元（此处按第二季度91个自然日计算）。

从2010年第二季度支付体系运行状况来看，行内支付系统业务量和金额分别占支付系统业务笔数和金额的39.4%和26.9%，支付系统多数的业务量和金额仍然由跨行支付系统完成。

11.1 跨行支付系统概述

11.1.1 支付

现代经济生活中，经济行为人，包括消费者、工商企业、各种金融市场上的经营商和交易商、从事吸收存款和发放贷款的商业银行以及政府各职能机构，每天都要为生产、生活以及各种社会活动的需要进行大量的交易活动。交易各方以货币（现金或银行存款）或者信贷的形式，来清偿商品交换和劳务活动等交易行为所引起的债权债务关系，即是支付（Payment）。

支付是社会经济活动引起的货币转移行为。经济活动产生的债权债务的清偿，是通过在各经济交易方之间转移货币所有权来实现的。现代经济中充当货币的资产主要有三类：一是现金，包括纸币和铸币；二是经济行为者在商业银行体系中拥有的存款（商业银行货币）；三是中央银行货币，即商业银行体系在中央银行拥有的准备金账户存款。现金货币是广大消费者普遍接受的一种货币收付手段，它在零星、小额的交易活动中发挥着重要的作用。而在商品交换、劳务供应等交易行为引起的支付中，利用在商业银行体系中的存款作为结算媒介，比使用现金具有更高的效率和便利。非银行经济实体在商业银行开立了结算账户，资金的转移只须通过记录结算账户便可即刻完成。同时，商业银行还通过向客户和同业银行提供信贷服务，付款人即使手头暂时缺少资金，也可以按期履行支付义务，商业银行的流动性支持，可以保证支付活动的顺利进行。因此，在现代经济中，商业银行存款已成为经济行为者用于清偿债权债务关系的主要货币手段。商业银行为用户提供在银行间转移资金的服务，以及商业银行本身在金融市场上的活动，产生了商业银行同业间的债权债务关系。中央银行货币为商业银行间债务清算提供了最终货币清偿手段，支付得以最终完成。

支付处理通常划分为国际社会普遍接受的三个标准化过程：交易（Transaction）、清算（Clearing）和结算（Settlement）。其中：交易过程包含支付的产生、确认和发送。清算过程包含了在收付款人金融机构之间交换支付工具以及计算金融机构之间待结算的债权。结算过程是完成债权最终转移的过程，它包括收集待结算的债权并进行完整性检查、保证结算资金具有可用性、结清金融机构之间的债权债务以及记录和通知有关各方。

支付全过程在两个层次完成，下层是商业银行与客户之间的资金支付往来与结算，上层是中央银行与商业银行之间的资金支付与清算。两个层次支付活动的全过程，将经济交往活动各方与商业银行、中央银行维系在一起，构成银行支付体系，如图11-1所示。

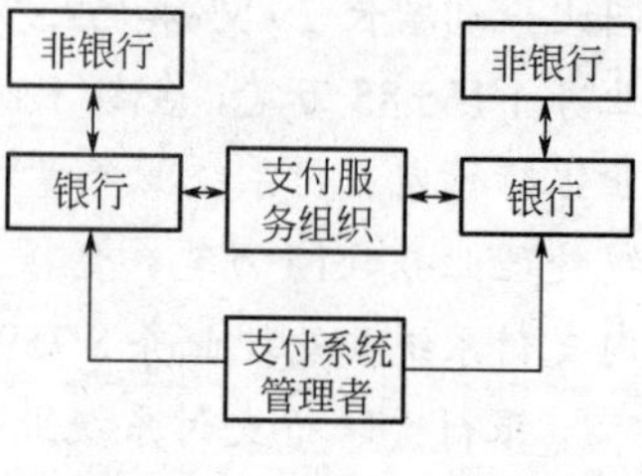

银行支付体系是实现货币转移的制度和技术安排的有机组合，主要由支付系统、支付工具、支付服务组织及支付监督管理体制等要素组成。其中，支付系统是支撑各种支付工具应用、实现资金清算并完成资金转移的通道，包括央行建设并运行的跨行支付系统、商业银行行内资金汇划系统以及同城票据交换系统等，由于各商业银行的分支机构必须在央行开立准备金账户完成清算，因此，绝大部分支付业务的最终清算实际是通过央行建立的跨行支付系统完成的。

图11-1 支付系统构成图

支付系统的管理者负责制定支付系统的运作规章，维护支付系统的日常运作。一般来讲，中央银行往往是这样的管理者。但对于不同的国家和不同的系统，这个问题的答案并不相同。在现存的支付系统中，也有民间组织做管理者的情况，如国际资金清算系统SWIFT、美国的CHIPS以及威士国际信用卡组织、万事达信用卡国际组织等。各国中央银行对本国支付系统的参与有两种情况：一是基本不参与，如加拿大、英国的情况，支付系统完全由私营机构经营与管理；另一种情况是中央银行积极参与支付系统的管理，从支付规则的制定到提供支付服务，典型代表是法兰西银行和美联储，中国人民银行对支付系统的参与也属于这一种。1913年美国根据联邦储备法建立起联邦储备银行作为美国的中央银行，并被授予管理美国银行业活动的广泛权力，这些权力包括货币发行、经营美国的支付系统、银行监管以及货币政策的制定与实施。欧洲中央银行和法国中央银行也将支付系统的稳定高效运作作为中央银行的三大任务之一。而根据《中华人民共和国中国人民银行法》第一章总则第四条，中国人民银行将履行依法制定和执行货币政策、发行人民币、管理人民币流通、维护支付、清算系统的正常运行等职责。

11.1.2 跨行清算业务的发展历程

在物物交换和现金结算时期，收付、清偿行为一次完成，不存在清算业务。在同一家商业银行开户的各个存款客户之间的直接转账也不存在清算业务。清算是经济发展和支付结算工具创新的产物，是为了完成客户之间的转账支付结算委托而发生在金融同业之间的货币收付、清偿行为，是对跨行转账结算业务的再结算。

1. 早期的跨行清算

1770 年，英国伦敦开始出现跨行转账结算的中心机构——票据交换所（Clearing house），但这时的票据交换所仅仅是提供跨行现金清算的场所，丝毫不参与跨行清算业务活动。银行雇员每天聚集到票据交换所交换支票，由各家银行自行分别地用现金办理差额清算。各家银行在票据交换所与其他银行用现金相互办理差额清算以后，再回到各自银行分别与其存款客户办理转账结算。

后来，欧美的一些大商业城市也纷纷建立了票据交换所，逐渐地由票据交换所负责组织各家商业银行用现金办理总差额清算，即先由每家银行提交应收款的支票，然后票据交换所根据每家银行对其他各家银行的应收、应付总额计算出差额，付差行需要把应付的现金交给票据交换所出纳处，收差行可以到票据交换所出纳处领取现金。各家银行在票据交换所用现金办妥总差额清算以后，再回到各自银行分别与其存款客户办理转账结算。

2. 中央银行支持跨行清算

此后，尽管各国的金融组织体系和支付清算安排构成不同，跨行清算也都不再使用现金，而是通过中央银行清算账户的最终清算来实现。

1854 年，英国的中央银行——英格兰银行采取了对跨行结算差额每日进行账户清算的做法，成为英国银行业的票据交换中心。后来其他国家也相继效仿。这时，各商业银行之间的结算总差额也不需要用现金支付，而是每家商业银行和票据交换所均在中央银行开立用于清算的活期存款账户，其差额均用中央银行支票办理支付。付差行需要签发中央银行支票交给票据交换所，由票据交换所提交给中央银行，中央银行则分别从其清算账户将相应的金额转入票据交换所的清算账户。然后，票据交换所分别向收差行签发中央银行支票交给中央银行，中央银行则从票据交换所的清算账户将相应的金额分别转入收差行的清算账户。

在实际操作中，上述流程后来逐渐演变成由票据交换所书面通知当地中央银行，借记付差行的清算账户，贷记收差行的清算账户。随着通信技术及计算机技术的进步，许多国家中央银行拥有并经营国家支付系统，直接参与跨行支付清算业务。虽然有的国家支付系统由私营部门拥有，但中央银行一般会向这些系统提供必要的服务，例如提供日间流动性或结算账户。

3. 中央银行支持跨行清算的积极意义

与商业银行之间两两直接进行现金清算相似，银行同业账户清算也可以由商业银行之间两两直接进行转账清算。但由于一个银行不可能在许多银行开设代理账户，商业银行之间两两直接进行账户清算既不经济，也存在风险。因此，大多数国家的中央银行组织、参与和管理全国的跨行清算，为众多商业银行开立清算账户，各银行业金融机构之间的清算通过其在中央银行的清算账户进行转账、轧差。

中央银行提供跨行支付清算服务可以维护跨行支付清算系统的平稳运行，使各银行之间的债权债务清偿及资金转移顺利完成，对整个社会经济生活的正常进行具有十分重要的作用。一方面大大提高了跨行支付清算和转账结算的效率，加速了资金周转；另一方面为中央银行分析金融流量，加强反洗钱统计监测提供了条件。鉴于中央银行支付清算职责的重要性，许多国家都在关于中央银行的立法中明确规定，中央银行负有提供跨行支付清算服务、维护跨行支付清算系统稳定运行的法律义务。

11.1.3 跨行支付系统的种类

一个有效且高效的支付体系包括稳定的支付机构（如银行和清算机构）、有效且便利的支付工具和高效稳定的清分结算系统，同时还要有一套运作规章和法律法规作为保证。各国由于法律环境、经济环境以及历史习惯的不同，支付系统也呈现出多种不同的形式。

1. 按结算方式分类：实时全额结算系统和净额结算系统

当前世界范围内，很多国家和经济体已经建成了各自的跨行支付系统，从本质上各种支付系统的处理机制可以归结为实时全额结算系统（RTGS）处理机制和净额结算系统（DNS）处理机制。

RTGS 系统处理机制是在整个营业日内采取连续式逐笔对支付指令进行转账，因此，一旦商业银行接到收款信息，则表明结算是无条件且不可撤销的（专业术语称为"结算最终性"，即 "Settlement finality"）。在 RTGS 系统中，一旦商业银行接到收款信息，则不会承担来自交易对手的信用风险和流动性风险。但 RTGS 系统的设计更侧重于考虑安全和效率问题，在很好地解决了结算风险的同时，往往要求商业银行在发出（付款）支付指令时其准备金账户必须留有足够的资金，使参加系统的商业银行承担了较高的流动性成本。

DNS 系统在一定的时点对支付指令进行轧差，然后只对轧差后的应收应付净额进行最终结算。由于 DNS 系统采取的轧差机制可以在双边或多边的基础上将应收应付款项进行对冲，因此可以极大地减少商业银行的流动性需求，相应减少参与商业银行的流动性成本。不过，由于 DNS 系统采用定时结算机制，在资金最终结算之前，商业银行将面临来自交易对手的信用风险和流动性风险。如果没有适当的风险控制，参与 DNS 系统的商业银行面临意外的流动性短缺或者信贷损失，从而导致系统性风险。

表 11-1 DNS 差额清算情况表（单位：亿元）

应付行＼应收行	A	B	C	D	应收总额	应付差额
A	0	80	140	70	290	
B	50	0	150	75	275	−15
E	130	100	0	170	400	
d	90	110	60	0	260	−55
应付总额	270	290	350	315	1225	
应收差额	20		50			70

注：A 银行应从其他 3 家银行收款计 290 亿元，应向其他 3 家银行共付款 270 亿元，两数相抵应收差额 20 亿元。其他类推。

在上述两种主要的跨行支付系统处理机制中，RTGS 系统结算风险小但对商业银行的流动性要求高。相反，DNS 系统能够节约商业银行的流动性但结算风险较高。在 20 世纪 80 年代之前，DNS 系统是各国跨行支付系统的主要形式。随着各国中央银行风险意识的增强，RTGS 系统在 20 世纪 90 年代得到迅速发展，目前已经成为绝大多数国家大额（重要）支付的主要形式。而 DNS 系统则更多地运用于小额、非紧急的支付。

2. 按交易的金额分类：大额支付系统和小额支付系统

大额支付系统处理的业务一般是金额大，时间要求紧急的跨行市场、证券市场或批发市场所发生的支付，这些市场参与者的要求是可靠性、安全性、准确性和及时性。因此，大额支付系统是一个国家银行支付体系的主动脉。由于实时全额结算机制（RTGS）能够在营业日内连续地、逐笔实现资金转账的最终结算，可以通过提供强有力的机制来限制银行间结算过程中的结算和系统性风险。目前，十国集团国家、欧盟各国及其他许多国家的大额资金转账系统都已采取实时全额结算机制。诸如美国联邦储备体系运行的联邦资金转账系统（FEDWIRE），瑞士的瑞士跨行清算系统（SIC），欧盟建立的欧洲间全额实时自动清算系统（TARGET）。

小额支付系统是满足个人消费者和企事业单位在经济交往中一般性支付需要的支付服务系统，主要用于支撑电子化的非现金支付工具。由于支付金额较少，时间紧迫性较弱，这类系统都采用批量处理、净额结算转账资金的方式。小额支付系统处理的支付交易金额不大，但支付业务笔数很大（占总支付业务笔数的 80%～90%）。

此外，部分国家在运行采用 RTGS 机制的大额支付系统外，还同时保留着部分采用净额结算机制（DNS）的大额支付系统，这类系统一般成为混合型系统。如美国由清算所银行间支付公司（CHIPCo）运营的清算所行间支付系统（CHIPS）就是一个兼有 DNS 和 RTGS 两种处理机制的系统。

3. 按结算时效分类：实时支付系统和非实时支付系统

所谓结算时效是指以某一支付工具发出指令后资金从某人转给某人或从某账户转到其他账户所用的时间长短。所用的时间越长，时效性越差；时间越短，时效性越好。支付系统按时效性可分为实时性和非实时性两种。实时性支付系统的实效性是最理想的，当一方发出支付指令时，结算也同时完成（即实时）。在非实时的支付系统中，从系统收到支付指令到完成结算，之间有一定的时间间隔。此间隔的长短随支付系统的不同而异。实效性的好坏与结算方式有密切的关系。

4. 按系统的管理者分类：中央银行管理的支付系统和民间机构管理的支付系统

管理者是支付系统顺畅运行的重要因素之一，由谁负责支付系统运行是由历史、经济、政治等多方面因素决定的。各个国家、各个地区不同的支付系统从这一角度一般可分为由中央银行主管和由民间机构主管两种。从理论上讲，由中央银行负责支付系统的运行更为科学。这是因为中央银行不存在信用方面的风险，而民间机构不论其实力多么雄厚，总会存在信用风险。因此由中央银行管理关键性支付系统是未来的发展趋势。

11.1.4 跨行支付系统发展趋势

近年来，随着金融体系的发展与技术创新步伐的加快，现代化支付系统朝着低成本高效率的混合模式演化。考虑到 RTGS 机制的设计主要针对安全与效率问题，在很好地解决了结算风险的同时，使系统参与者承担了较高的流动性成本；DNS 由于采用轧差机制，因而能够大大节省参与者的流动性成本，但其非实时支付特点使结算风险仍然存在，将两种系统的优势相结合，开发和建设混合支付系统，已成为未来跨行支付系统发展的主要趋势。其中一种方式是在全额实时支付系统中引入抵消（轧差）机制，通过设计一种算法，搜寻支付队列，随时进行抵消。一旦一对或一组指令满足相关标准，它们就执行全额结算。尽管所有支付均建立在实时全额结算基础上，但日间流动性准备将会大大减少。因为许多支付能够在结算时相互抵消。这类系统在流动性节约方面所获得的收益是以一定的结算延迟为代价的，即一队或一组支付符合相关标准所花时间。第二种方式是在净额结算系统中提供更快的结算或持续结算，可称为持续净额结算系统。在整个营业日，系统参与者不断地向结算机构发送支付信息，并进入排队序列。通过设计一种算法，系统持续地搜寻支付信息，随时获取可相互抵消的支付，一旦找到一定数量的可抵消集，就进行结算。这种设计能够大大缩短支付信息提交到支付最终结算之间的时差，从而使大量的结算很快完成，解付风险也会大大降低。同时，系统所固有的轧差机制仍得到发挥。美国的 CHIPS 系统升级版采用了这种结算机制。

此外，另一个值得关注的发展是欧盟于 2003 开始建设并于 2007 年正式投入运行的支付系统第二代（TARGET2）。在流动性管理方面，TARGET2 提供了两种形式的流动性储备池（Liquidity pooling），一种是虚拟账户方式，另一种是合并信息方式，二者均支持系统参与者以群组的形式储存它们的备付资金。在虚拟账户方式下，一个账户群组的所有成员的可用流动性都集中在一个流动性池中，群组内任一账户持有者都可通过他自己的账户支付最高可达该群组账户所能提供的日间流动性总水平的资金。在合并信息方式下，提供给账户群组的只有合并信息，支付处理仍然在单个账户的层次上独自完成。另外，TARGETG 还提供了在同一支付平台上的各种抵消算法。

11.2 中国内地跨行支付系统

支付体系的发展状况取决于经济金融总体发展水平，以及科学技术特别是信息技术在经济金融领域的应用。与经济发展相适应，中国内地传统的跨行支付系统也经历了由手工处理到电子化支付的发展过程。

11.2.1 国内支付系统历史沿革

从 1953 年起，中国人民银行借鉴苏联的结算模式和经验，建立了全国联行往来制度。至 80 年代初，我国国内人民币异地结算和清算业务基本上只有中国人民银行办理。1984 年人民银行专门行使中央银行职能以来，作为支付清算系统的组织者、管理者、监督者，一直致力于推动我国跨行支付清算系统建设。

1. 同城清算所

1986 年 4 月，中国人民银行、中国工商银行、中国农业银行召开全国银行同城票据交换经验交流会之后，在全国 2500 多个县级以上城市陆续建立了同城票据交换所。中国人民银行作为同城跨行清算的支付中介，集中为同城范围内各种代收代付银行机构最终清算资金，成为我国重要的跨行支付系统。有的城市还建立了同城实时清算系统。

2. 异地跨行清算

中国人民银行制定的《关于改革全国银行联行往来制度的实施办法》，于 1985 年 4 月 1 日起实行，其基本内容是：中国人民银行、中国工商银行、中国农业银行、中国银行自成联行系统，跨行直接通汇，相互发报移卡，及时清算资金。这一阶段，各专业银行相继建立了行内的分支机构之间的支付清算系统，即"手工联行往来"，银行本系统的通汇行之间的资金账务直接往来，跨行清算业务实行相互代理。这项改革，对于中国人民银行与专业银行（国内商业银行未完成商业化前的称呼）严格分清资金，加强信贷规模控制，起到了促进作用，但也出现了一些新的问题和技术性差错。

1987 年 4 月 1 日对联行清算和跨行清算办法又作了进一步改革，确定改为跨系统汇划款项一律划交有关行转汇。各专业银行的大额汇划款项通过中央银行转汇和清算资金时，应按中央银行和专业银行机构设置情况，分别采取"先横后直""先直后横"和"先直后横再直"等转汇划款方式进行核算处理。这样进一步分清了专业银行之间的资金，对强化货币和信贷的宏观控制发挥了重要的作用，减少了清算差错，提高了工作质量，但也增加了联行转汇的环节。

3. 电子联行跨行清算

1989 年，经国务院批准，中国人民银行着手建设卫星通信专用网，与此同时开发了中国人民银行全国电子联行往来系统，于 1991 年 4 月 1 日投入试运行，并逐步实现了"天地对接"和"业务到县"，异地跨行资金通过电子化手段进行汇划，资金周转速度明显加快。这次联行清算制度改革，由中国人民银行控制汇差资金，建立了中国人民银行清算中心，以电子联行代替手工联行，专业银行跨系统和系统内大额汇划款项全部通过中国人民银行清算中心汇划并清算，中国人民银行电子联行系统成为我国银行业异地跨行资金汇划的主渠道。

全国电子联行系统采用卫星通信技术，在全国总中心主站和各地人民银行分支行的小站之间传递支付指令，处理包括全部异地跨行支付、商业银行行内大额支付以及人民银行各分支机构之间的资金划拨等业务。人民银行各分支行以及所有在人民银行分支行开设有账户的商业银行分支机构，都可以参加电子联行系统。在业务处理上，沿用了传统手工联行的基本做法，但仅办理贷记支付业务。

由于利用了卫星通信，其传送支付信息的速度迅速加快，但各卫星小站接收电子联行业务以后需要将电子信息转换成纸凭证信息，通过人工方式传递到商业银行，存在"天上三秒、地下三天"的问题。为此，90 年代后期，人民银行开始进行了电子联行"天地对接"工作，将电子联行小站主机与商业银行终端机构相连接，实现了商业银行直接发送电子联行业务，资金在途时间由 7~10 天减少到 2~3 天以内，加快了业务处理，加速了资金周转。鼎盛时期全国电子联行的通汇网点达 1924 个，系统平均每天转发往账 17 万多笔，金额达 1 500 多亿元，成为当时中国金融机构办理异地资金汇划的主渠道。

但电子联行系统也有其缺陷：由于技术问题，电子联行系统只能处理贷记业务，不能处理借记业务，无法完全取代手工联行系统；电子联行系统虽具有一定的现代化水平，但自动化水平相对较低，"天地对接"没有完全实施到位，速度仍较慢；未与金融市场有机结合，不能有效支持货币政策的实施；运行不够稳定，设备老化，故障时有发生。

4. 银行卡跨行支付系统

2002年3月，中国银联股份有限公司在上海挂牌成立，推行统一"银联"标识卡，解决了多年来困扰我国银行卡联合发展的运营机制问题，真正实现了"一卡在手，走遍神州"的目标，银行卡逐步成为我国个人使用最广泛、最频繁的非现金支付工具。

截至2008年年底，我国银行卡发卡总量约为18亿张，人均持有银行卡1.36张。2005年至2008年，我国银行卡支付占社会零售消费总额的比重分别为10%、17%、21.9%、23%，逐年提高。

5. 现代化支付系统跨行清算

随着我国经济的快速发展，不同经济主体和不同地域之间的资金流通日趋频繁，急需快捷、高效、安全的支付清算服务。中国现代化支付系统是中国人民银行按照我国支付清算需要，利用现代计算机技术和通信网络自主开发建设的，能够高效、安全地处理同城、异地各种跨行支付清算业务和货币市场交易的资金清算应用系统。主要包括大额实时支付系统、小额批量支付系统、支票影像交换系统和境内外币支付系统。

大额实时支付系统的建成运行，实现了我国跨行资金清算的零在途，完成了我国异地跨行支付清算从手工联行到电子联行，再到现代化支付系统的跨越式发展和历史性飞跃。这不仅是我国支付体系改革和发展的重要里程碑，也是我国金融发展史上的一件大事。与此同时，近年来各政策性银行、商业银行都相继建设运行了以计算机网络技术为手段的行内系统，进行了不同程度的数据集中。

中国人民银行通过建设现代化支付系统，将逐步形成一个以中国现代化支付系统为核心，商业银行行内系统为基础，各地同城票据交换所并存，支撑多种支付工具的应用和满足社会各种经济活动支付需要的中国支付清算体系。

11.2.2　国内支付系统现状

国内目前仍在运行的支付系统可以划分为以下几个分系统。

1. 大额实时支付系统（HVPS）

大额实时支付系统是中国人民银行按照我国支付清算需要，利用现代化计算技术和通信网络开发建设的，能够高效、安全处理各银行办理的异地、同城各种支付业务及其资金清算和货币市场交易的资金清算的应用系统。它是中国人民银行为信用社、商业银行与中国人民银行之间的支付业务提供最终资金清算的系统，为各银行跨行汇兑提供快速、高效、安全的支付清算服务。它实行逐笔实时处理，全额清算资金，是目前国内最快捷的结算手段之一，通过各商业银行办理异地跨行汇兑业务可实现一分钟内实时到账，且费用更省。建设大额支付系统的目的，就是为了给各银行和广大企业单位以及金融市场提供快速、高效、安全、可靠的支付清算服务，防范支付风险。同时，该系统对中央银行更加灵活、有效地实施货币政策具有重要作用。该系统处理同城和异地、商业银行跨行之间和行内的大额贷记及紧急的小额贷记支付业务，处理人民银行系统的贷记支付业务。

2. 小额批量支付系统（BEPS）

小额批量支付系统是我国的一个双边净额支付系统，它基于中国现代化支付系统的基础设施,用来处理小额(低于两万元人民币)的电子支付。它在一定时间内对多笔支付业务进行轧差处理,净额清算资金。建设小额批量支付系统的目的,是为社会提供低成本、大业务量的支付清算服务,支撑各种支付业务的使用,满足社会各种经济活动的需要。该系统处理同城和异地纸凭证截留的商业银行跨行之间的定期借记和定期贷记支付业务,中央银行会计和国库部门办理的借记支付业务,以及每笔金额在规定起点以下的小额贷记支付业务。小额批量支付系统采取批量发送支付指令,轧差净额清算资金。

3. 全国支票影像交换系统(CIS)

全国支票影像交换系统是指运用影像技术将实物支票转换为支票影像信息,通过计算机及网络将影像信息传递至出票人开户银行提示付款的业务处理系统,它是中国人民银行继大、小额支付系统建成后的又一重要金融基础设施。影像交换系统定位于处理银行机构跨行和行内的支票影像信息交换,其资金清算通过中国人民银行覆盖全国的小额支付系统处理。支票影像业务的处理分为影像信息交换和业务回执处理两个阶段,即支票提出银行通过影像交换系统将支票影像信息发送至提入行提示付款;提入行通过小额支付系统向提出行发送回执完成付款。

4. 境内外币支付系统

境内外币支付系统是由中国人民银行牵头建设,由清算总中心集中运营,由直接参与机构等单一法人集中接入,采用"Y"型信息流结构,由外币清算处理中心负责对支付指令进行接收、清算和转发,由代理结算银行负责对支付指令进行结算。外币清算处理中心主要功能包括外币支付报文收发,圈存资金和授信额度管理,对外币支付进行逐笔实时清算,对可用额度不足的外币支付进行排队管理,对清算排队业务进行撮合,管理清算窗口,分币种分场次向代理结算银行提交清算结果。代理结算银行的主要功能包括为参与者开立外币结算账户,提供日间授信,圈存资金和授信额度管理,根据清算结算进行记账处理,日终对账。代理结算银行由人民银行指定或授权的商业银行担任,资格实行期限管理,三年一届。外币支付系统日间运行时间为9:00到17:00。

5. 电子商业汇票系统(ECDS)

电子商业汇票系统是经中国人民银行批准建立,依托网络和计算机技术,接收、存储、发送电子商业汇票数据电文,提供与电子商业汇票货币给付、资金清算行为相关服务的业务处理平台。电子商业汇票(简称电子票据)是出票人依托电子商业汇票系统,以数据电文形式制作的,委托付款人在指定日期无条件支付确定的金额给收款人或者持票人的票据。电子商业汇票又分为电子银行承兑汇票和电子商业承兑汇票。与纸质商业汇票相比,电子商业汇票具有以数据电文形式签发、流转,并以电子签名取代实体签章的两个突出特点。电子商业汇票系统支持7×12小时运行,每日系统运行时间为8:00至20:00。

随着各类新兴电子支付工具的发展壮大,以及小额支付系统银行本票业务和华东三省、市银行汇票业务的推广,客户的结算方式偏好选择发生变化,由选择银行汇票转向选择其他更方便、快捷的支付工具,银行汇票业务有所分流,商业汇票处理系统业务发展将呈逐步下滑趋势。商业汇票处理系统将根据人民银行第二代支付系统的具体要求进行改造,完善汇票业务资金清算的应急处理,采用实时逐笔清算的方式替代手工、批量轧差清算。

6. 农信银支付清算系统

面向全国农村金融机构,办理实时电子汇兑业务、银行汇票业务的异地资金清算和个人存款账户通存通兑业务的资金清算等业务。2008 年,农信银资金清算系统共成功处理各类支付结算业务 1 111.3 万笔、清算资金 2 291 亿元,分别较上年增长 267%、218%。

7. 中央债券登记结算公司中央债券综合业务系统

为全国银行间债券市场提供国债、金融债券、企业债券和其他固定收益证券的登记、托管、交易结算等服务。通过与大额支付系统连接,实现债券交易的 DVP 结算。2008 年,通过大额实时支付系统完成银行间债券交易资金清算 34.51 万笔,金额 102.78 万亿元,日均 DVP 结算额 3900 多亿元。

8. 同城清算所

同城清算所开发建设分散,浪费资源,模式多样,业务处理不规范,存在支付风险隐患。为规范业务处理,防范风险,节约资源,统一运行维护支付清算系统,中国人民银行办公厅于 2000 年发出通知:支付系统城市处理中心覆盖同城业务;停建同城清算系统,已建的保障稳定运行,但不得更新改造;支付系统取代同城清算系统;个别比较规范的同城清算系统,经批准可以与支付系统城市处理中心连接。

根据《中国支付体系发展报告 2009》的数据,截至 2009 年年末,全国共有同城清算机构 1 239 家,比上年减少 377 家。其中分布在各省会城市(直辖市)25 家,较上年减少 2 家;地(市)级城市 240 家,较上年减少 42 家;县城/镇 974 家,较上年减少 333 家。其中采用清分机操作方式的 30 家,较上年增加 2 家;采用计算机网络操作方式的 443 家,较上年减少 5 家;采用手工清分等操作方式的 766 家,较上年减少 374 家。

9. 网上支付跨行清算系统

为提高网上支付的跨行清算效率,提升商业银行网银服务水平,更好地履行中央银行的支付清算职责,网上支付跨行清算系统于 2010 年 8 月 30 日在全国正式上线运行。网上支付跨行清算系统是人民银行建设的又一人民币跨行支付系统,系统将主要处理客户通过在线方式提交的零售业务,包括支付业务和跨行账户信息查询业务等。网上支付跨行清算系统具有的业务功能包括:处理网银贷记业务,网银借记业务,第三方贷记业务,跨行账户信息查询业务。其业务运行模式与小额支付系统相似:运行时序为 7×24 小时连续运行,采取定场次清算的模式,设置贷记业务金额上限,与大额支付系统共享一个清算账户等等。业务处理采用实时传输及回应机制,客户在线发起业务后可以及时了解业务的最终处理结果。网上跨行支付系统将实现网银跨行支付的直通式处理,满足网银用户全天候的支付需求,有效支持商业银行提升网上银行服务水平,并促进电子商务的快速发展。同时,该系统支持符合条件的非银行支付服务组织接入,为其业务发展和创新提供公共清算平台。

10. 集中代收付中心业务系统

集中代收付中心业务系统是集中办理代收水电煤气费、代发工资、代付养老金、保险等代收代付业务信息的收集、转发等信息处理的业务系统。集中代收付中心以特许参与者的身份接入小额支付系统。各收付款单位可以通过与代收付中心连接,将其发生的代收付业务经小额支付系统转发给商业银行办理跨行代收代付业务。

11. 互联网支付服务组织业务系统

互联网支付服务组织业务系统是以互联网为依托，采用第三方支付方式，可以安全实现从消费者、金融机构到商家的在线货币支付、现金流转、资金清算、查询统计等功能的业务系统。

目前，我国已基本形成以大额支付系统为核心、商业银行行内系统为基础、其他支付结算系统为补充的支付清算网络（图 11-2），支付清算体系的整体效率和安全程度大大提高。

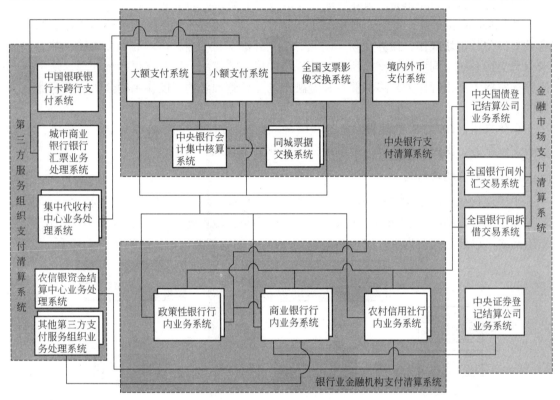

图 11-2　中国支付系统构成图

11.2.3　中国现代化支付系统

中国现代化支付系统 CNAPS（China National Advanced Payment System）是中国人民银行为适应我国经济发展的要求，充分利用现代计算机技术和通信网络技术开发建设的高效、安全处理各银行办理的异地、同城各种资金汇划业务及其资金清算和货币市场交易资金清算的应用系统。目前，中国现代化支付系统由大额实时支付系统、小额批量支付系统和支票影像交换系统三个系统组成。

支付系统的先进性体现在对经济、金融的支持，体现在更好地服务于金融业务、服务于企业、服务于全社会。支付系统既是支持各种支付工具的应用和加速资金流动的"高速公路"，又是为银行业金融机构提供跨行支付清算服务的公共平台，同时，也是连接商品交易和社会经济活动的"大动脉"。

几年来，经过人民银行和各金融机构的不懈努力，支付系统建设取得了重大进展。2005年6月，大额支付系统在全国顺利建成；2006年6月，小额支付系统在全国推广上线；2007年6月，全国支票影像交换系统推广上线。现代化支付系统基本覆盖了全国办理支付结算业务的银行业金融机构。

CNAPS是建立在中国国家金融通信网（China National Financial Network，CNFN）上的，由CNFN提供应用软件开发平台、标准接口及联机事务处理（OLTP）环境等。为便于开展国际金融业务，CNAPS的信息格式基本上采用SWIFT（Society for Worldwide Interbank Financial Telecommunication，国际环球同业财务电信系统）的报文格式标准。

CNAPS能够高效、安全处理各银行办理的异地、同城各种支付业务及其资金清算，能有效支持公开市场操作、债券交易、同业拆借、外汇交易等金融市场的资金清算，并将银行卡信息交换系统、同城票据交换所等其他系统的资金清算统一纳入支付系统处理，是中国人民银行发挥中央银行作为最终清算者和金融市场监督管理者的职能作用的金融交易和资金清算的应用系统。

总体来讲，CNAPS的建设目标是我国金融业跨行跨部门的综合性金融服务系统。它集金融支付服务、支付资金清算、金融经营管理和货币政策职能于一体。

1. CNAPS物理结构

中国现代化支付系统建有两级处理中心，即国家处理中心（NPC）和全国省会（首府）及深圳城市处理中心（CCPC）。国家处理中心分别与各城市处理中心连接，其通信网络采用专用网络，以地面通信为主，卫星网备份。CNAPS的物理架构拓扑结构如图11-3所示。

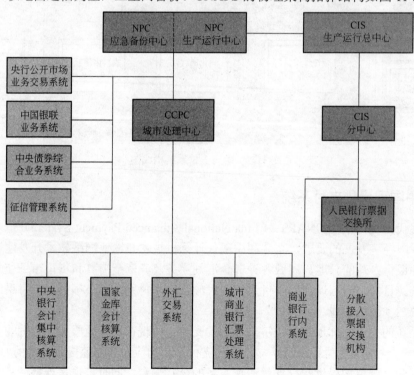

图11-3 CNAPS的物理架构拓扑结构图

政策性银行和商业银行是支付系统的重要参与者。各政策性银行、商业银行可利用行内系统通过省会（首府）城市的分支行与所在地的支付系统 CCPC 连接，也可由其总行与所在地的支付系统 CCPC 连接。同时，为解决中小金融机构结算和通汇难问题，允许农村信用合作社自建通汇系统，比照商业银行与支付系统的连接方式处理；城市商业银行银行汇票业务的处理，由其按照支付系统的要求自行开发城市商业银行汇票处理中心，依托支付系统办理其银行汇票资金的移存和兑付的资金清算。

中央银行会计核算系统（ABS）是现代化支付系统运行的重要基础。为有效支持支付系统的建设和运行，并有利于加强会计管理，提高会计核算质量和效率，中央银行会计核算也将逐步集中，首先将县支行的会计核算集中到地市中心支行，并由地市中心支行的会计集中核算系统与支付系统 CCPC 远程连接。地市级（含）以上国库部门的国库核算系统（TBS）可以直接接入 CCPC，通过支付系统办理国库业务资金的汇划。为有效支持公开市场操作、债券发行及兑付、债券交易的资金清算，公开市场操作系统、债券发行系统、中央债券簿记系统在物理上通过一个接口与支付系统 NPC 连接，处理其交易的人民币资金清算。为保障外汇交易资金的及时清算，外汇交易中心与支付系统上海 CCPC 连接，处理外汇交易人民币资金清算，并下载全国银行间资金拆借和归还业务数据，供中央银行对同业拆借业务的配对管理。

2. CNAPS 应用系统组成

中国现代化支付系统（CNAPS）主要由核心业务系统和辅助支持系统组成。核心业务系统包括大额实时支付系统、小额批量支付系统和支票影像交换系统。辅助支持系统是清算账户管理系统（SAPS）和支付管理信息系统（PMIS）。中国人民银行对大、小额支付系统实行统一管理，对大、小额批量支付系统的运行及其参与者进行管理和监督。

CNAPS 的各个组成部分，具有不同的功能划分，其核心业务系统，主要负责处理具体的支付业务；所支持的核算业务系统则主要进行账务处理；辅助支持系统则支撑核心业务系统完成支付业务处理，并且进行支付信息的统计分析挖掘等利用。

目前大、小额支付系统、清算账户管理系统运行于支付专用网络，通过跨网安全交互平台，与运行于中国人民银行内联网的其他信息系统建立联系。中央银行会计集中核算系统与所属的城市处理中心建立连接，支付管理信息系统、支付信用信息查询系统直接与国家处理中心建立连接。

支票影像交换系统并不运行于中国人民银行内部网络环境。

各信息系统的逻辑分布如图 11-4 所示。

（1）核心业务系统。

大额实时支付系统（HVPS）实行逐笔实时处理，全额清算资金。建设大额支付系统的目的，就是为了给各银行业金融机构和广大企业单位以及金融市场提供快速、高效、安全、可靠的支付清算服务，防范支付风险。同时，该系统对中央银行更加灵活、有效地实施货币政策具有重要作用。该系统处理同城和异地、商业银行跨行之间和行内的大额贷记及紧急的小额贷记支付业务，处理中国人民银行系统的贷记支付业务。

小额批量支付系统（BEPS）采取批量发送支付指令，在一定时间内对多笔支付业务进行轧差处理，净额清算资金。建设小额批量支付系统的目的，是为社会提供低成本、大业务量的支付清算服务，支撑各种支付业务的使用，满足社会各种经济活动的需要。该系统处理同城和异地纸凭证截留的商业银行跨行之间的定期借记和定期贷记支付业务，中央银行会计和国库部门办的借记支付业务，以及每笔金额在规定起点以下的小额贷记支付业务。

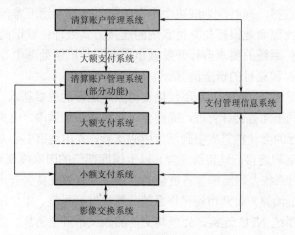

图 11-4　各信息系统的逻辑分布

支票影像交换系统（CIS）运用影像技术将实物支票在收款行截留，将支票影像信息传递至出票人开户银行提示付款，其资金清算由小额支付系统处理，通过变革支票清算模式，提高支票清算效率，支持支票全国通用。小额批量支付系统（BEPS）包含票据影像业务处理功能并在甘肃省进行了业务试点，2006 年，在综合考虑现有支付系统处理能力、网络传输压力以及对核心生产系统的影响等多种因素后，中国人民银行决定单独建设全国支票影像交换系统，专门负责传输支票影像信息，并由小额批量支付系统（BEPS）负责完成支票业务的资金清算处理。

（2）辅助支持系统。

清算账户管理系统是中国支付系统的核心支持系统，通过集中存储清算账户，处理支付业务的资金清算，并对清算账户进行管理。金融机构清算账户物理上摆放在支付系统国家处理中心逻辑上由所在地中央银行会计集中核算系统（ABS）管理，非清算账户分散在全国 341 个 ABS。

支付管理信息系统是中国支付系统的重要辅助系统之一，它通过与国家处理中心和城市处理中心的连接，采集大额支付系统、小额支付系统和影像交换系统数据，实现基础数据管理运行控制、行名行号管理、统计分析、实时监控和计费管理等功能，为业务部门强化清算纪律、规避支付风险、分析支付清算规律、了解支付清算概况和实时监控清算系统运行情况提供了行之有效的手段。

3. CNAPS 系统参与者

（1）直接参与者。

人民银行地市以上中心支行（库）以及在人民银行开设清算账户的银行和非银行金融机构。与城市处理中心直接连接，通过城市处理中心处理其支付清算业务。

（2）间接参与者。

人民银行县（市）支行（库）和未在人民银行开设清算账户而委托直接参与者办理资金清算的银行以及经人民银行批准经营支付结算业务的非银行金融机构。间接参与者不与城市处理中心直接连接，其支付业务通过行内系统或其他方式提交给其清算资金的直接参与者，由该直接参与者提交支付系统处理。

（3）特许参与者

经中国人民银行批准通过支付系统办理特定业务的机构。外汇交易中心、债券一级交易商等特许参与者在人民银行当地分支行开设特许账户，与当地城市处理中心连接，通过连接的城市处理中心办理支付业务；公开市场操作室等特许参与者与支付系统国家处理中心连接，办理支付交易的即时转账。

4. CNAPS 支持货币政策实施

从发达国家的支付系统演变历程来看，现代化支付系统的不断发展已使之逐渐演变成为服务于货币政策和支持金融市场资金清算的重要手段。有效支持货币政策的实施和金融市场的资金清算是中国人民银行建设现代化支付系统的重要目标之一。

CNAPS 支持中央银行公开市场操作、债券发行与兑付，支持债券交易市场的资金清算，支持外汇交易市场的资金清算，支持同业拆借市场的资金清算，支持

下面简要介绍 CNAPS 的自动质押融资和日间透支机制以及支持公开市场操作业务。

（1）自动质押融资和日间透支机制

支付系统运行中可能会出现商业银行的流动性不足，影响支付和清算。为及时调节商业银行流动性，降低支付风险，提高清算效率，现代化支付系统引入了自动质押回购和设置日间透支机制。

自动质押回购是当商业银行清算账户日间不足支付时，由中央银行对其流动性进行调节的机制。

中央银行与有关清算成员银行事先签订自动回购协议，并由央行指定可办理此项业务的债券类型或券种清单；清算账户遇头寸不足时，根据设定，由 NPC 自动向央行公开市场操作系统发起申请融资指令；公开市场操作系统对申请人资格检查后，自动向中央债券簿记系统发起访问债券信息，接到质押债券回执后向支付系统发起支付清算指令提供资金融通；待清算成员银行来账资金补足头寸时，于当日或隔日债券自动解押并归还中央银行资金。

日间透支机制也是当商业银行清算账户日间不足支付时，由中央银行对其流动性进行调节的机制。日间透支已为较多国外中央银行采用，能够有效解决商业银行的日间资金清算，提高支付清算和系统运行效率。

由中央银行根据商业银行的资信情况和日间支付业务量，核定其清算账户的日间信用透支额度，商业银行可在其清算账户余额加日间透支限额内支付。对日间透支限额的管理可由人民银行总行对分支行给予一定的授权额度，分支行根据商业银行的资信情况、资金清算量及其规律，对商业银行给予一定额度的授信；也可以由人民银行总行对商业银行法人核定总的授信额度，再由法人对其分支机构核定透支额度。具体的方法可根据管理的需要而定。采用自动质押回购机制风险较小，技术实现较容易，在弥补清算账户余额不足清算的顺序选择上，应先对商业银行采用回购机制；用于质押债券不够的商业银行，可启动日间透支。同时，要对商业银行的日间透支予以计息，通过利率杠杆的作用促使商业银行优先采用自动质押回购机制。

（2）公开市场操作业务（如图 11-5 所示）。

公开市场操作业务是依托中央国债登记公司操作运行的中国人民银行公开市场业务交

易系统来实现的。中国人民银行通过该系统向一级交易商招标进行债券回购和现券买卖,已成为中央银行吞吐基础货币的主要渠道。

连接方式:公开市场操作业务系统通过中央债券综合业务处理系统的物理通道与支付系统 NPC 直连。

交易方式:每次公开市场业务招投标结束后,该系统根据中标书自动生成以央行为一方,中标交易商为另一方的结算指令,经过双方确认后通过中央债券簿记系统办理债券结算过户。

资金清算方式:中国人民银行公开市场操作业务系统通过中央债券综合业务簿记系统的物理接口,由其向支付系统发起第三方支付指令,由国家处理中心办理即时转账,完成公开市场业务的资金清算,并通过中央债券簿记系统同步完成债券过户,实现 DVP 清算。

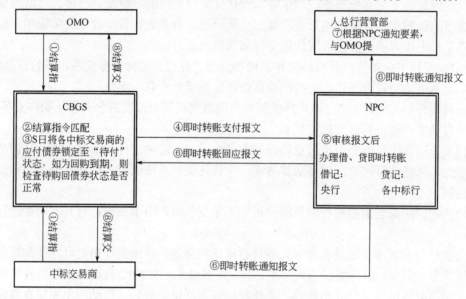

图 11-5 大额支付系统支持公开市场操作结构图

11.3 其他国家或地区的典型跨行支付系统

发达国家或地区的银行业都已建立了运行效率高,较为完善可靠的支付系统。尽管各国或地区支付系统中的支付工具有所不同,支付方式各异,经营机构也不尽一致,但主要的功能相同,即主要都用于银行间资金调拨、清算账户和证券交易的清算等。由于各国或地区经济、历史发展情况不同,各个国家或地区的支付系统构成各有特点,有很多值得借鉴之处。

11.3.1 美国跨行支付系统

美国的支付体系是一个高度发达的系统,到目前已经形成一个规模庞大、结构科学、高效稳定、功能齐全的综合体系。美国的支付体系具有以下特点:其一,除银行外,有众多的金融机构提供支付服务。全美有包括商业银行、储蓄与贷款协会、信用社在内的约 27 000 家存款机构为客户提供不同形式的支付服务。其二,私营清算组织众多,这些私营清算组织既包括众多的从事支票托收、经营自动取款机网络及现场销售网络的地方性同业银行组织,又包括经营全国性信用卡支付网络及大额资金转账系统的私营机构。其三，规范支付活动及金融机构支付服务的法律、法规众多，既有联邦、州一级的法律，又有大量各私营清算组织为其成员清算活动制定的规定，这些法律、法规共同作用，形成制约美国支付活动的基础。另外，各清算体系也有相应的规章以保证其正常运作。其四，中央银行在支付系统中发挥主导作用，中央银行既是支付法规的制定者与金融机构支付服务的监管者，同时又向金融机构提供支付服务，经营小额与大额支付系统。其五，可供消费者、金融机构选择的支付工具众多，既有建立在纸质实物基础上的支付工具，又有各种不同类型的电子支付工具。

美国的支付系统由大额支付系统和小额批量支付系统构成。在小额批量支付系统中，根据经济行为者的不同需求，美国银行体系提供了现金、支票、贷记支付工具、借记支付工具、银行卡等支付工具。其中支票和信用卡是美国最普遍使用的小额批量支付工具。到目前为止，全美已发行信用卡近 10 亿张，为广大客户提供了既方便、又安全的支付手段；贷记支付工具主要用于支付诸如房租、煤气、水电费、电话费、工资、社会福利金等；直接借记工具则通常被用于周期性的固定支付业务；现金仍然是人们进行日常购物的一种支付手段，但它在支付业务中所占的比例呈逐渐下降趋势，正逐步被各种更加方便、快捷、自动化的支付工具所代替。

美国的大额支付系统主要包括联邦储备局管理和运行的联邦电子资金划拨系统 FEDWIRE（Federal Reserve Communication System）、纽约清算所协会经营并运行的清算所同业支付系统 CHIPS（Clearing House Interbank Payment System）、联储的支票清算体系、自动清算所体系及电子数据交换。美国支付体系如图 11-6 所示。

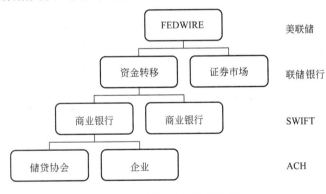

图 11-6　美国支付体系全貌

在美国，绝大部分的大额美元支付由两大资金转移支付系统处理：其一是由联邦储备局管理和运行的联邦电子资金划拨系统 FEDWIRE；其二是由纽约清算所协会经营并运行的清算所同业支付系统 CHIPS，这是一个专门处理国际交易中资金转账的私营支付系统。通常，金融机构及其客户利用这两大系统在全球范围内进行大额的、以美元为单位的、对时间性要求高的资金转账或簿记债券的转让。此外，金融机构也可利用独立的通信系统向相关机构发送支付指令并获得相应的资金，或启用 FEDWIRE 或 CHIPS 完成支付。这两个系统都属大额支付系统，通过它们能实现全美将近 80%以上的大额资金转账。因此这里重点对这两个系统进行介绍。

1. FEDWIRE 系统

FEDWIRE 系统，是由联邦储备系统开发与维护的电子转账系统，是一个贷记支付系统。FEDWIRE 提供电子化的联储资金和债券转账服务，是一个实时大额清算系统，在美国的支付机制中发挥着重要的作用。

FEDWIRE 系统自 1914 年 11 月开始运行，1918 年起开始通过自己专用的莫尔斯电码通信网络提供支付服务，从每周结算逐渐发展到每日结算，联邦储备银行安装了一套只供其使用的电报系统来处理资金转账。20 世纪 20 年代，政府债券也开始用电报系统进行转让。直到 70 年代早期，美国国内资金、债券的转移仍然主要依赖于此电报系统。

现在，大约有 9 500 家机构是 FEDWIRE 参与者，可以通过 FEDWIRE 进行支付和清算。该系统向大约 8 300 家机构提供在线服务，这些储蓄机构通过计算机或终端直接与 FEDWIRE 的网络相连，99%以上的资金转账是由这些机构的交易产生的，其余的机构通过非在线方式访问 FEDWIRE，其交易量很有限。2002 年，用户通过 FEDWIRE 进行了 11 500 万次资金转账，金额达 405 兆亿美元，平均每笔交易达 350 万美元。第二级联邦储备地区进行了大约 43 000 000 次资金转账（价值 240 兆亿美元，平均每日 1 兆亿美元），通过纽约联邦储备银行进行清算。此外，通过 FEDWIRE 进行的国债和代理债券的转让达 20 400 000 次，价值 283 兆亿美元，平均每日 1.1 兆亿美元。其中，纽约联邦储备银行处理了 16 000 000 次资金转账，价值达 246 兆亿美元。

（1）FEDWIRE 资金转账系统

FEDWIRE 资金转账的主要功能是：通过各商业银行在联邦储备体系中的储备账户余额，实现商业银行间的同业清算，完成资金调拨。FEDWIRE 最早建于 1918 年，当时通过电报的形式第一次向各商业银行提供跨区的票据托收服务，通过 FEDWIRE 实现资金调拨、清算净差额。但其真正建立自动化的电子通信系统是在 1970 年，此后 FEDWIRE 便获得了飞速的发展，由其处理的各类支付业务逐年增加。该系统成员主要有：美国财政部、美国联邦储备委员会、12 家联邦储备银行、25 家联邦储备分行及全国一万多家商业银行和近两万家其他金融机构。

FEDWIRE 的资金转账是实时、全额、连续的贷记支付系统，即支付命令随时来随时处理，而不需等到既定时间统一处理，且每笔支付业务都是不可取消和无条件的。交易业务量大的 FEDWIRE 用户往往采用专用线路与 FEDWIRE 相连，中等或较小业务量的 FEDWIRE 用户则通常采用共享租赁线路或拨号方式与 FEDWIRE 连接，而只有一些业务量非常小的用户通过代理行或脱机电话方式向 FEDWIRE 发送支付指令。

FEDWIRE 资金转账系统，是一个高速的电子支付系统，归联邦储备银行所有，并处于其操作与控制之下。FEDWIRE 参与者利用该系统发送、接收以中央银行货币进行的最终支付指令，完成相互间的支付或代理客户间的支付。在营业日内，FEDWIRE 分别处理支付指令，并完成清算。发送方银行提交的支付命令都将在当日完成，完成支付一般只需几分钟。接收方银行通过 FEDWIRE 获得的支付是最终的、不可撤销的。

通常，利用 FEDWIRE 进行资金转账采用在线方式提交支付指令，即通过联储的通信网络访问 FEDWIRE。但也可以使用非在线方式，通过电话服务提交支付指令。大量收发信息的参与者一般都使用在线方式，通过特定的接入服务软件访问。

FEDWIRE 资金转账系统和 FEDWIRE 债券服务系统。它们具备很高的直达处理能力和办公自动化水平。在 9 500 家金融机构中，大约 350 家机构使用这种接入方式，大约 7850 家通过其他电子方式进行在线访问。这类软件也能支持金融机构使用 FEDWIRE，且不必通过联储的认证。

（2）FEDWIRE 证券簿记系统

FEDWIRE 证券转账系统建于 20 世纪 60 年代末，它的主要功能是：实现多种债券（如政府债券、企业债券、国际组织债券等）的发行、交易清算的电子化，以降低成本和风险。它是一个实时的、交割与支付同时进行的全额贷记转账系统。

具体实施时，由各类客户（如金融机构、政府部门、投资者等）在吸收存款机构开立记账证券账户，而各吸收存款机构在储蓄银行建立其相应的记账证券账户，清算交割时通过各吸收存款机构在储备银行的记账证券账户来进行。目前，已有近 98%、约 20 万种可转让政府债券通过该系统进行处理。

3）FEDWIRE 风险管理策略

① 对大额清算系统日间透支收费（Daylight overdraft Fees）

日间透支是指一个金融机构在一个营业日中其储备账户余额为负。从 1994 年 4 月起，美联储对金融机构平均每日透支进行收费，包括由 FEDWIRE 资金转移及记账证券转移两部分产生的合并透支额。其计算方法是对 FEDWIRE 营业时间内，每分钟的最后时间金融机构储备账户的负值加以总计（正值不予计算），再将总透支额除以当日 FEDWIRE 运行的总分钟数得到金融机构每日平均透支额。美联储对每日平均透支额减去相当于银行资本的 10% 后的部分征收费用。

② 透支上限（Net debit caps）

透支上限的制定一般以信用度为基础。为限制金融机构在储备账户上当日透支的总量，美联储为透支上限的计算制定了统一的标准。一个金融机构的最大透支额等于该机构一定时间内的平均透支额乘以一个透支类别乘数。美联储为各金融机构设定了五个透支类别。

③ 记账证券交易抵押（Collateral）

美联储对金融机构当日透支的计算是将金融机构的资金转移透支和记账证券转移透支合并计算。对一些财务状况比较健全，但却由于记账证券转移造成超过最大透支额的金融机构，美联储要求它对所有的证券转移透支提供担保。风险管理策略一般不要求金融机构对所有的日间透支进行抵押担保。从 2001 年 5 月 30 日起，美联储允许金融机构由于某些原因通过抵押担保申请超过透支上限的透支服务。另外，对于财务状况欠佳或面临危机的金融机构，美联储要求其必须提供抵押才能进行日间透支。

④ 对金融机构支付活动的监测（Condition monitoring）

美联储对金融机构支付活动的监测一般在事后进行。如果一个金融机构当日净借记头寸超过其最大透支额，美联储要把该金融机构的负责人召到联储局，与其讨论减少该金融机构当日透支额的措施。美联储有权单方面减少该机构的最大透支额，要求金融机构提供抵押或维持一定的清算余额。对于美联储认为经营不佳并在美联储产生超过正常透支额的金融机构，美联储对其头寸情况进行实时跟踪，如果该机构的账户余额超过美联储认为正常的水平，美联储可以拒绝或延迟对该机构支付命令的处理。

2. CHIPS 系统

1）CHIPS 简介

CHIPS（Clearing House Interbank Payment System，纽约清算所银行间支付系统）是由纽约清算所协会（NYCHA）经营管理的清算所同业支付系统，它是全球最大的私营支付清算系统之一，主要进行跨国美元交易的清算。参加 CHIPS 系统的成员有两大类：一类是清算用户，它们在联邦储备银行设有储备账户，能直接使用该系统实现资金转移，目前共有 19 个，其中有 8 个在为自己清算的同时还能代理 2 至 32 个非清算用户的清算；另一类是非清算用户，不能直接利用该系统进行清算，必须通过某个清算用户作为代理行，在该行建立代理账户实现资金清算。参加 CHIPS 的成员可以是纽约的商业银行、埃奇法公司、投资公司以及外国银行在纽约的分支机构。

CHIPS 是一个净额多边清算的大额贷记支付系统。该系统建立于 1970 年，从最初与其直接联机的银行只有 15 家，发展到现在已达 140 多家。20 世纪 60 年代末，鉴于纽约地区资金调拨交易量迅速增加，纽约清算所于 1966 年研究建立 CHIPS 系统，1970 年正式创立。当时，采用联机作业方式，通过清算所的交换中心，同 9 家银行的 42 台终端相连。1982 年时，成员行共有位于纽约地区的银行 100 家，包括纽约当地银行和美国其他地区及外国银行。到 90 年代初，CHIPS 发展为由 12 家核心货币银行组成，有 140 家金融机构加入的资金调拨系统。该系统采用 UnisysAl5 多处理机，有 23 台 CP2000 高性能通信处理机及 BNA 通信网，以处理电子资金转账和清算业务。目前，全球 95%左右的国际美元交易通过该系统进行清算。以前 CHIPS 每天只有一次日终结算，其最终的结算是通过 FEDWIRE 中储备金账户的资金转账来完成的。2001 年采用新系统后，CHIPS 已逐步成为实时清算系统。

CHIPS 系统提供了双边及多边信用限额来控制信用风险。所谓双边信用限额（Bilateral-Credit-Limits）是指清算成员双方根据信用评估分别给对方确定一个愿意为其提供的信用透支额度；所谓多边信用限额（Net Debit Caps）则是指根据各个清算成员对某清算成员提供的双边信用限额，按比例（如 5%）确定出该清算成员的总信用透支额度。清算时，只要双边及多边信用不突破限额，则 CHIPS 根据支付命令对其清算成员行进行相应的借记贷记记录，超出限额的话，其支付命令拒绝执行。自 1990 年起，CHIPS 规定在一天清算结束时，若有一家或多家银行出现清偿问题，且这些银行找不到为其代理的清算银行的话，则被视为倒闭，这时，由其造成的损失由其余各成员行共同承担，以确保一天清算的完成。这些风险控制措施的实施，不仅控制了成员行的风险，而且也控制了整个系统的信用风险。因此，我们可以说 CHIPS 为国际美元交易支付提供了安全、可靠、高效的系统支持。

CHIPS 电子支付系统从 1970 年开始运行，代替了原有的纸质支付清算方式，为企业间和银行间的美元支付提供清算和结算服务。从 1998 年起，CHIPS 归 CHIPCo 公司所有并处于其管理之下。所有 CHIPS 的参与者（Participants）都是 CHIPCo 公司的成员（members）。CHIPCo 公司由一个 10 人董事会进行管理；根据 CHIPS 参与者的交易量，董事会中有 4 人从其中选出，其余 6 人由清算所（Clearing house）任命。CHIPS 作为一个私营的支付清算系统，在以美元进行的交易结算和清算方面，已成为一种国际通用方式，相对于 FEDWIRE，有很强的替代性。

从 CHIPS 开始运行起，其支付处理结构发生了数次改变。最近，CHIPCo 将 CHIPS 从日终的、多边净额结算系统转变为一个新的系统：在营业日内，当指令从 CHIPS 支付队列中释放出来以后，该系统就为这些指令提供实时、终结性结算；当营业时间结束时，那些已在 CHIPS 支付队列但仍未结算的指令将首先通过多边净额结算进行处理，若仍无法结算才取消指令。

商业银行机构，以及满足 CHIPS 规则中第 19 款要求的埃奇法（Edge act）公司可以称为 CHIPS 的参与者。CHIPS 的参与者受到州或联邦银行的监管，而 CHIPS 也要接受州或联邦银行的年度检查。如果一家非参与者机构想通过 CHIPS 进行支付，它必须聘请一个 CHIPS 参与者作为其支付代理。到 2003 年年底，CHIPS 共有 54 名参与者。

通过 CHIPS 进行的支付转账通常与跨国银行间的交易相关，包括由外汇交易（如当期合约、货币掉期合约）而产生的美元支付，以及欧洲美元的流入与流出。此外，人们也利用 CHIPS 调整往来账户的余额，进行与商业相关的支付、银行贷款以及债券交易。2003 年，CHIPS 平均每天处理 257025 笔支付，总支付额达到 326560 亿美元。

CHIPS 系统具有很高的可靠性，达到 99.99%。它维护着两个数据中心，两者之间通过光纤电缆连接，可以在 5 分钟内从主系统切换到备份系统，保证支付指令和数据的安全存储与备份。

CHIPS 系统还支持 EDI（electronic Data Interchange），每次付款的同时还可以向客户提供客户编码、发票号、折扣等信息。这不仅减少了信息传送错误，而且提高了效率，促进了相互间的合作关系。

（2）CHIPS 的运行。

从 2001 年 1 月起，CHIPS 已成为一个实时的、终结性清算系统，对支付指令连续进行撮合、轧差和结算。CHIPS 的营业时间是从早上 7 时至下午 4 时 30 分，资金转移的最终完成时间为下午 6 时，遇到节假日则营业时间适时延长。对支付指令的处理通常只需几秒，85% 的指令可在下午 12：30 以前完成清算，这极大地提高了流动性。一般地，新系统为从 CHIPS 队列中释放的支付指令提供实时的最终清算，支付指令的结算可以有三种方式：①用 CHIPS 簿记账户上正的资金头寸进行支付；②由反方向的支付来对冲；③以上两者。

为实现这一处理，纽约的联邦储备银行建立了一个 CHIPS 预付金余额账户（Prefunded balance account，即 CHIPS 账户）。在结算是实时、终结性的安排下，每个 CHIPS 参与者都有一个预先设定的起始资金头寸要求（Pre-established opening position requirement），一旦通过 FEDWIRE 资金账户向此 CHIPS 账户注入相应的资金后，就可以在这一天当中利用该账户进行支付指令的结算。如果参与者没有向 CHIPS 账户注入这笔资金，未达到初始头寸要求，则不能通过 CHIPS 发送或接收支付指令。在美国东部时间凌晨 0：30，CHIPS 和 FEDWIRE 开始运行以后，这笔规定的资金头寸就可以随时转入 CHIPS 账户，但不能晚于东部时间上午 9：00。

在 CHIPS 运行时间内，参与者向中心队列提交支付指令，该队列由 CHIPS 维护。在不违反 CHIPS 第 12 款规定的前提下，通过优化算法从中心队列中寻找将要处理的支付指令。当进行某一次结算时，优化算法将相关的支付指令从中心队列中释放出来，对支付指令做连续、实时、多边匹配轧差结算，根据结果在相关参与者余额账户上用借记/贷记方式完成对支付指令的最终结算，同时标记 CHIPS 记录反映资金头寸的增减变化。在系统关闭前，东部时间下午 5：00，参与者随时可以从队列中撤出指令。对当前头寸的借记、贷记只是反映在 CHIPS 的记录中，并未记录在纽约联邦储备银行的簿记账户中。按照纽约法律和 CHIPS 的规定，支付指令的最终结算时间是从 CHIPS 队列中释放的时间。

东部时间下午 5：00，CHIPS 试图进行撮合、轧差和结算，并尽可能多地释放尚在队列中的指令，但不允许某个参与者出现负头寸。当这一过程结束以后，任何未释放的指令将通过多边轧差的方式进行处理。因而，对每一个参与者而言，轧差后的净头寸与其当前头寸（为零或为正）相关，若轧差后的头寸为负，其数值是参与者的"最终头寸要求"（Final position requirement）。

有"最终头寸要求"的参与者必须将所要求的资金转入 CHIPS 账户，这可以通过 FEDWIRE 完成。当所要求的资金转账后，资金将贷记到参与者的余额中去。当所有 FEDWIRE 资金转账收到后，CHIPS 就能够释放余下的支付指令，并对其进行结算。这一过程完成后，CHIPS 将账户中尚存的余额转账给相应的参与者，日终时将其在 CHIPS 账户的金额减为零。

由于预付资金数量相对较少，并且对支付指令的清算和结算是在多边匹配轧差的基础上进行的，所以预付资金 240 万美元，就可以进行超过 12 000 亿美元的支付，一美元资金的平均效率乘数达到 500 以上。这加速了资金再循环，减少了流动性需求和日末流动性短缺的风险。

（3）CHIPS 风险管理

作为最大的私人运作的支付系统，银行同业支付清算系统必须处理支付清算风险问题。清算风险（Settlement risk）涉及信用风险（到期一方不能履行承诺的支付义务），操作风险（Unwinding risk）（给资金接收方的支付指令可能被颠倒），流动性风险（Liquidity risk）（由于缺乏流动性到期支付指令不能执行）。

美联储要求银行同业支付清算系统和其他私人批发转账系统保证清算的顺利进行，防止由于主要参加者不履行支付义务的情况发生。银行同业支付清算系统有一个处理两家最大参加者失败的程序。尽管风险涉及国际清算，但迄今为止，银行同业支付清算系统还没有未清算的交易。

信用风险是借款人因各种原因未能及时、足额偿还债务或银行贷款而违约的可能性。原因包括以下两点：

① 经济运行的周期性；在处于经济扩张期时，信用风险降低，因为较强的赢利能力使总体违约率降低。在处于经济紧缩期时，信用风险增加，因为赢利情况总体恶化，借款人因各种原因不能及时足额还款的可能性增加。

② 对于公司经营有影响的特殊事件的发生。这种特殊事件发生与经济运行周期无关，并且与公司经营有重要的影响。

操作风险（operational risk）是由不完善的或有问题的内部程序、人员及系统以及外部事件所造成损失的风险。对于银行而言，操作风险指的是操作实际绩效低于预期绩效的可能性。

CHIPS 在风险控制方面一直处于领先水平，1990 年国际清算银行（BIS）制定跨国、多币种净额结算方面的规定时就采用了 CHIPS 的风险管理模型。现在，CHIPS 对风险的控制接近 RTGS 系统的水平，超过了 BIS 的 Lamfaulssy 标准。

CHIPS 要求参与者在每天交易开始前存储一定数量的资金。在系统运行时间内，只有参与者当前的资金头寸足以完成借记 CHIPS 才释放支付指令，而且任何参与者当前的资金头寸都不得小于零。对于接收方的参与者而言，从队列中释放的支付指令都是终结性的。为保证 CHIPS 参与者可以获得信贷来源，并有足够的流动性以迅速应对每日初始和最终的资金头寸要求，CHIPS 为参与者提供了信贷限额。若一家机构要成为参与者，它必须接受纽约州银行或联邦银行规章制定机构的管理,以确保它接受了定期的检查,并且运行稳定。此外,它还需接受 CHIPCo 的信用评估。CHIPS 参与者也需要向 CHIPCo 董事会提交财务情况方面的文件,接受董事会定期问讯。

(4) CHIPS 基于 Internet 的新服务

2003年11月4日,CHIPS 对系统接入方式做了新的调整,并且提供基于 Internet 的管理报告和更高效的清算处理,参与者和其他用户可以利用 Internet 更加方便地使用该系统。

首先推出的网上服务是追加资金(Supplemental funding),它允许参与者追加资金并指定某些支付指令优先处理,立即清算。CHIPS 作为具备终结性的多边净额结算系统,对多个参与者的支付指令进行匹配,然后进行实时的清算和结算。大部分指令的清算在15秒内完成,但有时银行会希望某些指令具有更高的优先级,能够立即清算。通过这项服务,银行就可以在网页上控制这一过程,根据需要更改支付指令的处理顺序。

此外,CHIPS 提供在线的管理报告,而以前该报告只能在客户端生成。现在,金融机构在登录后就可以看到自己与交易对象的相对头寸,查询支付状况,进行与 CHIPS 相关的管理。

追加资金和管理报告这类网上服务为 CHIPS 的参与者提供了更大的便利。以前,CHIPS 提供新服务后,参与者必须调整自身的系统才能享受到新的服务。而现在 CHIPS 则调整了自身的系统,并通过网络提供这些服务,这样参与者的维护费用下降,而且很快就可以利用上这些服务。

11.3.2 日本跨行支付系统

日本的银行间支付结算体系主要包括四个系统,其中三个由私人部门运营,分别是汇票和支票清算系统(Bill and Cheque Clearing System,缩写为 BCCS),用于对提交到同城清算所的汇票和支票进行清算;全银数据通信系统(Zengin Data Telecommunication System,简称为 Zengin System),用于零售贷记转账交易的清算;以及外汇日元清算系统(Foreign Exchange Yen Clearing System,缩写为 FXYCS),用于外汇交易中日元部分的清算。另一个是由日本银行负责运营的日本银行金融网络系统(Bank of Japan Net Funds Transfer System,缩写为 BOJ-NET),主要用于结算银行债务,包括私营清算系统清算后产生的净债务。2001年该系统由传统的定时清算系统(Designated-time Net Settlement,缩写为 DNS)升级为实时全额结算(Real Time Gross Settlement,缩写为 RTGS)系统,不同类型的证券在不同的机构存管。日本银行作为日本政府债券(Japan Government Bond,缩写为 GJB)的中央证券存管机构(Central Securities Depository,缩写为 CDS)参与证券结算系统的运行;日本证券存管中心(Japan Securities Depository Center,缩写为 JASDEC)是股票的中央证券存管机构。其他类型的债券没有 CDS,它们与为数众多的证券登记机构和日本债券结算网络(Japan Bond Settlement Network,缩写为 JB Net)一起组成了公司债券和其他证券的结算系统。各种债券以及交易所股票交易的结算均采用券款对付(Delivery Versus Payment,缩写为 DVP)的结算方式。

1. 汇票和支票清算系统(BCCS)

汇票和支票清算系统(BCCS)主要为同一地区的金融机构提供汇票和支票的交换清算服务。截至2001年,日本共有540家汇票支票清算所。其中,东京清算所的票据交换清算金额占日本全国清算所的70%以上。

大中型金融机构,包括银行和外国银行在日本的分支机构,都是BCCS系统的直接参与机构。小型金融机构通过直接参与机构间接地加入系统进行清算。到2001年12月,加入东京清算所进行清算的金融机构为421家,其中121家为直接参与机构。日本主要的清算所由各地银行家协会负责管理(例如,东京清算所由东京银行家协会(Tokyo Bankers Association,缩写为TBA)负责运营)。BCCS系统的结算量从2001年到2006年有明显的下降,原因是近年来传统的汇票和支票融资正被银行信贷所取代,这类资金的支付结算因而也转向Zengin System。

2. 全银数据通信系统(Zengin System)

全银数据通信系统(Zengin System)是一个日本国内银行间资金转账的小额清算系统,于1973年开始运行。另外,很多小型金融机构,如信用金库、信用合作社、劳工信用协会、农业使用合作社以及区域性银行团体都有它们自己的银行间清算系统。这些清算系统的结构都与Zengin System相似。

银行以及外国银行在日本的分支机构等金融机构直接参与Zengin System的清算。小型金融机构参加Zengin System则是分别通过它们各自与Zengin System连接的清算系统来实现。到2001年12月,加入Zengin System的金融机构共有2021家,其中154家是直接参与机构。最终用户还包括企业和个人。

Zengin System同BCCS系统一样,由东京银行家协会(TBA)负责运营。2006年Zengin System的日均清算量超过了10万亿日元。

3. 外汇日元清算系统(FXYCS)

外汇日元清算系统(FXYCS)是于1980年建成的大额支付系统,以简化跨境金融交易日元支付的清算过程。最初,系统的运转建立在处理纸质单据的基础上。为了适应外汇交易量的快速增长,1989年东京银行家协会(TBA)对该系统进行了改造,实现了系统的自动化,并把经营权委托给日本银行。从此,外汇交易的日元清算就通过日本银行BOJ-NET系统进行。

FXYCS系统处理跨境金融交易所产生的日元支付,这些跨境金融交易包括外汇交易、日元证券交易和进出口贸易的支付。

FXYCS由东京银行家协会(TBA)拥有。它的自动化系统是BOJ-NET的一部分。到2001年年底,参加FXYCS系统的金融机构共有244家,包括73家外国银行在日本的分支机构。其中有40家是BOJ-NET系统的直接参与者,其余的204家是间接参与者,他们要通过直接参与者加入FXYCS系统。

另外,持续联结清算(Continuous Link Settlement,缩写为CLS)银行于2002年进入日本,在日元外汇结算中也起到重要作用。目前FXYCS主要承担外汇交易中日元的结算功能,而CLS负责多边货币的支付清算功能。2006年FXYCS日均交易额达到18万亿日元,CLS日均交易额达到30万亿日元。

4. 日本银行金融网络系统(BOJ-NET)

BOJ-NET资金转账系统于1988年建成,它是一个联机的电子大额资金转账系统,也是日本支付结算系统的核心。BOJ-NET由两个子系统组成:一个是用于资金转账的BOJ-NET资金转账系统;一个是用于JGB结算的BOJ-NET JGB服务系统。虽然BOJ-NET资金转账系统从建成起就为资金的结算提供了两种结算方式,即定时净额结算和实时全额结算(RTGS),

但在 2001 年初日本银行废除了定时净额结算这种结算方式，使得 RTGS 成为 BOJ-NET 系统唯一可用的结算模式。日本银行提供的大多数支付服务都可以通过 BOJ-NET 资金转账系统处理，它们包括：

①同业拆借市场和证券交易所引起的金融机构之间的资金转账；②在同一金融机构的不同账户之间的资金转账；③私营清算系统产生净头寸的结算；④金融机构和日本银行之间的资金转账，包括在公开市场操作的交易。通过 BOJ-NET 资金转账系统进行的大多数资金转账都是贷记转账，但机构内的资金划拨，也可以通过借记转账来进行。

BOJ-NET 资金转账系统为日本银行所有，并由日本银行负责运营。到 2001 年年底加入 BOJ-NET 资金转账系统的金融机构共有 383 家，其中包括 162 家银行，72 家外国银行在日本的分支机构、83 家信用金库、5 家合作社的中央机构、46 家证券公司、3 家货币市场经纪商和其他一些金融机构，如证券交易所。

11.3.3 欧元区支付系统

欧元区的支付结算系统分为两类：一是大额支付结算系统。它主要包括泛欧自动实时全额结算快速转账（TARGET1）以及欧洲银行业协会（EBA2）的 EURO1 系统。此外，还有三家区域性的大额净额结算系统，分别是芬兰的 POPS 系统，西班牙的 SPI 系统，法国的巴黎净额结算系统（PNS）。二是跨境零售支付系统。欧元区的零售业务支付系统大都依赖于各成员国内的零售业务支付系统。涵盖整个欧元区并对所有银行开放的跨境零售业务支付系统为欧洲银行协会（EBA）的 STEP3 系统。

在证券领域中，欧盟各国中央银行建立了中央银行结算代理模式（CCBM4）。在 CCBM 中，中央银行互为代理行，用于货币政策操作以及欧洲中央银行体系日间信贷的证券可以实现跨境转账。随着欧元证券跨境转让的需求不断上升，欧盟各国的证券结算系统（SSS5）也已实现相互连接，可用于证券跨境转账交易。

1. 泛欧自动实时全额结算系统（TARGET）

泛欧自动实时全额结算快速转账（TARGET）系统是处理欧元交易的实时全额结算系统（RTGS）。该系统是一个分布式的系统。它由 15 个国家 RTGS 系统、欧洲中央银行 ECB 的支付机制（EPM13）和一个互联系统组成。TARGET 系统从 1999 年 1 月 4 日开始运行，欧盟约有 5000 个机构加入了该系统。

（1）TARGET 系统结构

TARGET 是一个非中心清算系统，支付信息在双方之间传递不是通过某个中心机构，在营业时间内支付指令不会送往欧洲中央银行。它由 15 国的 RTGS 系统、欧洲中央银行的支付系统（EPM）和互联系统（Interlinking system）构成，欧洲中央银行只提供很少的中心清算服务，如 TARGET 的日终清算（End-of-day）。

① 国内 RTGS 系统/TARGET 互联系统

欧盟成员国包括加入欧元区的国家，以及未使用单一货币，但在欧盟发展到第三阶段之前已经是欧盟成员国的国家。后者只要能在处理本国货币的同时处理欧元就可以与 TARGET 相连。

欧洲中央银行的支付机构（EMP）负责发布 TARGET 目录，维护检测中心，日终管理互联系统（Interlinking system）将 EPM 以及各国 RTGS 系统互连为一个整体。IT 系统建立了各国中央银行的往来账户，记录各国间因资金流动而产生的资产与负债；通信系统实时传送支付信息。

② 信用机构

信用机构通过本国的 RTGS 系统接入 TARGET 系统，接口由该国的中央银行确定。若要进行跨国支付，信用机构需要满足以下条件：是 RTGS 系统的直接参与者，或经直接参与者代理，或是参与者的客户或中央银行的客户。

③ SWIFT

TARGET 互联系统的逻辑与物理平台建立在 SWIFT FIN/SWIFTNET FIN 网络基础之上。各国的 RTGS 系统的用户界面通常也使用 SWIFT 的通用界面。成员银行发送支付指令时，采用本国 RTGS 系统的标准信息格式。

欧盟成员国建立本国的 RTGS 系统，其成员国在该国的中央银行设立清算账户。TARGET 成员国间进行支付时，支付信息在相关两国的中央银行间直接传送，通过往来账户上的借记、贷记操作完成结算。各国的 RTGS 系统在加入 TARGET 互联系统时，既要满足欧洲系统执行单一货币政策的需要，也要为各信用机构提供统一的服务平台，所以，必须在保持原有特色的基础上进行适当的调整。

跨国的 TARGET 支付指令再通过国内的 RTGS 系统处理后，直接传递给相应国的中央银行。所有的参与者通过银行标识码（BIC）进行识别，BIC 可以通过 SWIFT 获得。欧洲中央银行据此发布了 TARGET 目录，列出了与其相连的所有信用机构。

国内的 RTGS 系统和 EPM 通过互联系统与 TARGET 连接互联系统的通信网络通过区域接口，将各个国家连接起来。这些接口使得国内的支付数据可以在 TARGET 的标准数据格式与国内格式间进行转换，这样各国的 RTGS 系统就可以通过这些接口处理跨国支付。国内 RTGS 系统以及互联系统的设计由各国的中央银行和欧洲中央银行负责，尽量使连接花费最小，满足必要的安全要求和运行要求。

欧洲中央银行维护着一个检测中心，这样欧洲中央银行和各国中央银行就可以检测它们的系统与互联系统间是否运行平稳、协调。所有的相关软件和调整过的软件都必须在集成之前进行测试，然后进行系统联调，最后才可以在 TARGET 上实时运行。

(2) 运行规则

管理 TARGET 和其运行的法规包括两类：一是《欧洲中央银行泛欧自动实时全额结算快速转账系统指导原则》(TARGET 指导原则)；二是参加 TARGET 国家的 RTGS 系统及 EPM 的规则和处理流程（国家 RTGS 规则）。TARGET 指导原则于 1999 年 1 月 1 日即 EMU 第三阶段开始时即生效。

TARGET 指导原则适用于 ECB 和加入欧元体系的 NCB。其具体内容包括：①对每一个加入或者连接到 TARGET 的国家 RTGS 系统必须遵守的最低共同标准做出规定（如接入标准、货币单位、收费规则、运行时间、可以通过 TARGET 进行处理支付交易类型的相关规定、支付指令应被处理的时间或支付指令被认定为不可撤销的时间、日间信贷）；②通过连接系统进行跨境支付的协议安排；③TARGET 的安全战略和安全条件；④建立 TARGET 审计框架的相关条款；⑤TARGET 的管理。

1999 年 1 月 1 日，欧元体系和未采用欧元的欧盟成员国的 NCB 达成协议，为欧元区以外的成员国 NCB 与 TARGET 系统进行连接，提供一套指导机制。鉴于欧元区外成员国 NCB

的特殊情况，这些规则和流程仍在修订和改进中。

（3）系统的参与者。

根据指导原则，TARGET 只允许《银行协作 1 号指示》第一条第一段规定的在欧洲经济区（EEA14）注册的受监管的信用机构作为直接参与者加入。下列机构在得到相关 NCB 的批准后也可以参与 RTGS 系统：

① 活跃于货币市场的成员国中央或地方政府的财政部门；
② 得到授权可为消费者持有账户的成员国公共部门的相关机构；
③ 在 EEA 内注册，得到公认的法定主管部门授权和监管的投资公司；
④ 受法定主管部门监督，提供清算和结算服务的组织机构。

RTGS 规则规定，申请加入 RTGS 系统的机构要根据欧元体系的统一法律评价"范围"提供详尽的法律评价意见，并由相关的 NCB 对该意见书进行审查。在加入系统时，每个申请机构（不论是国内的还是外国的）还需提供资格认证意见书（以确定该申请机构能够合法地签订各种协议）。对于外国的参加机构，无论它是在 EEA 国家还是在非 EEA 国家注册，都需要提供外国参加者的管辖机构出具的国家意见书（以确定不存在有外国的法律条款会对签署的协议产生不利的影响）。

所有加入了国家 RTGS 系统的信用机构都自动取得了使用 TARGET 跨境业务服务的资格。信用机构还可以远程接入 TARGET 系统。这表明在一个 EEA 国家注册的信用机构可以成为 TARGET 系统中另一个国家的 RTGS 系统的直接参与者，并可为此目的在那个国家的中央银行开设该信用机构的欧元结算账户，而不需要在该国成立分支机构或者子公司。但这种信用机构参加 TARGET 系统进行结算时不能透支。

（4）处理的交易类型。

TARGET 是一个实时全额清算系统。国内 RTGS 系统成员在该国的中央银行设立清算账户，支付命令发出方使用该账户中的资金来实现支付。TARGET 主要处理的交易包括：

与中央银行实施货币政策直接相关的支付，以欧元为单位进行的大额净额清算，银行间支付、商业支付，以及用于处理欧洲中央银行系统的交易指令、日终结算等。

TARGET 系统支持以欧元为单位的所有类型信用转账服务，可以处理欧洲客户间、银行间、客户与银行间跨国界的支付指令。TARGET 系统对交易金额上下限没有限制，对所有支付指令一视同仁，有助于实现欧洲的单一货币政策。

TARGET 采取实时、逐一处理的方式，支付信息在与之相关的两国的中央银行间直接传送而不通过某个中心机构进行双边支付。各国的 RTGS 系统规定，当支付命令发送方在 RTGS 中的账户被该国中央银行借记后，支付命令不可撤销；接收方在该国的中央银行账户被贷记后，支付即告终结。

（5）TARGET 的特点。

采用 RTGS 模式，系统在整个营业日内连续逐笔地处理支付指令，所有的支付指令均是最终的和不可撤销的，从而大大降低了支付系统风险，但对参加清算的银行资金流动性有较高要求。

由于资金可以实时、全额地从欧盟一国银行划拨到另一国银行，不必经过原有的货币汇兑程序，从而减少了资金占用，提高了清算效率和安全系数，有助于欧洲中央银行货币政策的实施。

欧洲中央银行对系统用户采取收费政策，对大银行更加有利。此外系统用户需在欧洲中央银行存有充足的资金或备有等值抵押品，资金规模要求较高；加之各国中央银行对利用该系统的本国用户不予补贴，故与其他传统清算系统相比，TARGET 系统的清算成本较高。

（6）TARGET 的风险管理。

TARGET 系统考虑到大额支付的风险，同各国的 RTGS 系统的操作基本一样，都是以连续的方式逐笔处理各个支付命令。当付款的信用机构在其本国中央银行的账户上有足够的资金时，TARGET 系统会对其所有的支付采用立即结清的方式，即提供即时的和最终的结算。也就是说，在记入信用发放机构账户的借方之前，不会记入收款机构的贷方；因此收款机构从 TARGET 系统收到的资金一定是无条件的和不可撤销的，这样就可以保证收款机构在该业务中不会面临信用风险和流动性风险。针对每笔支付命令连续不断地对系统内的账户进行总额清偿，就可以清除清算过程中来自银行间的风险，有助于防范银行收、付款的系统性风险，且便于发现头寸短缺状况，并按照一定的结算规则防止结算风险的扩大。

（7）最新发展——TARGET2。

2002 年 10 月，欧洲央行管理委员会确定新一代 TARGET 系统的主要原则。TARGET2 系统于 2007 年 11 月 19 日正式启用，共有 17.1 万笔支付，价值 8330 亿欧元。该系统首批在德国、奥地利、卢森堡、马耳他、拉脱维亚、立陶宛、斯洛文尼亚和塞浦路斯八个国家推行，共有 259 家银行参与，至 2008 年 5 月 19 日之前将另有 13 个欧盟国家分两批加入。法德意大利三国共同开发 TARGET2 系统，并代表欧元体系负责运营。德国法国意大利三国央行联合宣布，TARGET2 支付系统的首次运营日表现良好，显示出较高的稳定性。

TARGET2 最有意义的理念创新在于其整合了现有的分散技术设施的方式。创立一个共享的技术平台将带来以下成果：

通过 SWIFT 连接到 TARGET2 的全欧洲标准界面；

TARGET 服务范围的完全标准化，从而保证全欧的信贷机构能得到相同水准的优质服务；

欧元的国内和跨境支付实现无差别处理；

为欧洲所有参与者管理央行流动金提供全面选择；

面向 TARGET2 参与国的统一且更低的价格。

2．欧洲银行业协会的 EURO1 系统

（1）机构设置。

EURO1 是欧洲银行业协会为在欧盟范围内的欧元贷记转账提供的一个按多边净额结算的大额支付系统。该系统由依据法国法律设置的三家机构进行管理。第一家管理机构是欧洲银行业协会（EBA）。EBA 是欧盟国家的商业银行和非欧盟国家商业银行开设在欧盟国家的分支机构之间的合作机构。第二家管理机构是负责 EURO1 系统运营的 EBA 清算公司。该公司由欧洲银行业协会（EBA）成立，在巴黎注册有办事处，它的股东都是清算银行，目的是负责 EURO1 系统的运营和管理。第三家管理机构是 EBA 行政事务管理公司。该公司提供各种行政事务管理服务，特别是为 EBA 和清算公司提供人力、技术和其他支持服务。EBA、EBA 清算公司和 EBA 行政事务管理公司之间的关系通过一个主协议进行规范。

（2）准入标准。

EURO1 是一个国际性的系统。参与银行来自所有的欧盟成员国和部分非欧盟成员国（澳大利亚、日本、挪威、瑞士和美国等）。它们或是在欧盟国家注册的银行或是在欧盟国家设有分支机构的银行。准入 EURO1 系统需要满足法律、财务和运营等三方面的标准：

法律标准规定，参加或申请参加 EURO1 的机构必须在经济合作与发展组织（OECD）的国家中设有注册的办事处，并被 EBA 清算公司确认为是"有权限管辖"的机构。参加机构负责接入系统的运行部门即运行分支机构，或者是满足某些前提条件的运行机构的子公司必须设立在欧盟国家内，而且这些分支机构（或子公司）还应该是 EBA 成员。参加机构（或申请机构）需要提供法律评价意见书，来证实自己有资格加入 EURO1 系统（资格认证意见书），而且 EURO1 系统的法律基础，单一债务构成方案已得到了它所注册的国家或是它的接入系统运行部门所在的国家的认可和执行（国家意见书）。国家意见书只需要提供一次，并且一经提供这个国家就被加入到有权限管辖国家的名册清单中，该名册包括了所有承认 SOS15 的国家（"符合管辖权限"）。

财务方面的规定是：参与机构所拥有的自有资金至少要达到 12.5 亿欧元。并且短期信用等级至少为 B2（穆迪投资者服务公司做出的评估），或是 A2（标准普尔评估服务公司），或是 EBA 清算公司所认可的其他短期信用等级。

主要的运营标准包括：

① 任何一个参加者或申请者必须是已经连接到 TARGET 系统上的某个欧盟国家 RTGS 系统的直接参与机构。

② 为加入 EURO1 系统，参加机构必须指定一个系统运营单位。

③ 必须装备足够的并能满足 EBA 清算公司制定的技术要求的技术和运营设施，而且其运行的可靠性和稳定性要得到 EBA 清算公司的验证。

④ 金融机构必须向 EBA 清算公司通报他们在欧盟国家内所有通过清算银行以间接成员身份参加系统的分支机构、办事处或子公司。清算银行要为间接成员的业务活动负责，并保证他们在技术和业务方面的运转符合规则的要求。是否接纳一个加入系统的申请，需由清算公司的股东，即清算银行投票决定。

（3）系统规则。

EURO1 根据单一债务构成方案（SOS）原则运行，该法律方案受德国法律的管辖。根据该方案，所有参与者同意达成如下合同协议，即在结算日中的任何特定的时间，每一个参与者只与作为共同债权人（或债务人）的其他参与者全体有一笔支付债务（或债权）。按照 SOS 原则，EURO1 进行的支付处理将不会在参与者之间产生双边的支付债权或债务，也没有任何形式的，来自对参与者债权债务进行连续调整而产生的抵消、替代和轧差处理。SOS 规则的目的是防止在交易日结束时因某一参与者违约无法偿还其一笔债务而引发的任何形式的解退处理。

（4）处理的交易类型。

EURO1 只处理贷记转账。尽管对支付的金额和发起行没有什么限制，但 EBA 计划把 EURO1 建设成一个主要侧重于处理 EBA 成员间大额支付的系统。另外，EBA 跨境零售贷记转账服务 STEP1 的差额将通过 EURO1 系统的参与机构进行结算。STEP1 的建立使得加入 EBASTEP1 协议的银行能够向其他 STEP1 银行提交或从其他 STEP1 银行接收小额支付，并通过其加入 EURO1 的结算代理银行进行净额结算。

3. 跨境零售支付系统

欧洲实施两项启动欧元电子货币跨境使用的计划。

第一个实施的项目是"欧元电子钱包的跨境使用"（PACE16 计划）。它是一个可互操作的电子货币系统，由负责运营 mini-cash 电子钱包系统的卢森堡电子转账中心（CETREL17）、Geldkarte18 电子钱包系统的德国中央信用委员会（ZKA19）及 Moneo 电子钱包系统的法国银行卡组织和欧洲电子货币协会（SEME20）共同推出。欧洲委员会通过其 IST（信息社会技术）计划为该系统提供资金支持。该项目从 2000 年 7 月到 2001 年 6 月实施，为了能够在卢森堡、德国和法国用欧元进行电子支付，这三个国家本国的电子钱包系统须先行互联，并逐步采用"通用电子钱包技术标准"（CEPS21）。

第二个项目是 Ducato 系统，建立 Ducato 的目的是为了在真实的环境中对 CEPS 技术进行检验，并用事实对基于 CEPS 技术的各种电子钱包系统的可互操作性进行论证。

11.4 全球金融网络通信系统 SWIFT

1. SWIFT 的背景与发展

SWIFT 全称是 Society for Worldwide Interbank Financial Telecommunication，中文名是环球同业银行金融电信协会。为适应国际贸易发展的需要，20 世纪 70 年代初期，欧洲和北美的一些大银行，开始对通用的国际金融电文交换处理程序进行可行性研究。研究结果表明，应该建立一个国际化的金融处理系统，该系统要能正确、安全、低成本和快速地传递标准的国际资金调拨信息。于是，美国、加拿大和欧洲的一些大银行于 1973 年 5 月正式成立 SWIFT 组织，负责设计、建立和管理 SWIFT 国际网络，以便在该组织成员间进行国际金融信息的传输和确定路由。1977 年夏，完成了环球同业金融电信网络（SWIFT 网络）系统的各项建设和开发工作，并正式投入运营。

SWIFT 发展过程中的重要年份及重大事件：

1970 年，由 7 家欧洲银行提出建设共用国际金融通信网络系统的构想，银行界的反应强烈。

1971 年，60 家银行合作进行称做"信息交换"的研究，试图估计该系统的可行性、功能及成本。

1973 年，SWIFT 诞生。四十平方米的办公空间，在布鲁塞尔市中心，一群人聚在一起，抱着雄心壮志，在 15 个国家 239 家银行支持下，SWIFT 成立。

1976 年，建成了实时不间断的运行中心，即第一个 OC（Operating Center）诞生，对于即时交易影响深远。额外的设备可以备份系统以便保证系统的高效。SWIFT 此时已经拥有了来自 17 个国家的 515 成员。

1977 年，SWIFT 继续成长，SWIFT 系统正式投入使用。由当年的比利时王子发出了第一份 SWIFT 电报，首先由比利时、法国和英国等 22 个国家的 30 多家银行使用。随后，该年度的网络正式用户增至 518 家。

1980 年，第一次亚洲国家连接，中国香港和新加坡加入运营。

1982 年，财务稳定实现，实现了第一次盈利。与宝来公司签订 SWIFT2 工程合同及 ST200 合同，SWIFT 二期工程开始建设。

1995 年，进入新时代。SWIFT 开设了法兰克福办公室，更加接近了德国客户。新的亚太会议，显示了 SWIFT 对于扩张亚太地区的需求，在北京举行了会议。1995 年，SWIFT 在北京电报大楼和上海长话大楼设立了 SWIFT 访问点 SAP（SWIFT Access Point），它们分别与新加坡和香港的 SWIFT 区域处理中心主节点连接，为用户提供自动路由选择。为更好地为亚太地区用户服务，SWIFT 于 1994 年在香港设立了除美国和荷兰之外的第三个支持中心，这样，中国用户就可得到 SWIFT 支持中心讲中文的员工的技术服务。

2005 年，SWIFT 支持工业转型，TARGET2 选择加入 SWIFT。2005 年年底，全球已有 204 个国家和地区的 7863 个金融机构链接使用 SWIFT，年处理申报量 25.18 亿份。

2. SWIFT 人事管理

（1）SWIFT 的监督结构。

十国集团（G10）的中央银行作出了对 SWIFT 进行监督管理的特定安排，比利时的国家银行（NBB）在 SWIFT 的监管中起主导作用，G10 的中央银行从旁进行协助。监管目的是保证系统的安全性和操作的可靠性，包括良好的系统结构、处理能力、风险管理与控制方式。NBB 负责 SWIFT 的日常监管，支付清算委员会（CPSS）对检查的结果作出指示或建议，提示监管应注意的问题。

（2）SWIFT 管理结构。

SWIFT 的 25 名董事长领导下的执行董事会为最高权力机构，监督由 CEO 领导的执行部门的工作，董事会包括六个委员会，分别是财务委员会，负责会计、财务报告与财务管理等；偿付委员会评估公司绩效，决定董事会成员和其他主要主管的薪酬管理，雇员薪酬管理，新帖计划；两个商务委员会负责银行、支付和证券；两个技术委员会分别负责标准以及技术和产品。具体组织结构如图 11-7 所示：

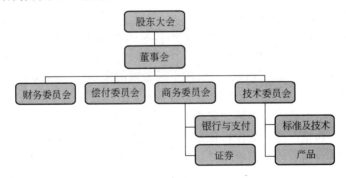

图 11-7　SWIFT 组织结构图

（3）SWIFT 会员分类。

SWIFT 的成员分为持股者和非持股者。

持股者会员（Shareholder member）包括银行、符合资格的证券经销商（Eligible securities broker-dealers）以及符合规定的投资管理机构（Investment management institutions），都可以持有 SWIFT SCRL 的股份。会员行有董事选举权，当股份达到一定份额后，有董事的被选举权。

非持股者（Non-shareholders）主要分为非参股成员、附属成员及参与者三类。

① 非参股成员是那些符合成为参股人资格但是并未选择或不愿选择成为参股人的机构。

② 附属会员是持股会员拥有 50%的直接控制权或 100%间接控制权的机构组织。此外，该机构组织还需满足附属会员条例中第 8 款第一节的要求，即必须和会员所参与的业务相同，

但必须完全由参股人控制管理。

③ 参与者主要来自于证券业的各个机构，如证券经纪人和经销商，投资经理，基金管理者，货币市场经纪人等。只能获得与其业务相关的一系列特定服务，并且需满足公司大会中为其设定的标准。参与者不能持股。需要特别指出的是，根据参与者的类型不同，能够享有的 SWIFT 服务与产品会有所不同。

3. SWIFT 提供的服务

SWIFT 扮演着国际银行业中枢神经系统的角色，担负着全球银行之间信息交流、资金流通的重任。SWIFT 提供的服务分为四大类：接入服务、金融信息传递服务、交易处理服务和分析服务。

（1）接入服务（Connectivity）。

SWIFT 的接入服务通过 SWIFTAlliance 的系列产品完成，包括：

SWIFTAlliance access and entry：传送 FIN 信息的接口软件；

SWIFTAlliance gateway：接入 SWIFTNet 的窗口软件；

SWIFTAlliance webstation：接入 SWIFTNet 的桌面接入软件；

File transfer interface：文件传输接口软件，通过 SWIFTNet fileAct 使用户方便地访问其后台办公系统。

SWIFTNET link 软件内嵌在 SWIFTAlliance gateway 和 SWIFTAlliance webstation 中，提供传输、标准化、安全和管理服务。连接后，它确保用户可以用同一窗口多次访问 SWIFTNet，获得不同服务。

（2）金融信息传送服务（Messaging）。

SWIFTNet 启用以后，传统的 FIN 服务转而在新的网络 SWIFTNet FIN（已于 2002 年 8 月开通）上提供。SWIFT 把传统的 FIN 服务与新开发的、交互性的服务进行了整合，开发出 SWIFTNet 信息传送服务以满足现代金融机构不断发展的需要。包括以下四种服务：

① 在金融信息传送方面，SWIFT 的核心服务是 FIN。它通过 SWIFT 网络接收、存储转发各种金融业务处理中的数据。内置的冗余、分布式处理系统确保 FIN 服务安全、灵活、可靠。其增值处理服务包括：按 SWIFT 标准进行信息格式化，信息的保存与恢复，信息管理及优先级控制。SWIFT 为支持大额支付及与证券相关交易中的清算、结算、净额结算 Netting，提供了 FIN copy 服务。在交易指令传达给接收方之前，指令要备份并通过第三方（如中央银行）的认证。FIN 服务使 SWIFT 称为世界上使用最广泛的支付服务系统，各国银行的国际业务都依赖于它，其信息种类、格式和技术架构已成为全球支付系统中的典范。如图所示，近年来 SWIFT 处理的信息量一直保持在较高的水平。

② SWIFTNet InterAct：提供交互（实时）和存储与转发两种信息传送方式，适合要求实时应答的金融业务。InterAct 有三种不同的工作模式，分别是存储转发、实时报文、实时查询及响应模式。无论收报行联机与否，使用存储转发模式，当收报人准备好后，报文会被立即分发出去。对于交易时处于联机状态的收报行，实时报文模式比存储转发模式更快捷有效。实时查询及响应模式是一个典型的基于联机查询或报告的交互式服务系统，该模式通常和 SWIFTNet browse 配合使用。

③ SWIFT fileAct：提供交互和存储与转发两种文件自动传输方式，适合大批量数据的

传输。通过 SWIFTNet 浏览器，用户可以方便地使用这两种服务。FileAct 支持任何类型的字符集、任何内容的结构，可使用 SWIFT 格式、集团内部格式或私有格式，最大可传输 250M 字节大小的文件，适合大批量数据的传输。利用 FileAct，所有的 SWIFT 成员紧密地联结在一起，快速地收发文件。无论是集中支付处理、支票影像交易、有价证券的附加信息还是给央行的报告、内部机构报告都可利用 FileAct 完成，欧美多数的金融机构都已经从安全、可靠、低廉的文件传输交换中获得了利益。

④ SWIFTNeBrowse 以浏览为基础，使用标准的 Internet 浏览器（如 IE）和 SWIFT alliance web station 访问 Browse 服务，其安全由 SSL 和 SIPN 保证。

针对特定行业的服务，SWIFT 提供了以下支持：

SWIFT 为支持大额支付和证券相关交易中的清算、结算和净额结算提供 Finance copy 服务。

针对证券交易和相关信息的传送，SWIFT 制定了专门的电子通讯标准 FIX（Financial Information eXchange）协议。SWIFTNet FIX 信息传送服务为投资经理、经纪人/经销商、交易所提供了安全可靠的、统一的信息传送平台。用户只需与 SWIFTNet 连接就能够与世界范围内的合作伙伴交换金融信息，包括利率指数（Indications of Interest（IOIs）），报价（Quotes），指令（Orders），执行报告（Execution Reports）以及资金划拨（Allocations）。

针对金融机构提供在线金融服务，SWIFT 开发了 TrustAct。TrustAct 在 SWIFTNet 与 Internet 之间建立起通讯的桥梁，金融机构通过它就可以把 SWIFTNet 作为其服务支持平台，同时提升自身的品牌。

（3）交易处理服务（Transaction processing）。

交易处理服务也是通过 SWIFTNet 向外汇交易所、货币市场和金融衍生工具认证机构提供交易处理服务，具体包括：

交易处理匹配服务（Accord matching）

实时报告的双边净额清算服务（According netting）

支持 B2B 的商务中的端对端电子支付（E-Payments plus）

（4）分析服务与分析工具（Analytical services/tools）

SWIFT 也向金融机构提供一些辅助性的服务，即分析服务与分析工具。

① BIC online 和 BIC directory update broadcast：向金融机构提供最新的、世界范围内的金融机构的代码（BIC）；

② Traffic watch：可以监视 SWIFT 当前传送信息的数量；

③ Transaction watch：可以监视信息从发出到接收所经历的过程，获得各种参数，为提高证券系统和支付系统的效率提供分析数据；

④ STP review：金融机构为提高自身竞争力，直达处理（Straight Through Processing（STP））能力变得愈加重要。SWIFT 可以向用户提供独立、客观的 STP 评估。

4. SWIFT 的网络结构

SWIFT 的网络系统由操作转换中心（OC）、地区处理站（RP）、银行处理站（NP）和终端 4 层结构组成，如图 11-8 所示。SWIFT 系统有 3 个操作转换中心，分别分布在荷兰的阿姆斯特丹和美国的弗吉尼亚。这些操作转换中心由系统控制中心连成环形结构，并分别连接各地区处理站。地区处理站连接各自管理的银行处理站和终端，组成全球金融通信网络。少数较小国家可共用一个 RP。

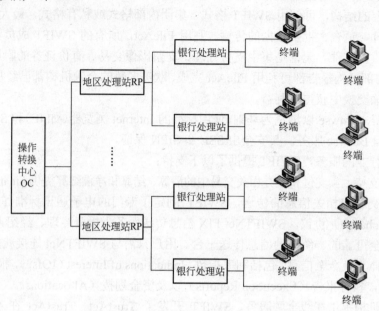

图 11-8　SWIFT 网络系统图

通常，一份电文若要经过一个操作转换中心（OC）转接时，其数据传输流程如下：源行通过调制解调器和国内租赁专线或电话线将电文发往所在的地区处理中心；该地区处理中心用相应的交换中心约定的密钥，将电文加密后，发往相应的操作转换中心；该中心将电文解密后，用同目标行所在地区处理中心约定的密钥重新将电文加密，转发到目标行所在地区处理中心；该地区处理中心将收到的电文解密后，经过国内租赁专线将电文发往目标行进行交易处理。

5. SWIFT 的特点

从 1973 年 SWIFT 组织成立至今，该组织已经过了四十多年的成长，作为国际结算的平台，SWIFT 系统兼具成熟与可靠的特点。四十多年的实践成就了 SWIFT 的成熟，而其详尽的安全架构使得它非常可靠。

详细地说，SWIFT 有下列几个特点：

（1）格式标准化

具体地说，SWIFT 的标准格式分为两种，一种是基于 FIN 的标准 MTs，另外一种是基于 XML 的新标准 MXs。目前，两种标准处于暂时的共存状态。

① MTs（Message Type，MTs 通用表达式为 MTnXX）：n（0～9）表示报文类型，XX 表示在 n 类型中的分类：Category n—Common Group Messages；Category 1—Customer Payments & Cheques 客户的汇款与支票；Category 2—Financial Institution Transfers 银行头寸调拨；Category 3—Treasury Markets-Foreign Exchange，Money Markets & Derivatives 外汇、货币市场与衍生物；Category 4—Collection & Cash Letters；Category 5—Securities Markets 证券买卖；Category 6—Treasury Markets-Precious Metals；Category 6—Treasury Markets-Syndications；Category 7—Documentary Credits & Guarantees 信用证业务和保函；Category 8—Travellers Cheques；Category 9—Cash Management & Customer Status 银行账单及

报表。上述十类信息中应用较多的是第 1、2、3、5、7、9 类型。

② MXs：在 1999 年，SWIFT 组织选择了 XML 编码作为新一代标准，同时决定最终应用新一代以 XML 为基础的标准（MXs），这将是一个漫长的过程，因为它在实现难易程度及需求上都有一定挑战，以至于暂时无法立即替代现有的 FIN 为基础制定的 MTs。这使得 MT/MX 将有一段意义重大的共存期，这同工业上正在采用的其他共存方法并无差别或更多的困难。

新型的 MX 标准由 12 类组成：账户管理（Account Management）：acmt.xxx.xxx.xx；管理（Administration）：admi.xxx.xxx.xx；现金管理（Cash Management）：camt.xxx.xxx.xx；支付清分与结算（Payments Clearing and Settlement）：pacs.xxx.xxx.xx；支付起始（Payments Initiation）：pain.xxx.xxx.xx；证券（Securities Events）：seev.xxx.xxx.xx；交易服务管理（Trade Services Management）：tsmt.xxx.xxx.xx；Treasury：trea.xxx.xxx.xx；证券交易（Securities Trade）：setr.xxx.xxx.xx；证券结算（Securities Settlement）：sese.xxx.xxx.xx；证券管理（Securities Management）：semt.xxx.xxx.xx；参考日期（Reference Data）：reda.xxx.xxx.xx。

③ MTs 与 MXs 的共存及解决方式：

目前，一个两步的方法正在用来评估特定环境下的商业交易以及鉴定究竟如何才能够解决共存现象。

步骤 1：确保语义的完全。

第一步用来评估现存的标准是否能够提供令人满意的端对端商业交易的支持。这个分析会考虑到账户服务的水平，并由一些特点诸如日期的丰富性、质量及时间方面等代表。也许这会揭露出漏洞或者矛盾，比如丢失信息或者重复信息。被鉴定出的问题会通过标准的发展解决。自由格式信息、自由文本领域或者独立信息等用来发送丢失信息的工作区会被抑制，因为它们不能够保证兼容 STP，也就是说，在长期来看他们对于用户会意味着更大的成本。

步骤 2：决定使用的语法（MT 或者是 MX）。

第二步会评估将被商业交易所采用的语法。假如以后的信息一直采用不同的语法，那么互用性及 STP 的弊端带来的风险将日益明显，所以最终的目标就是在每个商业交易领域有唯一的语法。标准发展将会默认采纳执行 XML，除非商业交易只对 MTs 有好感，或者是并没有意愿迁移到 XML。

（2）传送量大、费用低

SWIFT 每日信息传送量很大，为国际结算提供强有力的支持，根据 SWIFT 官方网站 3 月 21 日上传的数据显示，SWIFTNet FIN 总信息数量本年度截止到目前为 62 2781，628 条，总流量本年度截止到目前信息量增长率为 22.20%。本年度截止到目前平均每日流量为 15 006 786。平均每日信息量增长率为 20.14%。最新峰值为 2008 年 1 月 25 日的 16 550 075 条。SWIFTNet FIN 客户数量统计中，活跃状态国家有 208 个，活跃状态会员为 2 264 个，活跃状态附属会员 3 224 家，活跃状态参与者 2 897 家，总计活跃状态用户数量 8 385。

SWIFT 通信费是基于路由和通信量定价的，对通信量多的用户可打折扣，最高可折让 50%，对发展中国家则减半收费。SWIFT 每年底还根据经营情况向成员行返还部分（如 20%）收费，并根据其业绩向成员行发放红利。

（3）提高了金融通讯和金融机构业务处理的效率

对于金融机构业务处理来说，SWIFT 提供了详细的业务处理记录节省金融机构结算、查账和控制的时间；Transaction watch 服务为金融机构监视信息传递过程，方便对系统效率的分析；STP review 向用户提供 STP 评估，提高服务质量。

（4）提供了有效的安全措施和风险管理机制

SWIFT 采取的安全措施主要有：储备系统中心备份，建立了两套独立、完整的设备和线路。日常的系统检测，在访问应用流程方面采取认证，入侵检查，信息流量的控制等。

在支付风险管理方面，SWIFT 并不向金融机构提供直接的帮助，但是 SWIFT 向其提供间接的帮助：大额支付和证券交易的清算，结算，净额结算提供 FIN copy；在交易指令传达给接收方之前，指令要备份并通过第三方（中央银行）的认证。

（5）多元化的服务

SWIFT 的服务对象范围在不断扩大。早期，SWIFT 的会员主要是银行、证券机构等。现在，SWIFT 向大量的金融服务机构提供信息传送和接入服务。而且，SWIFT 正在逐渐地把企业吸收到协会中来，这项措施对企业和会员银行都有利，一方面提高了企业信息传输的效率和安全性；另一方面，会员银行将吸引更多的客户，这会增加信息传输量，从而降低每笔业务的费用，而且可以提供更多种类、更为优质的服务。

SWIFT 从四个角度服务金融市场——证券、贸易服务、财政及派生物（Treasury & derivatives）、支付及资金管理（Payments & Cash management）。具体产品及服务包括：SWIFT 解决方案（SWIFT Solutions）：包括如 SWIFTNet accord、SWIFTNet affirmations、SWIFTNet bulk payments、SWIFTNet cash reporting、SWIFTNet CLS third party service 等服务。

市场基层设施（Market infrastructures）：具体分为证券市场及银行市场两方面。

MA-CUGs（MEMBER ADMINISTERED CLOSED USER GROUPS）。

信息传递服务（MESSAGING SERVICES）：包括 SWIFTNet FIN、SWIFTNet fileAct、SWIFTNet interAct、SWIFTNet browse 等。

接入服务（Connectivity）：包括 SPIN、SWIFTNet link 在内的各种直接与间接接入服务。

交互式服务（Interfaces）：SWIFTAlliance 系列产品：信息传送方面拥有 SWIFTAlliance access、SWIFTAlliance entry，信息交流方面拥有 SWIFTAlliance gateway、SWIFTAlliance starter Set，在桌面操作则有 SWIFTAlliance WebStation、SWIFTAlliance Messenger。

信息产品（Information products）：其中包括了 BIC 查询服务等内容。

6. SWIFT 的风险防范

SWIFT 安全威胁来自两个方面，一是支付风险，二是系统风险。

在支付风险方面，SWIFT 并不向金融机构提供直接的帮助。利用 SWIFT 所提供的服务，金融机构可以有效控制支付风险。例如，SWIFT 为支持大额支付及与证券相关交易中的清算、结算、净额结算，提供了 FIN Copy 服务。在交易指令传达给接收方之前，指令要备份并通过第三方（如中央银行）的认证。

在系统风险方面，SWIFT 系统安全主要遭受这几个方面的威胁：假冒；报文被截取（读取或复制）、修改、重播；报文丢失；报文发送方或接收方否认等。针对这些安全威胁，SWIFT 系统提供了安全策略，用以维护系统安全：

（1）安全登录和选择服务。用户通过 LOGIN/SELECT 功能连接 SWIFT 系统，LOGIN/SELECT 的作用是鉴别和审核 SWIFT 的逻辑终端。这一功能是通过交换一次性的 SESSION KEY 得以完成的。SESSION KEY 原来是通过使用印制在 LOGIN/SELECT 表中的 LOGIN/

SELECT 序号和密押产生，以打印形式传递，需要进行手工处理。读卡器从智能卡中获得密码产生访问代码，这些密码只有 IC 卡和 SWIFT 安全系统知道，在 IC 卡中密码被固化在内存中，只有 IC 卡自身才可以读出。智能卡技术的使用，使系统连接控制简单化。

（2）防止第三方冒充。即通过报文验证代码（MAC）鉴别报文发送方的真实身份，从而准确地鉴别报文的来源，或通过产生一次性的会话密钥确保用户与 SWIFT 系统正常链接。

（3）防止第三方截取报文。即防止报文内容被未经授权的人阅读或复制，通过对报文进行加密从而达到内容保密，既使第三方截获报文也难以理解报文内容。

（4）使第三方无法修改、替换报文内容，或者可以发现报文在传输的过程中被修改。

（5）防止报文的重播和丢失。通过重复报文报尾 PEMtrailer、传送时限来防止报文重播和丢失。

（6）在系统内进行交换的报文被复制存储，与报文交换有关的各种活动及其发生的时间均被记录。

（7）相关安全责任的分离，即一人不能负责多项安全事务，即使是系统管理员也不能一人拥有所有的权限，管理所有的事务，而是由多个系统管理员分别管理各项功能。

7. SWIFT 与中国

中国银行作为中国银行业中的第一个 SWIFT 组织成员，于 1983 年 2 月率先加入了 SWIFT 组织，并于 1985 年 5 月 13 日正式开通了 SWIFT，是 SWIFT 组织的第 1034 家成员行，成为我国与国际金融标准接轨的重要里程碑。随后，中国工商银行、中国农业银行、中国建设银行、交通银行、中信实业银行等也相继加入 SWIFT，并利用 SWIFT 系统开展国际金融业务。例如，中国建设银行的快速电子清算系统就是利用 SWIFT alliance access 的电子服务系统，通过 SWIFT 组织开发的 PC-Connect 软件与主机相连，为客户间的国际结算提供服务。中国银行的环球收付清算系统以 SWIFT 通信网络为运行环境，与国外代理行计算机系统对接，集收付指令处理及资金清算为一体，把遍布 22 个国家和地区的 554 个海外分支机构连成有机整体，形成一条快捷、安全、高效的资金传递"高速公路"。

2007 年 6 月 7 日，中国银行正式注册加入由 SWIFT 开发的贸易服务设施系统 TSU（Trade Services Utilities）。作为中国银行业中的第一个 SWIFT 组织成员，中国银行的业务专家在包括开发推广"TSU"系统等工作过程中发挥了重要建设性作用。下一步，中国银行将积极应用"TSU"系统开展供应链管理和融资业务的实践和创新，为广大贸易企业提供优质高效的产品和服务。

SWIFT 的优势在于批量支付银行可以将原本需要多次发送的同类报文和文件打包进行一次性的处理，直接进行与清算中心、银行间和企业用户间的连接从而降低运营费用。这对我国金融行业的发展具有借鉴作用。

本 章 案 例

内地与香港建立多种货币支付系统互通安排

日前，中国人民银行与香港金融管理局签订有关建立内地与香港多种货币支付系统互通安排（以下简称两地支付互通安排）的谅解备忘录，决定自2009年3月16日起正式运行两地支付互通安排。

建立两地支付互通安排，是中国人民银行和香港金融管理局为加强两地金融基础设施合作共同采取的一项重要举措，是双方致力于推动两地金融合作的延续和深化，标志着两地正式建立覆盖多币种的全方位跨境支付清算合作机制。

两地支付互通安排的业务范围为符合国家外汇法规制度规定可以使用相关外币进行跨境收付的项目。内地银行通过两地支付系统互通安排进行跨境收付活动，应遵守国家有关外汇法规制度的规定。两地支付互通安排首先开通港元、美元、欧元和英镑四个币种的跨境支付业务，然后再根据市场需求决定是否开通其他币种的跨境支付业务。

其中，港元、美元和欧元支付互通安排是指，中国境内外币支付系统通过内地代理结算银行及其香港指定代理行与香港的港元、美元及欧元即时支付系统进行连接，两地参与银行可分别通过两地的支付系统发起和接收相关币种跨境支付业务。英镑支付互通安排是指，中国境内外币支付系统通过内地代理结算银行与其香港指定代理行的网络进行连接，内地参与银行和香港银行可分别通过中国境内外币支付系统和香港指定代理行的网络，发起和接收相关币种跨境支付业务。目前，港元、美元、欧元和英镑的内地代理结算银行分别为中国建设银行（行情股吧）、中国银行（行情股吧）、中国工商银行（行情股吧）和上海浦东发展银行，其香港指定代理行分别为中国建设银行香港分行、中国银行（中国香港）、中国工商银行（亚洲）和花旗银行（中国香港）。

两地支付互通安排的建立，可为亚洲区内银行提供同时区的支付渠道，有利于提高两地跨境多种货币支付的效率和降低两地跨境支付的风险和成本。同时，该项安排也有助于两地的参与银行提高其资金运用效率，增强其资金管理及跨境支付业务的竞争力，进一步密切两地的经济金融联系。

问题：请自行查阅资料，了解哪些国家或地区的跨行支付系统能够处理多种货币，哪些国家或地区的支付系统是互通的。

1. 资料来源：http://www.gov.com.cn   2010.08.16发布 作者进行了改编
2. 资料来源：http://www.pbc.gov.cn

本 章 小 结

跨行支付的发展是与支付系统的演变、发展密切相关的。由于各家商业银行都拥有数目众多的分支机构，依据地域范围进行运作，形成了复杂而分割的支付环境。中国支付系统受到环境、文化、经济条件、基础设施等诸多因素的影响，可分为同城清算所、小额批量电子支付系统BEPS、大额实时支付系统HVPS、授权系统AS、证券簿记系统SBES、国际支付系统IPS以及银行卡系统。

国际上较为有影响力的跨行支付系统有：环球同业银行金融电信协会SWIFT、美国的清算所同业支付系统CHIPS、美元支付系统——联邦资金转账系统FEDWIRE、欧盟实时全额自动清算系统TARGET。这些系统的支付、结算流程以及信息传输格式等都值得借鉴和学习。

本 章 习 题

一、选择题

1. SWIFT 是一个（   ）。
   A．美元国际支付系统
   B．英镑票据清算系统
   C．传递银行间金融交易的电信系统
   D．欧元区各成员国中央银行的大批量实时清算系统

2. CHIPS 是（   ）。
   A．美元国际支付系统
   B．英镑票据清算系统
   C．传递银行间金融交易的电信系统
   D．欧元区各成员国中央银行的大批量实时清算系统

3. TARGET 是（   ）。
   A．美元国际支付系统
   B．英镑票据清算系统
   C．传递银行间金融交易的电信系统
   D．欧元区各成员国中央银行的大批量实时清算系统

4. 以下属于由不同国家共同组建的跨国支付清算系统的是（   ）。
   A．CHIPS   B．CHATS
   C．TARGET   D．CHAPS

5. RTGS 是指（   ）。
   A．实时全额结算系统   B．交换轧差结算系统
   C．当天资金   D．清算所自动转账系统

二、简答题

1. 什么是同城清算系统？它的主要功能有哪些？
2. 中国现代化支付系统包括哪几部分？
3. TARGET 系统对欧盟国家间的欧元结算有何重要意义？
4. 简述小额批量电子支付系统的功能。
5. 简述大额实时支付系统的功能。
6. 简述 SWIFT 的服务内容。

三、讨论题

登录中国人民银行网站（http://www.pbc.gov.cn），通过网站了解中国现代化支付系统的结构及各项业务，思考中国现代化支付系统的发展趋势。

第 12 章

电子支付法律制度

学习目标

1. 了解电子支付的概念与性质及其在电子商务活动中的地位和作用。
2. 掌握电子支付的特点与基本原则。
3. 了解当前国际电子支付立法特点。
4. 掌握电子支付有关法规内容。
5. 熟悉国际电子支付的立法特点。
6. 掌握我国电子支付的发展趋势。

案例导入

私设盗码器案

朱某是一家快递公司的老板,2003年5月的一天,他像往常一样,到银行把当天收的快递费存起来。然而当他存好钱核对存款余额时,却发现卡里的钱都不见了。朱某妻子到银行查询了账户支取记录,银行还告诉她,这笔钱是在刚刚过去的星期天被取走的,而这段时间自己和丈夫都没有离开上海。朱某夫妇随即向上海市徐汇区公安分局报了案。

在公安局朱某了解到,遇到这种事的竟然不只他们一家,公安局已经接到了多起这样的报案。跟朱某一样,陆慧也遇到了同样的情况。几乎所有报案者的钱都是在湖南境内被取走的,而且钱被取走的时间也都是在2003年5月的下旬。就在上海警方一筹莫展的时候,从浙江杭州传来一个资料:在一家自助银行的门口发现了这样的异常装置,这个装置将原有的进门刷卡设备完全覆盖,并用胶带固定。杭州警方经过检测,初步断定这个装置是专门用来盗取持卡人的账户信息和密码的,警方称之为盗码器,是犯罪分子作案之后留下的。这就给案件的破获留下了突破口,因为银行的刷卡设备只有特定的厂家生产销售,并且有严格的购买登记手续,对这些登记排查后,有两名湖南籍男子进入了警方视线,并很快将他们抓获归案。

2004年1月,上海市徐汇区人民法院对这起利用盗码器犯罪的案件进行了审理。

两名犯罪分子中有一名姓罗,在计算机方面有专长,是整个案件的策划者。另一名罪犯叫陈某,是案件的实施者。陈某把盗码器装在门禁上就可以了。罗某说可以装在上面,要取钱的人就在上面刷。盗码器上端的槽就是用来刷卡的,在槽的下方还有一行字:刷卡后请按密码确认。通常自助银行门禁系统的刷卡装置只需刷卡无须输密码,而朱某和陆慧后来回忆,当天确实有个奇怪的情况,刷了卡门没有开,还按提示输入了密码。

犯罪分子交代,他们作案的地点都是选择繁华路段的自助银行作案,并且作案的时间都是在夜幕降临的时候,这时候,银行的工作人员已经下班,夜色也可以为他们提供掩护,这时候对进门装置的异常也不易看清。朱某、陆慧等持卡人在夜晚取钱都是有急用,对输入密码的异常要求也不会过多警觉,这就使犯罪分子有了可乘之机。法院判决:罗某、陈某构成金融诈骗罪分别判处有期徒刑 15 年、有期徒刑 4 年。

另外,本案中两名犯罪分子已经把赃款挥霍一空,持卡人认为自己所遭受的损失应该由银行承担,而银行则认为不该赔,据记者了解,用户已经将银行为被告起诉到法院,本栏目将继续关注。

问:1. 此案警示持卡人自己应如何预防密码被盗?
　　2. 银行应如何加强安全管理防御银行卡犯罪?
　　3. 刑法应如何加大对信用卡犯罪的惩治力度?

12.1　电子支付概述

12.1.1　电子支付的内涵

(一)电子支付的概念

根据 2005 年 6 月 9 日中国人民银行公布的《电子支付指引(征求意见稿)》的表述,电子支付是指单位、个人(以下简称客户)通过电子终端,直接或间接向银行业金融机构(以下简称银行)发出支付指令,实现货币支付与资金转移。

电子支付的业务类型按电子支付指令发起方式分为网上支付、电话支付、移动支付、销售点终端交易、自动柜员机交易和其他电子支付。

电子支付实质上是以电子计算机及网络为手段,用数字化信息取代传统支付工具,实现资金转移的一种支付方式。它可以从广义和狭义两个方面加以理解。狭义的电子支付主要是指以电子方式,或者称为无纸化方式进行的电子资金划拨业务。而广义的电子支付,除了电子资金划拨以外,还应该包括与电子支付相关的各种业务,如电子货币业务等。

本章讨论的电子支付主要围绕电子资金划拨业务展开,有关电子资金划拨的详细内容在后面介绍,下面我们首先介绍电子支付的主要形式和特征。

(二)电子支付的特征

与传统的支付方式相比,电子支付有以下特征:

(1)电子支付是采用先进的技术,通过数字流转来完成信息传输的,其各种支付方式都是采用数字化的方式进行款项支付的;而传统的支付方式则是通过现金的流转、票据的转让及银行的汇兑等物理实体流转来完成款项支付的。

(2)电子支付的工作环境是基于互联网这样一个开放的系统平台之中;而传统支付则是在较为封闭的系统中运作。

(3)电子支付使用的是最先进的通信手段,如 Internet、Extranet;而传统支付使用的则是传统的通信媒介。电子支付对软、硬件设施的要求很高,一般要求有联网的微机、相关的软件及其他的一些配套设施；而传统支付则没有这么高的要求。

（4）电子支付具有方便、快捷、高效、经济的优势。用户只要拥有一台联网的微机，便可以足不出户，在很短的时间内完成整个支付过程。支付费用仅仅相当于传统支付的几十分之一，甚至几百分之一。

（三）电子支付发展趋势

随着互联网的蓬勃发展，网上购物对于消费者来说已经从一个新鲜未知的事物变成了日常生活的一部分，当当、淘宝等网站在很多消费者看来，等同于西单图书大厦、家乐福这些有着实际店面的商家，甚至比他们还要方便。对于办公族来说，去网上商店挑几件商品，通过电子支付的方式结算，再由快递或邮寄送到手上，已经成为一件驾轻就熟的事情。

作为网上购物特征之一的网上电子支付，也得到了越来越多消费者的认同和信任。从我国的情况来看，据2004年11月16日CNNIC在京发布的第二次《中国互联网络热点调查报告》中显示：41.8%的消费者在网上购物时通过网上电子支付的方式进行付款，绝大多数消费者对网上电子支付的安全性和便捷表示非常满意。

而从美国的情况看，据美国技术市场调查公司加特纳公司2002年10月9日公布，截止到该年年底，使用因特网电子支付方式的美国成年人将达到22%，高于去年的16%。这家公司进行的一次调查结果显示，尽管使用因特网电子支付手段仍然缺乏安全保障，但在网上电子付账的人数仍在不断增加。该公司预测，到2005年底，在美国成年人中，使用网上账户和电子付账的消费者比例将上升到45%。

对于众多的网上商家而言，网上电子支付也是个最好的选择。因为其他传统的支付方式如银行汇款、邮政汇款等，都需要购买者去银行或邮局办理烦琐的汇款业务；而如果采用货到付款方式，又给商家带来了一定风险和昂贵的物流成本。因此，电子支付也是发展的必然趋势。是电子商务的要素之一。

12.1.2 电子支付的形式

在传统商务活动中，支付主要采用两种方式：一是票据支付，多用于企业间的商贸过程；二是现金，常用于企业对个人消费者的商品零售过程。在电子商务环境下，传统的支付方式已不适应商务活动电子化的要求，而必须由全新的电子支付方式来代替。由于使用的传输网络、传输协议和支付程序的不同，电子支付的形式也越来越多。这些支付形式概括地可以分为如下三种：

（1）电子货币（E-money）

电子货币又称为数字货币（Digital money），如电子现金（Electronic cash）、电子钱包等。它是现实世界货币的电子或数字模拟，具有多用途、灵活性、匿名性、快速简便的特点。它把现金数值转换成一系列的加密序列数来表示现实中各种金额的币值。当使用者需要支付或清偿债务时可以通过电子化媒介或方法，将该电子数据直接转移给支付对象。电子货币存储于银行服务器和用户计算机终端上，通过互联网流通。电子货币主要用于小额交易，其优点是可以提高效率和方便用户使用。

（2）电子支票（E-check）

电子支票（Electronic check）是作为纸张支票的电子替代品而存在的，同纸张支票的功能类似。其内容包括有关支票的用户自定义数据以及在纸张支票上可以见到的信息,如被支付方姓名、支付方账户信息、支付金额和日期等。

电子支票既适合个人付款,也适合企业之间的大额付款。使用电子支票付款时,客户手中使用的不再是传统的支票簿,而是电子支票簿。它是一种类似 IC 卡的硬件装置。这个卡片大小的装置中有一系列程序和设备,插入客户的计算机的插口以后,客户通过密码或其他手段激活这个装置,使其正常运作,这个装置就能够像传统的支票簿一样在电脑的屏幕上显示出支票来。客户只需要像填写纸张支票那样在上面填写相应的信息即可。填写完毕,客户的电子支票簿中装有其私人密钥,电子支票簿会自动生成客户的电子签名。同时,像一个信封一样把购货等相关信息封装起来。当客户把这张"支票"通过网络传给商家以后,商家会使用同样的签名技术在支票上进行"背书",并把经过"背书"的电子支票交给自己的开户银行,开户银行通过银行间的清算设备和网络同客户的开户银行进行结算。最后,通知商家钱已经到了商家的账户上,客户的开户银行也会通知客户,支票上的钱已经付给对方。

电子支票根据其处理的类型可以分为两类:一类是借记支票(Credit check),即债权人向银行发出支付指令,以向债务人收款的划拨;另一类是贷记支票(Debit check),即债务人向银行发出支付指令,以向债权人付款的划拨。

(3) 卡基支付(Credit card based system)

卡基支付是一种以电子信用卡为基础的支付方式,是通过专用网络或互联网传送信用卡号码来完成支付的。持卡人对其所传送的信息,先进行电子签名,然后将信息本身、电子签名经过 CA 认证机构的认证以后,连同电子证书等一并传送至商家。卡基支付主要包括如下几种形式:

- 账号直接传输形式。即客户在网上购物后把信用卡号码信息加密后直接传输给商家。但要求商家有良好的信誉,否则客户难以放心地将信用卡号码予以告知。
- 专用账号方式。这种支付方式要求商家在银行的协助下核实每一个客户是否为银行卡的持卡人,并且由商家为每一个客户建立一个与银行卡对应的虚拟账户,每个虚拟账户都有一个独立的账号和密码。当客户使用虚拟账户在互联网上付款时,账号和密码在加密后被传输到商家系统,避免在网上直接使用银行卡的卡号和密码,保证了银行卡账户的安全。因而,是一种具有较高安全性的支付方式。
- 专用协议形式。这种方式的关键点是在客户、商家和电子支付服务供应商之间采用一种专用加密协议,把信用卡账号转化为密码。由电子支付服务供应商向其客户和商家免费提供客户端软件。这种软件自动地通知商家把电子订购表格发送给客户,让客户填写姓名和信用卡号码,再通过这种软件译成密码发送给商家。由于采用这种具有加密功能的软件及特殊的服务器,商家无法从客户的支付数据中得到信用卡账号的任何信息,保证了支付信息的安全性。
- 安全电子交易(SET)方式。SET(Secure Electronic Transaction)规范是由 Master Card 以及 Visa 两大国际知名的信用卡组织及其一些跨国公司共同开发的安全交易规范,主要用于保障互联网上信用卡交易的安全性。由于安全电子交易规范提供商家和收单银行的认证,确保了交易数据的安全性、完整可靠性和交易的不可抵赖性,特别是具有保护消费者信用卡号不暴露给商家等优点,因此它成为目前公认的信用卡/借记卡网上交易的国际标准,是未来电子支付系统的发展方向。

（二）电子资金划拨概念

随着计算机在银行中的应用，银行在一定程度上已能将现钞、票据等实物表示的资金转变成由计算机中存储的数据（Data）表示的资金；将现金流动、票据流动转变成计算机网络中的数据流动。这种以数据形式存储在计算机中并能通过计算机网络而使用的资金被形象地称为电子货币，其赖以生存的银行计算机网络系统被称为电子资金划拨系统。在美国，80%以上的美元支付是通过电子方式进行的，每天大约有两万亿美元通过联储电划系统（Fedwire）与清算所银行间支付系统（CHIPS）划拨。

按美国 1978 年《电子资金划拨法》规定，电子资金划拨不以支票、期票或其他类似票据为凭证，而是通过电子终端、电话、电传设施，计算机、磁盘等命令、指示或委托金融机构向某个账户付款或从某个账户提款；零售商店的电子销售安排、银行的自动提款交易、银行客户通过银行电子设施进行的直接存款或提款等，均为"电子资金划拨"或称"电子资金转移（Electronic fund transfer）"。

电子资金划拨系统根据服务对象的不同与支付金额的大小分为小额电子资金划拨系统（又称零售电子资金划拨系统）和大额电子资金划拨系统（又称批发电子资金划拨系统），小额电子资金划拨和大额电子资金划拨并无明确的数量界限，但是由于人们所进行的支付所涉及的范围非常之广泛，很多的电子资金划拨系统已专门化，有的主要服务大额商事交易，有的主要服务小额个人交易。大额电子资金划拨服务于银行及银行客户，划拨资金额度大、数量多，在电子划拨中处于主要地位；小额电子资金划拨系统的服务对象主要是广大的个人消费者、从事商品和劳务交换的工商企业，这些交易活动的特点是交易发生频繁，但交易金额相对较小，一般用银行卡发动交易。

大额电子资金划拨系统主要有：美联储电划系统（FEDWIRE）、清算所银行间支付系统（CHIPS）、环球银行间金融电讯协会（SWIFT）、日本银行金融网络系统（BUJ-NET）、瑞士银行间清算系统（SIC）。

由于小额交易活动的多样化要求及实现交易的便利程度设计，小额电子资金划系统有多种，常见的主要有自动柜员机（ATM）、销售点终端（POS）、居家银行服务（Home banking）、自动清算所（ACH）及部分网上银行业务。在美国，目前大约有一亿张银行卡在使用中，在中国人民银行的组织下，我国 12 个银行卡工程试点城市的银行卡网络中心已全部投入运行，实现了各发卡行业务联营和设备资源共享，中国人民银行组织各商业银行正式成立了全国银行卡信息交换总中心。到 1999 年年底，我国共发行信用卡 8 000 多万张，装备 ATM 近 20 000 台，POS26 万多台。

电子资金划拨根据发起人不同，可以分为贷方划拨和借方划拨。贷方划拨（Credit transfer）是由债务人发起的划拨，即债务人（支付人）向其开户银行发出支付命令，将其存放于该银行账户的资金，通过网络与电讯线路，划入债权人（收款人）开户银行的一系列转移过程。借方划拨（Debit transfer）是由债权人发起的划拨，即债权人（收款人）命令开户银行将债务人（支付人）资金划拨到自己的账户。现存的用于大额支付的电子划拨系统都是采用贷记划拨方式。

12.2 电子支付工具的法律问题

12.2.1 电子货币法律制度

电子货币是一种新型的电子支付工具,具有取代纸币或现金的潜力,由此就产生了一系列的法律问题。例如对中央银行货币政策和监管的影响、个人信息和商业秘密的特殊保护、安全问题、跨国电子货币洗钱等,这些问题正在引起各国中央银行以及相关机构的高度重视。由于电子货币与计算机和网络技术有着密不可分的联系,所以电子货币的法律问题与传统货币的法律问题既有重合,又有全新的领域,改善法律规范不足之局面势在必行。

一、电子货币的定义

1998年巴塞尔银行监管委员会(BCBS)将电子货币界定为:在零售支付机制中,通过销售终端、不同的电子设备以及公开网络(如 Internet)上执行支付的"储值"和预付支付机制。巴塞尔银行监管委员会的定义包含了电子货币中的在线交易和离线交易,是较为准确、完整的电子货币概念。

一般认为,电子货币是指利用计算机网络包括专用网络和国际互联网来完成交易的具有支付结算功能的货币的总称。国际清算银行在2002年11月出版的"Survey on electronic money developments"报告中根据载体的不同,将电子货币分为以下两大类:以卡片为基础的电子货币和以互联网为基础或以软件为基础的电子货币。也可以根据具体的支付形式的不同,将电子货币分为4个不同的类型:"储值卡型"电子货币、"信用卡应用型"电子货币、"存款利用型"电子货币和"现金模拟型"电子货币。

二、电子货币的作用

电子货币作为一种新兴的支付工具,对经济发展、消费理财乃至政府宏观调控都具有积极的作用。

(一)对经济发展的作用

(1)有利于提高货币的使用效率,加速货币流通,促进商品经济的繁荣。
(2)通过消费信贷功能来刺激消费,有利于经济增长。
(3)有利于社会理财。
(4)有利于加强宏观调控。
(5)有利于培植新的产业,加快电子化发展。

(二)对银行业的挑战

(1)电子货币改变了银行业的服务方式。
(2)改变了银行业务结构。
(3)改变了银行的经营战略。

电子货币本身就是金融业和其他高技术行业的结合体。电子货币的发展,同时也可以推动相关支持产业的进步和发展,甚至培育出很多新兴产业,促进国民经济的发展。相信随着电子货币的发展,必将带动诸多新兴产业,走上蓬勃发展之路。充分利用信息和科技手段,把握住金融电子化发展的机遇，把客户的需求和市场竞争的挑战变成动力，努力拓展现代商业银行建设的深度和广度，把银行的业务柜台推向商户、推向网际网络、推向人们生活的各个角落，这是现代商业银行明智的战略选择。

三、电子货币的职能

与传统纸币相比，电子货币具有它独特的性质，至少可以从以下四个方面分析电子货币与传统纸币的区别：①发行主体多元化。②风险程度不一。③流通和使用范围广泛。④防伪技术不同。

各种类型的电子货币其货币的职能都是不变的。如价值尺度职能；流通手段职能；储存手段职能；世界货币职能；尤其是电子货币的支付手段职能：电子货币比黄金、纸币更具支付中介的优势，能将商业信用和银行信用有效地组合在一起，通过信用进行交易，形成可相互抵消的债权债务关系。这是支付工具进步的表现。

四、国外电子货币法律制度的经验

电子货币自从 1995 年由英国国民西敏寺银行开发出来以后，在各国发展迅猛。以英国为例，截至 2011 年，英国的电子货币流通量约为 2.5 亿英镑，占到欧盟地区的 30%，远远高于欧洲其他国家。

新加坡可以说是世界上应用电子货币最为成功也最为广泛的国家，其 2000 年就宣布要在 2008 年全部改用电子货币，并将电子货币作为政府发行的法定货币，所有商业企业和服务机构都必须接受，否则将面临处罚。目前，新加坡电子货币的交易量占到其所有非现金支付工具交易量的 90%。

日本 2007 年电子货币的应用和推广发生暴发式增长主要得益于电子货币联网通用的开始，即电子货币可以进行跨行业使用。预计到 2020 年，将有望和信用卡并驾齐驱，成为日本最重要的两种非现金支付工具。

欧盟先后颁布了两个专门法令（2000/12/EC 指令和 2009/110/EC 指令）对电子货币进行监管，对电子货币采取了严格的立法模式。

美国主张应该给予电子货币一个宽松的发展环境，将电子货币纳入货币监管的范畴，在原有的监管规则上进行完善使其满足电子货币的监管需要。

五、国内电子货币法律的发展趋势

我国的电子货币虽然起步较晚，但发展速度惊人，从 1993 年建设"金卡工程"开始，以电子货币应用为重点的各类卡基应用系统发展迅速，目前涉及行业包括交通、餐饮、娱乐、旅游、通信、加油站、收费站、社保医疗、水电等。在我国，电子货币的主要表现形式是电子钱包。电子货币的发展不断满足了使用者的多种需求，实现了经济活动的高效率。因此伴随着电子货币的出现，一系列的法律问题也呈现在我们面前。在我国，1999 年颁发的《银行卡业务管理办法》第七条规定，储值卡属于借记卡范畴，不具备透支功能。

我国在 2004 年颁布了《电子签名法》。《电子签名法》的颁布为以后适用电子货币过程中出现的电子签名提供法律保障。2005 年颁布的《电子支付指引（第一号）》，主要规定银行与客户在电子支付中的权利义务关系，为电子货币以后在银行间系统流转提供了法律保障，但也并未涉及电子货币的相关问题。2010 年 9 月 1 日实施的《非金融机构支付服务管理办法》

对非金融机构开展支付业务的准入，非金融机构的监督与管理和人民银行工作人员、商业银行、支付机构等各责任主体相应承担的法律责任等进行了规定。主要是人民银行工作人员、商业银行、支付机构等各责任主体对以欺骗手段获得《支付业务许可证》、未按照规定履行的反洗钱义务等应承担的相应的法律责任。

  六、我国电子货币立法具有坚实社会基础

  我国各种类型的电子货币卡发展迅速，已渗透到日常生活的各个领域，成为人们日常生活中不可缺少的重要组成部分，极大地提升了整个社会的运行效率，有利于刺激消费，减少现金交易。这使得我国电子货币的立法具有相应的社会基础，能够提供丰富、典型的案例供立法者在立法过程中参考，以达到调整现有法律关系并对未来可能的发展情况进行一定程度预判的立法目的。目前，我国电子货币的发行商以第三方支付机构和银行为主。支付宝和财付通是运行网基型电子货币最成功的两家第三方支付机构，现在几乎任何一家从事电子商务的企业网站都会内置支付宝或财付通供顾客作为支付方式；而银行则成功发行卡基型电子货币，即金融IC卡。该卡可以加载社保、公交、医疗等功能，实现"一卡通"，我国电子货币立法已经具备了坚实的社会基础，立法可以做到有的放矢，目标明确，不会出现为了与国际接轨强行立法后缺少调整对象的尴尬局面。近几年，政府部门（主要是人民银行）出台了相关的规章、办法以期规范电子货币发展。如2009年发布的《中国人民银行公告〔2009〕第7号》，2010年制定的《非金融机构支付服务管理办法》，2011年国务院办公厅转发人民银行监察部等部门《关于规范商业预付卡管理意见的通知》，2012年制定的《支付机构预付卡业务管理办法》等。从以上介绍可以看出，近几年我国对于电子货币的相关立法日益完善，解决了此前电子货币无法可依的局面。我国目前的总体立法思路是既鼓励电子货币的发展创新，又积极预防电子货币可能带来的风险，符合电子货币本身的发展规律，促进了电子货币的健康发展。

12.2.2 电子票据法律制度

  电子票据是诞生在以互联网技术在全球普及，各国政府都在大力推广电子商务的背景下的。随着现代金融业电子化的发展，电子票据的功能被一步步拓展，纸面票据和电子票据的差异在慢慢缩小。由于大多数国家在电子支付立法方面都持积极和开放的态度，因此，将来的票据统一化，将是电子票据的统一。同传统票据相比，电子票据更加方便、快捷与安全。虽然电子票据有种种传统纸质票据无可比拟的优势，却仍然在诸多方面受到限制，比如电子终端的普及，网络安全问题，电子票据权利人对电子票据的接受度等。在全球经济一体化的时代背景下，按照市场需求对电子票据进行法律规制，符合票据立法的国际思潮，因此，需要努力推广电子票据实际运行，建立权威的电子票据法律制度，实现电子票据的自由流通。

  一、电子票据的概念与特点

  以网络应用为核心的数字化时代的到来，使市场交易中支付结算工具和结算方式发生了深刻的变革。通过电子支付清算系统对资金进行转账和划拨，成为银行支付结算发展的方向。如果说书面票据的出现代替现金支付是市场交易中支付工具与支付方式的第一次革命的话，那么以无形化的电子数据形式代替书面票据支付则是支付结算领域的第二次革命。电子票据被认为是代表未来金融发展方向的最佳支付工具之一。当前与电子票据有关的法律主要包括：电子签名与认证、网络交易安全以及个人信息保密等法律。

电子票据的核心思想就是将实物票据电子化，电子的票据可以如同实物票据一样进行转让、贴现、质押、托收等操作。传统票据业务中的各项票据业务的流程均没有改变，只是每一个环节都加载了电子化处理手段，使我们业务操作的手段和对象发生了根本的改变。与传统纸质票据相比，电子票据有明显的优势。

二、我国电子票据的发展历史

电子票据是利用数字信息代替纸质票据的一种电子支付工具。我国很重视电子票据市场的开发，早在2003年6月30日就借助中国外汇交易中心的资源，建立了全国统一的网络化票据市场服务平台——中国票据网，为金融机构间票据转贴现、票据回购等业务提供报价、查询服务，标志着我国票据市场电子化开始起步。2004年8月28日，第十届全国人大第十一次会议通过了《中华人民共和国电子签名法》，确定了数据电文的合法性，提出了功能等同原则，明确了电子签名的法律效力，为电子票据业务提供了法律基础。

2005年4月5日，招商银行和TCL集团在深圳签署了"票据通—网上票据"全面业务合作协议，宣布国内首张电子票据问世，拉开了国内票据市场电子化的序幕。该票的开出预示着票据电子化时代已在我国股份制银行全面拉开。

2009年10月28日，由人民银行开发建设的电子商业汇票系统顺利建成并上线运行，标志着我国票据市场迈入了电子商业汇票交易新时期。电子商业汇票系统是依托网络和计算机技术，接收、登记、存储、转发电子商业汇票数据电文，提供与电子商业汇票货币给付、资金清算行为相关服务，并提供纸质商业汇票登记查询和商业汇票公开报价服务的综合性业务处理平台。

我国台湾地区对电子票据的定义较统一、明确和简单。"电子票据是指以电子方式制成之票据，包括电子支票、电子本票及电子汇票。"票据各方关系人在法律上的权利义务，均十分明确，比现有的其他电子付款工具更能得到法律的确认与保障。所以，电子票据应在我国票据法当中获得一个法律地位，而不必再出台一部新的法律。

三、我国电子票据法制的现状

目前，除了《票据法》以外，我国已出台了《电子签名法》以及其配套实施细则《电子认证服务管理办法》《电子商业汇票业务管理办法》等等。这些法律制度弥补了我国信息化领域立法的空白，为我国电子票据立法指明了方向。但仅凭这几部法律还不足以解决电子票据交易中出现的所有问题。

2009年，人民银行电子商业汇票系统上线运行，商业汇票签发、承兑、转让、贴现、转贴现、再贴现各个环节实现电子化。2010年业内人士提出，伴随中国票据市场迅速发展，电子票据、票据影像、支付密码应尽快有其法律"身份"。

现行《票据法》受立法当时政治经济技术环境制约，未确立电子票据、票据影像、支付密码的法律地位，未对新型电子票据业务、票据关系作出前瞻性规定，而中国人民银行发布的《电子商业汇票业务管理办法》等规定，由于法律效力层级不够，难以有效调整电子化票据行为，影响并制约了票据业务、票据市场的发展。中国应尽快修订《票据法》，确立电子票据、票据影像、支付密码的法律地位，对新型电子票据业务、票据关系作出规定，为加快票据业务信息化发展营造良好法治环境。

电子票据交易中各方当事人之间的权利义务关系以及当事人的法律责任是电子票据交易中应规范的核心内容，但这些内容在我国尚属空白。要解决这一问题当务之急便是对我国的电子票据进行立法，明晰适用范围、各主体的权利义务以及责任。只有这样才能有助于人们在从事电子票据交易的过程中做到有法可依，从而进一步推动我国电子票据的繁荣发展。电子票据法律规范的建立不仅要考虑电子票据自身的特点，还应该兼顾现有的法律制度。因此，如何在现有的法律制度的基础上，发展和完善电子票据的法律规则以及采取何种立法模式使新规与旧制之间能够形成和谐的统一体，成为当今迫切需要解决的问题。

为推动电子商务的发展，我国于2005年实施了《电子签名法》，该法为电子票据发展解决了一个核心问题，即确定了电子签名的法律效力和肯定了数据电文法律原件形式。2009年10月16日中国人民银行也颁布了《电子商业汇票业务管理办法》(中国人民银行令(2009)第2号)，但《票据法》并未紧随其后进行更改。由于电子票据在书面形式、签章、原件等方面已经突破了传统纸质票据的理论范畴，我国原有的《票据法》已无法有效调整电子票据涉及的法律关系，由此导致了电子票据相关主体的法律地位及权利义务模糊不清，相关的权益尤其是消费者权益得不到充分保护。法律的不健全打击了客户办理电子票据业务的积极性，制约了电子票据业务的进一步发展。电子票据交易的无纸化和瞬时性特点，又决定了电子票据业务的经营风险远远高于传统业务的风险，制定电子票据相关的法律制度迫在眉睫。

四、构建我国电子票据法律体系

电子票据是一种新型的电子化票据，其借鉴传统票据关于支付、流通、结算和融资等功能，利用数字网络将钱款从一个账户转移到另一个账户，利用电子数据代替纸张进行资金的传输和储存。电子票据依托于网上银行的在线交易模式，以标准化的格式规范票据的形式，以电子数据的方式来完成各票据主体间资金的流转和自动处理，是无纸化票据。鉴于电子票据的特殊性，在《票据法》中很难详尽地对其进行规范，应在修改增加现行票据法相关规定基础上，制定相关的配套规范性文件对电子票据法律进行细化。

2009年10月28日，中国人民银行组织建设的电子商业汇票系统（ECDS）正式开通运行，第一批上线的20家机构（包括11家全国性大银行、2家地方性商业银行、3家农村金融机构和4家财务公司）正式接入ECDS办理系统支持的各项业务。ECDS的建立，全面革新了商业汇票的操作模式和制度规则，开创了电子票据业务和电子票据市场的先河，是中国票据发展史上的里程碑，标志着我国进入商业汇票电子化时代，将对我国金融市场产生重大而深远的影响。

五、制定电子票据业务法律制度

为适应先进的网络技术发展，应尽快制定电子票据相关的法律制度，明确电子票据的法律界定，赋予电子签名法律地位，确保电子票据业务合法有效，促进其健康发展。

采取多种措施鼓励和支持电子票据业务发展，一是要加强电子票据业务宣传，提高客户对电子票据的认知度，让更多的社会公众了解电子票据的优越性，主动使用电子票据办理结算业务；二是要给予利用优惠贴现利率、降低电子票据结算费率水平等措施，提高产品的吸引力，加速对电子票据的推广应用。

12.3 电子支付的法律关系

12.3.1 电子支付的当事人及其权利和义务

（一）电子支付的当事人

从法律关系的角度来划分，电子支付的当事人可分为付款人和收款人。而付款人和收款人要完成电子支付还需要另外两个重要的当事人，即银行（包括发起行、接收行、转发人）和认证机构。付款人和收款人也是银行和认证机构服务的客户。电子支付的当事人如表12-1所示：

表 12-1 电子支付的当事人

当事人	含义
发起行	指发起电子支付指令的客户的开户银行
接收行	指电子支付指令接收人的开户银行。接收人未在银行开立账户的，指电子支付指令确定的资金汇入银行
转发人	指发起行和接收行以外，有资格从事接收、传送电子支付指令或有关电子支付数据交换的机构
付款人	即电子支付中付出款项的一方，通常为消费者或买方
收款人	即电子支付中接受付款的一方，通常为商家或卖方
认证机构	即CA，通过付款人、收款人和银行提供证书服务，以确认支付各方的真实身份，通常为认证中心或鉴定机构

以上所称的"电子支付指令"，是指客户通过电子终端发出的，要求其开户银行无条件支付可确定金额的货币给确定接收人的命令。电子支付指令与纸质支付凭证可以相互转换，两者具有同等效力。

（二）电子支付当事人的权利和义务

2005年6月9日中国人民银行公布的《电子支付指引（征求意见稿）》，对电子支付当事人的权利和义务做了如下规定。

1. 银行的权利和义务

（1）银行应根据审慎性原则，确定办理电子支付业务客户的条件。

（2）办理电子支付业务的银行应公开披露以下信息：

- 银行名称、营业地址及联系方式；
- 所提供的电子支付业务种类和收费标准等；
- 客户办理电子支付业务的条件；
- 明示电子支付交易可能产生的风险，提醒客户妥善保管电子支付交易存取工具（如卡、密码、密钥、电子签名制作数据等）的警示性信息；
- 争议及差错处理办法。

（3）银行应认真审核客户申请办理电子支付业务的基本资料，并以书面或电子方式与客户签订协议。银行应按会计档案的管理要求妥善保存客户的申请资料，保存期限至该客户撤销电子支付业务后5年。

（4）银行为客户办理电子支付业务，应根据客户性质、电子支付业务类型、支付金额等，与客户约定适当的安全认证方式，如密码、密钥、数字证书、电子签名等。安全认证方式的约定和使用应遵循《中华人民共和国电子签名法》《商用密码管理条例》等法律法规的规定。

（5）银行要求客户提供有关资料信息时，应告知客户所提供信息的使用目的和范围、安全保护措施，以及客户未提供或未真实提供相关资料信息的后果。

（6）客户利用电子支付方式从事违反国家法律法规活动的，银行应按照有关部门的规定停止为其办理电子支付业务。

2. 客户的权利和义务

（1）申请办理电子支付业务的客户应在其按规定开立的账户中，指定办理电子支付业务的账户。该账户也可用于办理其他支付结算业务。客户未指定的账户不得办理电子支付业务。

（2）客户与银行签订的电子支付协议应包括以下内容：
- 客户指定办理电子支付业务的账户名称和账号；
- 客户应保证办理电子支付业务账户的支付能力；
- 双方约定的电子支付业务类型、交易规则、安全认证方式等；
- 银行对客户提供的申请资料和其他信息的保密义务；
- 银行根据客户要求提供交易记录的时间和方式；
- 争议及差错处理和损害赔偿责任；
- 双方的其他权利和义务。

（3）有以下情形之一的，客户应及时向银行提出电子或书面申请：
- 终止电子支付协议的；
- 客户基本资料发生变更的；
- 约定的安全认证方式需要变更的；
- 客户与银行约定的其他情形。

3. 电子支付指令收发中各方的权利义务

（1）客户应按照其与发起行或转发人的协议规定，发起电子支付指令。

（2）电子支付指令的发起行或转发人应建立必要的安全程序，对客户身份和电子支付指令进行确认，并形成日志文件等记录，按会计档案的管理要求进行保存，保存期限至该客户撤销电子支付业务后5年。

（3）发起行或转发人应采取有效措施，保证客户发出电子支付指令前能够对指令的准确性和完整性进行充分确认。

（4）发起行或转发人应确保正确执行客户的电子支付指令，对电子支付指令进行确认后，应能够向客户提供纸质或电子交易回单供客户索取。发起行或转发人对客户的电子支付指令执行后，客户不得申请变更或撤销电子支付指令。

（5）转发人、发起行、接收行应确保电子支付指令传递的可跟踪稽核和不可篡改。

（6）转发人、发起行、接收行之间应按照协议规定及时发送、转发、接收和执行电子支付指令，并回复确认。

（7）电子支付指令需转换为纸质支付凭证的，其纸质支付凭证必须记载以下事项，具体格式由银行确定：

- 发起行（或转发人）名称和签章；
- 付款人名称、账号；
- 接收行名称；
- 收款人名称、账号；
- 大写金额和小写金额；
- 发起日期和交易序列号。

12.3.2 小额电子支付当事方的法律关系

小额电子支付又称消费者电子支付，在电子支付的实施过程中会涉及多个当事方。他们之间存在着多种法律关系，如交易关系、合同关系、债权债务关系、借贷关系、委托代理关系、认证关系等等，关于各方当事人的关系，各国法律大多都认为是合同关系。事实上小额电子支付就是通过一组合同来调整所涉及各方当事人之间的法律关系。这些法律关系均建立在合同关系的基础之上。具体如下：

（1）付款人与收款人之间是买卖合同关系。付款人之所以进行电子支付，往往是付款人与收款人之间存在买卖合同关系，最普遍的是货物买卖合同的买方指示其开户银行发送货款以履行其货物买卖合同中的付款义务，且卖方同意买方以电子支付方式支付货款。

（2）付款人和收款人与银行之间都是金融服务合同关系。银行之所以接受付款或受款指令以实施电子支付的付款或受款，是因为前者与银行之间存在着电子支付的合同关系。这是一种格式合同，通常是由银行起草并作为开户的条件交给付款人。

（3）付款人、收款人和银行与认证机构之间均是证书服务合同关系。认证机构参与电子支付是付款人、收款人和银行能够安全顺利完成电子支付全过程的关键。它为前述各方提供身份认证是通过双方有偿和格式合同实现的。前述各方申请证书是要约方，而承诺方一般是认证机构。而且，前述各方又有义务接受认证机构的监督管理。

上述涉及客户与银行、认证机构之间的合同一般是标准合同。客户仅有同意或不同意的权利，而无决定合同条款的自由，也就是说：消费者要么接受合同使用银行或认证机构提供的服务，要么不接受此合同。此外，在标准合同中，银行往往利用其决定交易条件的优势地位，制定出有利于自己而不利于消费者的霸王条款。所以，消费者无法在真正平等、自愿、公平的基础上进行协商，合同法中的意思自治原则可能成为泡影。

各国的小额电子资金划拨的实践证明，将小额电子资金划拨各当事方的法律关系完全交由合同法调整，消费者的权益往往难以得到有效的保护，难以令消费者满意。所以在实践中，各国都对小额电子资金划拨所涉法律关系作了必要的管制。可参看英国的 ATM（自动柜员机系统）交易规范和 1999 年 3 月颁布施行的《银行卡业务管理办法》。

12.3.3 大额电子资金划拨的法律关系

（一）电子资金划拨的当事人

从资金流的角度把电子资金划拨的当事人大致分为五种人：资金划拨人或发端人（Originator）、发端人银行（Originator's bank）、接收银行（Receiving bank）、收款人或称受益人（Beneficiary）、受益人银行（Beneficiary's bank），其含义见表 12-2。

表 12-2 电子资金划拨的当事人

当 事 人	含 义
发端人 (Originator)	指在一项资金划拨中第一项支付命令的指令人,发端人也称付款人,一般是债务人;指令人是指向接收银行发出指令之人
发端人银行 (Originator's bank)	如果发端人不是银行,第一份支付命令的接收银行是发端人银行;如发端人是银行,则发端人即为发端人银行。不要求发端人必须在事先在发端人银行开户
受益人银行 (Beneficiary's bank)	指支付命令中指定的银行
受益人 (Beneficiary)	指资金划拨成功,受益人银行贷记其账户或直接向其支付款项的当事人,也称收款人
接收银行 (Receiving bank)	指指令人的指令发往的银行,是既非发端方银行,也非受益方银行的中介银行(intermediary bank)

另外,指令人与接收银行的概念是相对而言的,发端人是发端人银行的指令人,发端人银行为接收银行;发端人银行又是中介银行的指令人,中介银行则是发端人银行的接收银行,依此类推,直至款项最终到达受益人,形成一个资金划拨链。

(二)指令人的权利与义务

1．指令人的权利:指令人有权要求接收银行按照指令的时间及时将指定的金额支付给指定的收款人,如果接收银行没有按指令完成义务,指令人有权要求其承担违约责任,赔偿因此造成的损失。

2．指令人的义务一般可以归纳为:

(1)一旦向接收银行发出指令后,自身也受其指令的约束,承担从其指定账户付款的义务;

(2)需要的情况下,不仅接受核对签名,而且在符合商业惯例的情况下,接受认证机构的认证;

(3)按照接收银行的程序,检查指令有无错误和歧义;并有义务发出修正指令,修改错误或有歧义的指令。

(三)接收银行的权利和义务

1．接收银行有如下权利:

(1)要求付款人或指令人支付所指令的资金并承担因支付而发生的费用;

(2)拒绝或要求指令人修正其发出的无法执行的、不符合规定程序和要求的指令;

(3)只要能证明由于指令人的过错而导致其他人,包括指令人的责任或前任雇员或其他与指令人有关系的当事人,假冒指令人通过了认证程序,就有权要求指令人承担指令引起的后果。

2．接收银行的主要义务是:

(1)在接受了支付命令以后,向受益方银行或某一中介银行签发一项支付命令,其内容应与该接收银行收到的支付命令相一致,且其中应有以适当方式执行贷方划拨所需的指示。当接收银行签发了它自己的支付命令以后,它就成了该命令的发送方并且承担与该命令有关的发送方的义务。

(2)收到了有缺陷的指令时,应在规定的期限内通知该指令的发送方,无论接收银行是否接受了支付命令,通知的义务都存在。

(3)按照指令人的指令完成资金支付。

（4）就其本身或后手的违约行为，向其前手和付款人承担法律责任。

通常资金的支付从付款人开始，经过付款人银行、中介银行、认证机构、收款人银行等一系列当事人，每一当事人只接收其直接指令人的指令，并向其接收人发出指令，且与他们存在合同上的法律关系。

（四）收款人的权利义务

收款人具有特别的法律地位。在电子支付法律关系中，收款人虽然是一方当事人，但由于收款人与指令人、接收银行并不存在支付合同上的权利义务关系，因此收款人不能基于电子支付行为向指令人或接收银行主张权利，收款人只是基于和付款人之间基础法律关系与付款人存在电子支付权利义务关系。在这一点上反映出电子支付与票据支付法律关系类似。

12.4 电子支付的法律责任

12.4.1 电子资金划拨过程的法律特点

（一）电子资金划拨的无因性

电子资金划拨（或电子支付）执行过程与票据交易类似，具有无因性，即无论某笔资金交易的基础原因法律关系成立与否、合法与否，银行在按照客户以正常程序输入的指令操作后，一经支付即不可撤销，而无论交易的原因是否合法，哪怕是犯罪分子的洗钱活动，也不能否定电子支付行为本身的有效性。

这种无因性是与维护网上支付的快捷、方便与稳定性密不可分的，充分表现了商法的效率原则。

（二）支付指令的要件及认证

根据电子资金划拨的无因性，要求在相关法律中对该指令的形式要件做出规定。例如，在美国《统一商法典》第4A编规定支付指令必须符合以下几个主要条件：

（1）除了规定资金划拨的时间外，支付指令不得附有任何其他条件。

（2）指令必须由发送方通过互联网直接向特定的接收银行或其代理人的电子资金划拨系统发出。

（3）指令中的金额必须是固定或可以确定的。

（4）支付的受益人为特定的对象。

（5）要求接收银行无条件付款的指令。

指令人代理银行接收到一项付款指令时，除审查该项支付指令是否具备形式要件，还需要对该指令予以认证，鉴别发出支付指令客户的身份的真实性，以防骗取资金。

（三）电子资金划拨的完成

电子资金划拨的完成是指一项电子资金划拨何时可以认定业已完成。因为，资金划拨参与行一旦按照指令人的支付指令完成了划拨，该划拨行为就不能够撤回，所以，对电子资金划拨完成的界定问题，就显得非常重要。

那么，何时认定指令人代理银行已完成了划拨指令呢？联合国国际贸易法委员会《电子资金划拨法律指南》提出了五种比较合理的方案。

（1）指令人在其代理银行的账户被借记时视为划拨的终结点；
（2）受益人银行接受划拨指令的时间；
（3）受益人在其代理银行的账户被贷记时间；
（4）受益人代理银行向受益发出其账户已被贷记的通知时；
（5）划拨资金到达受益人账户时。

银行在作为指令人代理银行时，一般会选择第一种方案，一旦代理银行借记了指令人的账户，指令人代理银行对划拨指令的执行在理论上即告完成，指令人从此时起无权要求撤销其支付指令，也无权要求退回划拨的资金。

12.4.2 电子支付的差错责任

2005年6月9日中国人民银行公布的《电子支付指引（征求意见稿）》对在电子支付中发生的差错与承担的责任做了如下规定：

（1）电子支付业务的差错处理应遵守据实、准确和及时的原则。

（2）银行和转发人应指定相应部门和业务人员负责电子支付业务的差错处理工作，并明确权限和职责。

（3）银行和转发人应妥善保管电子支付业务的交易记录，对电子支付业务的差错应详细备案登记，记录内容应包括差错时间、差错记录与处理部门及人员姓名、客户资料、差错影响或损失、差错原因、处理结果等。

（4）由于银行和转发人保管使用不当，造成客户资料信息泄露、破坏，导致客户资金受到损害，银行和转发人应负相应责任。

（5）转发人或银行因自身系统、内控制度或按协议为其提供服务的第三方服务机构的原因造成电子支付指令无法按约定时间传递、传递不完整或被篡改的，应承担相应责任。因第三方服务机构造成损失的，转发人或银行可根据与第三方服务机构的协议进行追偿。

（6）接收行由于自身系统或内控制度等原因对电子支付指令未执行、未适当执行或迟延执行，致使客户款项无法按协议约定处理时间准确入账的，应承担相应责任。

（7）非资金所有人盗取他人存取工具发出电子支付指令，并且其身份认证和交易授权通过了发起行或转发人的安全程序，发起行或转发人对该指令进行处理所产生的后果不承担责任，但应积极配合客户查找原因，尽量减少客户的损失。但下列情形除外：

① 使用数字证书和电子签名等作为安全认证方式的；
② 因转发人或银行原因造成客户安全认证数据被盗的。

（8）使用数字证书和电子签名等方式确定客户身份和交易授权的，非资金所有人盗取他人存取工具发出电子支付指令，并且其身份认证和交易授权通过了发起行或转发人的安全程序，如果该数字证书由合法的第三方认证服务机构提供，且第三方认证服务机构不能证明自己无过错的，应承担相应责任。

（9）客户的有关电子支付业务资料、存取工具被盗或遗失，应按约定方式和程序及时通知转发人和银行。由于客户未妥善保管电子支付交易存取工具，且未及时采取补救措施造成资金损失的，如转发人或银行在电子支付交易办理过程中无过错的，对此资金损失不承担赔偿责任。

（10）客户发现自身未按规定操作，或由于自身其他原因造成电子支付指令未执行、未适当执行、延迟执行的，应在协议约定的时间内按照约定程序和方式通知银行或转发人。银行或转发人不承担责任，但应积极调查并告知客户调查结果。银行和转发人发现因客户原因造成电子支付指令未执行、未适当执行、延迟执行的，应通知客户改正或配合客户采取补救措施。

（11）客户按规定已变更或撤销指定办理电子支付业务账户的，如银行已确认该账户被变更或撤销后，仍发生电子支付交易并造成资金损失，银行应承担全部责任。

（12）因不可抗力造成电子支付指令未执行、未适当执行、延迟执行的，银行和转发人不对客户承担赔偿责任，但应当采取积极措施防止损失扩大。因该差错取得不当得利的，应负有返还义务。

12.4.3 小额电子支付的法律责任

（一）我国的法律规定

电子资金划拨是利用计算机网络系统来完成的，它以计算机网络为赖以生存的基础，这就决定了其自身的特点。计算机网络运转是包括各种硬件设备和相应的软件设备在内的技术支持的有机结合，是一个高技术、高风险的领域。一方面，系统在完整性和可靠性上有可能存在重大缺陷；另一方面系统运行时也可能出现差错等。由这些情况所引起的交易中断、延迟、错误等给银行和消费者带来的损失由谁承担应该做出规定。下面以电子支付时银行卡在不同环境下的工作情况和出现故障时的银行和消费者责任划分为中心展开讨论。

根据《银行卡业务管理办法》的规定，各方的责任认定如下：

（1）商业银行有下列情形之一者，中国人民银行应当责令改正，有违法所得的，处以违法所得一倍以上三倍以下的罚款，但最高不超过 30 000 元；没有违法所得的。按有关法律、规章处以罚款；情节严重的，应当追究直接负责的主管人员和有关直接责任人员的行政责任，情节严重的追究有关领导人的责任：

① 擅自发行银行卡或在申请开办银行卡业务过程中弄虚作假的；
② 违反本办法规定的计息和收费标准的；
③ 违反本办法规定的银行卡账户及交易管理规定的。

（2）发卡银行未遵守本办法规定的风险管理措施和控制指标的，中国人民银行应当责令改正，并给以通报批评。

（3）持卡人出租或转借其信用卡及其账户的，发卡银行应当责令其改正，并对其处以 1 000 元人民币以内的罚款（由发卡银行在申请表、领用合约等契约性文件中事先约定）。

（4）持卡人将单位的现金存入单位卡账户或将单位的款项存入个人卡账户的，中国人民银行应责令改正，并对单位卡所属单位及个人卡持卡人处以 1 000 元人民币以内的罚款。

（5）任何单位和个人有下列情形之一的，根据《中华人民共和国刑法》及相关法规进行处理：

① 骗领、冒用信用卡的；
② 伪造、变造银行卡的；
③ 恶意透支的；
④ 利用银行卡及其机具欺诈银行资金的。

应该说管理办法的制定是一大进步，但还存在以下下的问题：

① 对消费者权益保护不够。其许多规定明显是站在银行的立场上的，而完全忽视了消费者的利益。如，第 39 条规定，发卡银行可凭交易明细记录或清单作为记账凭证。还有持卡人必须对报失前卡及密码丢失的后果全额负责。也就是，"挂失"应"立即"，被"冒用"的损失需"自行承担"，甚至挂失后还可能承担责任。这就更谈不上有承担限额的规定，挂失的合理期限等等。

② 规定很不完善。把对于银行和消费者有重大利害关系的许多问题都忽视了。如：并未区分经授权的划拨与未经授权的划拨，这导致的最可能的结果是客户必须对未经授权的划拨后果全额负责。至于交易失败所致损失由谁承担以及在未经授权提取款项的情况下由谁举证等等问题，也都没有作出规定。这些漏洞如不填补，势必导致解决银行卡纠纷时无法可依。

（二）美国的立法

美国对小额电子支付管制较为严格，有关的法规主要有：联邦《电子资金划拨法》及联邦储备系统理事会颁布的 E 条例、Z 条例等和各州关于电子资金划拨的法律。

美国《电子资金划拨法》为设立电子资金划拨系统中各参加方的权利、义务及责任提供基本框架。下面就以此法为例主要考察以下两个问题：

1. 消费者对未经授权的划拨的责任

《电子资金划拨法》将"未经授权的划拨"定义为：由消费者以外的未获发动划拨实际授权的人所发动的，从该消费者账户划出资金而该消费者并未从该划拨受益的电子资金划拨。由《电子资金划拨法》的规定可以看出：消费者对未经授权的划拨的承担的责任分三个等级：

（1）不超 50 美元：一般情况下消费者应对涉及其账户的任何未经授权的划拨承担责任。但是，在任何情况下，消费者对未经授权的划拨承担的责任不得超过 50 美元。

（2）不超过 500 美元：如果金融机构证实，除非消费者未在得知或其他存取工具的遗失或被盗后的两个营业日内或在如长途旅行、住院等可宽限的情况，在根据该情况合理的时间内，报告该遗失或被盗，损失本来不会发生，则消费者的责任最高金额是 500 美元。

（3）无限责任：消费者必须在收到载有未经授权划拨的报表后的 60 天内通知金融机构，否则消费者要对发生在 60 天以后的任何未经授权的电子资金划拨或账户错误承担无限制的责任。

2. 金融机构的责任

除某些例外，金融机构应当对以下原因造成的全部损失承担责任：

（1）当金融机构得到消费者的适当指示进行电子资金划拨后，未根据账户条件以正确的金额或适时的方式进行该电子资金划拨；

（2）因金融机构未根据账户条件，将代收资金存款贷记消费者账户，使该金融机构由于账户资金不足未进行电子资金划拨，而假如该机构已贷记该存款，该账户本来能提供足够的资金划拨；

（3）当金融机构接到指令，指示其根据账户条件，停止支付从消费者账户划出资金的预先授权的划拨时，该机构未停止支付。

从这些规定可以看出，《电子资金划拨法》对消费者给予特别的保护。但其对金融机构的利益也没有忽视，如让消费者有条件地分担未经授权的划拨带来的损失。这样在二者之间就找到一个利益点，既保护了消费者的利益，又可鼓励消费者及时报告未经授权的划拨的发生或可能发生,从而促进了电子资金划拨服务的发展。

12.4.4 大额电子资金划拨的法律责任

1. 假冒指令的责任

盗用资金所有人的密码及相关信息,进行非法划拨是网上支付面临的一大安全隐患。由此产生的损失应该由银行还是客户自身承担责任,对此美国《统一商法典》第 4A 篇中安全程序规则是值得我们借鉴的。

所谓安全程序是指在客户和银行约定使用的密码或其他有效的身份认证手段。一般,客户只对其授权的支付指令负责。但是美国《统一商法典》规定:若银行收到的指令经过了安全程序的证实,由这一指令所产生的后果应该由客户承担。客户承担未经授权的支付指令造成的损失,必须满足以下四个条件:

(1) 代理银行与其客户达成协议,约定客户输入支付指令必须经过安全出程序确认。
(2) 该安全程序必须具有商业上的合理性。
(3) 银行出于诚实及善意接收支付指令。
(4) 银行遵守了安全程序。

如果银行满足了以上条件,则客户应当承担支付指令相应的后果。但银行如果未能满足以上要求,则必须对该支付指令的后果负责。

2. 支付指令不当执行的责任

根据美国《统一商法典》规定,银行迟延执行、不当执行或根本未执行支付指令,其应该承担的责任仅限于返还相当于划拨资金的本金和利息以及划拨费用的款项。除非另有约定,银行不承担划拨未能完成造成的间接损失,如划拨人预期可得的利润等。

(1) 划拨失败时的退款保证。当支付指令接收人不当履行支付指令造成划拨失败时,发端方银行及每一家随后的发送银行有权要求其接收银行返还已付的资金。除非在特殊情况下,退款保证不能经由协议改变。

(2) 划拨迟延。对在贷方划拨完成后,即在受益方银行为受益方的利益接受了支付命令以后的迟延,如果受益方银行没有在规定的时间内将资金交由受益方处置,在管辖受益方和银行间关系的法律的范围内,受益方银行应向受益方赔偿。如果迟延发生在贷方划拨完成前,则在贷方划拨完成后,造成迟延的接收银行必须向受益方就支付命令的金额支付在迟延期间的利息。

(3) 数额差错时的多退少补原则。接收银行执行的支付命令的数额少于其接受的支付命令的数额,但不是扣除手续费用造成的,接收银行有义务对此差额签发一项支付命令。贷方划拨已完成但接收银行执行的支付命令数额多于其支付命令的数额的,接收银行有权依法向受益人索回此项差额。

3. 支付指令有错误时的责任

支付指令有错误包括三种情况:支付指令表述有误、支付指令错误和支付指令执行错误。对此,美国《统一商法典》第 4A 篇对这三种类型的错误及相应承担的责任做出了规定。

(1) 支付指令表述有误:支付指令表述有误是指支付指令中存在不一致的信息,如受益人名称有误、受益人名称和账号不符等。美国《统一商法典》第 4A 篇规定，当存在对受益人情况的误述而不能够确定受益人时，受益人代理银行有权不接受指令人代理银行的支付指令，指令人代理银行应该将款项退回指令人。由此造成的利息及其他损失，由指令人自行承担。

（2）支付指令错误：支付指令错误是指支付指令内容本身存在错误或在传输过程中产生错误。例如将受益人名称写错或重复发出指令等。美国《统一商法典》第 4A 篇规定，指令发送人应该对其支付指令的正确性负责。若因支付指令有误导致了损失，该损失应该由发送人承担。

（3）支付指令执行错误：支付指令执行错误是指接收指令的一方在执行指令的过程中出现的差错。例如，指令人代理银行重复发出支付指令或将款项支付给错误的受益人等。根据民法上的过错责任原则，支付指令发送人本身无过错，故不应该承担责任，而指令接收人在执行指令的过程中存在过错，应该对损失负责。

4. 黑客欺诈时的责任承担

黑客（Hacker）是指以电子手段闯入划拨系统进行诈骗的人。黑客欺诈是电子时代出现的新的犯罪形式，应以是否设置"安全程序"的有关规定来解决黑客欺诈时的责任承担问题。这里的"安全程序"中的技术手段、考查标准应依据国情具体确定。如经安全程序核证支付命令正确，即使未经授权，责任仍由发送方承担。但是如未经授权的支付命令是由与接收银行有联系的人的行为造成的，损失由接收银行承担；如未授权的支付命令是由与发送人有联系的人的行为造成的，损失由发送人承担。

本 章 案 例

"熊猫烧香"病毒案

2006 年年底，我国互联网上大规模爆发"熊猫烧香"病毒及其变种，该病毒通过多种方式进行传播，并将感染的所有程序文件改成熊猫举着三根香的模样，同时该病毒还具有盗取用户游戏账号、QQ 账号等功能。该病毒传播速度快，危害范围广，截至案发为止，已有上百万个人用户、网吧及企业局域网用户遭受感染和破坏，引起社会各界高度关注。《瑞星 2006 安全报告》将其列为十大病毒之首，在《2006 年度中国大陆地区电脑病毒疫情和互联网安全报告》的十大病毒排行中一举成为"毒王"。

2007 年 1 月中旬，湖北省网监部门根据公安部公共信息网络安全监察局的部署，对"熊猫烧香"病毒的制作者开展调查。经查，熊猫烧香病毒的制作者为湖北省武汉市李某，据李某交代，其于 2006 年 10 月 16 日编写了"熊猫烧香"病毒并在网上广泛传播，并且还以自己出售和由他人代卖的方式，在网络上将该病毒销售给 120 余人，非法获利 10 万余元。经病毒购买者进一步传播，导致该病毒的各种变种在网上大面积传播，对互联网用户计算机安全造成了严重破坏。李某还于 2003 年编写了"武汉男生"病毒、2005 年编写了"武汉男生 2005"病毒及"QQ 尾巴"病毒。另外，本案另有几个重要犯罪嫌疑人雷某（男，25 岁，武汉新洲区人）、王某（男，22 岁，山东威海人）、叶某（男，21 岁，浙江温州人）、张某（男，23 岁，浙江丽水人）、王某（男，24 岁，湖北仙桃人）通过改写、传播"熊猫烧香"等病毒，构建

"僵尸网络",通过盗窃各种游戏和 QQ 账号等方式非法牟利。"熊猫烧香"病毒从 2006 年 12 月初开始在互联网上暴发,一个月以内病毒变种数达 90 多个,被感染中毒的电脑达百万台以上,数百万用户深受其害。2007 年 2 月 12 日,湖北省公安厅宣布"熊猫烧香"病毒案告破,病毒制作者李某及主要传播者等六名犯罪嫌疑人被捕归案。

有关法律专家称,"熊猫烧香"病毒的制造者所为是典型的故意制作、传播计算机病毒等破坏性程序,影响计算机系统正常运行的行为。根据《刑法》规定,犯此罪后果严重的,处五年以下有期徒刑或者拘役;后果特别严重的,处五年以上有期徒刑。

请问:1. "熊猫烧香"病毒的制造者触犯了我国刑法哪些条款?
    2. 计算机网络病传播快、危害广且越演越烈,是否与处罚太轻有关?

本 章 小 结

本章分四个方面对电子支付的有关内容进行了讲述。

首先,对电子支付进行了概述。主要包括:电子支付发展趋势、电子支付的概念、主要形式与特征。同时,介绍了电子资金划拨概念、分类,国内外有关电子支付的立法及我国电子支付的立法思考。

第二,讨论了小额电子支付的法律规范问题。主要包括:电子支付的当事人及其权利和义务、小额电子支付当事方的法律关系、小额电子支付 ATMs 现金卡的规范以及小额电子支付银行卡规范。

第三,讨论了大额电子资金划拨的法律问题。主要包括:大额电子资金划拨的当事人及其权利与义务、电子资金划拨过程中的法律问题。

第四,讨论了电子支付中的法律责任问题。主要包括:电子支付的差错与责任、小额电子支付各方的责任认定以及大额电子资金划拨中的法律责任问题。

本 章 习 题

1. 简述电子支付的概念、特征及主要形式。
2. 简述电子资金划拨概念、分类。
3. 请你查阅资料对主要国家的电子支付立法进行综述。
4. 简述小额电子支付当事方的法律关系。
5. 简述小额电子支付中与银行卡有关的各当事方的权利义务。
6. 简述大额电子资金划拨的当事人及其权利与义务。
7. 简述大额电子资金划拨中的法律责任问题。
8. 查阅有关电子支付的案例,并运用所学法律知识进行分析。

第 13 章

电子支付监管

 学习目标

1. 掌握移动支付监管的环境和内容。
2. 熟悉电子银行的监管的必要性、
3. 掌握电子银行的内部监管和外部监管。
4. 理解电子支付的风险,包括电子支付的基本风险、操作风险、法律风险和其他风险。掌握电子支付风险的防范。
5. 重点掌握对电子支付安全的监管和第三方支付的监管。

 案例导入

中国移动运营商擅停服务纠纷案

2007年1月13日,李女士突然发现自己的手机无法通话,屏幕一直显示"正在查找"字样,即使换了别人的手机,仍然显示"正在查找"。意识到可能不是手机的问题,李女士随即来到中国移动营业厅进行咨询。接待的营业员称,该移动通讯卡没有问题,而是由于系统升级导致的故障,但不知系统升级完成的确切日期,因此需要李女士进行换卡。然而在换卡时,李女士却被告知要支付10元的换卡费用。在交涉无效的情况下,李女士只好向10086投诉。最终接线员表示可以免费换卡,并答应赠予30元话费,但同时补充:这并非赔偿。

李女士对中国移动单方提出"赠予30元话费"的赔偿方案非常不满。"由于整整9天不能使用手机,我和许多亲朋好友联络困难,甚至造成了误解,但对此运营商却没有作出任何合理的解释和通告,而且中国移动在处理过程中我觉得非常傲慢,所以我认为中国移动侵犯了我的通信自由权!"在没有进行通告的情况下,中国移动单方停止服务达9天,经投诉未果后,北京李女士遂以侵犯其通信自由权为由,将中国移动告上法庭。北京市东城区人民法院日前已正式受理此案。

2月5日,李女士向法院提交了起诉书,要求其承担侵犯通信自由权的责任并赔偿各种损失及赔礼道歉。但当其代理律师寇明国到法院提交起诉状时,法院以"侵犯通信自由权"不在最高院解释的法院受理案件受理案由范围内为由,要求将案由修改为"电信合同纠纷"才能立案。经过修改过后,法院正式立案。

但变更后的案由,为原告在法庭上争取和维护通信自由权造成了一定的困难。代理律师寇明国表示,不会变更原来的诉讼请求,"我们想以此表明我们起诉的态度和目的,那就是我

们的诉讼不单是要求赔偿损失，更重要的是表明我们对弱小公民个人通信自由权利的重视，以及对被告利用垄断地位、无视消费者合法权益行为的不满与抗议。"新闻来源法制网

讨论：1. 移动运营商为何不能擅自停止服务？
2. 你认为本案中移动运营商的行为违反了何种法律？

13.1 电子金融监管概述

移动支付监管是电子金融监管的一部分，因此要涉及电子金融、电子银行和电子支付的监管。首先从电子金融监管说起，

13.1.1 电子金融的内涵

电子金融（e-finance），它是基于金融电子化建设成果在国际互联网（internet）上实现的金融活动，包括网络金融机构、网络金融交易、网络金融市场和网络金融监管等方面。它不同于传统的以物理形态存在的金融活动，而是指存在于电子空间的金融活动，其存在的形态是虚拟的，运行的方式是网络化的。它是信息技术特别是互联网技术飞速发展的产物，是适应电子商务发展需要而产生的网络时代的金融运行模式。电子金融是电子信息技术与金融分析方法相结合的现代金融经营模式，是先进的生产力，创新了金融企业的业务与管理，发展了金融市场及体系。电子金融能够融合银行、证券、保险等分业经营的金融市场，减少各类金融针对同样客户的重复性劳动，拓宽金融企业进行产品功能解捆和综合的创新空间，向客户提供更加便捷和适当的服务。金融的电子化必将提升金融的自动化，使金融业务突破时间限制，促进了无形市场，即虚拟化金融市场的发展。银行建设了虚拟化市场，使其固守营业网点的空间局限性不再存在。客户可以坐在家里、办公室内或者异国他乡就能指令特定的银行服务。

电子金融业有利于大大降低金融服务成本。网上银行无须开设分支机构，雇员也特别少。如美国安全第一网络银行员工只有十九名。根据英国爱伦米尔顿国际惯例顾问公司调查，利用网络进行交易每笔成本只有 0.13 美元或更低，而利用银行本身软件的个人电脑银行服务为 0.26 美元，电话银行服务为 0.54 美元，银行分支机构服务则高达 1.08 美元。金融电子化的引入和深化持续降低银行的经营成本，并且使网上银行代表着未来银行的发展方向。网上银行的经营成本只占经营收入的 15%～20%，而相比之下传统银行的经营成本占经营收入的 60% 左右。

电子金融的飞速发展离不开金融高科技的支持，金融高科技促进了金融业不断走向现代化。电子金融重要内容之一是运用先进的计算机和通须技术处理金融业务，运用电子数字脉冲取代支票和先进的流通及纸质凭证的传递。电子金融的重要内容之二是金融市场的电子化，如目前全球各大金融机构和金融中心都同世界其他金融中心通过计算机和电讯设备连接。20 世纪 60 年代以前，美国证券业的行情信息发布靠的是纸质印刷品传递。1971 年建立了全面证券自营商协会报价系统；1973 年纽约股票交易所建立了电子市场资料系统；1976 年美国证券行情汇总服务系统问世；1979 年纽约股票交易所建立了电子交易系统；1992 年芝加哥交易所、芝加哥交易会和英国路透社共同推出一个名叫 GLOBEX 的全球电子交易执行系统，系统构成的交易网络至少连通 129 个国家，经营几百家世界级证券市场和上万种美国、

欧洲及其他联网国家证券,形成了世界无国界电子证券市场,大大提高了芝加哥商品交易所的交易效率,1993 年曾一天完成 30 万份交易合同,创下当时世界最高纪录,但是交易费用只是纽约交易所的十分之一。1980 年美国纽约证券交易所证券交易量和交易额分别施 115.6 亿手和 3332 亿美元,到 1995 年交易量和交易额迅猛增至 878.7 亿手和 3 1170 亿美元,分别增长 7.6 倍和 9.4 倍。通过电子交易系统连接的全球场外交易的衍生金融工具 1996 年交易额达到 475 000 亿美元。电子金融的重要内容之三是金融信息系统电子化。金融业本身是一个信息产业,金融的重要功能之一也包括生产信息、汇集信息和传递信息。1996 年仅道·琼斯、路透社、蓬博和布里奇的信息收入就达 44 亿美元。全球金融市场和庞大的银行体系靠这些信息润滑而运转。

13.1.2 电子金融监管的环境

加快电子化金融监管建设的步伐,保证金融市场中资金的安全流动是我国政府金融监管部门亟待解决的问题之一。金融信息化彻底改变了传统的金融服务模式,其显著特征之一就是金融市场中资金流动模式的变革,然而,新型的资金流动模式在极大地推动了全球经济发展的同时,也给金融监管部门对资金流动行为的监管提出了空前的挑战。

我国金融技术进步的发展历程是与计算机 20 世纪 60 年代进入金融领域,改变金融行业落后、过时的结算手段的努力紧密相关的。70 年代中期引进国外小型机进行银行电子化试点,拉开了我国银行电子化的序幕。改革开放以来,金融业建设按照"六五"作准备,"七五"打基础,"八五"上规模,"九五"电子化的发展战略,金融电子化水平有了较大的提高。总体上看,我国金融技术进步发展经历了三个阶段:1957 年起到 70 年代末期的单机批处理阶段;80 年代的联机实时处理阶段;80 年代末期至今的金融电子化联机网络阶段。

目前我国金融技术进步已进入全面发展阶段,基本实现了业务操作自动化、信息处理网络化、社会服务多元化、客户结算电子化。

1. 金融信息化

金融信息化给全球各国金融监管带来挑战。金融信息化是以计算机通信技术为核心的现代化电子信息技术在金融领域的广泛、深入的应用。世界金融信息化的发展可以划分为三个层次:第一个层次是金融机构内部信息化。20 世纪 50 年代以来,国外银行、证券和保险业纷纷开始用计算机来代替手工作业来辅助银行内部业务和治理,加强金融机构内部纵向治理。第二个层次是跨金融机构的金融业务网络化。为了满足银行之间资金汇兑业务的需要,20 世纪 70 年代,发达国家的国内银行与其分行或营业网点直接的联机业务逐渐扩大为国内不同银行直接的计算机网络化金融服务交易系统,国内各家银行之间出现通存通兑业务,实现了水平式的金融信息传输网络。第三个层次是跨国界金融业务国际化。20 世纪 80 年代以来,经济全球化、金融自由化等趋势日益凸显,以互联网的迅速发展虚拟化了金融机构,打破了各国金融机构的空间限制。目前,全球各大金融机构都同世界其他金融中心通过计算机和通信设备连接,如 1982 年芝加哥商品交易所、芝加哥交易会和英国路透社共同推出一个称为 GLOBEX 的全球电子交易执行系统。

2. 金融信息化的层次

金融信息化的三个层次以网络技术为核心的信息技术革命彻底改变了传统的金融服务

模式和资金流动方式的同时,给金融监管部门对资金流动行为的监控,尤其是资金流动异常行为的监管提出了空前的挑战。具体表现在以下三个方面:

(1) 资金流动速率电子化。金融机构信息化、网络化和国际化改变了金融机构的经营方式,主要反映在金融市场中资金流动的速度加快。资金流动的快速性,也导致像洗钱、恐怖等犯罪活动得以猖獗,事后处理难以起到有效作用。因此,实时的资金流动监管变得尤为重要。

(2) 资金流量庞大化。资金流动速度的加快使得金融机构可以在相同的时间内处理众多交易业务,金融衍生品、电子商务、电子货币等借助于网上交易,已经极大地取代了传统的金融交易方式,导致金融市场网上业务交易量急剧增加,也使得金融风险急剧加大。因此,对基于网络技术的金融交易监管方式变得迫切需要。

(3) 资金流动方式和目的复杂化。网络信息技术加速推动金融创新,金融机构变得越来越灵活和虚拟,金融产品和金融衍生技术不断创新。复杂的资金流动方式和目的要求金融监管部门从监管对象、监管工具等多方面实现监管智能化。

金融产品创新不断。由于计算机和网络通信技术的飞速发展,导致金融市场和金融机构发生了革命性的变化,金融机构变得越来越灵活和虚拟,金融衍生技术不断创新,并以更低的成本提供了更多的金融服务,这些变化要求金融监管机构和政府不仅对国家金融稳定政策做相应的调整,使金融监管规则和制度超前化,监测手段和工具要不断创新,监管流程柔性化。二、金融信息化给我国政府金融监管带来的挑战在我国,除了以上问题之外,我国金融信息化工作起步较晚,金融市场处于逐步完善的过程中,对资金流动行为的监控还面临着非凡的社会经济环境。

3. 我国金融监管工作的复杂性

我国金融体制改革力度加大,监管范围扩大。我国正处于经济体制改革的攻坚阶段,国家"十一五规划"提出:推进商业银行、证券公司、保险公司等金融机构体制的市场化改革,加大金融产品的市场化开发力度;建立现代金融体系;推动发展证券市场、资本市场、外汇市场、金融衍生品市场等各类金融市场,加大金融创新力度;实施WTO的承诺,继续逐步地推进金融市场的国际化程度。国务院总理温家宝在政府工作告中指出,"加强和改进金融监管,依法严厉打击金融领域的违法犯罪行为,防范系统性金融风险,维护金融稳定和安全"。金融体制的深化改革和金融市场的不断发展将大大增加我国金融监管工作的复杂性和不确定性。

相对于西方发达国家,我国金融信息化和政府信息化水平差距较大。20世纪70年代开始,我国各金融机构纷纷建立和完善内部治理信息系统,进行业务流程再造:从手工操作到联机处理业务操作,从柜台交易到实时交易,从分散业务处理模式到高度统一的综合业务处理系统,然而,我国金融机构的信息化建设较国外金融机构仍然不完善,如数据库的大集中、储户实名制、一个企业开多头账户等多方面问题还没有完全解决。而且我国各级政府的电子政务正处于建设和应用的初级阶段,正在重塑信息技术支持下多种政务业务流程,开发建立电子政务业务系统,这使得在西方发达国家行之有效的监管方法、监管工具难以照搬照用。

金融业务混业化趋势。在我国,尽管存在金融全球化与金融混业对统一监管的客观要求,但我国金融市场的发展阶段和对外开放程度都决定了金融统一监管在短期内在我国还缺乏稳固的基础。但是,金融机构的业务运作模式混业化趋势已经给我国现有的分业监管模式带来了一系列的问题。

我国金融监管体系力量薄弱。国际专家对我国资金流动异常行为监管的评价是"态度积极，案例极少，基础薄弱，手段落后"。这主要体现在：我国现行金融监管体系缺乏有效金融监管的条件，如异常交易数据采集规章与采集手段不完善，异常交易监管分析和决策支持工具匮乏，经验丰富的专家极少；多元化监管主体缺乏必要的信息交流与合作；证券业、保险业的监管资源与行业发展不匹配；金融监管缺乏科学的实务操作系统。上海作为中国金融交易中心，在中国加入WTO后成了中外资金融机构市场化竞争的主战场，承担着我国资本运营中心和资金调度中心的重要职能。同时在2005年8月成立的人民银行上海总部，预示着我们正面临着如何通过治理金融中心做好金融市场各种资金流动异常行为监管的大挑战。三、信息化促进了我国政府电子化金融监管体系的建设传统的金融监管方式主要是由有经验的监管专家定期地对某一金融机构进行现场检查，或者金融服务机构将可疑数据定期上的方式，从而实现对资金流动行为的监管。然而，基于信息技术、网络技术、金融创新的快速发展，各金融机构纷纷进行业务流程的重新设计，金融市场和金融机构发生了革命性的变化，金融市场中所处理的资金流动速度加快、交易量急剧增加、资金流动方式复杂化，这些变革都使得传统的现场金融监管流程在时间和空间上都变得效率很低或彻底失效，Robert非凡指出，信息技术导致金融市场和金融机构发生了革命性的变化，这样，在金融体系中政府行为也必须随之调整。

4. 电子化金融监管

金融信息化为电子化金融监管工作提供了对金融交易进行持续性监管的条件。传统的金融监管流程面临金融信息化的高速发展，在监管的时间和空间上均变得不切合实际。电子化金融监管系统提高了对金融机构交易信息采集、分析、决策的及时性和准确性，为金融监管工作提供了更为具体和及时的信息。图13-1为建设我国政府电子化金融监管体系的基本框架。

电子化金融监管体系金融信息化促进了金融机构之间以及金融监管机构之间的信息共享。资金是在不同的金融市场中不停地流动，因此对资金流动的监管也应该是实时的、连续的，仅仅局限于某一个金融机构内部是无法进行的。目前，我国各金融机构正在进行的数据大集中、建设数据仓库的工作为金融机构间实现信息共享创造了初步条件。然而，考虑到金融机构之间由于竞争关系而给信息共享带来的阻力问题，对资金流动异常行为监管中的信息共享工作最好通过各金融监管机构来实施。

金融机构内控信息化建设工作是电子化金融监管的重要组成部分。在很大程度上，金融监管机构和金融机构内控部门的工作目标是一致的，同时，金融监管机构的任务之一就是对金融服务机构内控工作的监督检查。因此，促进金融机构风险内控信息化建设将极大推动我国电子化金融监管的前进步伐。

我国电子政务建设为金融监管机构参与政务资源共享体系建设创造了有利环境。一方面，金融监管机构可以通过政务共享系统来充分利用政府其他部门中所有有利于监管的信息，有效识别资金流动异常行为的目的。另一方面，金融监管机构的资金流动异常行为监管系统也可以为政府其他监管部门服务，提供可疑交易证据。

13.1.3 电子金融监管的基本要求

根据我国的实际情况，特别是金融业发展状况、互联网使用现状、发展速度等客观条件，网络银行监管的基本内容应包括以下一些方面。

1. 制度框架

对于网络银行的监管，应根据网络银行的不同方面制定不同的规则或条例，这是国际上较通行的做法。如美国对网络银行的监管形式，有规则、公告、劝告、警示、信函、备忘录等。我国监管部门对新机构或业务，通常习惯于制定一个包含各个主要方面的全面条例或规则，这种做法可能不适合于网络银行的监管方式。

2. 市场准入

目前国际上的通行做法是，对分支型网络银行的设立，按新设分支行或营业部的管理规则进行管理，一般不要求重新注册或审批。纯网络银行的设立需要审批注册，并要满足其他一些特定要求。由于我国四大国有商业银行占据着银行业的主导地位，且对风险、利润的敏感性要远低于对"创新"的追求，不难预见，如果没有相对严格的审批制度，有可能导致盲目性发展。对于使用同一交易平台的金融机构，某一分支机构技术和管理上的薄弱，会转化成系统性隐患，进而增加整个体系的风险。另外，审批制可能提高市场的进入成本，使得已设立的网络银行可能利用先发优势形成市场垄断，影响业务创新与技术进步，最终降低银行业的整体竞争力。

3. 日常监管

我国网络银行因技术水平参差不齐，对与技术相关风险的监管应成为日常检查的一个主要内容。由于中间业务在网络银行的总体业务和盈利中所占的比重较大，并对网络银行的生存和发展有着重要的影响，所以，对这类业务的监管是网络银行日常监管的主要内容。

4. 市场退出

目前发达国家对网络银行的退出设计非常谨慎，一般要求网络银行要参加储蓄保险计划，制订可靠的信息备份方案，以市场兼并作为主要的退出措施。这是考虑到网络银行的市场退出，不仅涉及存贷款等金融资产的损失或转移，而且积累的客户交易资料、消费信息、个人理财方式等，也面临着重新整理、分类和转移。当出现意外时，还有可能发生损失。

13.1.4 电子金融监管的内容

网络金融的迅速发展，向金融监管体制提出了挑战。对此，戴相龙行长提出：网络金融的监管要纳入网络经济、电子商务整体管理框架中考虑；网络银行监管的国际性标准、国际化合作日益重要，过分强调一国金融业的特殊性，有可能成为全球金融一体化外的"孤岛"而在竞争中失败；在存款人利益得到有效保护的情况下，适当降低银行开展网络业务的市场准入要求，将有利于金融机构降低成本；严格控制网络银行已办业务的终止和市场退出。为此，我国网络的金融监管应基于以下几个方面实现：

1. 完善网络银行监管的法律法规框架

我国银行开展网上银行业务已有 6 年多，但国内法律法规还不能给网上银行业务发展提供充分的法律保障。目前除了《安全法》《保密法》以及近期出台的《网上银行业务管理暂行办法》外，有关的法律法规非常有限，如不及时制定相关法律法规，无疑会妨碍网上银行业务的进一步发展。包括:(1)管理条例。用以界定网络银行的要领和范围,市场进入的基本要求,交易行为的基本规范,一般的风险管理和站点管理、客户保护措施、信息报告制度等;(2)指引公告。对已基本认定但仍未成熟,或者可推广的技术操作系统、标准、系统设置、风险管理手段等,或有可能形成系统性风险的业务流程、项目和规范,以及计划的检查项目、检查手段等,以指引公告的方式发布,随情况的变化及时调整;(3)风险警示。对于一些偶然性的网络、信息安全问题,一些潜在的、有可能扩展但不确定的风险因素,以警示的方式向网络银行输送必要的信息。

2. 强化网上银行业务审批制度

审批制度对提高银行业整体风险管理能力、防止盲目扩张具有积极的现实意义,目前我国银行开办的网上银行业务,大部分是在网上提供传统银行业务,但因业务载体发生了变化,风险的内涵和表现形式也相应发生变化,似应视为新业务品种。因此,商业银行开办网上银行业务应获得人民银行的批准,在审批中下列方面应予以优先考虑:(1)遵循审慎性原则。必须严格监督网络银行公示、信息发布、交易风险揭示、系统安全机制设计等制度性安排。对于设备装备、技术投入、系统应用等技术性标准,宜采用较为灵活、宽松的策略。(2)要求网络银行具有较为完备的风险识别、鉴定、管理、处置方案和计划,应急处理措施及辅助替代手段等。(3)严格跨境业务管理。这既与我国目前的监管水平、外汇制度相适应,也为网络银行将来的发展提供了一个公平的竞争环境。

3. 提高监管人员的专业技术水平

网上银行业务的监管,要求监管部门必须设置专门的部门,培训专门的专业监管人员,从组织上保证对网上银行业务实施有效监管。

4. 金融业混业经营的监管问题

金融业混业发展是目前的国际趋势,也将是我国金融业未来的发展方向。为此,应在现有法律框架范围内,允许银行在证券公司和保险公司合法委托的情况下,开办代理证券类业务或代理保险类业务。目前,我国金融监管机构对金融业分业经营的政策已经作出了适当调整,银行、保险、证券三业出现了互相渗透共同发展的趋势。金融网络化为混业经营发展带来了新的契机,我们应考虑迎合这一趋势,把握这一机遇,促进银行业、证券业、保险业的进一步融合。

13.2 电子银行的监管

电子银行的产生和发展对传统的金融业带来了革命,同时,由于电子银行基于 Internet 的发展模式与传统的银行经营模式相比完全不同,网络银行的出现,是对传统银行经营方式的根本性变革,带来了银行交易方式、监管方式新的变革,针对电子银行犯罪也出现了新的特点。在此背景下,传统的有关银行经营、银行监管的法律制度在网络银行的模式下出现了诸多局限和不足。电子银行同电子商务、商业网站的发展相似,是在相关法规空白或者是滞后的情况下,迅速出现并不断演进的,带有浓厚的自发性。监管部门面对快速变化的情况,对于电子银行的监管也多处于研究阶段,对出台新的管理措施持慎重的态度。目前,巴塞尔委员会也只是就电子银行的监管制度进行研究,还没有形成较为系统和完整的电子银行监管制度。这种状况导致了目前对电子银行的管理规则仍然较少,管理体系也还不明确。电子银行由于本身仍处于不断演进之中,对其监管至今仍是一个在不断探索的领域。

13.2.1　电子银行监管的必要性

电子银行的性质首先是商业银行,它是商业银行发展的高级阶段。从电子银行监管角度分析,电子银行并没有改变银行的根本性质。电子银行只是银行为客户提供产品和服务的一种途径,即使是虚拟的电子银行,也同样属于法人团体,需要实质性的地址作为总部。同时,与传统银行一样,虚拟银行也必须有资产负债表,并就资产负债表内的风险持有充分资本。无论是传统银行还是电子银行,都同样需要进行银行风险管理。

商业银行作为一国金融体系的中心,特别是在该国资本市场不发达的情况下,商业银行基本上是作为货币资金运动的主渠道和组织者。各国对商业银行监管的主要原因在于其本身具有的高风险性,这可以从三个方面得到解释:一是金融脆弱性理论,商业银行自有资本相对于其庞大的资产负债规模,数量甚微,在风险缓冲和亏损吸收上,作用十分有限,另外由于竞争的加剧、投机升温和市场的波动,商业银行的脆弱性更为突出。二是系统性风险理论,货币信用经济的高度发展,在强化金融体系内外联系的同时,也使金融危机具有了超强的传染能力,加大了局部金融危机诱发大面积金融风潮的可能,而且随着世界经济一体化程度的提高,系统危机爆发的范围已突破国界,扩大到全球范围。三是社会成本理论,商业银行在现代社会与国民经济的联系深入且广泛,单个商业银行的失败,将产生连锁反应,与之往来的客户和同业都会不同程度地遭受损失,社会经济生活亦会受到或大或小的冲击。

除上述原因,在我国对电子银行进行监管的必要性还体现在:首先,电子银行的概念、范围,今后可能的发展方向等,都需要监管当局有一个较明确的规定或表示,特别是关于是否允许非金融机构经营金融资讯服务,银行经营证券交易平台、券商和保险公司在网上开展类似于储贷的业务等问题,如果等到企业进行相关投资后,再进行监管,不仅监管阻力加大,而且会使先期使用的消费者面临损失。其次,监管也并非对电子银行的发展没有促进作用,特别是就我国目前的情况来看,对电子银行的基本服务行为进行一些必要的规范,更有利于取得消费者的信任,扩大市场,避免不必要的交易摩擦。最后,必要的监管规则还有利于形成一个相对公平的竞争环境,为中小银行的转型和发展提供一个机会,从而降低金融体系的总体风险。国外的经验也表明,适当的监管,不仅有利于迎接国际竞争的挑战,而且可以避免一些不必要的曲折。

13.2.2　电子银行监管的经验

美国是世界信息技术中心和经济最发达的国家之一,其电子银行业也是世界上最早的和最发达的。美国金融监管当局对电子银行的监管采取了审慎宽松的政策,一方面强调网络和交易的安全、维护银行经营的稳健和对银行客户的保护,另一方面认为电子银行是一种有益于金融机构降低成本、改善服务的创新,通过使用标准网络浏览器和协议,这种创新不仅可以大大降低技术维护成本,加快新系统和软件的发展,而且使银行间可以实现资源共享,成本分担,因而,他们基本上不干预电子银行的发展。美国对电子银行的监管,基本上是通过补充新的法律、法规,使原有的监管规则适应网络电子环境来进行的。因而,在监管政策、执照申请、消费者保护等方面，电子银行与传统银行的要求十分相似。负责监管的部分也主要是美国货币监理署、美联储、财政部储蓄机构监管局、联邦储蓄保险公司、国民信贷联盟协会，以及联邦金融机构检查委员会。美国大多数现有金融机构在开展电子银行业务时，不需要事先申请，也不需要声明或备案，监管当局一般通过年度检查来收集电子银行业务数据。新成立的电子银行既可以按照标准注册程序申请注册，也可以申请按照银行持股公司规则注册。但储蓄机构例外，储蓄机构如果想开展电子银行业务，必须按美联储的要求，提前 30 天作出声明。像其他银行业务一样，电子银行也受联邦和州两级法律的约束。在联邦一级，美联储针对电子银行的发展拟修改的法规主要包括：联邦储备规则、储蓄真实规则、电子资金转移法、客户租赁法和贷款真实规则。美联储已经公布了新的规则，这些规则规定，在客户同意的情况下，银行可以使用电子网络手段定期披露有关信息，并认定了电子表格的法律效应。另外一些规则所涉及的地方银行主要利用互联网开展业务的一些法规要求，也正在审议修改中。在州一级水平上，涉及电子银行行为的主要法规是《统一商业法典》（UCC）第 3、第 4 条，4A 条款。第 3、第 4 两条主要涉及协商式支付工具的应用问题，4A 条款是有关电子资金转移。各州执行这些条款有所差异，但差异不大。除此之外，电子银行业务在美国还受到诸如清算协会、一些银行集团等自律性机构的管理。不过，这些管理只是针对会员，而且是自愿的，其所涉及的领域也主要是技术、标准等，目的是为银行创新创造条件。

欧洲对电子银行的监管采取统一规则。欧洲中央银行要求其成员国采取一致性的监管原则，欧盟各国国内的监管机构负责监督统一标准的实施，欧盟对电子银行监管的主要目标有两个：一是提供一个清晰、透明的法律环境，二是坚持适度审慎和保护消费者的原则。按照欧盟关于协调银行、投资服务和保险服务法律体系的要求，欧盟对银行注册实行"单一执照"规则，即在欧盟内一个国家内获准开展的业务，同样可以在其他国家进行。具体到电子银行业务上，要求成员国在电子银行监管上，坚持一致的体系，承担认可电子交易合同的义务，并将建立在"注册国和业务发生国"基础上的监管规则，替换为"起始国"规则，以达到增强监管合作，提高监管效率，实时监控电子银行产生的新风险。按照这些要求，对电子银行的监管主要集中在以下几个方面：一是区域问题，包括银行间的合并与联合、跨境交易活动等；二是安全问题，包括错误操作和数据处理产生的风险、网络被攻击等；三是服务的技术能力；四是随着业务数量和范围的扩大而增加的信誉和法律风险，包括不同的监管当局、不同的法律体系可能造成的风险。

我国香港地区对电子银行的监管权力集中在金融管理局。香港金融管理局通过制定专门的法律来规范电子银行的发展并保障监管的有效性。在香港官方文件中，一般只出现电子银行的概念，而其含义包括网络银行。香港金融管理局的电子银行监管政策目标是：降低电子银行服务所带来的风险，同时不会阻碍电子银行业务的发展。香港金融管理局于 2000 年 5 月向各认可机构发出通告，申明了对电子银行服务的监管要求，并提供了有关电子银行保安及风险管理的意见供各认可机构参考。这些监管要求和措施适用于香港本地注册和海外注册的所有认可机构。主要内容是：①有计划提供电子银行服务的认可机构应在推出服务前表明如何管理新业务所带来的风险，其中，认可机构必须对其计划提供的服务采取足够的保安技术及内部监控政策和程序，并提供独立专业人士对以上方面的评估。②认可机构必须在其服务章程及条款内列明银行及其客户各自的权利和义务。③有关电子银行的保安技术及内部监控政策和措施包括：确保只有获得授权的人士才能连接有关系统；核实客户及使用者的身份；

确保重要的资料在传送和保存过程中的保密性和完整性;防止入侵者连接银行的内部电脑系统及数据;监察任何入侵及可疑的交易或活动;建立全面的保安、应变政策及程序;定期委托独立专业人士就其保安措施进行客观评估;定期检讨有关的风险管理及内部监控措施。④电子银行服务章程及条款方面:认可机构应遵守香港银行业公会发出的《银行营运守则》内所载明的标准;有关的章程及条款对银行及其客户应公平、适当;金融管理局认为除非客户以欺诈手段行事或严重疏忽,否则客户不应对因通过其账户进行的未授权交易而引致的直接损失负责。

13.2.3 电子银行依法监管

1. 电子银行监管的法律依据

电子银行在带给我们种种便利、收益的同时,也引入了巨大的新风险。作为新生事物,它天生存在着合规性风险(法律风险),即法律的空白;它的 3A(Anytime, Anywhere, Anyway)服务方式,使其更易于受到攻击,受攻击的范围更大,受攻击的方法也更加隐蔽。这致使电子银行的风险和安全问题成为阻碍其自身发展的重要因素,也给电子银行的监管带来了巨大的挑战。为了实现对电子银行的有效监管,中国银行业监督管理委员会制定了《电子银行业务管理办法》,对网络银行的监管做了变革。管理办法对金融机构开办电子银行业务的申请与变更、金融机构对电子银行业务的风险管理、金融机构利用电子银行平台与外部组织或机构相互交换电子银行业务信息和数据、电子银行业务外包管理、开办电子银行业务的金融机构利用境内的电子银行系统向境外居民或企业提供的电子银行服务活动等内容做出了明确规定,并对银监会监督管理网络银行业务的方式与手段、金融机构违反规定应承担的法律责任等内容做出了详细规定。管理办法是目前对电子银行业务监督管理的主要依据。但是管理办法只是对电子银行监管的一个框架性规定,对监管内容的规定大多是原则性、定性规定,缺乏具体量化内容,对网络银行交易、电子签名的法律效力及其认证等相关内容缺乏具体规定,需尽快完善相关配套制度规定。

2. 电子银行的监管机构

总体上,我国的电子银行受到两个部门的管理:业务主管部门——中国人民银行和信息主管部门——工业和信息化部,对于提供新闻资讯的电子银行,2000 年 11 月后,还需要接受公安部门和新闻出版广电总局的管理。在这些部门中,后三个部门主要负责的是信息技术和新闻的管理,与现有银行业务的关系不大,人民银行是主要的管理部门。从监管角度来看,目前还未出台针对电子银行的专门监管规则。如何对电子银行实施适当的监管,始终是监管当局需要认真考虑的问题。政府对电子银行监管什么、如何监管,以及怎样监管才对双方都是有效的。监管机构首先应立即制定有关的规章制度,对外资电子银行的主体、业务范围、支付方式和安全认证等作出明确的规定,禁止其他机构擅自提供电子银行服务。其次要分清责任,加强合作。目前我国的金融监管由人民银行、证监会和保监会"三驾马车"实施,但未来电子金融服务将是综合性的,因此三家监管机构必须建立固定的合作制度,划清监管责任,防止出现监管真空。再次还要加强与其他国家监管当局,尤其是发达国家监管当局的合作,在适当的合作协议达成前,必须禁止我国居民接受国外金融站点的电子银行服务。损失时才发生,因为电子划转的优势为高速与低价,要银行为低廉的划转费承担巨额的间接责任,有失公平也影响效率。同时应设置银行电子划转保险机制以保护顾客的利益，维护公平。对于黑客欺诈时的责任承担，我们可借用美国《统一商法典》第 4A 篇中"安全程序"这一概念，但"安全程序"中的技术手段、考查标准应依据国情具体确定。银行破产，在我国目前尚无先例，但随着市场经济的发展，商业银行必然存在破产的危机，对于银行破产时的责任承担，总的原则应是"谁选择，谁负责"，即选择了破产银行的一方应承担此风险。

3. 监管制度的框架结构

从监管层次上讲，政府对电子银行的监管可以分为两个层次，一是电子银行内部层次的监管，即针对商业银行提供的电子银行服务进行监管；二是电子银行外部层次的监管，即针对电子银行对国家金融安全和其他管理领域形成的影响进行监管。

我国对新机构或业务的管理，一般习惯于制定一个包含各个主要方面的全面条例或规则，但对于电子银行，这种做法失之灵活性。尤其是我国电子银行的规模、运行平台、业务范围等，差异较大，更不适合采取这种策略。较适宜的办法是，就电子银行的不同方面制定不同的规则或条例，这也是国际上较通行的做法。如美国对电子银行的监管形式，有规则、公告、劝告、警示、信函、备忘录等。

对于电子银行的监管，国际上并不存在一套标准的监管规则，尽管有一些国际机构正在试图制定一个统一的范本，但多数学者认为，制定国际统一的技术标准是可行的，制定国际统一的制度标准不现实。一国在实施电子银行监管时，必须考虑本国电子银行发展的状况、互联网使用状况、发展速度等客观条件。

4. 监管制度的内容

根据我国的国情，我国电子银行的监管框架可以由以下几部分组成：

（1）管理条例。作为行业行政法规，管理条例的制定原则不宜过细、过全、过准，不宜包含具体的技术细节。过细会偏离现有电子银行的发展状况，反而失去可操作性；过全必然涉及目前还根本没有定案的技术规范和标准；过准会使今后的包容能力减弱，不得不反复修改，对技术设备、系统的过准要求，还会导致人为障碍或资源浪费。条例应主要界定网络银行的概念和范围，市场进入的基本要求，交易行为的基本规范，一般的风险管理和站点管理、客户保护措施、信息报告制度等。

（2）指引公告。对于央行目前已基本认定但仍未成熟，或者可推广的技术操作系统、标准、系统设置、风险管理手段等，或者那些如不加以适当的管理，有可能形成系统性风险的业务流程、项目和规范，以及计划的检查项目、检查手段等，以指引公告的方式发布，随情况的变化及时调整。

（3）风险警示。对于一些偶然性的网络、信息安全问题，一些潜在的、央行认为有可能扩展但不确定的风险因素，采用警示的方式，为电子银行传达必要的信息。

13.2.4 电子银行的内部监管

1. 电子银行内部监管的内容

电子银行内部层次的监管即指金融监管当局对电子银行业务的监管，就其内容而言一般可以分为五个方面：

（1）对电子银行安全性能的监管，包括对公共钥匙基础设施（PXI）、加密技术及制度和电子签名技术及制度的监管，如政策允许在国内使用任何高密度的加密技术，无密钥匙恢复的强制要求，以及为企业和消费者提供关于电子记录的数码签名法律框架等。目前，西方国家中只有美国对国内加密技术实施管制，国会继续加紧处理与加密技术管制相关的若干提案，其中，众议院的提案包括重新审议"通过加密实现安全与自由法案"的五个版本，参议院则审议 Ma Cain—Kerrey 法，即"保密公用网络法案"。

（2）对电子银行的标准化水平进行监管，以实现全国各商业银行之间电子信息的互联互通。

（3）对电子银行金融服务的确切性、真实性、合规性的监管。电子银行的业务应符合国家的金融政策，尤其是要控制电子银行利用其相对于传统柜面式银行的低成本优势进行不正当竞争。对于电子银行提供的各项金融服务，因各银行间发展特色及侧重点的差异，在相似名义下的金融服务内容，尤其是使用该项服务的用户必须接受不同的协议，这必将造成整个服务市场的混乱。因此应形成一套规范化的"行业服务规范"，对开户、清户、查询、转账、兑现、信用卡、代理支付等各种网络金融服务进行条例式的规定，逐步将银行与个人及银行间的联系带入一种规范化的程序式服务中。

（4）对电子银行记录交易的监管。由于电子银行交易的灵活与方便，金融服务交易的数量巨大。作为对银行运行的有效监管方式，应要求金融机构逐笔记录和在一定期限内保留全部在线金融服务的内容，以备监管当局随时进行实时现场稽核。银行稽核工作主要围绕内部控制、资产状况、负债状况等几个方面，这需要被稽核银行提供相应的业务记录作为原始资料进行核查。就这一方面而言，只是对电子银行服务器空间及资料的储存备份提出一些并不复杂的要求。但另一方面对资料真实性，尤其是针对电子银行大量复杂的表外业务应作相应的重点稽核。尽管表外业务不列入银行资产负债表、不影响资产负债总额而可以避开着眼于资产负债的银行稽核，但对电子银行而言，提供贷款承诺等表外金融服务的同时，银行自身资产也承担了相应风险，应由央行定期披露电子银行的记录交易稽核监管结果，或强制要求网络银行在网络上披露自己的稽核结果及风险指数。实际上更透明的银行信息本身也能为网络银行赢取更多的客户。

（5）对电子银行服务涉及的消费者权益进行监管。应避免电子银行利用自身的隐蔽行动优势向消费者推销不合格的服务或低质量高风险的金融产品，损害消费者利益。这主要包括保护消费者的隐私权及维护知识产权在网络中不受到侵犯，同时，也广泛地保护网上交易的消费者的权益。为此，监管部门需要向企业和消费者权益保护组织提供保护网上交易消费者的非强制性商业指导规则。

2. 电子银行内部监管的具体措施

在具体监管措施方面，监管当局可采取非现场稽核和现场检查。

非现场稽核能及时地掌握银行经营状况，包括对银行的资产负债表、外汇敞口头寸表、信用分析表、收支分析表等对内对外报表的研究分析有助于实时监控银行。传统商业银行的非现场稽核已实现了采用计算机联网电子传输的方式向监管当局送交报表。金融监管当局能将所需资料数据直接输入计算机的资料分析系统，迅速取得各种分析结果，及时发现问题和采取必要措施。对电子银行而言，由银行方为主的报表资料按月、按季度传送不能适应网络银行极强的灵活易变性。而网络银行自身的技术条件也为监管机构在监管中获取主动提供了条件。因此中央银行对电子银行的监管应顺势而为，对电子银行采取在线监管的方式就更为可靠和翔实。这就要求电子银行提供面对央行和外汇管理部门全方位开放，但又不损害自身网络安全性的"通道密钥"。通道密钥是对电子银行所有在线资料、分类数据库进行查询的最高权限。

现场检查在电子银行监管中占有重要的地位。通过现场检查，监管机构可以获得第一手的资料和情况，以此贯彻现有的法律和监管规章。电子银行虽然很大程度实现了虚拟化，但无论是银行将业务放在网上，还是完全虚拟化的银行，都离不开人的操作，总需要一定设施，需要人员的维护和管理，因此，对电子银行进行现场检查不仅是必要的，而且是可行的。以美国为例，美国联邦存款保险公司是美国的银行监管机构之一，它大量采用现场检查的方式来对银行进行监管。联邦存款保险公司进行现场检查计划，比如信息系统检查计划、消费者保险检查计划、安全和健全检查计划，每一个计划都针对银行业务的不同领域或方面，由监管机构派出的专家执行。所有这些监管计划综合在一起，就构成了监管机构现场检查的所有方面。联邦存款保险公司1998年颁布了电子银行安全和健全检查计划，这个计划属于安全和健全检查计划中的一部分，主要针对的是采用不同层次电子银行系统的银行，侧重点在于这些银行的安全和健全程度。在对网络银行进行现场检查的领域包括六个方面：计划和实施领域、操作规程领域、稽核领域、法律和监管领域、内部管理领域和外部资源管理领域。

13.2.5 电子银行的外部监管

电子银行外部层次的监管内容包括以下四方面：

（1）电子银行对国家金融安全，乃至国家经济安全的影响的评估与监管。主要针对电子银行风险对国家金融风险形成的影响及程度的评估，确定金融监管当局对网络银行各种虚拟金融服务品种的监管内容。例如，对西方国家中各种敌视中国或反华势力建立的金融网站采取屏蔽措施，抵制它们的非法网络入侵。

（2）对电子银行系统风险的监管。包括对产生系统风险的各种环境及技术条件的监管，特别是系统安全性的管监，如对"千年虫"的监管等。1998—1999年，许多国家和地区的金融服务部门纷纷在金融监管当局的控制下开展扫除"千年虫"的行动，中国对计算机网络系统解决计算机2000年问题进行了有效监管。

（3）对利用电子银行进行犯罪的监管。利用电子银行方式进行犯罪的方式包括：非法逃税、洗钱、跨国走私、非法贩卖军火武器、贩卖毒品、利用网络银行方式非法攻击其他国家电子银行、利用电子银行方式传输不利于本民族文化和伦理道德观念的信息等。其中与电子银行直接相关的是网络金融犯罪。电子银行及电子商务的特点在于用户的分散隐匿，向开户账户键入一串代码，就可享受各式金融服务，资本也将实现跨国流动。这就为网络"洗钱"、公款私存、偷税漏税等犯罪活动提供了便利。与存款实名制相适应的身份有效确认体系也亟待建立。基于电子银行的飞速发展，犯罪分子无疑会进行充分的"网络犯罪创新"，各国中央银行及早防范并进行监管是整个网络安全健康发展的重要一环。防范针对电子银行的金融犯罪的基础是建立具有法律效应的身份认证，这样任何一个用户在网络的商务活动都可以有据查询并相应负责。目前的身份认证主要是证明电子邮件公钥真实性的个人数字证书，通过申请使用该证书来确保电子邮件的完整性、不可否认性、传输安全性和身份真实性。为防范网络金融犯罪，中央银行可以通过立法，并建立自身的数字认证中心，以签发代表网络主体身份的"网络身份证",来对参与网络金融交易的企业和个人进行识别,加强对进入网络系统的资金来源和流向的合法性审核。

(4) 对电子银行准入和退出的监管。电子银行的市场准入制度在前文中已有论述。有准入就应当考虑退出,网络信息传播速度快、范围广,使得银电子行易受突发事件的影响,可能导致经营失败。网络经济的低变动成本、积累效应、先发优势等特点,使得将来的电子银行市场必然是几家高流量的网站占主导的市场,一些电子银行也不得不放弃或退出这一领域。与传统银行不同,电子银行的市场退出,不仅涉及存贷款等金融资产的损失或转移,而且多年积累的客户交易资料、消费信息、个人理财方式、定制资讯等,也面临着重新整理、分类和转移的命运。当出现意外时,还有可能损失。因此,各国对电子银行的退出设计非常谨慎,一般要求电子银行要参加储蓄保险计划,制订可靠的信息备份方案,以市场兼并作为主要的退出措施。这些经验值得我国参考。

13.3 电子支付的风险

电子支付系统作为电子货币与交易信息传输的系统,既涉及国家金融和个人的经济利益,又涉及交易秘密的安全;支付电子化还增加了国际金融风险传导、扩散的危险。能否有效防范电子支付过程中的风险是电子支付健康发展的关键。

13.3.1 电子支付的基本风险

支付电子化的同时,既给消费者带来便利,也为银行业带来新的机遇,同时也对相关主体提出了挑战。电子支付面临多种风险,主要包括经济波动及电子支付系统的技术风险,也包括交易风险、信用风险等。金融系统中传统意义上的风险在电子支付中表现得尤为突出。

(1) 经济波动的风险

电子支付系统面临着与传统金融活动同样的经济周期性波动的风险。同时由于它具有信息化、国际化、网络化、无形化的特点,电子支付所面临的风险扩散更快、危害性更大。一旦金融机构出现风险,很容易通过网络迅速在整个金融体系中引起连锁反应,引发全局性、系统性的金融风险,从而导致经济秩序的混乱,甚至引发严重的经济危机。

(2) 电子支付系统的技术风险

首先是软硬件系统风险。从整体看,电子支付的业务操作和大量的风险控制工作均由电脑软件系统完成。全球电子信息系统的技术和管理中的缺陷或问题成为电子支付运行的最为重要的系统风险。在与客户的信息传输中,如果该系统与客户终端的软件互不兼容或出现故障,就存在传输中断或速度降低的可能。此外,系统停机、磁盘列阵破坏等不确定性因素,也会形成系统风险。根据对发达国家不同行业的调查,电脑系统停机等因素对不同行业造成的损失各不相同。其中,对金融业的影响最大。发达国家零售和金融业的经营服务已在相当程度上依赖于信息系统的运行。信息系统的平衡、可靠和安全运行成为电子支付各系统安全的重要保障。

其次是外部支持风险。由于网络技术的高度知识化和专业性,又出于对降低运营成本的考虑,金融机构往往要依赖外部市场的服务支持来解决内部的技术或管理难题,如聘请金融机构之外的专家来支持或直接操作各种网上业务活动。这种做法适应了电子支付发展的要求,但也使自身暴露在可能出现的操作风险之中，外部的技术支持者可能并不具备满足金融机构要求的足够能力，也可能因为自身的财务困难而终止提供服务，可能对金融机构造成威胁。在所有的系统风险中，最具有技术性的系统风险是电子支付信息技术选择的失误。当各种网上业务的解决方案层出不穷，不同的信息技术公司大力推举各自的方案，系统兼容性可能出现问题的情况下，选择错误将不利于系统与网络的有效连接，还会造成巨大的技术机会损失，甚至蒙受巨大的商业机会损失。

（3）交易风险

电子支付主要是服务于电子商务的需要，而电子商务在网络上的交易由于交易制度设计的缺陷、技术路线设计的缺陷、技术安全缺陷等因素，可能导致交易中的风险。这种风险是电子商务活动及其相关电子支付独有的风险，它不仅局限于交易各方、支付的各方，而且可能导致整个支付系统的系统性风险。

13.3.2 电子支付的操作风险

银行的业务风险由来已久，巴塞尔银行监管委员会就曾经组织各国监管机构较系统地归纳出几种常见风险，如操作风险、声誉风险、法律风险等等。在传统业务中，这些风险表现形式有所不同。在操作风险中，可能是信贷员没有对借款人进行认真细致的资信调查，或者是没有要求借款人提供合格的担保，没有认真审查就盲目提供担保，等等。这些风险可以通过现有的一系列管理措施加以防范，比如双人临柜，比如制定和严格执行一整套贷款操作的规程，等等。传统业务中的风险大多跟技术没有直接的联系，某个环节存在的风险虽然对其他环节有影响，但影响限定在一定范围内。

电子支付加大了风险，也使得其影响范围也扩大了，某个环节存在的风险对整个机构，甚至金融系统都可能存在潜在的影响。互联网和其他信息技术领域的进步所带来的潜在损失已经远远超过了受害的个体所能承受的范围，已经影响到经济安全。这种情况与技术有着直接的关系，其中表现最为突出的是操作风险。电子货币的许多风险都可以归纳为操作风险。一些从事电子货币业务的犯罪分子伪造电子货币，给银行带来直接的经济损失。这些罪犯不仅来自银行外部，有时还来自银行内部，对银行造成的威胁更大。

（1）电子扒手

一些被称为"电子扒手"的银行偷窃者专门窃取别人网络地址，这类窃案近年呈迅速上升趋势。一些窃贼或因商业利益，或因对所在银行或企业不满，甚至因好奇盗取银行和企业密码，浏览企业核心机密，甚至将盗取的秘密卖给竞争对手。美国的银行每年在网络上被偷窃的资金达 6 000 万美元，而每年在网络上企图电子盗窃作案的总数高达（5～100）亿美元之间，持枪抢劫银行的平均作案值是 7 500 美元，而"电子扒手"平均作案值是 25 万美元。"电子扒手"多数为解读密码的高手，作案手段隐蔽，不易被抓获。

（2）网上诈骗

网上诈骗包括市场操纵、知情人交易、无照经纪人、投资顾问活动、欺骗性或不正当销售活动、误导进行高科技投资等互联网诈骗。据北美证券管理者协会调查，网上诈骗每年估计使投资者损失 100 亿美元。

（3）网上黑客攻击

即所谓非法入侵电脑系统者，网上黑客攻击对国家金融安全的潜在风险极大。目前，黑客行动几乎涉及了所有的操作系统，包括 UNIX 与 Windows NT。因为许多网络系统都有着各种各样的安全漏洞，其中某些是操作系统本身的，有些是管理员配置错误引起的。黑客利用网上的任何漏洞和缺陷修改网页，非法进入主机，进入银行盗取和转移资金、窃取信息、发送假冒的电子邮件等。

（4）电脑病毒破坏

电脑网络病毒破坏性极强。以 NOVELL 网为例，一旦文件服务器的硬盘被病毒感染，就可能造成 NetWare 分区中的某些区域上内容的损坏，使网络服务器无法启动，导致整个网络瘫痪，这对电子支付系统来说无疑是灭顶之灾。电脑网络病毒普遍具有较强的再生功能，一接触就可通过网络进行扩散与传染。一旦某个程序被感染了，很快整台机器、整个网络也会被感染的。据有关资料介绍，在网络上病毒传播的速度是单机的几十倍，这对于电子支付的威胁同样也是致命的。鉴于电脑网络病毒破坏性极强、再生机制十分发达、扩散面非常广的特点，如何解决电脑网络病毒成为当前电子支付监管要解决的首要问题之一。

（5）信息污染

正如在工业革命时期存在工业污染，信息时代也有信息污染和信息爆炸问题。大量与问题无关的或失真的信息不是资源而是灾难。美国在线公司每天处理的 3 000 万份电子函件中，最多时有三分之一是网上垃圾，占据了很多宝贵的网络资源。加重了互联网的负担，影响了电子支付发送和接收网络信息的效率，更严重的是信息堵塞及其他附带风险也随之增加。

此外，由于技术更新很快，内部雇员和管理人员可能不熟悉电子货币的新技术，不能很有效地使用电子支付业务系统，有时，客户操作不当也会给银行带来风险。如客户没有遵守操作规程，在不安全的环境下使用一些个人的信息，罪犯可以由此获得客户的信息，从而使用这些信息从事有关的犯罪活动，银行可能就要对所造成的损失承担赔偿责任。此外，有的客户虽然已经完成了某一交易，但事后反悔否认，而银行的技术措施可能无法证明客户已经完成过该交易，由此造成的损失也可能需由银行承担。

这些风险都可归纳为操作风险，跟技术有着直接或间接的关系。所以，巴塞尔委员会认为，操作风险来源于"系统在可靠性和完整性方面的重大缺陷带来的潜在损失"，电子支付机构操作风险包括电子货币犯罪带来的安全风险，内部雇员欺诈带来的风险，系统设计、实施和维护带来的风险以及客户操作不当带来的风险。其他组织如欧洲中央银行、美国通货管制局、联邦存款委员会等对电子支付机构的操作风险也做出类似或相近的描述。

13.3.3 电子支付的法律风险

电子支付业务常涉及银行法、证券法、消费者权益保护法、财务披露制度、隐私保护法、知识产权法和货币银行制度等。目前，全球对于电子支付立法相对滞后。现行许多法律都是适用于传统金融业务形式的。在电子支付业务中出现了许多新的问题。如发行电子货币的主体资格、电子货币发行量的控制、电子支付业务资格的确定、电子支付活动的监管、客户应负的义务与银行应承担的责任，等等，对这些问题各国都还缺乏相应的法律法规加以规范。以网上贷款为例，就连网上贷款业务发展较早的台湾金融监管部门也没有相关法令规范这一新兴业务，其监管机构目前能做的只是对银行提交的契约范本进行核准。缺乏法律规范调整的后果表现在两个方面，要么司法者或仲裁者必须用传统的法律规则和法律工具来分析网上业务产生的争议；要么法官或仲裁者不得不放弃受理这类纠纷。由于网络纠纷的特殊性，用传统法律规则来解决是一个非常吃力的问题；但是，消极地拒绝受理有关争议同样无助于问题的解决。法律规定的欠缺使得金融机构面临巨大的法律风险。

目前在电子支付业务的许多方面，没有任何法律法规可用于规范业务及各方关系，而在电子支付业务的有些方面，虽然已有一些传统的法律法规，但其是否能适用，适用程度如何，当事人都不太清楚，有的时候，监管机构也未必明白。在这种情况下，当事人一方面可能不愿意从事这样的活动，一方面也可能在出现争执以后，谁也说服不了谁，解决不了问题。比如，在处理银行与客户的关系方面，现有的法律总是更倾向于保护客户，为银行规定了更严格的义务，美国1978年《电子资金转移法》规定银行在向客户提供ATM卡等借记卡服务的时候，必须向客户披露一系列信息，否则，银行要面临潜在的风险。而电子货币，特别是智能卡出现以后，智能卡是否需要披露同样的信息，即便是监管机构也无法立刻做出决定。因为两种卡的性能完全不一样，要求借记卡业务披露的信息可能对于智能卡来讲没有任何意义，而且，有的时候，要求过于严格，造成发卡银行成本过大，又会阻碍业务的发展。在这种情况下，开展此项业务的银行就会处于两难的境地，以后一旦出现争议或诉讼，谁也无法预料会出现什么样的后果。

类似的情况在电子支付的其他许多新业务中也同样存在。如有的银行在互联网上建立自己的主页，并作了许多链接点（Link），把自己的网址链接到其他机构的网址上。如果黑客利用这些链接点来欺诈银行的客户，客户有可能会提起诉讼，要求银行赔偿损失。又比如，一些银行可能会承担认证机构的职能，并以此作为自己的一项新的业务，通过提供认证服务收取相应的服务费用。那么，作为认证机构的银行和申请认证的机构或个人以及接受认证证书的机构之间就可能存在潜在的争议，一旦出现争执，银行的权利义务如何，尤其是在没有相关立法调整数字签名和认证机构的国家，银行面临的风险更大。

此外，电子支付还面临洗钱、客户隐私权、网络交易等其他方面的法律风险，这就要求银行在从事新的电子支付业务时必须对其面临的法律风险认真分析与研究。

13.3.4 电子支付的其他风险

除了基本风险、操作风险和法律风险以外，电子支付还面临着市场风险、信用风险、流动性风险、声誉风险和结算风险等。

（1）市场风险

电子支付机构的各个资产项目因市场价格波动而蒙受损失的可能性，外汇汇率变动带来的汇率风险即是市场风险的一种。此外，国际市场主要商品价格的变动及主要国际结算货币银行国家的经济状况等因素也会间接引发市场波动，构成电子支付的市场风险。

（2）信用风险

交易方在到期日不完全履行其义务的风险。电子支付拓展金融服务业务的方式与传统金融不同，其虚拟化服务业务形成了突破地理国界限制的无边界金融服务特征，对金融交易的信用结构要求更高、更趋合理，金融机构可能会面临更大的信用风险。以网上银行为例，网上银行通过远程通信手段，借助信用确认程序对借款者的信用等级进行评估，这样的评估有可能增加网上银行的信用风险。因为借款人很可能不履行对电子货币的借贷应承担的义务，或者由于借贷人网络上运行的金融信用评估系统不健全造成信用评估失误。此外，从电子货币发行者处购买电子货币并用于转卖的国际银行，也会由于发行者不兑现电子货币而承担信用风险。有时，电子货币发行机构将出售电子货币所获得的资金进行投资，如果被投资方不履行业务，就可能为发行人带来信用风险。总之，只要同电子支付机构交易的另外一方不履行义务，都会给电子支付机构带来信用风险。因信用保障体系的不健全，目前网上出现了种种交易问题，开玩笑的、恶性交易的，甚至于专门在网上进行诈骗的，都有发生的案例。市场经济不能没有信用，信用可以减少市场交易费用。只有交易双方有足够的信用度，交易才有可能完成，否则任何交易都需要面对面、以货易货地进行，缺乏信用最典型的交易案例便是物物交易。面对面交易或者物物交易不仅增加交易费用，而且将交易的规模限制在一个很小的范围内。社会信用体系的不健全是信用风险存在的根本原因，也是制约电子支付业务甚至电子商务发展的重要因素。

（3）流动性风险

当电子支付机构没有足够的资金满足客户兑现电子货币或结算需求时，就会面临流动性风险。一般情况下，电子支付机构常常会因为流动性风险而恶性循环地陷入声誉风险中，只要电子支付机构某一时刻无法以合理的成本迅速增加负债或变现资产，以获得足够的资金来偿还债务，就存在流动性风险，这种风险主要发生在电子货币的发行人身上。发行人将出售电子货币的资金进行投资，当客户要求赎回电子货币的时候，投资的资产可能无法迅速变现，或者会造成重大损失，从而使发行人遭受流动性风险，同时引发声誉风险。流动性风险与声誉风险往往联在一起，成为相互关联的风险共同体。电子货币的流动性风险同电子货币的发行规模和余额有关，发行规模越大，用于结算的余额越大，发行者不能等值赎回其发行的电子货币或缺乏足够的清算资金等流动性问题就越严重。

由于电子货币的流动性强，电子支付机构面临比传统金融机构更大的流动性风险。

（4）声誉风险

与传统风险比较，电子支付机构面临的声誉风险显得更为严重。以网上银行为例，传统业务中，最常见的声誉风险表现为一家银行出了财务问题以后，导致大量的储户挤兑。网上银行产生声誉风险的原因与传统业务有时候一样，有时候也不一样。不一样的是，网上银行可能由于技术设备的故障、系统的缺陷，导致客户失去对该银行的信心。重大的安全事故等会引起电子支付机构产生声誉风险。如新闻媒体报道某家银行被黑客入侵，尽管可能没有造成任何损失，但是客户会立刻对该银行的安全性能产生怀疑。网上银行的业务处在发展初期，客户对安全存在潜在的不信任，声誉风险的出现对网上银行业务的影响尤其大。

（5）结算风险

清算系统的国际化，大大提高了国际结算风险。基于电子化支付清算系统的各类金融交易，发达国家国内每日汇划的日处理件数可以达到几百万甚至上千万件。

13.4 电子支付风险的防范

13.4.1 电子支付风险的管理步骤

电子支付与传统金融风险管理的基本步骤和原理几乎是一样的，但是，不同的国家、不同的监管机构可能会根据不同的情况，制定出不同的电子支付风险管理要求。目前，最为常见、最为通俗易懂的是巴塞尔委员会采用的风险管理步骤。以网上银行为例，巴塞尔委员会把电子支付风险管理分为三个步骤：评估风险、管理和控制风险以及监控风险。评估风险实际包含了风险识别过程，不过，识别风险只是最基本的步骤，识别之后，还需要将风险尽可能地量化；经过量化以后，银行的管理层就能够知道银行所面临的风险究竟有多大，对银行会有什么样的影响，这些风险发生的概率有多大。等等。在此基础上，银行的管理层要做出决定，确定本银行究竟能够忍受多大程度的风险。换句话讲，如果出现这些风险，造成了相应的损失，银行的管理层能不能接受，到了这一步，风险的评估才算完成了。管理和控制风险的过程比较复杂，简单地说就是各种各样相应的控制措施、制度的采用。最后一个步骤即风险的监控是建立在前两个步骤基础上的，实际上是在系统投入运行、各种措施相继采用之后，通过机器设备的监控，通过人员的内部或者外部稽核，来检测、监控上述措施是否有效，并及时发现潜在的问题，加以解决。

许多国家都接受巴塞尔委员会电子支付风险管理的步骤，并加以本土化，针对本国银行的特点，制定出本国电子支付风险管理的基本程序。比如美国通货监管局负责监管美国的国民银行，随着大量国民银行采用各种各样的电子技术向客户提供电子支付的服务，国民银行将与技术有关的风险管理也分成三个步骤：计划、实施、检测和监控。计划阶段在一定程度上包括风险的识别、量化等，但主要是针对某一个具体项目的采用而言。而实施实际上类似于巴塞尔委员会的管理和控制风险这一步骤，将各种相应风险控制和防范措施加以实际运用，以控制项目运行后造成的风险。检测和监控阶段则同巴塞尔委员会的风险监控大同小异。

因此，简单地说，风险的管理过程是技术措施同管理控制措施相结合而形成的一系列制度、措施的总和。整个过程同传统银行业务的风险管理差别并不是很大，但电子支付采用的新的风险管理措施需要同银行原有的内控制度相配合，同传统业务的风险管理措施相融合。

13.4.2 防范电子支付风险的技术措施

（1）建立网络安全防护体系，防范系统风险与操作风险。不断采用新的安全技术来确保电子支付的信息流通和操作安全，如防火墙、滤波和加密技术等，要加快发展更安全的信息安全技术，包括更强的加密技术、网络使用记录检查评定技术、人体特征识别技术等。使正确的信息及时准确地在客户和银行之间传递，同时又防止非授权用户如黑客对电子支付所存储的信息的非法访问和干扰。

（2）发展数据库及数据仓库技术，建立大型电子支付数据仓库或决策支持系统，防范信用风险、市场风险等金融风险。通过数据库技术或数据仓库技术存储和处理信息来支持银行决策，以决策的科学化及正确性来防范各类可能的金融风险。

（3）加速金融工程学科的研究、开发和利用。金融工程是在金融创新和金融高科技基础上产生的，是指运用各种有关理论和知识，设计和开发金融创新工具或技术，以期在一定风险度内获得最佳收益。目前，亟须加强电子技术创新对新的电子支付模式、技术的影响，以及由此引起的法制、监管的调整。

（4）通过管理、培训手段来防止金融风险的发生。《中华人民共和国电脑系统安全保护条例》《中华人民共和国电脑信息网络国际联网管理暂行规定》对电脑信息系统的安全和电脑信息网络的管理使用做出了规定，严格要求电子支付等金融业从业人员依照国家法律规定操作和完善管理，提高安全防范意识和责任感，确保电子支付业务的安全操作和良好运行。

为此，要完善各类人员管理和技术培训工作。要通过各种方法加强对各级工作人员的培训教育，使其从根本上认识到金融网络系统安全的重要性，并要加强各有关人员的法纪和安全保密教育，提高电子支付安全防护意识。

此外，还有许多其他的技术防范措施。比如，防病毒的技术措施，对于主服务器的管理，等等。这些措施技术成分比较大，需要银行管理部门加以格外的注意。同时，光有技术措施也是不够的，还需要辅以相应的管理和内控措施。比如，对银行内部职员进行严格审查，特别是系统管理员、程序设计人员、后勤人员以及其他可以获得机密信息的人员，都要进行严格的审查，审查的内容包括聘请专家审查其专业技能、家庭背景，有无犯罪前科，有无债务历史，等等。而一些重要人物，比如，系统的管理员，由于他们可以毫无障碍地进入任何电脑和数据库，也可能产生潜在的风险，对于这样的人则必须采用类似于双人临柜式的责任分离、相互监督等手段来进行控制。

13.4.3 加强电子支付的立法建设

电子支付业务的迅速发展，导致了许多新的问题与矛盾，也使得立法相对滞后，另一方面，电子支付涉及的范围相当广泛，也给立法工作带来了一定的难度。在电子支付的发展过程中，为了防范各种可能的风险，不但要提高技术措施，健全管理制度，还要加强立法建设。

针对目前电子支付活动中出现的问题，应建立相关的法律，以规范电子支付参与者的行为。对电子支付业务操作、电子资金划拨的风险责任进行规范，制定电子支付的犯罪案件管辖、仲裁等规则。对电子商务的安全保密也必须有法律保障，对电脑犯罪、电脑泄密、窃取商业和金融机密等也都要有相应的法律制裁，以逐步形成有法律许可、法律保障和法律约束的电子支付环境。

13.4.4 电子支付风险的综合控制

电子支付的风险管理并不仅仅限于技术安全措施的采用，而是一系列风险管理控制措施的总和。

（1）管理外部资源。目前电子支付的一个趋势是，越来越多的外部技术厂商参与到银行的电子化业务中来，可能是一次性地提供机器设备，也可能是长期地提供技术支持。外部厂商的参与使银行能够减少成本、提高技术水平，但这加重了银行所承担的风险。为此，银行应该采用有关措施，对外部资源进行有效的管理。比如，要求有权对外部厂商的运作和财务状况进行检查和监控，通过合同明确双方的权利和义务，包括出现技术故障或消费者不满意的时候，技术厂商应该承担的责任。同时，还要考虑并准备一旦某一技术厂商出现问题时的其他可替代资源。作为监管机构，也需要保持对与银行有联系的技术厂商的监管。

（2）建立健全金融网络内部管理体系。要确保网络系统的安全与保密，除了对工作环境建立一系列的安全保密措施外，还要建立健全金融网络的各项内部管理制度。

建立健全电脑机房的各项管理制度，并加以严格执行，是目前保障金融网络系统安全的有效手段。机房管理制度不仅包括机房工作人员的管理，而且还包括对机房内数据信息的管理、电脑系统运行的管理等，要求操作人员按照规定的流程进行操作，保证信息资料的保密性和安全性达到要求。

（3）建立应急计划。电子支付给客户带来了便利，但可能会在瞬间内出现故障，让银行和客户无所适从。因此，建立相应的应急计划和容错系统显得非常重要。应急计划包括一系列措施和安排。比如，资料的恢复措施、替代的业务处理设备、负责应急措施的人员安排、支援客户的措施，等等。这些应急的设施必须定期加以检测，保证一旦出事之后，确实能够运作。

13.5 电子支付的监管

13.5.1 电子支付安全的监管

2007年4月18日，央行在首次发布的《中国支付体系发展报告》中明确提出，要进一步鼓励和规范电子支付等新兴业务，创造良好的制度环境。近期将发布实施《支付清算组织管理办法》，实行审慎业务许可，督促支付清算组织完善内控制度，防范支付风险，保障客户权益。出台《电子支付指引（第二号）》，规范网上支付服务市场.要采取有力措施，防范电子支付用于赌博，洗钱等违法犯罪活动，切断非法活动的资金流，维护正常的经济金融秩序。

为推动电子支付的健康发展，提高电子支付的安全性，需要从以下范围构筑防范体系：构建严密的电子支付监管体系，防范系统性风险；构建覆盖全社会范围的信用评估体系，防范道德性风险；构建统一的电子支付安全认证平台，防范技术性风险。在总行领导的高度重视下，在科技部门和业务部门的共同规划下，人民银行近几年加大力度，建成或建设了一批重要的相关系统。

1. 电子支付流程监管

由于我国对电子支付提供商监管的缺失，少数第三方电子支付提供商在处理电子商务过程中庞大的资金流时，突破经营限制，从事吸收存款等违法活动。构建安全高效的电子支付流程监管体系，可以对电子支付服务提供商进行有效的管理和控制，以防范与电子支付相关的金融风险。需要从以下几方面入手：电子支付大额资金流监测、建立反洗钱系统、加强账户管理。人民银行规划在建和已经建成的相关系统包括：反洗钱监测管理信息系统、支付管理信息系统、人民币结算账户管理系统等。反洗钱监测管理信息系统、支付管理信息系统和人民币结算账户管理系统相结合，能实现对账户的资金流向、交易资金额度和频度等设置相应阈值进行监测。支付管理信息系统5月8日上线，主要用于采集分析支付系统数据信息和监测系统运行情况。为加强对全国人民币结算账户的管理，人民币结算账户管理系统（二期）也已于4月28日顺利建设完成，实现了对全国个体和法人人民币结算账户开立、销户、变更、查询、统计、监测等功能，并实现了账户信息与征信系统、与同城清算、与公民身份信息相互之间的匹配核对，即将实现与支付管理信息系统之间的信息比对。

2. 电子支付信用评估

构建安全高效的电子支付信用评估体系促进电子商务快速健康发展，需要从以下几方面入手：信用评估指标体系的制定与研究、建立支付信用信息系统、落实账户实名制。

2007年，在人民银行总行领导的规划下，金电公司正在建设为政府管理部门、金融机构和社会公众提供支付信用信息，特别是票据信用信息查询服务的支付信用信息系统，系统将于2007年年底上线运行；为落实账户实名制，目前我们正与公安部合作，建设联网核查公民身份信息转接平台，面向全国所有的商业银行提供公民身份信息核查、查询功能，系统将于今年 6 月 1 日开始试点运行，7 月 1 日全国正式上线运行。在此之上，需要继续研究电子支付信用数据交换模型和网络服务方案，结合目前人民银行的征信体系数据，客观、公正、全面地提供电子信用评价服务，完善信用评价指标体系，设计与其他相关系统和部委之间的网络服务平台，设计数据交换模型，制定与其他相关诚信系统互联互通的服务方案。

3. 电子支付安全认证

为电子支付业务应用提供保障的安全认证技术在我国已经了较好的研究与应用。我国自主研制出入侵容忍 PKI 系统、PMI 权限管理系统、电子证书认证系统、PKI 中间件等一批认证产品和支撑系统。这些技术和产品在我国 20 多个重要部门或重大工程中得到示范应用。目前，全国范围内能够为社会提供服务的 CA 认证中心有 30 多个。由我公司承建的人民银行 CA 也于 2005 年建设投产，并在人民银行多个主要业务系统中得到应用。CFCA 证书及各商业银行的 CA 证书已经在银行业务领域得到广泛应用。在当前形势下，最迫在眉睫的，是要尽快解决当前各 CA 认证之间的信息互联互通，解决"信息孤岛"的问题。

4. 电子支付工具的监管

电子货币的发行会产生发行人的监管问题，支付系统的监督问题，对消费者及其信息资料的保护问题等。在欧盟，只允许存款机构和经批准的电子货币机构发行电子货币。澳大利亚、捷克和立陶宛规定发行电子货币的供应商都必须持有相关的牌照或者豁免遵守这项规定。如同纸币，电子货币是发行人的债券。发行人必须在任何情况下能够清偿其债务。发行人不能兑付电子货币不仅损害公众对电子货币的信任，而且也会损害公众对其他货币形态的信任。因此，必须强制发行人具有足够的资本和流动性。由于发行电子货币的非金融机构通常不会像银行业金融机构那样受到管制，这也就意味着消费者权益可能会受到侵害。特别是，对于无法继承或者静止不用的电子货币余额，非金融机构还不能像银行那样对电子货币进行记录并遵从有关缴存规定。第三方电子货币服务的出现使得隐藏和搬运一张卡片要比一箱现金更为容易。如果允许通过特殊的资金转账安排进行资金转账，第三方电子货币服务就会非常容易地进行大量小额支付。即便是有记录的网络支付方式，只要第三方电子货币服务容许匿名使用，依旧非常容易地避开监督管理。在这种情况下，第三方电子货币服务使得洗钱更加容易。除了发行人的可靠性以外，电子货币还会涉及支付方式和支付系统的安全性与可靠性。当电子货币是不记名的，其所包含的权利只能通过转让所有权来实现。人们似乎已经习惯了不记名的卡基支付方式，而且也不关心是否存在账簿记录。这种现象会导致人们不会过多地关心电子货币的安全性。事实上，让中央银行对各种电子货币的安全进行权衡是相当困难的。新加坡货币监管局对发行电子货币的银行是否已建立了防御伪造和欺诈的强大安全系统进行评估。在评估支付系统的运转和技术安全性作用的方面，奥地利的中央银行是借助相关技术组织提供的支持，墨西哥还为此专门成立了特别工作组。

13.5.2 第三方支付的挑战

非金融机构借助信息技术正逐步渗透到金融业中来。信息技术行业与金融业都具有基于网络服务的基本特征，具有相似的经营结构和经营模式。这些网络化经济组织都需要使用和投资大量的人力和财力，以获得规模经济效益。通常情况下，金融机构都会优先考虑开发自身的内部通信网络来满足客户的大量业务需求。通过构建内部网络，金融机构掌握和了解了与技术有关的专业知识和相关风险，以及与之相关的成本和价格管理。金融机构也可能为此设立专门的附属机构来满足自身的技术需要。可是，当需要以更低的成本来提高经营效率和增强竞争能力时，许多金融机构会选择所谓"外包"方式来满足自身的信息技术需求。

随着与金融机构的合作程度不断加深，非金融机构在支付服务市场中也逐渐从提供信息处理支持服务发展到提供信息处理服务，进而到提供金融信息服务。这个过程在银行卡和网上支付方面表现得尤为突出。另一方面，预付卡的发展为非金融机构进入支付服务市场提供了广阔的空间。在预付卡从单用途逐渐发展到多用途、从磁条卡发展到 IC 卡的过程中，商家与 IT 行业之间的深度合作发挥了至关重要的作用。

无论采取承包方式还是建立预付机制，非金融机构似乎都看到了支付服务市场的巨大商机。开拓者们的各种尝试增加了支付服务市场的活力，但也留下了许多迫切需要中央银行和相关部门解决的问题。它们包括，外包服务的风险管理，支付服务市场的准入制度，如何对这类机构进行监督管理等。这些问题不解决，必然会影响到整个支付服务市场的发展。

（一）外包服务的风险管理

同其他行业一样，金融业在 20 世纪 70 年代就已经开始将某些成本高的业务活动外包出去。外包也会让金融机构遭受风险。第三方可能按照自身想法开展某些业务活动，而这些业务可能并不符合中央银行和相关部门的战略目标。第三方的业务做法与银行业标准做法不一致，或者提供的服务很差。它们也会出现技术失灵，也可能没有足够的财力来履行义务，或者提供补救措施。当然，它们同样也会存在欺诈或者差错，也难以进行相应的检查。金融机构也可能因为业务外包而过分依赖第三方。由于内部人员缺乏足够的技能，金融机构很难将已经外包的业务收回。即使能够收回，合约成本可能非常高。外包安排可能妨碍金融机构及时提供中央银行和相关部门需要的数据和其他信息。第三方提供服务的集中程度越高，单个金融机构也就更加难以控制第三方。这样的第三方也可能对整个行业带来系统性风险。面对这些风险，中央银行和相关部门已经清醒地认识到需要对外包进行监督管理。发达经济体中央银行和相关部门适时修改完善了相关法律法规和制度办法。巴塞尔银行监管委员会还为此制定了九条原则。支付清算业务属于银行业金融机构的基本业务。无论本国是否出台相关制度办法，巴塞尔银行监管委员会制定的这些原则都应当成为中央银行、银行业金融机构以及第三方支付服务机构处理支付清算服务外包的基本行为准则。

（二）第三方电子货币服务的挑战

随着对支付清算业务的深入了解与把握，第三方支付服务机构逐渐尝试直接提供支付服务。这种情况在多用途储值卡的发展过程中尤为突出。为了吸引更加广泛的客户群体使用多用途储值卡，这类服务提供者还称其为"电子货币"。某些公司甚至将自产自销的"令牌（Token）"命名为"虚拟货币"，模糊了人们关于货币的认识。只要这些"令牌"的发行人不能保证将"令牌"自由地兑换成现金和存款，它们就不是普遍认同的"储值"，更谈不上称其为"货币"。从支付服务看，第三方提供的电子货币服务无外乎卡基支付服务和网络支付服务。国际社会自从 20 世纪 90 年代中期开始非常关注电子货币的发展。十国集团中央银行支付结算体系委员会还多次组织专家小组进行全球范围内的调研活动。其关注的主要问题包括：对货币政策和铸币税的影响，一般的法律问题，电子货币的安全等。随着非金融机构发行的电子货币广泛用于小额支付，现金的使用量会减少。研究表明，德国家庭如果在小额支付中大量使用电子货币,可以导致纸币流通量平均减少18%,硬币流通量平均减少88%。中央银行的"铸币税收入"因此会大幅减少,其货币政策的独立性也会受到影响。尽管现阶段电子货币还未对货币政策产生显著影响,但许多中央银行已经开始对电子货币的发展动态进行密切监测。

(三) 非金融机构支付服务的困境

非金融机构作为银行与客户之间第三方支付服务提供者逐渐演变成了中央银行与银行业金融机构之间、客户与客户之间的非金融机构支付服务提供者。这种趋势使得支付服务市场中的非金融机构从不受监管的服务承包人转变成为接受监管的服务提供者。随着人们关于支付服务市场的研究不断深入,越来越多的经济体认为第三方电子货币服务应当纳入支付服务管理范畴。在支付服务市场中,中央银行和银行业金融机构作为传统的支付服务提供者不仅具有合法的地位而且享有特定的保护。中央银行的法定地位决定了它作为最后贷款人在提供支付服务时具有任何其他机构不能比拟的核心地位。银行业金融机构的法定职能决定了其支付服务只是部分而非全部职能。它们在接受严格监管的同时也享有特定的保护,比如救助。因此,非金融机构即便能够取得合法的支付服务地位,也不能像银行业金融机构那样得到同等程度的保护,更不可能像中央银行那样拥有国家信用作为保证。这也就决定了非金融机构跻身支付服务市场,必须面对特定的制度安排,比如准入退出制度。支付服务本质上是为收付款人转移货币。无论其转移的货币是现金还是存款,支付服务提供者都不能侵害收付款人持有的货币债权。这意味着,非金融机构无论以何种方式提供货币转移服务,都不能因为服务提供者的支付服务改变收付款人的货币权属。因此,所有支付服务提供者都只能以相同的服务规则提供支付服务。否则,支付服务市场中就会出现违反格雷欣法则的现象。遗憾的是,某些非金融机构为了抢占市场,出现了扰乱正常结算秩序的情况。

13.5.3 非金融机构支付服务的监管

国际上关于非金融机构支付服务的监督管理大体上可以划分为"自律的放任自流"模式和"强制的监督管理"模式。但是,自从美国和欧盟在2000年相继发布有关支付清算服务(货币服务)的示范法或指令以来,"自律的放任自流"模式开始让位于"强制的监督管理"模式。亚洲部分国家的中央银行近年来也在着手制定有关非金融机构支付清算服务的法律。有不少国家通过对电子货币进行界定,加强了对电子支付工具及其发行者、服务提供者的监管。从已经实施的监管措施来看,主要措施是对非金融机构设定支付服务市场准入条件,对取得许可的此类机构进行监督管理。

中国支付清算协会成立的目的在于对支付服务行业进行自律管理,维护支付服务市场的竞争秩序和会员的合法权益,防范制度风险。中国支付清算协会的地位和证券业协会、银行业协会、保险业协会的地位是同等的。2011年2月,中国支付清算协会已经获得民政部门的许可,同意筹备成立。并且规定要其在准予筹备之日起6个月内召开成立大会,通过章程,产生执行机构、负责人和法定代表人。最后筹备工作完成以后还要向民政部申请成立登记。按照民政部的要求,中国支付清算协会要在2011年8月之前就要做好相关筹备工作。从支付行业方面来说,支付清算协会的成立具有很重要的意义。说明支付行业已经被国家作为一个正式的行业做监管了。相关行业规范也将制定,支付行业将会更加规范。该协会很可能成为支付清算组织正式监管实体。在中国支付清算协会成立的同时，首批第三方支付牌照也将随之宣布。对非金融机构支付清算服务的监管主要有以下内容：

（一）实行有针对性的业务许可

美国要求，所有从事货币汇兑等业务的机构都必须登记注册，获得许可并接受监督检查。欧盟规定，各成员国应对电子货币机构以及支付机构实行业务许可制度，确保遵守审慎监管原则的机构才能从事此类业务。在韩国、马来西亚、印度尼西亚、新加坡和泰国，电子货币发行人必须得到央行的授权或许可，并对储值卡发行设置金额上限。

（二）设置必要的准入门槛

美国从投资主体、营业场所、资金实力、财务状况、业务经验等方面，对设立从事货币汇兑等业务的机构做出了要求。欧盟规定电子货币机构的注册资本金应不少于100万欧元，其在业务活动、投资行为等方面应遵循严格的规定。英国对这类机构的注册资本金与自有资金构成、业务活动等进行了详细规定。

（三）建立检查、报告制度

美国明确规定，从事货币汇兑等业务的机构应当接受现场检查。从事货币汇兑等业务的机构，必须维护客户资金的安全、具有足够的流动性，不得从事类似银行的存贷款业务，不得挪用客户的交易资金。欧盟要求严格区分自有资金和客户资金，切实保障消费者的权益。

（四）通过资产担保等方式保护客户的利益

美国对货币汇兑机构提出了担保和净资产的要求，以保护公众的安全和产业的健康发展；规定这类机构的投资方式必须得到许可，投资种类和比例应符合相关要求。欧盟要求对客户资金提供保险和类似保证。电子货币机构用于活期存款及具备足够流动性的投资总额不得超过自有资金的20倍。英国要求，电子货币机构的在途资金总额不得高于自有资金的八倍。

（五）加强机构的终止、撤销和退出管理

美国规定，在特定条件下，可以终止、撤销业务许可或要求从事货币汇兑等业务的机构退出该业务领域。欧盟明确规定可以就若干情形撤销对支付机构的支付清算业务许可。

13.5.4 我国电子支付监管的任务

我国已将促进电子支付发展列入经济发展战略。国务院明确了人民银行负责"制定全国支付体系发展规划，统筹协调全国支付体系建设"。长期以来，人民银行积极推进银行业金融机构的电子支付发展，密切关注非金融机构参与支付服务市场的动态，努力探索支付服务市场的发展与改革。

（一）加快电子支付制度建设

为规范银行业电子支付发展，人民银行出台了《电子支付指引（第一号）》。它的颁布标志我国电子支付规则制定取得了突破性进展。它统一了电子支付业务申请的条件和程序，规范了电子支付业务的发起和接受，强调了电子支付风险的防范与控制，明确了电子支付业务的差错处理的原则和要求。

由于电子支付的复杂性、市场主体的多样性，人民银行将针对不同电子支付业务的特点等,综合不同发展阶段的管理要求,连续出台一系列相关"指引"。通过建立和完善电子支付业务规则,人民银行将逐步加强对电子支付业务的全面指导。

(二)继续推进银行卡品牌建设

在人民银行党委的正确领导下,经过银行业金融机构的不懈努力,我国在短短几年时间里成功实现了不同银行卡的联网通用。中国银联的顺利改制为创建自主品牌奠定了良好的基础,许多国家和地区已逐步认同并使用"银联"标识银行卡。

人民银行将继续支持银行卡产业的发展壮大。银行卡的发展必须坚持走联网通用、联合发展的道路。人民银行将与有关各方共同改善银行卡的受理环境;修改完善银行卡业务的收费标准,提高中小特约商户的普及率和持卡消费率;积极推动公务卡的使用;进一步做好银行卡的联网通用工作,全面推进银行卡业务规范和技术标准的统一。

(三)推进电子票据广泛使用

为顺应市场发展需要,人民银行通过深入调研、充分论证,将着力推广使用电子票据。电子票据以商业银行的电子银行为基础,将传统的票据业务与信息技术结合起来,以电子方式明示传统票据的要素,以电子签名取代传统印鉴,对提高票据业务效率,防范票据风险,推动票据市场具有重要意义。

在成功引入票据影像系统的基础上,人民银行充分考虑商业银行行内电子商业汇票系统的联网通用需要,正在建立电子票据系统。该系统的建成将为银行业推广电子票据提供跨行通用的服务平台,必将有力促进电子票据的快速发展。

(四)引导电子支付规范发展

人民银行非常重视银行业金融机构的创新活力,大力支持其电子支付的规范发展,并密切关注其与非金融机构之间的支付清算服务合作。人民银行将继续深入研究支付服务市场的新生事物,积极推进银行业电子支付的业务、技术和安全等方面的标准化建设,切实推进银行业电子支付的健康发展。

非金融机构支付清算服务是国家支付体系的有机组成部分。人民银行将依据国务院明确的职责对非金融机构参与支付清算服务市场进行规划和统筹。由于涉及电子支付的许多法律问题还在探索阶段,人民银行将通过多种手段积极引导非金融机构支付清算业务的规范发展。为维护社会公众对货币转移机制的信心,人民银行将密切关注客户备付金等的监督管理。

通过业界的共同努力,中国的电子支付取得了令人瞩目的成绩。随着支付基础设施的不断完善,支付服务市场主体不断丰富,有关制度建设将成为我国今后的工作重点,中国的电子支付必将沿着不断创新与规范发展的道路前进。

本章案例

银行ATM监控漏洞屡遭起诉

储户在ATM取钱,密码和卡号被窃,存款被盗,责任由谁来负?银行和储户往往互相扯皮。然而,最近披露的东莞一桩储户状告银行的案件中,法院判决银行安防体系存在重大漏洞，视频监控不作为，银行全额赔偿储户损失近 3 万元。这起看似平常的案件引出一个现实问题，即 ATM 监控升级换代已迫在眉睫。

储户存款丢失状告银行法院判银行全额赔偿

事情的经过是这样的，东莞市民苗小姐去年 4 月 6 日在 ATM 上取钱时，银行卡被"克隆"，卡内近 3 万元不翼而飞。警方发现，该 ATM 几天前被安装读卡器和摄像头。歹徒窃得卡号和密码后迅速转走存款。苗小姐于是将银行告上法庭，要求赔偿损失。

东莞中院本月初认为，苗小姐的存款是被人伪造银行卡盗窃，而鉴别"克隆卡"以防止存款被冒领或盗取，应该是银行保障储户存款安全义务的重要内容，不法分子在 ATM 上安装盗码器，已能说明银行 ATM 机存在重大安全漏洞，所以银行需全额赔偿苗小姐被盗取的存款。

事实上，类似储户状告银行的案例不胜枚举，而且基本都是储户笑到了最后。2010 年，绵阳市民尚先生银行卡存款被盗 10 余万元。他将涉案银行告上绵阳市涪城区法院，法院判决银行赔偿尚先生 10 余万元。2010 年 4 月 29 日，汉川市银行赔偿陈某在银行 ATM 取款丢失的存款 36 万元，理由是银行未能提供安全可靠的环境，保障储户利益。

视频监控有致命缺点银行安防现重大漏洞

细心的人会发现，储户和银行关于银行卡存款丢失频频"互掐"，以前法院对待此类案件，有时会各大五十大板，会判决银行只承担一半责任。但最近国内多起案件，都是银行被要求全额赔偿损失，法院认定银行的安防存在重大漏洞，没有按照合同为储户提供安全舒适的用卡环境，自然罪责难逃。

那么，当前银行关于 ATM 的安防系统问题究竟出在哪里呢？目前 ATM 配备的主要是视频监控，部分地区试点使用智能监控。然而，看似雄赳赳气昂昂的视频监控，常常形同虚设，歹徒在 ATM 加装盗码设备，监控却不管不顾，任由歹人作案，主要原因是视频监控只负责拍摄画面作为录像资料，留给警方查案，却不能实时报警，制止犯罪。

而被不少安防厂家大力鼓吹的智能视频监控，在应用中也不如意，是因为卖家故意屏蔽了多种应用前提和限制条件，一旦真刀真枪应用，这种监控就抓瞎了，实际应用功能与视频监控相当。尤其当歹徒佩戴仿真面具作案时，留下假的面目特征，录像资料基本没用。

值得注意的是，当前银行安防体系的缺陷已经被公开，不法分子已经知晓，作案前还事先上网搜集相关资料，总结经验教训。江苏志诚律师事务所律师张行辉表示，由于银行 ATM 存在明显的防范漏洞，处处不设防，关键时刻装聋作哑，所以法院必然要判决银行承担储户所有的损失。

ATM 监控思路陈旧，银行面临更大法律风险

法院的判决看起来对储户相当有利，这在银行界引起不小的忧虑，不少银行保卫部负责人忧心忡忡。杭州某国有银行负责人黄某表示，法院判决有利弱者，可以理解，但现在市面上 ATM 配备的主要是视频监控，如果出了问题，都来找银行承担，那银行岂不是要承担巨大的风险和损失。

南方一家安防企业表示，当前银行 ATM 案件居高不下，歹徒作案猖獗，最根本的原因还是银行 ATM 安防体系出现了问题，过分依赖单一的视频监控作为唯一的监控手段，极容易被欺骗和干扰，已经不能满足需要，必须建立立体防控体系，多元防御，打击犯罪。

中国人民公安大学教授、预防犯罪专家王大伟表示，当前 ATM 犯罪猖獗，手法多样，

尤其各种非法改装ATM和加装盗码设备的犯罪手法已经成为毒瘤，严重危害市民用卡安全，作为建设单位的银行应该升级监控系统，针对性地实施反盗码措施，有效降低取款人的风险。

尤其值得注意的是本案中东莞中院的判决得到了广东省高级人民法院的支持并向最高人民法院备案，判决结果在全国范围内将具有示范意义，对类似案件从法律层面给出了清晰结论，意味着如果今后银行不能堵住现有视频监控的漏洞，将持续面临法律风险。

据业内专家分析，由于央行规定发达地区有条件的银行到2015年需将磁条卡升级为安全性更好的芯片卡，这意味着在2015年前大部分人将连续面临银行卡不安全的问题，也有专家表示，即使升级为芯片卡，也并不能绝对保证银行卡不被盗码克隆，二代身份证被克隆就是一个明显的事例，所以银行不能想当然地认为芯片卡就能杜绝克隆案件发生，而应该多管齐下，在安保模式上创新，确保银行卡的安全。

讨论：1. 由于银行有过错，储户存款丢失状告银行，法院判银行全额赔偿
2. 视频监控作为唯一的银行监控手段是否安全？为什么？

本 章 小 结

通过本章的学习，要重点掌握电子金融监管，包括电子金融监管的环境、电子金融监管的要求和电子金融监管的内容。然后应理解电子银行的监管的必要性、电子银行监管的经验、电子银行应依法监管、电子银行的内部监管和电子银行的外部监管。也要熟悉电子支付的风险，如电子支付的基本风险、电子支付的操作风险、电子支付的法律风险和电子支付的其他风险。随后就要掌握电子支付风险的防范，包括电子支付风险的管理步骤、电子支付风险的防范措施、加强电子支付的立法建设、电子支付风险的综合控制。最后要熟悉电子支付的监管，如电子支付安全的监管、第三方支付的挑战、非金融机构支付服务的监管、我国电子支付监管的任务等。

本 章 习 题

1. 试述电子金融监管的内容。
2. 国内外电子银行监管的有何经验？
3. 试论电子银行应依法监管。
4. 试述电子银行的内部监管。
5. 简述电子银行的外部监管。
6. 详述电子支付的风险。
7. 简述电子支付风险的防范措施。
8. 试论非金融机构支付服务的监管。

参 考 文 献

[1] Andrew Verstein, 2011. The Misregulation of Person-to-Person Lending. University of California, Davis Law Review, 45:445-530.

[2] Baritot, Jacques F., 2013. Increasing Protection for Crowdfunding Investors under the JOBS Act. UC Davis Business Law Journal, 13(2):259-282.

[3] Bradford C. Steven, 2012. Crowdfunding and The Federal Securities Laws. Columbia Business Law Review, 1:1-150.

[4] Burkett, Edan, 2011. Crowdfunding Exemption - Online Investment Crowdfunding and U.S. Secrutiies Regulation. Transactions: The Tennessee Journal of Business Law, 13(1):63-106.

[5] Chen jing, Qin Chengde etc, 2008. Study on Application Environment of Mobile Business in Chinese Enterprises. //第七届武汉电子商务国际会议.

[6] Cohn, Stuart R., 2012. New Crowdfunding Registration Exemption: Good Idea, Bad Execution. Florida Law Review, 64(5):1433-1446.

[7] Eric C. Chaffee, Geoffrey C. Rapp, 2012. Regulating Online Peer-to-Peer Lending in the Aftermath of Dodd-Frank: In Search of an Evolving Regulatory Regime for an Evolving Industry. WASH. & LEE L. REV., 69:485-533.

[8] Fink, Andrew C., 2012. Protecting the Crowd and Raising Capital through the CROWDFUND Act. University of Detroit Mercy Law Review, 90(1):1-34.

[9] Haewon Yum, Byungtae Lee, Myungsin Chae, 2012. From the wisdom of crowds to my own judgment in microfinance through online peer-to-peer lending platforms. Electronic Commerce Research and Applications, 11(5):469-483.

[10] Hazen, Thomas Lee, 2012. Crowdfunding or Fraudfunding - Social Networks and the Securities Laws - Why the Specially Tailored Exemption Must Be Conditioned on Meaningful Disclosure. North Carolina Law Review, 90(5):1735-1770.

[11] Jack R. Magee, 2011. Peer-to-Peer Lending in the United States: Surviving After Dodd- Frank, North Carolina Banking Institute, 15:114-174.

[12] Linda Dezső, George Loewenstein, 2012. Lenders' blind trust and borrowers' blind spots: A descriptive investigation of personal loans, Journal of Economic Psychology, 33(5):996-1011

[13] Lisa T. Alexander, 2013. Cyberfinancing for Economic Justice. William & Mary Business Law Review, 4: 309-383.

[14] Mashburn, David, 2013. Anti-Crowd Pleaser: Fixing the Crowdfund Act's Hidden Risks and Inadequate Remedies. Emory Law Journal, 63(1):127-174.

[15] Palmiter, Alan R., 2012. Pricing Disclosure: Crowdfunding's Curious Conundrum. Ohio State Entrepreneurial Business Law Journal, 7(2):373-428.

[16] Ronald J. Mann, 2004. Regulating Internet Payment Intermediaries, Texas Law Review, 82: 681-716.

[17] Rongxin Zeng, 2013. Legal Regulations E in P2P Financing in The U.S. and Europe. US-China Law Review, 10:229-245.

[18] Weinstein, Ross S., 2013. Crowdfunding in the U.S. and Abroad: What to Expect When You're Expecting. Cornell International Law Journal, 46(2): 427-458.

[19] Wroldsen, John S. (Jack), 2013. Social Network and the Crowdfund Act: Zuckerberg, Saverin, and Venture Capitalists' Dilution of the Crowd. Vanderbilt Journal of Entertainment and Technology Law, 15(3):583-636.

[20] Yong Zhen, 2013. 6 - China's banking industry, China's Capital Markets: 167-201.

[21]（美）埃文斯，等．银行卡时代：消费支付的数字化革命［M］．北京：中国金融出版社，2006．

[22] 曹红辉，等．中国电子支付发展研究［M］．北京：经济管理出版社，2008．

[23] 陈香梓．基于 J2ME 技术的移动支付方案研究［J］．电子商务，2010（2）．

[24] 戴宏．移动支付系统安全风险评估［D］．北京：北京交通大学，2010．

[25] 范伟．移动商务安全性研究［D］．北京：北京邮电大学，2010．

[26] 冯俊，陈家琪，沈海峰．基于双 Hash 链的移动支付微证书验证优化策略［J］．计算机工程与设计，2010．

[27] 葛兆强．电子银行的本质与发展模式［J］．中国金融电脑，2007(9):9-14．

[28] 郭养雄，秦成德．网络入侵的对策研究［J］．西部通信，2006（6）．

[29] 哈维尔·弗雷克斯，让·夏尔·罗歇著．刘锡良，译.微观银行学［M］．成都：西南财经大学出版社，2006．

[30] 韩媛媛，李剑，苏永强．我国电子支付发展规划探讨［J］．金融会计，2010．（7）．

[31] 何朔．移动支付的沿革与发展探究［J］．中国信用卡，2008．

[32] 黄昕．浅析中国电子支付的监管问题及对策［J］．当代经济，2009（12）．

[33] 蒋水林．北京联通小规模试点"手机一卡通"［J］．人民邮电，2010．

[34] 李峰．移动支付安全研究［D］．济南：济南大学，2008．

[35] 李洪心，马刚，等．电子支付与结算［M］．北京：电子工业出版社，2010．

[36] 李曦．基于身份的密码体制研究及其在移动支付业务中的应用［D］．武汉：华中科技大学，2009．

[37] 李玉．长春市移动商务服务模式创新研究［D］．长春：吉林大学，2010．

[38] 刘磊．国内移动支付产业的协作模式［D］．北京：北京邮电大学，2008．

[39] 刘晓敏，陈文伟．厦门广电集团呼叫中心项目的实施［C］．2009 中国电影电视技术学会影视技术文集．

[40] 刘振华．个人用户手机支付采纳意向研究［D］．大连：大连理工大学，2010．

[41] 欧阳卫民．中国电子支付的趋势与未来展望［J］．金融会计，2009（2）．

[42] 欧阳卫民，王关荣．中国网上支付跨行清算［M］．北京：中国金融出版社，2010．

[43] 潘辛平．认识第三方支付［J］．金融电子化，2008 (4):38-39．

[44] 秦成德．为电子商务健康发展营造安全环境［J］．理论导刊，2002（4）．

[45] 秦成德．中国电子商务中的隐私权保护［J］．中美电子商务论坛，2004．

[46] 秦成德．电子商务中的个人数据保护［J］．//第七届国际电子商务大会论文集，2005．

[47] 秦成德．加强互联互通，促进通信发展［J］．西部通信，2006（2）．

[48] 秦成德. 网络安全的法律保护 [J]. 西部通信, 2006 (3).

[49] 秦成德. 网络广告的法律问题研究 [J]. 电子商务研究, 2006 (1).

[50] 秦成德. 网络虚拟财产的法律问题研究 [J]. 电子商务研究, 2006 (3).

[51] 秦成德. 我国电子商务发展中的法律问题 [J]. 中国首届信息界大会, 2006.

[52] 秦成德. 电子商务活动中的名誉权法律保护 [J]. 电子商务研究, 2007.

[53] 秦成德. 电子商务活动中的网络名誉权保护 [J]. //电子商务理论、应用和教学论文集. 宋玲, 李琪主编. 重庆: 重庆大学出版社, 2007.

[54] 秦成德. 电子商务法教程 [M]. 西安: 西安交通大学出版社, 2008.

[55] 秦成德. 电子商务法律与实务 [M]. 北京: 人民邮电出版社年版, 2008.

[56] 秦成德. 移动商务中的法律问题 [J]. //信息经济学与电子商务: 2008 年第十三届中国信息经济学会年会论文集. 西安: 陕西科学技术出版社, 2008.

[57] 秦成德. 电子货币的法律问题, 电子商务教育、理论与应用新进展 [J]. 安徽: 合肥工业大学出版社, 2009.

[58] 秦成德. 跨国电子支付的研究, 国际贸易实务研究: 实践与决策 [M]. 北京: 对外经贸大学出版社, 2009.

[59] 秦成德. 网络游戏中的法律问题 [J], 西安邮电学院学报, 2009.

[60] 秦成德. 移动电子商务 [M]. 北京: 人民邮电出版社年版, 2009.

[61] 秦成德. 移动金融的法律问题 [J]. 第三届中国电子金融年会会刊, 2009.

[62] 秦成德, 陈静. 电子商务的法律新问题研究 [J]. //第七届全国高校电子商务教育与学术研讨大会论文集. 大连东北财经大学出版社, 2008.

[63] 秦成德, 等. 电子商务法 [M]. 重庆: 重庆大学出版社, 2004.

[64] 秦成德, 等. 电子商务法 [M]. 北京: 科学出版社, 2007.

[65] 秦立崴. 论欧盟电子商务的公平原则 [J]. 第七届国际电子商务大会论文集, 2005.

[66] 曲珊珊, 刘旸. 面向移动支付服务的安全认证管理系统研究. //2010 通信理论与技术新发展——第十五届全国青年通信学术会议论文集 (上册), 2010.

[67] 施惠洪, 李昊原. 美国电子支付基础设施应用比较 [J]. 商业时代, 2009 (15):

[68] 帅青红, 等, 2006. 电子支付结算系统 [M]. 成都: 西南财经大学出版社, 2006.

[69] 帅青红, 等, 2010. 网上支付与安全 [M]. 北京: 北京大学出版社, 2010.

[70] 帅青红, 等, 2010. 网上支付与电子银行 [M]. 北京: 机械工业出版社, 2010.

[71] 王胜辉, 王俊杰, 等. 网上支付与结算 [M]. 北京: 科学出版社, 2008.

[72] 王婷婷. 基于 WAP 和 WPKI 的移动电子商务应用研究 [D]. 济南: 山东大学, 2010.

[73] 王雨. WAP 移动支付体系结构研究 [D]. 重庆: 重庆大学, 2004.

[74] 肖荣, 张云华, 章依凌. 基于 WAP 的移动电子商务支付系统安全性改进 [J]. 计算机系统应用, 2010.

[75] 徐勇, 等. 网络支付与结算 [M]. 北京: 北京大学出版社, 2010.

[76] 张福德, 著. 电子商务与网络银行 [M]. 北京: 中国城市出版社, 2000: 44.

[77] 张宽海, 李良华. 网上支付与结算 [M]. 北京: 高等教育出版社, 2007.

[78] 张宽海, 等. 金融与电子支付 [M]. 北京: 北京大学出版社, 2008.

[79] 张树青, 秦成德. P2P 技术对互联网安全的影响 [J]. 西部通信, 2006 (5).

[80] 张薇,2003. 电子支付业务中亟待完善的法律问题探讨. 金融纵横,2002(9).
[81] 中国电子商务协会,等. 第三方电子支付——探索与实践. 北京:中国标准出版社,2008.
[82] 钟志勇. 网上支付中的法律问题研究[M]. 北京:北京大学出版社,2009.
[83] 周虹,等. 电子支付与网络银行[M]. 北京:中国人民大学出版社,2011.